장자, 붓다를 만나다

장자, 붓다를 만나다

지은이 정용선

이 책을 쓰면서 함께 공부하며 같이 살아온

고(故) 자재주 마영범(馬榮範)

구족 이정욱(李正旭)

명지 강대구(姜大求)

보덕 장재혁(章在爀)

승열 이승원(李承遠)

휴사 오혜종(吳惠鍾)

보안 정양수(鄭良秀)

정취 노경래(盧慶來)

선주 배영우(裵榮佑)

해당 윤석무(尹錫武)

육향 김현진(金賢眞)

정진 한규옥(韓圭玉)

청정혜 김수미(金秀美)

보현 김지양(金智洋)

보각 윤석장(尹錫章)

등 15명의 희목재(喜目齋) 공부방 도반들께 바칩니다.

차례

장자를 통해 선불교를 만나고, 선불교에 매료되어 여러 조사(祖師)의 다양한 어록들을 보며 공부하다가, 내친김에 불법을 본격적으로 공부하자는 생각에 불경과 논서에 깊이 빠져 4년 넘는 시간을 행복하게 보냈다. 불법을 만난 이후, 죽을 때까지 볼 수 있는 불경이 산더미처럼 있다는 것에 늘 환희심을 느끼고 있었지만, 그 방대한 불경에는 감히 접근하지 못하고 있었다.

그런데 5년 전 여름 무렵, 책상에 붙어 앉아 경전과 논서를 하나씩 보면서 나의 언어로 번역하고 있는 자신을 발견했다. 어떤 계획 속에서 이루어진 일도 아니었고, 어떤 순서로 경전을 볼 것인지 정해놓은 것도 아니었다. 한 경전을 다 볼 무렵이 되면 그다음에 볼 경전이 떠오르고, 또 그 경전을 보고 나면 그다음 경전이 생각나는 식이었다. 양도 많고, 교설도 많은 경전을 보다가 이따금 머리를 거치지 않고 그대로 가슴을 때리는 구절을 만나면, 환희심에 어쩔 줄 모르며 한참씩 가슴을 부여잡고 있었다.

그러다가 마침내 방대하기 짝이 없는 『대반열반경』을 1년 가까이 보기를 마치고 나서, 무언가에 마구 얻어맞은 것처럼 한동안 멍한 상태에 빠져버리게 되었다. 기존에 알았던 것, 정리했던 것이 모조리 몽롱해지면서 말할 만한 것이 아무것도 생각나지 않게 됨을 경험하게 된 것이다. 자의식이 형성되던 20세 무렵 이후 처음으로 자신의 상태를 설명할 수 없는 상태에 놓인 듯싶었다. 늘 머릿속 정리에 집중하며 살았기에 20세 이후에는 항시 자신의 상태에 대해 이런저런 말로 정리할 수 있었고, 정리가 잘되지 않을 때는 '이런저런 이유로 헤매고 있다'라거나 '이러저러하여 정리가 안 된다'라고 정리해 왔는데, 이번 경험은 매우 색다른 것이었다. 도무지 어떤 말로도 자신의 상태를 설명하거나 표현할 수 없었다. 그저 머릿속이 부연 백지처럼 아무 생각도 들지 않았다. 그야말로 머릿속이 텅 비어버린 상태가 되어버렸다.

그런 상태에 머물면서 쉼 없이 마음에 비치는 영상들을 고요히 관(觀)하기를 반년쯤 됐을 무렵, 조금씩 머리가 맑아지면서 흥미로운 점들이 보이기 시작했다. 붓다를 아버지로 하고, 장자를 어머니로 하여 탄생했다는 말을 들을 정도인 선불교의 경우에는 장자 사유와의 그 유사성에 전부터 깊이 공감하고 있었지만, 여기에 더하여 선불교가 왜 장자와의 근친성이 그리 높은지 이해되었고, 나아가 그것은 단지 선불교에 국한된 것이 아니라는 점을 보게 되었다. 장자를 공부하면서 장자가 화엄 사상을 바탕에 깔고 유식적 사유를 전개한다는 생각이 얼핏 든 적이 있었으나, 이번에는 그 점이 아주 명료하게 보이기 시작했다. 어떤 면에서 장자와 불법은 구조적으로 유사한 구도를 지니고 있음이 보인 것이다.

그러면서 어떤 경이로움이 느껴졌다. 어떻게 이천년도 더 전인 비슷한 시기에, 뚜렷한 사상적 교류가 있어 보이지 않는 두 장소에서, 이렇게나 유사한 사유를 전개하고 있는 것인가. 게다가 장자가 『장자』를 저술한 것은 불법이 중국에 유입되어 전파되기 거의 오백 년 전이 아닌가.

그러나 섣부른 유사성의 도식화는 위험할 수 있고, 또 마음공부에 도움이 되지 않을 수도 있다는 생각이 들었다. 하지만 어차피 내 마음을 정리하고, 철학적 사유의 지평을 넓히는 공부에 도움이 되는 것이라면 다소 거칠더라도 그 사유의 유사성을 돌아보는 것이 의미가 있을 수 있지 않을까. 사유의 유사성을 비교해 본다는 것은 그 사유를 더 풍부하고 깊고 넓게 생각해 볼 수 있기 때문이다. 비교 종교학의 아버지라 일컬어지는 막스 뮐러(Friedrich Max Müller, 1823-1900)는 이런 말을 남겼다.

하나만 아는 자는 아무것도 모른다.
He who knows one, knows none.

이 작업은 6년 전, 일 년 가까이 매일 법당에 앉아 부처님과 대화를 나누던 시기에 구상된 것인데, 마음에 담아두기만 했을 뿐 엄두를 내지 못하고 있었다. 그러던 차에 『열반경』으로 인해 텅 비어버린 머릿속을 반년 넘게 들여다보다가, 어느 날 그저 머릿속에서 떠오르는 생각대로 적어 내려가면서 작업이 시작되었다. 그때 머릿속 안개가 걷히면서 또렷이 보인 것은 불법과 장자의 궁극적 의도가 겹치는 부분이었다. 불법이 '부처의 눈(佛知見)'을 지향하고 있다면, 장자는 '하늘의 눈(照之于天)'을 권하고 있다는 것이 바로 그것이었다.

애초에 구상한 책의 제목은 '장자, 금강경을 만나다'이다. 그런데 『금강경』에 대해 무언가를 말하려면 불교 철학 일반에 대한 큰 그림을 이해할 필요가 있다고 생각했다. 그리하여 그 앞부분에 해당되리라 싶은 내용을 쓴 것인데, 예상했던 것보다 그 내용이 방대해져 버렸다. 그리하여 별도의 책으로 꾸려지게 되었다.

20대부터 불교에 대해선 좀 각별한 인연을 느끼고 있었다. 불교에 관련된 글을 보거나, 글을 쓰거나 하면 뭔가 모르는 위로를 받고는 했기 때문이다. 그렇게 불교에 관심을 두고 있었지만 잘 알지는 못했는데, 25년 전 한국학 연구원의 이종철 교수님을 만나면서 불교 철학을 제대로 공부할 수 있게 되었고, 4년 넘게 불경을 보면서 꾸준히 선생님과 불경과 논서를 주제로 토론했다. 게다가 이 책을 쓰면서도 넘기 어려운 문제를 만날 때마다 큰 도움을 받았다. 학문적으로나 인격적으로나 늘 그 높이에 감동하는 바인데, 언제나 품 넓은 유연성으로 제자들을 돌봐 주시니, 같은 하늘 아래 있다는 그 인연만으로도 감지덕지할 뿐이다.

이 책을 쓰기 시작하고 또 마칠 수 있었던 것은 전적으로 도반들 덕이다. 수년 전 한 제자가 "불법은 꼭 좀 배워보고 싶어요"라고 한 말이 계속 귀에서 떠나지 않으면서 숙제처럼 남아 있었다. 그리고 써지는 대로 한 꼭지 쓸 때마다 도반들이 함께 읽어 주었고, 또 그들이 읽을 것을 염두에 두면서 써냈다. 어떤 의미에서 보면, 이 책은 도반들의 이해 수준에 맞춘 것인지도 모르겠다. 도반들과 10년 넘게 함께 고전 공부를 하면서, 단지 공부만 함께 하는 게 아니라 삶 자체를 함께 해나간다는 생각이 들었다. 귀하고 귀한 인연이다. 또 매 꼭지 써 내려가는 속도에 맞춰 읽어 주고, 귀한 견해를 내준 김미경 작가와 김보경 님, 그리고 잘 팔리지도 않을 책을 정성스레 만들어준 박유상 사장과의 오랜 인연에도 감사를 드린다.

그리고 불교 철학과 장자 철학을 엮어 철학적 논의를 진행하면서 경전 원문을 가급적 많이 인용하였다. 독자들이 직접 경문을 만나는 것에 큰 의미가 있다고 생각했기 때문이다. 그렇게 인용된 모든 경전은 『대정신수대장경』을 저본으로 하여 대만의 CBETA(中華電子佛典協會)에서 제공한 전자책의 도움을 받았다. 불법을 널리 알리기 위해 애쓴 CBETA 관계자들의 노력과 공로에 말로는 표현할 길 없는 깊은 경의를 표한다.

정 용 선

1장
존재의 굴레

1

실존, 그리고 존재의 성찰

유식(唯識) 철학에 따르면 우리 업(業)의 두루마리가 펼쳐지면서 알라야식의 종자가 연(緣)을 만나 현행(現行)되고, 그 현행이 업이 되어 다시 알라야식에 종자로 저장된다고 한다. 그 행위가 중립적으로 저장되는 것을 등류습기(等流 習氣, 그대로 저장)의 저장이라 하고, 행위가 선악으로 기별 되어 저장되는 것을 이숙습기(異熟習氣, 바뀌고 성숙하여 저장)의 저장이라 하며, 이렇게 역으로 저장되는 것을 훈습(熏習)이라 한다. 마치 연기의 향이나 냄새가 옷에 배이듯 그렇게 행위로 인한 습기가 알라야식의 종자에 배어든다는 것이다.

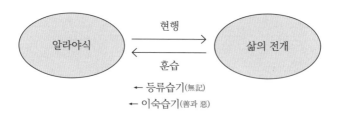

그런데 이 대목에서 의문이 들었다. 왜냐하면 선과 악을 나눈다는 것이 불법에서는 근본적으로 가당치 않기 때문이다. 유식 사상을 완성한 세친(世親)[1]

은 『유식삼십송(唯識三十頌)』 제1송에서 이렇게 말한다.

가(假)에 의거하여 아(我)와 법(法)을 설한다.[2]

'아'는 '나', '법'은 타인을 포함한 '대상세계'를 가리키는데, 공(空) 사상에서는 인간을 포함한 동물이든 식물이든 무생물이든 이 세계의 모든 것은 어떤 인(因)과 연(緣)이 합해져 일시적으로 존재했다 사라지는 인연생기(因緣生起)의 산물이라고 본다. 그러므로 모든 존재자는 다만 관계적으로만 존재할 뿐고정적인 독립성을 지닌 것이 없다고 보는데, 그것을 공(空)이라 표현한다. 마치 모래사장의 모래와 물과 작가의 아이디어와 기술이 결합하여 만들어진 멋들어진 모래 조각처럼 말이다.

그러면 그렇게 공일 뿐인 세계에서 우리는 어째서 늘 무언가를 보고 겪으며 괴로워하고 슬퍼하고 근심하고 즐거워하는 것일까. 이 문제에 답하기 위해 유식 철학에서는, 공 사상에 기반하여 정신 현상이든 물리 현상이든 일체우리 눈앞에 나타난 세계는 고정된 실체성을 지닌 세계가 아니라고 하면서, 그것은 오직 우리 '식(識)의 현현', 즉 우리 '마음이 나타난 것'이라고 하는데, 이를 유식무경(唯識無境)이라고 한다. (이 식에 대해서는 뒤에서 상술할 것이다.)

그러니 우리가 보는 세계란 인연에 따라 생기한 것들이 거대한 그물망처럼 얽혀 출렁이며 변화하고 유전(流轉)하는 세계일 뿐이고, '나'는 그 그물의 한 코로 유전할 뿐 그물을 좌지우지할 수 없는 존재이다. 그물의 다른 코가 어떤

---

1   4-5세기경의 인도의 불교학자. 원래 이름은 와수반두(Vasubanhu)이며 역어로 세친이라 한다. 형 무착(無著, Asanga)과 더불어 유식 사상을 완성하였으며, 유명한 『아비달마구사론(阿毘達磨俱舍論)』을 저술하였다. 이후 형 무착의 권유로 대승불교로 전향하여 미륵(彌勒)·무착으로 이어져 확립된 유식 사상을 『유식삼십송(唯識三十頌)』에 결집하였다.
2   『유식삼십송』 제1송 由假說我法

행위를 하면 그물에 영향을 주게 되어 '나' 역시 그 영향을 받게 되고, '나'가 어떤 행위를 하면 그 또한 그물에 영향을 주는 그런 관계로 존재할 뿐이며 그렇게 존재하는 것 역시 일시적이라는 것이다(화엄 사상에서는 이를 법계연기(法界緣起)라고 한다).

그리고 더 흥미로운 점은 끊임없이 변화하고 유전하는 그 그물에 이어진 채로 우리는 자신의 견분(見分), 즉 '보는 눈'에 따라 세상을 이해하고 해석하여 수용한다는 것이다. 세친의 형인 무착은 『섭대승론(攝大乘論)』에서 이렇게 말한다.

아귀와 물고기, 하늘과 사람이 한 가지를 똑같이 보아도, 그 식(識)에 따라 보이는 바가 다르다.[3]

이른바 일수사견(一水四見)이다. 같은 물(水)을 보고 네 가지로 해석한다는 것이다.

하늘이 물을 보면 찬란히 반짝이는 유리라 생각하고, 사람이 물을 보면 물이라 생각하며, 아귀가 물을 보면 화염(고름)이라 생각하고, 물고기는 물을 보면 집이라 생각한다.[4]

말하자면 각자의 식(識)에 따라 같은 것이라도 다르게 해석된다는 것이고, 또 오직 각자의 식에 따라 해석된 세계만이 있다는 것이다. 우리는 물이라 보

---

3 『섭대승론(攝大乘論)』무착 저, 현장 역, 제3「소지상분(所知相分)」餓鬼傍生 及諸天人 同 於一事 見彼所識 有差別故
4 『온고요략(溫故要略)』석반찰(釋盤察) 저, 天見水思琉璃 人見水思水 鬼見水思火 魚見水 思室

는 것도 천신에게는 화려한 유리로 지은 보배궁전으로 보이고, 늘 목이 말라 죽어 가지만 정작 물을 마시면 불을 삼키는 것처럼 고통받는 아귀에게는 불덩이로 보이며, 물속에서 자유로운 물고기에게는 보금자리로 보인다. 이렇게 존재마다 다르게 해석되는 세계에 대해 '이것은 이러이러하다'라고 고정된 어떤 상(相)을 세울 수 있을까. 장자 역시 이 문제에 대해 이렇게 말한다.

> 모장과 여희는 사람들이 미인이라고 하지만, 물고기는 그들을 보면 물속 깊이 들어가고 새는 그들을 보면 높이 날아가며, 사슴들은 그들을 보면 급히 도망간다. 이 네 가지 중에서 어느 것이 천하의 올바른 아름다움(美)을 안다고 하겠는가.[5]

필시 보는 대상은 모장과 여희로 동일하지만, 사람만 이들을 '미인'이라 보고 물고기와 새, 사슴은 반대로 본다는 것이다. 그러니 누가 보는 것이 미의 실상이라 하겠느냐는 것인데, 우리는 결코 세계를 그 자체로, 있는 그대로 인식할 수 없다는 장자의 생각이 담겨 있다. 세계는 객관적으로 존재하는 것이 아니라 우리의 마음에 해석된 모습으로 그렇게 존재한다는 것이다. 이를 『대승기신론(大乘起信論)』에서는 이렇게 말한다.

> 마음에서 (법이) 생겨나니 갖가지 법이 생겨나고, 마음에서 (법이) 멸하니 갖가지 법도 멸한다.[6]

데카르트 이후 우리는 '나'라는 관찰 주체와 관찰되는 대상의 분리를 당연

---

5 『장자(莊子)』「제물론(齊物論)」93 毛嬙麗姬 人之所美也 魚見之深入 鳥見之高飛 麋鹿 見之決驟 四者孰知 天下之正色哉
6 『대승기신론』心生則種種法生 心滅則種種法滅故

시해 왔다. 예컨대 저기에 빨간 사과가 있고, 그것을 보는 '나'가 있어서, '나'가 빨간 사과를 인식한다고 보는 것이 그것이다. 나아가 '선(善)'이 존재하므로 '선'을 보고, '악(惡)'이 있으므로 '악'을 본다고 여긴다. 말하자면 '나'와 '빨간 사과', '선악' 등은 별개로 실재하는 것이라고 보는 것인데, 장자와 유식은 바로 이런 사유에 문제를 제기한다. 과연 의식으로 분별하는 '나'와 분별되는 '대상세계'는 그렇게 분리된 별개의 '실재'로 존재하는 것인가.

이 두 사유 구조에서는 '세계'를 객관적 실체로 보지 않으며 '나' 역시 실체로 보지 않는다. 장자에 따르면 '세계는 나와 함께 일어나고 만물과 나는 하나로 이어져 있'다.[7] 말하자면 우리가 마주하는 '세계'는 우리 마음과 연관 속에서 현현(顯現)한다는 것인데, 이는 텅 빈 물리적 공간에 우리 마음이 의지에 따라 물리적인 세상을 그려서 지어낸다는 의미가 아니라, 우리가 연속적인 세계의 한 고리로 존재하면서 그 이어짐에 따라 세계가 우리 마음에 들어와 해석된 채로 나타난다는 것이요, 그런 의미에서 이 세계는 '나'의 마음과 하나로 이어져 있다는 것이다.

이를 '일(一)'로 표현하는데, 이것은 '동일함'을 의미하는 것이 아니라 '이어져 있음'을 의미한다. '나'는 이어진 채로 능동적으로 세상을 만들면서 동시에 수동적으로 세상에 의해 만들어진다. 이 과정에서 세계는 '나'로 연속되고, '나'는 세계로 연속된다. 그러니 '세계'이든 '나'이든 독립적인 것이 아니라 우리 마음과 연관되어 일어나고 스러지는 실체성 없는 구체적 사태로만 존재한다는 것이다.

이런 사태를 불법에서는 공으로 표현한다. 즉 '나(我)'와 '세계(法)'에 대해 그 자체의 별도의 실체성을 인정하지 않는 것이다. 다만 '자아'와 '세계'는 가유(假有)로서만 존재할 뿐이라고 본다. 바로 그 점을 세친은 『유식삼십송』의

---

7 『장자』「제물론」天地與我並生 而萬物與我爲一

제1송 첫 구절에서 '가(假)로서 아와 법을 설한다'고 표현한다.

그러면, 어째서 '가(假)'를 세워야만 하는 것인가. '나'와 '세계'가 아무리 실상에서 볼 때 '있는 것(實有)'이 아니라 해도, 우리는 하루도 빠짐없이 '나'가 있음을 경험하고, '세계'를 관찰하며 산다. 말하자면 가유(假有)를 보며 산다. 그러니 그 가유가 가유임을 설하기 위해선, '나'와 '세계'의 실체성 없음이 실상이라 해도, 일단 무언가가 있어야 그것을 의지처로 하여 실상이 어떠한지를 설할 수 있다. 그렇게 하여 베풀어진 것이 바로 방편이고, 그 방편은 일시적인 수단이요, 실제하는 것이 아니기 때문에 '가(假)'라 하는데, 그 방편으로서의 가(假)는 대체로 언어를 매개로 한다. '말할 수 있는 도는 도가 아니다'라는 노자의 말도 역시 '말'이며, '토끼의 뿔'이나 '거북의 털' 역시 말로 표현된 것이다. 나아가 앞으로 나올 여러 개념, 예컨대 알라야식이니 열반(涅槃)이니 보리(菩提)니, 해탈이니 하는 것들도 역시 가(假)로 세워진 방편일 뿐이다.

다시 앞으로 돌아가 보자. 이숙습기로 저장된다는 선악의 행위는 어째서 선과 악으로 기별(記別) 되는가. 무엇을 선이라 하고 무엇을 악이라 하는가. 실상에서 보면 '나'도 '세계'도 다만 방편(假)으로 상정되었을 뿐 '있는 것'이 아닌데, 하물며 이 선과 악이 어떻게 고정된 기준을 갖는 실체일 수 있겠는가. 대체 어떤 것을 선악이라는 언어 방편을 사용하여 설한 것일까. 이 부분에서 오랜 시간 생각해야 했다.

2

업의 두루마리가 펼쳐지다

불법에 따르면, 우리는 저마다 숙세(宿世)의 업으로 이 세상에 태어나 늙어가고 병들며 죽음을 향하여 나아간다. 그것을 유식에서는 윤회의 주체인 알라야식의 종자가 경계의 연(緣)을 만나 삶의 두루마리를 펼치는 것이라 설명하면서, 현행이라고 표현한다. 이 알라야식(이 역시 방편)은 우리의 의식으로는 지각할 수 없는 심층 심리, 즉 무의식의 영역에 속하는 것이기 때문에 이 업 두루마리의 전개를 운명이나 숙명 같은 것으로 오해하기 쉽지만, 그것과는 다른 차원의 논의인 것 같다.

생각해 보라. 우리는 자기 삶의 얼마만큼이나 자신의 의도나 계획에 따라 결정할 수 있는가. 태어날 의도를 가진 적이 있는가. 병이 들 것을 계획하는가. 늙지 않거나 죽지 않도록 통제할 수 있는가. 자기 부모와 형제, 친척들을 선택할 수 있는가. 태어날 지역이나 용모, 재능과 성격을 골라서 가질 수 있는가. 이렇게 이 세상에 나올 때부터 피할 수 없이 가지고 나오는 업식을 유식에서는 '집지식(執持識, 알라야식의 다른 이름)'이라고 하는데, 이와 유사한 사유를 전개한 하이데거는 이를 '던져져 있음(thrownness)'이라고 표현했다. '존재'가 '시간' 속에 존재자를 던져놓는다는 것인데, 그런 의미에서 보면 우리는 존재론적으로 시작부터 어찌할 수 없는 상태로 '던져진 채' 출발하는 셈이다.

유식에 따르면, 어디에 어떻게 던져지게 되는가를 결정하는 것은 바로 '알라야식' 종자의 힘인 업력이다. 이 알라야식의 업은 어떤 주재자가 있어서 그렇게 내려준 것이 아니라 숙세에 우리 자신이 만들어 놓은 것이 빠짐없이 알라야식에 저장되었다가 '시간'의 연을 만나 새로운 전개를 시작한다는 것이다. 마치 하늘에서 내려오는 것은 모두 땅에서 올라간 것인 것처럼, 스스로 모를 뿐 자신이 지은 것을 그대로 받아 나온다는 것이다. 말하자면 자업자득이라는 말이다. 이에 대해 선불교의 제1조 달마 대사는 『이입사행론(二入四行論)』에서 이렇게 말한다.

> 수행하는 사람은 고(苦)를 만났을 때, 마땅히 이렇게 생각해야 한다. 나는 지난 옛적 무한한 겁 동안 본(本)을 버리고 말(末)을 좇아 육도를 유랑하면서 원망과 증오를 일으키고 거스르고 해한 것이 무한하여, 설사 지금 범한 것이 없다고 해도 이 고통은 나의 숙앙이요, 악업의 과보가 익은 것이니, 하늘의 잘못도 아니고 사람의 잘못도 아니다. 능히 받는 대로 달게 받아들이고 원망하지 말아야 한다.[8]

말하자면 현재 '나'가 처한 내외적 상황과 겪고 있는 모든 것은 빠짐없이 자신이 행한 것의 과보이니, 원망하지 말라는 것이다. 그렇기는 하다. 만일 지금 겪고 있는 일이 전생의 숙업(宿業) 인연이 펼쳐진 업의 자기 전개(development)라면, 일어날 만한 일이 일어난 것이니 이상할 것도 없고, 받을 만한 과보를 받는 것이니 억울할 것도 없을 터이다. 그러면서 이어 달마 대사는 '괴로움을 만나도 근심하지 말고(逢苦不憂)', '그 고통을 몸으로 겪으면서 도에

---

8 『이입사행론(二入四行論)』달마 저, 修道行人 若受苦時 當自念言 我從往昔 無數劫中 棄本從末 流浪諸有 多起怨憎 違害無限 今雖無犯 是我宿殃 惡業果熟 非天非人 所能見與 甘心忍受 都無怨訴

나아가라(體怨進道)'라고 가르친다.

하여간 현생의 우리는 자기 의지와 무관하게 전개되는 상황에서 삶을 시작한다. 그런데 이 '가지고 나온 업'인 집지식 자체는 중립적이지만, 스스로 그업에 무겁게 매이면서 장애를 느낀다면 그때 그것은 '업장(業障)'이 된다. 『해심밀경』[9]에서는 이를 추중박(麤重縛)이라고 하는데, '거칠고 무겁게 속박되다'라는 의미이다. 우리도 늘 보지 않는가. 같은 무게의 짐을 사람마다 얼마나다른 무게로 짊어지는지. 사소한 무게도 천근의 무게로 느끼는 이가 있는가하면, 그 반대의 사람도 있다. 이 사람처럼 말이다.

마음에 무거운 돌덩이를 굴려 올리면서도
걸음이 가볍고 가벼운 저 사람
슬픔을 물리치는 힘 고요해
봄비 건너는 나비처럼 고요해
– 나희덕, 「재로 지어진 옷」에서

하지만 우리 삶이 '던져진 채'로 고정된 것은 아니며, 운명 같은 것은 더더욱 아니다. 알라야식의 종자는 집지식으로 나타나기도 하지만, 삶의 두루마리를 전개하는 과정에서 이 식은 끊임없이 변화하고 성숙한다. 그것을 이숙식(異熟識, 알라야식의 또 다른 이름)이라 하는데, 역시 유사한 사유를 전개한 하이데거는 이를 '기획투사(project)'라고 표현하였다. 말하자면 가지고 나온 집지식은 자신의 의도 밖에 있는 것이지만, 우리는 그 삶을 다른 차원에서 성찰하며어떤 방향을 가지고 기획하고 실천하는 것, 즉 이숙(異熟)해 나갈 수 있다는 것이다.

---

9 『해심밀경(解深密經)』은 유식 사상의 중심 경전이다. 논리적 구성이 치밀하여 경전인데 논서 같다고 하여 경중지론(經中之論)이라 일컬어진다.

3

굴레에서 벗어나기, 붕새의 비행

장자는 바로 이 지점의 문제에서 「소요유」의 논의를 시작하는 것 같다. 그것은 바로 어둡고 찬 북명의 물속에 갇혀 있는 곤(鯤)이라는 물고기, 즉 추중박에 갇혀 있던 곤어가 붕새로 변신하여 남명을 향해 비행하면서 자신의 집지식을 이숙시켜 나가는 이야기이다. 『장자』 첫 장에 「소요유」 편이 나오는데, 그 첫 구절은 이렇게 시작한다.

> 북명(北冥)에 물고기가 있는데, 그 이름을 곤(鯤)이라 한다. 곤의 크기는, 몇천 리나 되는지 알 수 없다.[10]

곤이라는 물고기는 물론 상상의 물고기이다. 실재하는 것이 아니다. 말하자면 장자 특유의 방편, 메타포이다. '북쪽에 있는 연못'이라는 뜻의 북명은 태양의 빛과 볕이 들지 않는 차디찬 물이다. 그 속에 거대하여 그 크기를 헤아릴 수 없는 물고기가 산다고 한다.

이 빛도 볕도 없는 어둠과 추위 속에 있는 물고기가 우리 삶의 현주소를 보

---

10 『장자』 「소요유(逍遙遊)」 北冥有魚 其名爲鯤 鯤之大 不知其幾千里也

여주는 것 같다. 바로 '업'에 갇혀 있는 우리 자신의 모습 말이다. 단순히 '업'에 갇힌 상태 자체는 선도 악도 아니다. 그렇게 태어난 것과 상황 자체는 중립적이다. '생긴 것 자체는 아무 죄도 없다.'

그러면 한번 생각해 볼 일이다. 북명의 물속에서 곤어가 선택할 수 있는 삶의 형태는 몇 가지나 될까.

첫 번째로 생각해 볼 수 있는 삶의 형태는 그야말로 자기 삶을 '있는 그대로' 중립적으로 바라보는 것이다. 전란 중의 난민촌에서도 즐거이 뛰어노는 천진한 아이들처럼, 이 물속에서 컴컴함과 차가움을 문제 삼지도 않고, 탓하지도 않으면서 자기 생긴 대로 거대한 몸으로 헤엄도 치고 친구도 사귀면서 그냥저냥 '자연'으로 살아가는 것이 바로 그것이다. 그렇게 할 수 있다면 이 곤어가 '던져진' 북명이라는 상황은 '업'이긴 하지만 업장이 되지는 않을 것이다. 그저 중립적인 자기 업의 전개에 지나지 않을 터이고, 타고난 것에 무언가를 보태지도 빼지도 않은 상태가 될 수 있다. 이렇게 받은 대로 그대로(無記) 살다가 삶을 마감한다면, 삶의 행위가 '받은 그대로' 알라야식에 훈습되어 종자로 저장될 것이다. 바로 이렇게 '받은 그대로 다시 저장'된다는 의미에서, 등류습기라 이름한 것이 아닐까. 선도 아니고, 악도 아닌 것으로. 하지만 그렇게 할 수 있는 사람이 얼마나 될 것이며, 또 집지식 전체에서 그렇게 할 수 있는 부분이 얼마나 될까. 나아가 그렇게 할 수 있는 시간은 일생에서 얼마나 될까.

이 대목에서 위에서 제기한 문제를 다시 떠올려 보자. 선악으로 기별되어 저장된다는 이숙습기는 무엇이고, 무엇을 기준으로 선과 악을 나누는 것일까.

습기란 '습관으로 형성된 기운'이라는 의미인데, 단지 세상에 태어나 만든 습기만을 가리키는 것이 아니라 숙세에 걸쳐 형성된 습기까지를 포함하여 지칭한다. 그런 의미에서 '집지식'에는 이미 숙세의 습기가 종자 형태로 저장되어 현행된 것이니 이른바 '여든까지 간다는 세 살 버릇'은 아마도 집지식에 해당하는 것일 성싶다. 어쨌든 습기는 앞선 것을 이어받는 것이기도 하면서 동시에 이후 변화할 수 있는 그런 것이다. 그 변화의 방향이 어디로 향하는가에 따라 업장을 소멸하는 수행의 길로 가느냐, 업장을 더 두텁게 보태는 가련한 중생의 길을 가느냐의 기로(岐路)에 서게 된다. 황벽 선사는 이런 말을 했다.

다만 인연 따라 묵은 업을 녹일 뿐, 다시 새로운 재앙을 짓지 말라.[11]

그렇다면 이 곤어가 이 상황에서 자기 삶을 이숙하는 것은 어떤 형태로 가능할까.

두 번째로 생각해 볼 수 있는 삶의 형태는, 차고 어두운 물속에 몸이 '갇힌 채'로 마음조차 '갇혀' 살아가는 것이다. 그리하여 자신의 상황을 메타적으로 성찰하지 못하여, 마음이 '갇힌 것'은 자각하지 못하고 상황이 자신을 가두었다고 원망하며 사는 것인데, 이 경우 상황은 그대로인 채 번뇌만 더욱 커짐을 피할 수 없다. 즉, 가슴 속에 '화'를 키우고 세상과 남을 탓하며 그 상황에 고통받고, 고통받는 마음에 다시 고통받는 것인데, 이런 방향의 이숙은 가지고 나온 집지식에 부정적인 업장을 더욱 보태는 모양새를 갖게 된다. 황벽 선사의 말에 따르면 '새로운 재앙을 짓는 것'이다. 말하자면 '생긴 것 자체는 아무 죄가 없'지만 '생긴 것'을 내세우거나 탓하며 살 때 문제가 된다. '자기 생긴 것'에만 '갇혀' 사는 것. 자기 생각만이 뛰어나고 옳다고 보는 것이나 그 반대의 경우 모두가 그럴 것이다. 이런 방향의 이숙습기를 '악'이라 이름한 것이 아닐까.

그렇다면 마지막으로 생각해 볼 수 있는 삶의 형태는 무엇일까. 이숙습기

---

11 『황벽단제선사완릉록(黃檗斷際禪師宛陵錄)』但隨緣消舊業 更莫造新殃

의 방향이 어디로 향할 때 '선'이라 이름할 수 있는 것일까. 바로 이에 관한 내용을 장자는 이어지는 이야기에서 보여주는 듯하다. 곤어가 붕새로의 과감한 변신을 통해 '남명'을 향해 나아간다는 것이 그것인데, 장자는 이렇게 말한다.

> (곤어는) 화(化)하여 새가 되는데, 그 이름을 붕(鵬)이라 한다...... 이 새는 바다 기운이 움직이면, 남명(南冥)으로 장차 날아가려 한다.[12]

붕새 역시 메타포이다. 붕새로의 변신은 몸의 변신이기보다는 '마음'의 변신일 것이다. 자신의 업장을 박차고 나오는 용기, 업을 더는 업장으로 받지 않겠다는 마음의 수행이 그것이다. 그리고 그 비행은 남명이라는 방향을 가진다. 남쪽은 '계명(啓明)'의 방소라 하는데, '밝음을 열어가는 것'이라는 의미이다. 밝음이란 무엇이겠는가, 지혜가 아니겠는가. 그러니 남명으로의 비행은 바로 어둠에서 벗어나 지혜를 얻기 위한 철학적 여행일 것이요, 불법의 용어를 빌면 무명(無明)에서 벗어나 반야지(般若智)를 향하는 구도의 길이리라.

하지만 업장을 박차고 나오는 것이 쉬운 일이겠는가. 자신이 처한 물리적 상황과 관계들, 성격, 강고한 자의식과 욕망, 굳어진 사고방식, 기존의 경험과 지식 등등을 벗어나기란 참으로 힘든 일이다. 버리지 않으면서도 버리고, 안고 가면서도 매이지 않을 수 있는 정신은 어떤 의미에서 '용맹한 영웅적 기개'가 필요하지 않을까. 그 힘들고 힘든 상황을 장자는 이렇게 표현한다. '삼천 리나 되는 파도와 바람을 일으킨다.'

붕새가 남명으로 날아갈 때 삼천리나 되는 파도를 일으키고, 바람을 일으

---

12 『장자』「소요유」化而爲鳥 其名爲鵬...... 海運則將徙於南冥

키며 날아오르면 구만리를 오르는데, 육 개월이나 쉬지 않고 간다.[13]

이것은 범상한 사건이 아닌 듯하다. '마음' 속에서 일어나는 이 내면적 사건은 '삼천리나 되는 파도와 바람'을 일으킬 정도의 엄청난 수고로움과 충격을 수반한다고 한다. 물속과 지상의 협애(狹隘)한 굴곡에서 벗어나는 일차적 과정일 것이다. 그리고 또 '바다의 기운'이라는 계기, 즉 인연이 필요하다. 어떤 의미에서 마음공부도 인연에 의한 것이다. 공부하겠다는 마음이 나는 것도 인연이요, 공부하게 만드는 '선우(善友)'를 만나는 것도 인연이요, 공부하지 않으면 견디기 힘들 정도로 상황이나 번뇌가 무거운 상태에 놓이는 것도 인연이다. 『유마경』에서 이런 말을 한다.

일체의 번뇌는 여래의 종자이다.[14]

번뇌가 여래를 이루는 종자라고 하니, 그런 의미에서 우리는 마음속의 번뇌를 미워할 일도, 피할 일도 아닌 것 같다. 수행에 뜻을 둔 이는 마주하는 모든 괴로움과 번뇌를 공부의 재료로 삼을 일이다. 봉고불우(逢苦不憂)하고 체원진도(體怨進道)하라는 달마 대사의 가르침이 무엇이겠는가. 번뇌에 잡아먹히지 말고, 그 번뇌를 공부 재료로 삼아 몸소 겪으며 도에 나아가라는 것이 아니겠는가.

불법에서는 공(空)의 이치를 깨닫지 못하고 자신이 마주하는 '세상'과 '나'를 실체로 보고 그것에 집착하여 소유하고 지배하기 위해 애쓰며 살아가는

---

13 『장자』「소요유」鵬之徒於南冥也 水擊三千里 搏扶搖而上者九萬里 去以六月息者也
14 『유마경(維摩經)』 제8 「불도품(佛道品)」 一切煩惱 爲如來種

것을 전도몽상(顚倒夢想)이라고 한다. '뒤바뀐 헛된 생각'이라는 것이다. 실상이 아닌데 실상으로 오인하고 거기에 매여 산다는 것이다.

이어지는 이야기에서 구만리 장천에 오른 붕새는 육 개월이나 비행하며 자신이 전도몽상에 매여 몸담았던 세상을 내려다본다. 세계와 자신에 대한 성찰의 시작이다.

야마(野馬)는 먼지와 아지랑이이다. 살아 있는 것들이 서로 호흡하며 내뿜는 것이다.[15]

그렇게나 애면글면 애쓰고 집착하고 뜻대로 하려 했던 세상이 먼지와 아지랑이처럼 보인다. 살아 있는 것들이 서로 호흡하며 내뿜은 것들이다. 도도히 날아오르는 새의 눈으로 지상의 물건들, 우리가 몸과 마음을 담고 살아왔던 세계를 바라보니 그 세계는 마치 먼지 같고 아지랑이 같다. 먼지와 아지랑이는 잡을 수도 없고 보존할 수도 없는 것, 즉 실체가 아님을 보여주는 메타포이다. 이 세계가 공(空)임을 본다.

하늘은 푸르고 푸르지만, 그것이 제 색일까. 그 멀리 떨어져 있어 그 닿은 바를 모르기 때문일까. 붕새가 아래를 내려다본다면 역시 그럴 것이다.[16]

그러면서 푸르고 푸른 하늘은 진정 하늘의 색인가, 하며 의문한다. 하늘 앞에 늘 따라붙는 '푸른'이라는 관형어는 우리가 일고(一考)의 의심도 없이 사용해온 관용구이다. 이 구절은 '당연한 것'으로 여겨왔던 우리 인식에 대해 의

---

15 『장자』 「소요유」 野馬也 塵埃也 生物之以息相吹也
16 『장자』 「소요유」 天之蒼蒼 其正色邪 其遠而無所至極邪 其視下也 亦若是則已矣

문하는 것인데, 이렇게 의증(疑症)을 내는 것은 무슨 의미를 지니는 것일까.

세계가 공(空)임을 본다는 것은, 눈에 보이는 대상세계를 실체로 보고 그것에 끄달리지 않는다는 것이다. 하늘에서 내려다본 세상이 먼지와 아지랑이처럼 보인다는 것이 바로 그것이다. 불법에서는 이를 '견혹(見惑)을 끊음', 즉 '보이는 것에 미혹되는 것을 끊다'라고 하는데, 바로 이런 수행단계에 이른 이를 일컬어 수다원(須陀洹)이라 하고, 견혹을 끊고 깨달음으로 향하는 흐름에 갓 합류했다고 하여 예류(預流)라고도 한다.[17] 예류란 '흐름에 들어온다'라는 의미이다.

그런데 『대반열반경』에서 수다원에 대해 설하는 부분에서 뜻밖의 구절을 만났다.

> 선남자여, 또 수(須)란 흐름인데, 흐름에는 두 가지가 있으니, 하나는 흐름을 따르는 것이요, 다른 하나는 흐름을 거스르는 것이다. 역류이기 때문에 수다원이라 이름한다.[18]

수다원이란 깨달음의 흐름에 갓 합류한 이를 가리킨다고 했으니 순류라고 하는 게 자연스러울 것 같은데, '역류(逆流)'라고 한다. 어째서 역류라 하는 것인가. 한참 후에야 깨달음의 흐름에 합류하는 길의 시작이 곧 역류라는 것이 아닐까 하는데 생각이 미쳤다. 역류란 흐름을 거스르는 것이니, 그 '흐름'의

---

17 초기불교 수행단계인 사향사과(四向四果)의 첫 번째 단계. '흐름에 들어오다'라는 의미의 산스크리트어 '스로타 아판나(śrota-āpanna)'의 음역이며, 의역으로 예류(預流)라고도 한다. 진리를 알지 못하거나 잘못 알아서 생겨나는 미혹인 견혹을 모두 끊고자 수행해가는 과정을 이른다. 곧 잘못된 견해에서 벗어나 비로소 진리를 추구하는 흐름에 들어섰다는 의미에서 유래한다. 수다원, 사다함(斯陀含), 아나함(阿那含)을 거쳐 아라한(阿羅漢)에 이른다고 한다.

18 『대반열반경(大般涅槃經)』담무참 역, 제36권 제12「가섭보살품(迦葉菩薩品)」善男子 復有 須者名流 流有二種 一者順流 二者逆流 以逆流故 名須陀洹

의미가 예류의 '흐름'과는 다른 듯하다. 전자(예류)의 흐름이 '깨달음을 향한 흐름'이라면, 후자(역류)의 흐름은 자신이 처해있는 세상의 지배저인 세태의 흐름을 의미하는 것이 아닐까.

그러다 문득 이탈리아 혁명가 안토니오 그람시(Antonio Gramsci, 1891-1937)의 말이 떠올랐다. 그는 '왜 이탈리아에서는 가난한 노동자와 농민이 무솔리니의 파시스트 독재를 더 지지하는가?' 나아가 '왜 선진 자본주의 국가에서는 혁명이 일어나지 않는가?'라는 문제의식에서 시작하여 자본주의 사회를 비판하는 『옥중수고』를 썼다. 마르크스주의의 논리로만 본다면 무산계급인 노동자와 농민은 사회주의를 지지하고, 나아가 사회주의자가 되어야 맞다. 그것이 이른바 역사적 필연이자 합법칙성에 부응하는 것이다. 그러나 현실은 그렇지 않았다. 왜 그런 것일까. 세계는 계급 문제로만 설명할 수 없으며, 인간 역시 '논리'로만 설명할 수 없고, 설명해서도 안 되는 복잡다단한 존재라는 점이 그 이유이겠지만, 다른 한편으로는 지배적인 세태의 흐름에 거슬러 큰 대가를 치르는 것보다 그냥저냥 흘러가는 대로 맞춰서 살아가는 것이 더 편하고 쉽기 때문이 아니겠는가. 스스로 생각하는 대로 살지 않으면, 우리는 사는 대로 생각하게 된다. 일종의 순응이다.

그런데 깨달음의 길을 가고자 한다면 세태의 흐름에 거슬르는 '역류'가 되어야 한다고 한다. 말하자면 역류가 곧 예류의 시작이라는 것인데, 이 역류의 시작이 바로 자신을 둘러싼 세계를 지배하는 관념과 가치에 대해 '의문'을 내는 것이 아닐까. 하늘의 푸르름이 진정 하늘의 색인지 의심하는 것처럼, 많은 이가 옳다 하고 이롭다고 하는 것이 진정 그러한 것인지 의문해야 한다. 노자도 말하지 않던가. 세상 모두가 아름답다고 하는 것을 아름답게 여기는 것은 아름답지 않은 것이라고.[19]

---

19 『도덕경』 제2장 天下皆知美之爲美 斯惡已

'나'가 지금까지 알고 있던 것들이 과연 참된 실상이었는가에 대하여 하나하나 의문하고 총체적으로 되돌아보는 것, 그것이 깨달음의 흐름에 합류하기 위한 역류의 시작이다. 남명으로 향하는 붕새는 푸른 하늘의 빛깔에 대해 그렇게 의문하면서 이제 참된 지혜, 즉 반야의 지혜(般若智)를 찾아 나서야 한다.

반야지를 찾아서

1

선지식, 붓다 그리고 장자

무언가를 찾아서 가보지 않은 길을 떠날 때 우리에게 필요한 것은 무엇일까. 아마도 목적지로 향하는 길이 자세히 그려진 지도이리라. 그 지도가 지금 우리 손에 있지 않다면 우리는 어떻게 그 길을 찾아갈까. 자신의 힘으로 찾고자 상상하고 궁리하며 제 길을 찾는 요행을 바랄 수 있고, 이리저리 헤매면서 만나는 사람마다 붙잡고 길을 물을 수도 있다. 혹여 좋은 인연을 만나 천행으로 길을 잃지 않고 갈 수도 있지만, 잘못된 길을 가르쳐주는 이를 만나면 잘못 갔다가 다시 돌아오기를 반복하다가 그 과정에서 의기를 잃고 중도에 포기하려는 마음이 들 수도 있다. 그러면 어떤 방법이 최선일까. 아마도 그 길을 정확하게 아는 사람의 안내나 인도를 받는 것이리라. 그러기 위해선 그 길을 바르게 아는 사람을 찾아야 한다. 바로 지혜로 깨달음에 이른 선지식(善知識)들일 것이다. 그 가운데 우리를 안내해 줄 우뚝한 스승이 있으니 바로 장자, 그리고 조어장부(調御丈夫)이다.

조어장부란 '사람들을 올바르게 안내하는 분'이라는 뜻으로, 붓다의 10가지 명호(名號) 가운데 하나이다.[20] 말하자면 붓다의 다른 이름인데, 붓다는 큰 자비(大慈大悲)와 큰 지혜(大智)로 중생들의 근기(根機)에 맞게 깨달음의 길로 안내하여 구원한다는 그런 의미이다. 말하자면 길을 찾는 이의 보폭이나 체력, 이해 능력, 길을 찾으려는(求道) 열의 등등에 맞게 길을 인도해준다는 것이다.

대승불교 초기 경전에 속하는 『법화경』[21]에 따르면, 붓다께서 세상에 출현하신 것은 '일대사인연(一大事因緣)'인데, 그 인연의 목적을 이렇게 말한다.

제불 세존이 오직 일대사인연으로 이 세상에 출현하신다 함은 무엇을 이르는 것인가. 제불 세존은 중생에게 부처지견을 열어주어 청정케 하고자 세상에 출현하시며, 중생에게 부처지견을 보여주려는 연고로 세상에 출현하시며, 중생이 부처지견을 깨닫게 하고자 세상에 출현하시며, 중생이 부처지견의 길에 들게 하고자 세상에 출현하신다.[22]

붓다께서 세상에 출현하신 목적은 단 하나라고 한다. 바로 우리 중생을 인도하기 위함인데, 이른바 개시오입(開示悟入)이다. 우리에게 부처지견(佛知見)을 열어주고, 보여주고, 깨닫게 하여, 그 길에 들게 하는 것이 그것이다. 인류의 스승이라 일컬어지는 공자(孔子)의 말이 떠오르는 대목이다.

다른 사람이 자신을 알아주지 않음을 근심하지 말고, 자신이 남을 알아보

---

20 여래십호(如來十號)라고 한다. 여래(如來), 응공(應供), 정변지(正遍知), 명행족(明行足), 선서(善逝), 세간해(世間解), 무상사(無上士), 조어장부(調御丈夫), 천인사(天人師), 세존(世尊)이다.
21 '중론'으로 공 사상을 확립한 나가르주나(Nāgārjuna, 150?~250?)가 활동하기 이전에 출현한 경전이다. 『묘법연화경(妙法蓮華經)』을 줄여서 『법화경(法華經)』이라 한다. 붓다의 40년 설법을 집약한 경전으로 알려져 있으며, 천태종(天台宗)의 근본 경전이자 초기 대승경전 중에서 가장 중요한 경전으로 평가된다.
22 『법화경』 제2 「방편품(方便品)」 云何名諸佛世尊 唯以一大事因緣故 出現於世 諸佛世尊 欲令衆生 開佛知見 使得淸淨故 出現於世 欲示衆生 佛之知見故 出現於世 欲令衆生 悟佛知見故 出現於世 欲令衆生 入佛知見道故 出現於世

지 못할까를 근심하라.[23]

보통 사람들이 원망하는 마음을 내는 큰 이유 가운데 하나는 세상이 '자신'을 알아주지 않는다는 것이다. 그런데 공자는 그것은 근심할 문제가 아니라고 한다. 왜 그런가. '남'이 '나'를 알아주지 않는 것이 문제라면 그 문제는 '나'의 문제가 아니라 '남'의 문제일 것이니, 정작 근심할 것은 '나'가 '남'을 제대로 알아보지 못하는 문제라는 것이다. 예컨대 훌륭한 사람이 곁에 있는데 그를 알아보지 못한다면 그것은 바로 '나'의 문제이기 때문이다. 말하자면 아무리 뛰어난 안내자가 있다고 해도 알아보지 못하면 길을 찾아가는 데 도움이 되지 않는 것처럼, 훌륭한 스승이 가까이 있어도 그 스승의 훌륭함을 알아보지 못한다면 가르침을 받는 데 아무 소용이 없다는 것이다. 우리를 위해 세상에 나오셨다는 붓다의 마음을 알아보는 눈, 이것이 우리에게 필요하다.

그런데 여기서 두 가지 의문이 든다. 붓다는 어째서 이렇게 중생을 위하며, 중생에게 부처지견(佛知見)을 열어주고 보여주고 깨닫게 하여 그 길에 들게 하는 것이 어째서 중생을 위하는 길이 되는가. 또 부처지견이란 무엇을 지칭하는 것인가.

---

23 『논어(論語)』「학이편(學而篇)」 子曰 不患人之不己知 患不知人也

2

큰 사랑, 큰 연민

우리는 어떤 경우에 자발적으로 누군가를 위해 무언가 하고자 하는 마음이 드는가. 아마도 두 경우가 있으리라. 상대를 사랑하거나, 상대가 가엾게 느껴지는 경우일 것이다. 이른바 자(慈)와 비(悲)이다.

일반적으로 자(慈)는 '사랑'으로, 비(悲)는 '연민'으로 해석하는데, 모두 상대와 깊이 이어져 있을 때 가능한 일이다. 일반적으로 '사랑'이라고 하면 상대를 아끼고 예뻐하는 마음이요, '연민'이라 하면 상대의 고통을 가엾게 여기고 함께 느끼는 데서 오는 슬픔이다. 그런데 흥미로운 것은 우리 중세 고어(古語)에 '어엿브다(어여쁘다)'는 말이 당시 '가엾다, 불쌍하다(憐)'를 의미했다는 점이다. 아마도 우리 조상들은 이 두 가지 마음이 본래 한 뿌리에서 나온 것으로 본 듯하다. 구태여 나누다 보니 사랑과 연민이라 구분한 것일 뿐, 이어진 마음에서 나타난 것의 양면을 표현할 것이 아닐까 싶다.

그런데 붓다의 자비는 우리 중생의 '사랑'과 '연민'과는 그 깊이와 넓이가 다른 듯하다. 『화엄경(華嚴經)』에서 선재(善財) 동자가 만난 53선지식 중 51번째 선지식인 미륵(彌勒)은 이런 말을 한다.

자(慈)를 행해도 중생에게 애련(愛戀)하는 바가 없으며, 비(悲)를 행해도 중

생에게 취착(取着)하는 바가 없다.[24]

'애'란 아끼는 마음이요, '련'이란 그리워하는 마음이다. 그리고 '취'란 가
지려는 마음이요, '착'은 달라붙는 마음이니, 자비를 행하되 애련하지 않고
취착하지 않음이란 대상에게 욕심을 내거나 집착하지 않음을 가리킬 것이다.
말하자면 대상에 대해 탐진치(貪瞋痴)를 내지 않는 마음이다. 사랑하는 마음으
로 대상을 자기 뜻대로 하고자 하고(貪), 자기 뜻대로 되지 않으면 성이 나고
(瞋), 성을 내다보니 마음이 더욱 어리석어지는(痴) 악순환에 빠지지 않은 마음
이 바로 그것이리라.

자식을 부모의 뜻대로 하고자 하고, 사랑하는 사람을 자신의 마음에 들도
록 하고자 하는 것 역시 '사랑'이라는 이름으로 행해지는 것이지만, 그것이
언제나 행복한 결말로 이어지는 것은 아님을 우리는 보고 있지 않은가. 우리
는 우리의 '사랑'이 제대로 이어진 마음에서 나온 것인지 성찰해야 한다. 장
자는 바로 이 문제에 대해 이렇게 말한다.

대저 말을 사랑하는 자가 광주리로 똥을 받아내고, 무명조개로 오줌을 받
아내다가, 혹 모기나 등에가 엉겨 붙었다 하여 때에 맞지 않게 채찍으로 치
면 재갈을 끊고 머리를 흔들어 다치게 하며 가슴을 부순다. 의도는 지극히
돌보는 것이었지만, 사랑하는 것을 잃게 되어버렸으니 삼가지 않을 수 있
겠는가.[25]

---

24 『화엄경(華嚴經)』 제79권 「입법계품(入法界品)」 是雖行於慈 而於諸衆生 無所愛戀 雖行
於悲 而於諸衆生 無所取着
25 『장자』 「인간세(人間世)」 夫愛馬者 以筐盛矢 以蜄盛溺 適有蚉虻僕緣 而拊之不時 則
缺銜毀首碎胸 意有所至而愛有所亡 可不愼邪

애마자(愛馬者)가 지극한 정성으로 말의 시중을 들어주어도, 말의 처지를 생각지 않고 말을 사랑하는 마음에서 때에 맞지 않는(不時) 행동을 하게 되면 결국 의도와 다르게 말을 잃게 된다는 것이다. '나'의 아끼는 마음이 승(勝)해지면서 아타(我他)의 균형이 무너졌기 때문이다. 사랑하는 마음 때문에 사랑하는 것을 잃게 되었다. 상대를 사랑하는 마음만 앞세워 상대의 처지를 배려하지 않고 자기 방식대로만 하면 결국 돌아오는 것은 낭패이거나 재앙이다. 잘하려는 호의에서 사랑하는 마음이 시작되었지만, 자기중심적 사고에서 벗어나지 못하는 어리석음은 피하지 못한 것이다. 결국 '사랑하는 마음'이 비극을 불러오게 되었다.

제대로 이어진 '사랑'은 자신도 살리고 상대도 살린다. 불법에서는 이를 자리이타(自利利他)라고 하는데, 자신에게 이로운 것이 타인도 이롭게 한다는 것이다. 이런 의미에서 보면 일방적으로 무언가, 혹은 누군가만을 오로지 위한다는 것은 성립하기 어려운 것 같다. 설사 그 무엇을 위해 '나'가 희생하는 것처럼 보여도, 실상 그 행위가 '나'를 위한 것이고, '나'에게 이로운 것일 때, 그것은 제대로 이어진 사랑이 될 수 있다. 상대의 행복이 곧 나의 행복이 될 때, 비로소 제대로 이어지는 것이리라. 그렇지 않은 희생이라면 그 희생의 대가를 바라거나 상대를 탓하게 되리라. 스스로 행복한 이가 다른 이도 행복하게 할 수 있다.

일대사인연으로 세상에 출현한 붓다의 마음은 바로 중생에 대한 이런 '사랑'일 것이다. 이 자비의 마음이야말로 이미 이어져 있는 세계의 실상에 제대로 부합하는 실존의 길이기 때문이 아닐까. 그리고 바로 그렇게 제대로 이어지는 길을 공자는 '인(仁)'이라 표현하고, 예수는 '사랑'이라 했으며, 장자는 '상존(相尊)'이라 한 것이 아닐까. 세계가 하나로 이어진 그물망이라면, 우리의 삶 역시 그 그물의 존재자들과 제대로 이어질 때 그 삶은 실상에 가까워질 것이다. 설사 그 이어져 있음을 자각하지 못하고 그물에서 이탈하여 '나'를 내세우며 산다고 해도, 이어져 있는 실상은 달라지지 않는다. 장자는 이렇게 말한다.

우리가 존재의 실상을 알든 알지 못하든 그 존재의 실상(眞)에는 달라짐(損益)이 없다.[26]

우리 삶에서 가장 깊게 이어져 있다고 인식되는 관계는 무엇인가. 아마도 부모 자식 관계라는 것에 대체로 동의할 것이다. 그런데 어떤 상황, 혹은 문제로 인하여 부모나 자식과 헤어지거나, 불화하여 감정적으로 '단절'된다고 해서, 그 혈육으로 이어진 실상이 달라질 수 있을까. 오히려 '단절의 고통'만 더 커지지 않는가. 아마도 우리의 삶은 실상에서 멀어질수록 더 많은 고통과 허무와 결핍, 그리고 외로움에 시달리게 될 것이요, 역으로 실상에 가깝게 제대로 이어질 때 편안함과 충만한 행복감이라는 선물을 받게 될 것이다.

그런데 붓다의 자비는 대자대비(大慈大悲)라고 한다. 왜 이 자비라는 말에 '대'자를 붙여서 대자대비라 한 것일까. 가엾은 것에 연민을 내고, 예쁜 것에 사랑을 내는 것은 자연일 터이며, 그러므로 慈와 悲만으로도 이어져 있는 존재에 대한 정(情)의 소통이 충분히 될 터인데, 어째서 大를 붙이는 것인가. 어떤 것이 '큰 사랑'이 되는가.

바로 실존 자체에 대한 사랑과 연민이기 때문이 아닐까. 예쁨을 넘어서고 미움을 넘어선 사랑, 시비의 분별도 선악의 차별도 넘어선 사랑, 그 자체로 온전하고, 그 자체로 완결된 실존을 있는 그대로 사랑하고 연민하는 것. 그렇게 자와 비의 마음이 커질 때, 그것을 대자대비라고 하는 것이요, 그렇게 큰

---

26 『장자』 「제물론」 如求得其情與不得 無益損乎其眞

자비로 이어질 때 비로소 우리는 실상에 온전히 부합할 수 있는 것이 아닐까.

제대로 이어진 사랑이라면 상대를 소유하거나 지배하려는 마음으로 나아가는 것이 아니라 상대를 행복하고 이롭게 하려는 방향으로 나아갈 것이다. 물론 행복의 의미는 개별자마다 다르겠지만, 여하튼 상대가 편안해지고 불행해지지 않도록 돕고 헌신하고자 할 것이다.

그렇다면 중생에 대한 붓다의 큰 사랑과 연민의 마음은 어떤 것인가. 『대반열반경』에서는 이렇게 말한다.

부처께서는 중생이 번뇌로 괴로워함을 보시고 마치 어미가 병든 아들 보듯 마음 아파하시니.[27]

한마디로 하면 번뇌로 고통받는 중생을 연민하고, 마음 아파한다는 것이다. 마치 병든 자식을 걱정하며 보살피는 어머니처럼 말이다. 장자 역시 생명이 다할 때까지 시달리고 피곤해져도 돌아가 마음 쉴 곳이 없는 우리의 삶을 이렇게 아파한다.

우리는 한번 형체를 받고 태어나면 그것이 다할 때까지 그것을 잊지 않는다(죽을 때까지 '나'라는 의식을 잊지 않고 살아간다). 그런데 (우리가) 物과 더불어 (소유를 위하여) 해치고 다투면서 傷함이 極을 이루는 것이 마치 말달리는 듯하여 막을 수 없으니 슬프지 아니한가. 죽을 때까지 부림을 받다가 그 성공을 보지 못하고 피곤해져 그 돌아갈 바를 모르니 슬프지 않은가.[28]

---

27 『대반열반경』 제27권 「사자후보살품(師子吼菩薩品)」 佛見衆生煩惱患 心苦如母念病子

장자가 말하고자 하는 것은 연속적 관계 안에서 이루어진 일시적 형체인 우리 몸을 고정된 '실체'로 여기는 자의식을 가지고, 세계를 자기의 것으로 소유하려고 하는 데서 우리의 문제와 고뇌가 발생한다는 것이다. 이런 상태에서는 불가피하게 타자와 더불어 '소유'를 놓고 경쟁할 수밖에 없다. 종신토록 시달리지만 끝내 성공(그조차도 무엇인지 불분명한)을 보지 못한다. 성공을 보는 경우도 있다는 반론을 제기해볼 수 있지만, 장자가 볼 때 성공을 보지 못하는 것은 필연이다. 장자에 따르면 세계에는 소유할만한 그 어떤 고정된 실체도 존재하지 않기 때문이다. 성공을 이루지도 못하면서 생명이 다할 때까지 시달리고 피곤해져도 돌아가 마음을 쉴 곳이 없다. 그래서 삶이 허무(茫)하다.

　　생자필멸(生者必滅)의 피할 수 없는 자연법칙에서 우리 중생은 어쩔 수 없는 가련하고 불쌍한 존재이다. 필히 죽어야만 하는 이런 실존의 고통을 이해하고 함께 슬퍼하는 것은 생명의 본질에 대한 따뜻한 이해의 눈을 가질 때 가능하다. 어느 시인의 말처럼 '연민의 자리는 신의 숨결이 닿는 자리'인지도 모른다.[29] 장자의 슬퍼함과 붓다의 연민이란 바로 그런 것이 아닐까. 실존의 고통에 자신의 번뇌까지 더한 중생의 마음을 연민한 것이 아니겠는가. 그러면 부처지견이란 어떤 의미를 가리키는 것인가.

28　『장자』「제물론」一受其成形 不忘以待盡 與物相刃相靡 其行盡如馳 而莫之能止 不亦悲乎 終身役役 而不見其成功 茶然疲役 而不知其所歸 可不哀邪
29　고재종,「감탄과 연민」

3장
부처지견
佛知見

1

부처의 눈: 하늘의 눈

지견(知見)의 사전적 의미는 지혜와 견해이지만, 글자의 액면을 보면 '앎'과 '봄'이다. 그러니 부처지견(佛知見)이란 부처의 '앎'과 '봄'이요, 부처의 눈에 비친 세계의 실상을 가리킨다. 이때 '부처'란 역사적 인물로 깨달음을 얻은 고타마 싯다르타를 가리키기도 하지만, 무상정등각(無上正等覺), 즉 '위 없는 바른 깨달음을 얻은 이', 즉 제불(諸佛)을 지칭하기도 한다. 대승(大乘)에서는 '일체중생 실유불성(一切衆生 悉有佛性)', 즉 모든 중생이 부처 성품을 지니고 있다고 하며, 수행을 통해 아뇩다라삼먁삼보리(阿耨多羅三藐三菩提), 즉 무상정등각을 얻어 모두 부처가 될 수 있다고 설하는데, 그 길에 대해 『법화경』에서는 이렇게 말한다.

> 모든 중생이 모든 부처를 따라 법을 들으면, 마침내 모두 일체종지(一切種智)를 얻으리라.[30]

---

30 『법화경』제2「방편품」是諸衆生 從諸佛聞法 究竟 皆得一切種智

부처를 따라 법을 듣는다는 것은 '부처의 눈'으로 실상을 본다는 것이고, 그렇게 되기 위해 가르침을 받는다는 것이리라. 말하자면 부처가 되는 길이란 부처지견, 곧 부처의 눈을 열어 참된 앎을 얻는 것이다. 불법이 철학인 까닭이 바로 여기에 있지 않을까. 철학이란 진리(존재의 실상)를 구하려는 사유의 타당성에 대한 부단한 검토 과정이니 말이다.

그런데 불법에 따르면 부처지견이란 별도의 실체로 있어서 얻을 수 있는 것이 아니라, 바로 중생지견을 벗겨냄으로써 가능한 일이라고 한다. 이 중생지견을 해체하고 벗어날 때 비로소 열리는 눈, 그 눈이 바로 부처지견이라는 것이다. 이해를 따지고, 선악과 시비를 분별하고, 무엇이든 자기중심적으로 바라보며 호오(好惡)를 가르는 중생지견에서 벗어난다는 것인데, 그렇기 때문에 불법 공부는 무언가를 더하는 공부가 아니라 덜어내는 공부, 말하자면 해체 공부이다. 노자도 말한다. 도를 이루는 것은 하루하루 덜어내는 것, 즉 위도일손(爲道日損)이라고.

앞서 살펴본 바처럼 세계가 누구에게나 동일하게 '고정된 어떤 모습'으로 보이는 것이 아니라 저마다의 '식(識)'에 따라 다르게 나타나는 것이라면, 세계의 모습은 존재자의 수만큼 다양할 것이요, 그런 맥락에서 부처의 눈에 비친 세계와 중생의 눈에 비친 세계 역시 다를 것이다. 부처의 눈에 세계의 실상은 어떻게 보이는가. 부처는 세상을 어떤 모습으로 아는가. 그리고 중생의 그것과 어떻게 다른가.

고승대덕(高僧大德)이나 수행자들이 '부처의 눈'을 얻었거나, 혹은 그에 근접한 '눈'이 열렸을 때 남기는 것이 있다. 이른바 오도송(悟道頌)인데, 북송(北宋)의 유명한 학자이자 시인인 소동파(蘇東坡, 1037-1101)는 이런 오도송을 남겼다.

시냇물 소리 그대로 부처의 장광설이요,　　　　　　　溪聲便是長廣舌

산빛이 어찌 청정 법신이 아니리오.	山色豈非淸淨身
밤새 들은 팔만 사천 법문의 소식	夜來八萬四千偈
뒷날 어떻게 사람들에게 보여줄 수 있으리.	他日如何擧似人

－「계성산색(溪聲山色)」[31]

부처의 눈을 따라 실상을 보니, 시냇물 소리와 산빛이 있는 그대로 부처요, 부처의 설법이니, 자신이 들은 그 팔만 사천 법문을 중생들에게 어찌 전할까, 그 방편을 고민하고 있다는 내용이다. 말하자면 자연의 소리를 듣고 자연의 빛을 보았는데, 그것이 부처의 설법이요, 법신이더라는 것이다. 그야말로 부처의 눈으로 보면 두두물물(頭頭物物)에 불성(佛性)이 있다는 것이 이런 의미가 아닐까.

고대 서양의 고승대덕, 그리스 스토아학파의 유명한 철학자 에픽테토스 역시『엥케이리디온』[32]에서 이렇게 말한다.

대지와 하늘에는 신이 존재한다. 신은 구정물 속에도, 회충 속에도, 범죄자 속에도 있다. 자연은 이렇게 살아 있는 전체이며, 모든 것을 포괄하는 이성을 갖춘 생명체이다.

대지와 하늘, 구정물, 회충, 범죄자 등 모든 것에 신은 존재한다는 것인데, 이 인용문에서 신을 법성, 혹은 불성으로 대치한다면 그 내용이 거의 흡사해진다. 다만 흥미로운 것은 후자의 인용문에서 보이는 것은 대지와 하늘, 구정

---

31 원제는「증동림총장노(贈東林總長老)」이다. 소동파의 이름은 소식(蘇軾)인데, 호로 더 유명하다. 그는 불교에 대한 이해가 심오하여 그가 설법할 때는 많은 승려들이 모여들었다고 한다. 당대의 고승들과 깊게 교유했다고 하는데, 이 시는 동림사의 총장에게 준 것이다.

32 『엥케이리디온(Encheiridion)』이란 핸드북 또는 매뉴얼이라는 뜻으로, 에픽테토스의 가르침을 그의 제자인 아리아노스가 받아 적은 내용을 토대로 구성되었다.

물과 회충, 범죄자 등등 살아 있는 자연 전체에 신은 그 자체로 '평등하게' 존재한다는 것이다. 그런 면에서 이 두 인용문은 표현에 차이가 있을 뿐, 이 세계에 존재하는 모든 것은 '있는 그대로' 법성 혹은 신의 현현이며 '그 자체로 완결된' 존재라는 것을 말하고 있는 것은 아닐까.

놀라운 것은 장자 역시 이와 유사한 말을 한다는 것이다. 그는 법성이나 신이라는 표현 대신 '도(道)'라는 말을 사용한다. 장자는 도를 어떤 고정된 진리나 절대적으로 떠받들어야 하는 당위로 사용하지 않으며, '도'라는 개념조차 고정화하여 사용하지 않는다. 다만 부단히 얽혀서 유전하는 존재 과정의 실상이 다양하게 드러나는 구체적인 사태를 다양한 어휘를 사용하여 표현한다. 말하자면 도를 절대화하는 통념을 해체하고, 존재의 실상을 밝게 보는 눈을 가져야 한다는 것인데, 『장자』 「외편」에 이런 이야기가 나온다.

동곽자가 장자에게 물었다. 이른바 도라는 것은 어디에 있는 것이요.
장자가 말했다. 있지 않은 곳이 없소.
구체적으로 한정해서 말해주시오.
땅강아지나 개미에게 있소.
어찌 그리 낮은 데 있는 것이오.
피나 쭉정이에 있소.
어찌 더 아래로 내려가는 것이오.
기왓장이나 벽돌에 있소.
어찌 더 심해지는 것이오.
똥이나 오줌에 있소.
동곽자가 더는 대꾸하지 않자, 장자가 말했다.
……
그대는 (도를) 절대화하지 마시오.
존재의 실상인 (도는) 사물을 떠나서 있지 않소.

지극한 도는...... 포괄적이며(周), 어디에나 있고(遍) 모든 것에 있소(咸).
이 세 가지는 이름은 다르지만, 실상은 같은 것이오.[33]

장자 사유에 따르면 땅강아지나 개미에서부터 똥이나 오줌에 이르기까지 모두 세계라는 그물망 속에서 연관되어 움직이는 '존재 과정' 속의 존재들이다. 각 존재자는 각기의 방식으로 실존하면서 거래한다. 초목은 이산화탄소를 들이고 산소를 내놓지만, 인간과 동물은 그 산소를 들이고 이산화탄소를 내놓으며 서로 거래한다. 똥은 땅을 기름지게 하고, 기름진 땅은 곡식을 키우며, 곡식은 인간을 살리고, 인간은 똥을 내놓는다. 어느 한순간도 이 연관의 고리는 끊어지지 않는다. 그러면서 균형을 이루고, 세계는 돌아간다.

자연은 균형을 이룰 뿐, 시비도 판단도 하지 않으며 보답을 바라지도 않는다.[34] 그러므로 그렇게 조화를 이루며 유전하는 세계에서는 어느 것 하나 우월한 것도 열등한 것도 없이, 큰 것은 큰 대로 작은 것은 작은 대로 '있는 그대로' 평등하다. 에픽테토스에게 하늘과 대지, 구정물과 회충이 '신'을 지니고 있다는 점에서 평등한 것처럼, 장자에게서 존재 과정에 있는 모든 존재는 관계의 그물망에서 거래한다는 점에서 그 자체로 평등하다. 구별되지만 차별되지 않는 조화 속에서 각기 실존한다. 이런 세계를 장자는 제물(齊物)의 세계라고 표현하며, 이 제물의 세계는 조지우천(照之于天), 즉 '하늘의 눈'에 비친 세계라고 한다. 남명에 도달한 붕새의 눈에 비친 세계이다.

---

33 『장자』「지북유(知北遊)」東郭子 問於莊子曰 所謂道 惡乎在 莊子曰 無所不在 東郭子曰 期而後可 莊子曰在螻蟻。曰何其下邪 曰在稊稗 曰何其愈下邪 曰在瓦甓 曰何其愈甚邪 曰在屎溺 東郭子不應 莊子曰...... 夫汝唯莫必 無乎逃物 至道...... 周遍咸三者 異名同實

34 강자가 약자를 억압함을 보면서, 혹은 강자와 약자의 싸움을 보면서 약자를 돕거나 약자의 편을 드는 것이 일반적으로 '의롭다'고 여기는 것 역시 균형을 잡고자 하는 자연성의 발현이 아닐까.

그러면 다시 '부처의 눈'으로 돌아가 보자. 붓다(Buddha)는 '깨달은 자'라는 의미이니, 부처의 눈은 부처가 깨달음을 얻은 후, 즉 성도(成道) 후에 열린 눈이리라. 앞서 소개한 『법화경』과 더불어 대승불교 초기의 대표 경전으로 꼽히는 것으로 『화엄경』이 있는데, 『법화경』이 부처의 법(法)을 설하는 경전이라면, 『화엄경』은 불(佛)을 설한 경이라 일컬어진다. 바로 이 『화엄경』에서 붓다가 무상정등각을 이루었을 때의 모습을 이렇게 설하고 있다.

이와 같이 나는 들었다. 어느 때 부처께서 마갈제국 아란야법 보리도량에 계실 때 정각(正覺)을 이루셨다...... 그때 세존께서 이 자리에서 일체법에 최정각(最正覺)을 이루셨는데, 지혜는 삼세에 들어가서 모두 평등해지고, 그 몸은 일체 세간에 충만하며, 그 음성은 시방 국토에 두루 퍼졌다.[35]

붓다가 최정각을 이루었을 때, 그 뜻(지혜)은 삼세에 평등하게 들어가고, 몸은 모든 곳에 가득하며, 입에서 나오는 소리는 어디에서나 들렸다고 한다. 그리고 '마치 허공이 온갖 물상을 머금어 모든 경계에 분별이 없는 것과 같고, 모든 것에 두루하여 모든 국토에 평등하게 들어가는 것 같았다'[36]고 설한다.

종교적으로 해석하면 붓다의 불가사의한 위대함과 초월적 능력을 보여준다고 볼 수 있으리라. 하지만 철학적으로 본다면 위 구절 전체를 방편으로 보고, 그 방편이 지시하는 바를 살펴야 할 터이다. 왜 그래야 하는지, 이 문제를 좀 짚어 본 후에, 온 세상에 두루한 부처의 몸과 뜻과 소리의 의미를 살필 수 있을 것이다.

---

35 『화엄경』 제1 「세주묘엄품(世主妙嚴品)」 如是我聞 一時 佛在摩竭提國 阿蘭若法 菩提場中 始成正覺...... 爾時 世尊 處于此座 於一切法 成最正覺 智入三世 悉皆平等 其身充滿 一切世間 其音普順 十方國土

36 『화엄경』 제1 「세주묘엄품」 譬喩 譬如虛空 具含衆像 於諸境界 無所分別 又如虛空 普徧一切 於諸國土 平等隨入

2

방편: 달을 가리키는 손가락

공자는 스스로를 술이부작(述而不作)한 자라고 칭했다. 말하자면 어떤 새로운 것을 창안해낸 것이 아니라 이미 있는 것을 서술했을 뿐이라는 것이다. 겸손의 언사로 볼 수도 있으나, 어떤 면에서는 이미 있는 것을 보고 정리하여 전하는 것을 자기 소임으로 했다는 의미이기도 하다.

그런데 붓다의 친설로 인정되는 『아함경』[37]에서 붓다 역시 자신이 법(진리)을 만든 자가 아니라고 하며 이렇게 설한다.

부처가 세상에 출현하건 혹은 세상에 출현하지 않건 이 법은 항상 머무르니, 법이 머무르는 곳을 법계라고 한다. 저 여래께서 (그 법을) 스스로 깨닫고 알아 등정각(等正覺)을 이루어 사람들을 위해 연설하시고, 열어 보여 나타내신 것이다.[38]

인연생기(因緣生起), 즉 연기법은 경문에서 늘 '이 법(此法)'으로 지칭된다. 말하자면 이 법은 자신이 만든 것이 아니요, 다른 사람이 만든 것도 아니며, 그것은 여래가 세상에 나오거나 나오지 않거나 항시 법계에 머물러 있었다는 것이다. 요컨대 붓다는 법을 만든 자가 아니라 법을 본 자라는 것이다. 그렇게 '본 눈'이 바로 '부처의 눈'인데, 자신이 본 것을 중생에게 열어주고 보여주고 깨닫게 하도록 한평생 노력하고, 최후 열반에 드는 그 순간까지 한 중생이라도 더 구제하기 위해 애쓰셨다는 것이다.

부처의 눈을 열고, 보고, 깨닫고, 들게 하고자 번뇌에 시달리는 중생에게 자신이 본 실상(법)을 전하기 위해 붓다가 법을 설한 것이 이른바 '팔만사천 법문'이다. 중생마다 번뇌가 다르고, 마음이 다르고, '눈'이 다르고, 깨달음의 근기도 다르기 때문에 대기설법(對機說法)을 하셨다고 한다. 즉 근기에 따라 서로 다른 적절한 '방편'을 사용하여 법을 설하셨다는 것이다. 붓다는 이렇게 설한다.

부처의 도는 생각으로 헤아릴 수 없는 것이므로 (근기에 따라) 적절한 방편으로 설하니.[39]

---

37 『아함경(阿含經)』이란 붓다 멸도 후(기원전 544) 제자들이 모여 붓다의 가르침과 계율을 정리한 것이다. 석가모니 붓다는 생전에 모든 가르침을 구술로만 전달했기 때문에 사후 그의 가르침 역시 직접 설법을 들었던 제자들에 의해 구두로 전해졌다. 대부분은 붓다의 10대 제자 가운데 한 명인 다문제일(多聞第一) 아난이 "나는 이와 같이 들었다(如是我聞)"라는 서두로 자신이 기억하고 있는 붓다의 가르침을 암송하면 다른 제자들이 이를 모아 정리했다. 이 과정에서 한 명이라도 "스승께서 그렇게 말씀하지 않으셨다"라고 이의를 제기하면 채택하지 않았다고 한다. 이렇게 결집한 경전은 경장(經藏), 율장(律藏), 논장(論藏)으로 나뉘었으며, 이 세 경전에 능통한 비구를 삼장법사라고 칭한다. 부처 입멸 직후의 1차 결집을 포함하여 총 6번의 결집이 있었다고 한다. 초기 불교 시대에 성립된 경전을 통틀어 이르며, 팔리어로 쓴 『니카야(nikāya)』가 있고, 여기에 해당하는 산스크리어본이 『아가마(āgama)』이며, 이 아가마를 한문으로 번역한 것이 『아함경』이다. 이 『아함경』은 네 종류가 있는데, 문장의 길이가 긴 경전을 모은 『장아함경(長阿含經)』 22권 30경, 중간 길이의 문장을 모은 『중아함경(中阿含經)』 60권 222경, 짧은 경전을 모은 『잡아함경(雜阿含經)』 50권 1,362경, 사성제, 육도, 팔정도 등과 같은 법수(法數)를 순서대로 분류하여 엮은 『증일아함경(增一阿含經)』 51권 471경이 있다.

38 『잡아함경』 송 천축삼장 구나발타라(宋天竺三藏求那跋陀羅) 역, 제1권 제14 「인연경(因緣經)」 若佛出世 若未出世 此法常住 法住法界 彼如來自 覺知成等正覺 爲人演說 開示顯發

39 『법화경』 제3 「비유품(譬喩品)」 佛道叵思議 方便隨宜說

말하자면 부처의 도는 헤아려 알 수 있는 것이 아니라(별도의 실체가 아니므로), '부처의 눈'이 열릴 때 비로소 현현하는 것이기 때문에 큰 사랑과 큰 연민으로 목마른 자에게 물을 주고, 번민하는 자에게 위로를 주고, 지친 자에게 휴식을 주면서 그렇게 중생의 욕망과 분별하는 마음에 따라 적절한 방편으로 법을 설하셨다는 것이다. 그러나 이것은 결코 중생의 욕망을 추수(追隨)하는 것이 아니라 그 욕망과 분별의 자리를 출발점으로 삼아 깨달음의 길로 인도하기 위한 것이다.

그런데 마치 병든 이를 치료하는 의사가 그 병에 따라 처방을 달리 하듯, 중생의 병에 따라 법을 설하는 '방편'도 다를 수밖에 없다. 수많은 경전의 서로 다른 설들은 부처지견을 열어주기 위한 '방편'일 뿐이다. 그러니 중요한 것은 방편에 매일 것이 아니라, 그 방편이 지시하는 바의 의미를 참구(參究)하는 것이며, 문자의 액면 의미가 아니라 그 이면의 의미를 살피는 것이다. 『능가경』에서 붓다는 이렇게 설한다.

> 대혜여, 모든 수다라에서 설한 법 역시 이와 같아 자기 마음으로 분별하는 범부들을 환희케 하기 위한 것일 뿐, 진실한 성인의 지혜는 언설에 있는 것이 아니다. 대혜여, 그대는 응당 뜻에 수순할 뿐 말한 바의 이름이나 문자에 집착하지 말라.[40]

'수다라'는 '경전'이라는 의미이다. 경전에서 설한 법은 각자 다르게 분별하는 중생들의 마음에 따라 그들을 깨달음의 기쁨으로 이끌기 위한 '방편'일 뿐, 참된 부처의 지혜는 언설에 있지 않다는 것이다. 그러니 명심하고 또 명

---

40 『능가경(楞伽經)』 제3 「집일체불법품(集一切佛法品)」 大慧 一切修多羅 說法亦復如是 爲
諸凡夫 自心分別 令得歡喜 非如實聖智 在于言說大慧 汝應隨順于義 莫着所說 名
字章句

심할 것은 이름이나 문자에 집착하지 말라는 것이다. 『법화경』에서도 붓다는 이렇게 설한다.

> 내가 방편을 베푸는 것은 부처지혜에 들게 하기 위함이라.[41]

방편의 목적이 너무 분명하지 않은가. 부처의 눈을 열게 하기 위함이라는 것이다. 서로 다른 병에 서로 다른 처방이 필요한 것처럼, 서로 다른 중생의 마음에 따라 상이한 '방편'을 사용했으니, 그 방편으로 사용된 '말'에 매이지도, 집착하지도 말고, 그 말이 의미하는 바를 깊이 살피라는 것이다. 방편이란 마치 달을 가리키는 손가락과 같은 것인데, 손가락에 눈이 매여 손가락을 관찰하고, 손가락의 수를 헤아리고, 손가락의 모양을 따지고 있다면 달을 보기 어렵지 않겠는가. 붓다는 또 이렇게 말한다.

> 내가 설한 모든 방편, 이와 같은 실상은 없다.[42]

방편은 방편일 뿐, 그 자체가 실상이 아니라는 것이다. 손가락은 달을 가리키고 있을 뿐 달 자체가 아닌 것처럼 말이다. 바로 이 점은 장자가 어째서 그토록 언어 문제에 집중했는지를 이해하는 데 도움이 되는 부분이기도 하다. 장자는 이렇게 말한다.

> 세계는 내 마음과 함께 일어나고, 만물은 내 마음과 하나로 연속되어 있다. 이미 하나로 연속되어 있는데, 어떻게 그것에 대해 말할 수 있는가.[43]

---

41 『법화경』 제3 「방편품」 我設是方便 令得入佛慧
42 『능가경』 제18 「총품(總品)」 我說諸方便 無如是實相
43 『장자』 「제물론」 天地與我竝生 萬物與我爲一 旣已爲一矣 且得有言乎

장자는 우리에게 우리가 사용하는 언어를 깊이 성찰하고 치밀하게 검토할 것을 요구한다. 대체로 방편은 '언어'를 매개로 하는데, 왜 그런 것일까.[44] 언어는 마음과 세계를 연관시키는 매개가 되기 때문이다. 언어를 통해 세계는 우리의 마음에 들어오고, 우리의 마음은 언어를 통해 세계를 드러낸다. 다시 말해 우리는 언어를 통해 세계를 이해하고, 또 구성해 나간다. 그러므로 언어는 우리가 세계를 이해하는 데 필수적이면서 동시에 제약적이다.

그런데 언어 자체는 존재의 실상을 정확하게 반영하지 못한다. 존재의 실상은 이어진 채로 한시도 쉬지 않고 변화하는 연속적 흐름인데, 언어는 그와 반대로 세계를 고정해 개념화하는데 그 본질이 있고, 그런 까닭에 언어는 존재의 실상을 왜곡하고 실체화하기 때문이다.

게다가 장자에 따르면 세계와 '나'는 이미 이어진 채로 존재하기 때문에 세계를 대상화할 수 없다. 우리가 무언가에 대해 말한다는 것은 그 '무엇'과 '나' 사이에 거리가 있어 대상화할 수 있음을 전제로 한다. 즉 주객이 나뉘어야 한다. '저 뜰 앞의 잣나무가 푸르다'라고 말하려면 여기 말하는 '나'가 있고, 저기 말해지는 '푸른 잣나무'가 있어야 가능하다. 그러나 장자에 따르면 이것은 그렇게 보일 뿐 실상 그 나무와 '나'의 마음이 연속하여 생기한 것이라면, 그 '나무'와 '나' 사이에는 주객을 나눌만한 거리가 있다고 할 수 없다는 것이다. 장자는 또 이런 말을 한다.

대저 도란........ 천지가 있기 이전에 예부터 존재했다.[45]

하늘과 땅이 있기 이전부터 도가 있었다는 이 구절을 처음 만났을 때, 그

---

44 선가의 조사들이 고함을 치거나 몽둥이질을 하거나 격외문자(格外文子)를 사용하는 것 그리고 유마거사가 침묵한 것 등도 방편인데, 넓은 의미에서 보면 이 역시 '언어'에 속한다.
45 『장자』「대종사(大宗師)」夫道...... 未有天地 自古以固存

의미를 이해하지 못해 퍽 오랜 시간 애를 먹었던 기억이 있다. 빅뱅 이전부터 있었다는 것인가, 하는 생각을 했을 정도이다. 여기저기 기회가 될 때마다 그 의미를 물었지만 어디에서도 시원한 답을 듣지 못하다가, 논문을 쓰면서 자연스럽게 그 의미가 석연해졌다.

장자에게 '도'란 어떤 실체가 아니라 인간을 포함해 변화하고 유전하는 자연 그 자체이다. 우리가 저 허공을 '하늘'이라 이름하고 딛고 있는 단단한 것을 '땅'이라고 이름하기 전에 이미 하늘과 땅은 변화의 큰 그물망 속에서 유전하며 존재해 왔다는 것이다. 역사의 흐름을 보며 '필연'인가 '우연'인가를 논할 때 역시, 그 '필연'과 '우연'이라는 개념은 인간의 관점에서 지은 이름이다. 어떻게 이름 짓든 역사는 구체적 사태로 이어져 왔다.

그런 의미에서 언어가 드러내는 것은 존재하는 사물 자체가 아니라 우리 의식에 의해 파악된 것의 표상일 뿐, 실상 그 자체는 언어에 담아 전할 수 없다. 이름은 그 이름으로 불리는 사물 자체가 아니며, 서술된 사태는 사태 자체가 아니다. '사과'는 사과 자체가 아니며, '뜨겁다'는 말은 뜨겁지 않다. 그런데 문제는 우리가 언어적으로 고정된 이름 혹은 개념을 실제로 오인한다는 데 있다. '사과', '평화', '사랑'이라는 말을 들으면 그 말에 해당하는 어떤 것이 실제로 있다고 생각하게 된다. 그러나 '사과'라는 개념은 사과 자체가 아니며, 사과 그 자체 역시 부단히 변화하고 있기 때문에 고정된 실체가 될 수 없다. 이것이 장자가 보는 언어의 본질이다. 의미를 전달하는 과정에서 관념적이고 영상적인 어떤 이미지를 전할 수는 있지만, 그것이 실상 자체는 아니다.

언어는 우리와 세계를 이어주는 일종의 길이요, 그런 의미에서 방편이다. 로마로 가는 길과 로마는 연결되어 있고 뗄 수 없지만, 로마로 가는 길이 로마 자체는 아니다. 모든 강이 바다로 연결되어 있지만, 강이 곧 바다는 아니다. 언어는 실상에 이르는 길을 지시하는 기표로 의미를 지닐 뿐이다. 달을 가리키는 손가락처럼 말이다.

그러나 존재의 실상을 말로 할 수 없다 해서, 우리가 말을 할 수 없거나 말해서 안 되는 것은 아니다. 그러나 아무리 말로 해도 그 말은 실상과 비슷하게 여겨질 뿐 실상이 아니다. 언어를 통해 알 수 있는 것은 우리 마음이 세계를 어떻게 이해하고 해석하여 구성하고 있는가이다. 마음에 의해 구성된 세계, 마음과 연관되어 생기하는 세계는 체험될 뿐 진술될 수 없으며, 진술한다고 생각하지만, 그것은 세계에 대한 우리의 해석을 진술할 뿐이다. 세계 자체의 모습, 즉 실상이 아니다.

그러나 그렇다 해도 언어를 버릴 수 없다. '존재의 실상(道)을 언어로 말할 수 없다'라는 것도 언어이다. 장자가 권하는 것은 언어를 버릴 수 없지만, 언어에 묶여서는 안 된다는 것이다. 언어를 사용해도 그 언어가 가지고 있는 표상적 의미에 매이지 않아야 한다.

그러면 우리는 언어를 어떻게 사용해야 하는가. 장자는 「제물론」에서 장오자(長梧子)의 입을 통해 방편으로 언어를 사용하는 태도에 대해 이렇게 말한다.

장오자가 (구작자(瞿鵲子)에게) 말했다. "내가 그대에게 허망하게 말하고자 하니, 그대 역시 허망하게 들어라."[46]

장오자는 자신이 '망언(妄言)'을 하고 있으니, 듣는 구작자 역시 '망청(妄聽)'을 하라고 권한다. '망(妄)'이란 없는 것을 있다고 여기고 행동하는 것을 가리킨다. 그러니 허망하게 말했으니, 허망하게 들으라고 권하는 장자의 생각에는 이미 말하는 자도, 듣는 상대도, 말하는 내용도 실체성 없는 것, 불법의 용

---

46 『장자』「제물론」予嘗爲女妄言之 女以妄聽之

어를 빌면 '空'이라는 전제가 바탕하고 있다. 그런데도 말하는 것은 이런 방편의 말이 아니라면, 자기 생각을 전달할 방법이 없기 때문이다. 그러니 그 말을 머릿속에 짊어지지 말고 그 지시하는 바의 의미를 깨쳤다면 '듣고 보내라'라는 것이다. 그래서인지 『장자』에 등장하는 인물들은 늘 '시험 삼아(嘗試言之)' 말한다.

언어에 대한 이런 입장은 대승불교에서도 유사하게 전개된다. 대승의 대표적인 논서로 일컬어지는 『대승기신론』에서는 이렇게 말한다.

> 일체 언설은 가명(假名)일 뿐 실상이 없다. 다만 망념에 따른 것일 뿐이어서 (실상을) 얻을 수 없다...... 말하자면 언설의 극(極)은 말로 인하여 말을 여의는 것이다.[47]

말하자면 언어를 사용하는 것은 다만 그 언어를 떠나기 위한 '방편'일 뿐이라는 것이다. 세계의 그 어떤 것도 실체로 존재하지 않기 때문에 언어로 이름할 수 없기 때문이다. 그러나 실체가 없으므로 궁극적으로 언어를 버려야 하지만, 마음에 비친 상으로서의 세계는 언제나 존재한다는 점에서 버릴 수 없다. 그러므로 그 방편의 말로 실상으로 착각하고 있는 말을 버리는 것이 언설의 극이라고 한 것이다.

그런데 여기서 한 걸음 더 나아가 중생들의 근기에 따라 팔만사천법문을 남겼다는 붓다는 『능가경』에서 이렇게 말한다.

> 나는 어느 날 밤에 보리를 증득했고, 어느 날 밤에 반열반에 들 것인데, (보리를 얻고 열반할 때까지) 이 사이에 한 글자도 말하지 않았다. 전에도 말

---

47 『대승기신론』以一切言說 假名無實 但隨妄念 不可得故...... 謂言說之極 因言遣言

하지 않았고, 앞으로도 말하지 않을 것이며, 현재에도 말하지 않는다.[48]

　그렇게 오랜 세월 많은 설법을 했으나, 스스로 한마디도 하지 않았다는 것이 무슨 의미이겠는가. 여태까지의 한 말이 모두 가(假)로 세워진 방편일 뿐이요, 방편으로서의 말은 공(空)일 뿐임을 말하는 것이 아니겠는가. 말에 매이지 않아야 한다는 것이다. 한 법도 실체로 있는 것이 아니라는 공 사상에 입각하면, 그 공을 설하기 위한 '공'이라는 개념 역시 방편으로 사용된 것이므로 '空'이라는 개념 역시 '空'임을 철저히 참구하는 것이 필요하다. 비웠다는 생각조차도 비워야 한다. 이전의 말, 현재의 말, 앞으로 할 말 모두 방편, 방편일 뿐이다. 말을 붙잡고 있지 않아야 한다. 듣고 보내야 한다. 그러나 버리기 전에 그 방편의 말이 전하고자 하는 의미를 깊이 참구해야 한다.

---

48 『능가경』 제4 「불심품(佛心品)」 我何等夜 得大菩提 何等夜 入般涅槃 此二中間 不說 一字 亦不已說 當說現說

4장

화엄의 세계

華 嚴

1

'부처의 눈'에 비친 세계의 실상

붓다는 분별하고 번뇌하는 우리에게 '부처의 눈'을 열어 중생지견에서 벗어나게 하고자 세상에 출현하셨다고 하고, 장자는 우리에게 이쪽저쪽을 가르고 시비하며 분별하는 이분법직 눈을 해체하고 '하늘의 눈(照之于天)'으로 세상의 실상을 보라고 권한다. 무언가를 보는 눈, 이를 유식 철학에서는 '견분(見分)'(알라야식의 작용 가운데 하나)[49]이라고 하는데, 세상에 대한 우리의 인식, 관점, 시각 등등을 포함한 '보는 눈'을 가리킨다.

그런데 우리의 '견분'이 어떠한지 그 자체로는 알기 어렵다. 모든 것을 다 보면서도 자신은 보지 못하는 눈처럼 견분은 그 자체로 볼 수 없다. '눈'이 거울이라는 매개를 통해서만 '눈' 자신을 볼 수 있는 것처럼, '견분'은 그 '견분'에 의해 나타난 세계의 모습, 즉 상분(相分)을 통해서만 알 수 있다.

그러므로 우리가 세상을 어떻게 보는가를 알기 위해서는 그 세상이 우리에게 어떻게 보이는가를 알아야 한다. 마치 영사기의 필름에 어떤 내용이 들어있는가를 알기 위해서는 영사막에 비친 모습을 통하는 것이 유일한 길인 것

---

49 유식 철학에 따르면 알라야식의 작용에는 네 부분이 있는데, 바로 견분(見分), 상분(相分), 자증분(自證分), 증자증분(證自證分)이다. 뒤에서 자세히 볼 것이다.

처럼, 우리는 상분을 통해서만 자신의 '견분'을 알 수 있다. 그런 의미에서 결국 '상분'으로 나타난 세계란 우리의 식(識)이 그려낸 그림일 뿐인데, 그렇게 '보인 것'이 실제인 줄 알고 거기에 묶여서 고뇌하고 괴로움을 받는 것을 『해심밀경』에서는 상박(相縛)이라고 한다. 상분에 매인다는 의미이다.

그러니 견분, 즉 그 '보는 눈'을 알기 위해선 어떻게 보이는가의 '상분'을 알아야 하고, '부처의 눈'을 알기 위해선 부처의 눈에 비친 세계를 보아야 한다. 부처의 눈에는 세계의 실상이 어떻게 보이는가.

다시 앞으로 돌아가 보자. 정각을 얻은 붓다의 몸과 뜻과 소리가 삼세에 평등하게 들어가고, 세간에 충만하며, 시방 국토에 두루 퍼졌다는 것이 무엇을 전하려는 방편 구절인가. 이 구절을 다시 음미해 볼 필요가 있다.

> 이와 같이 나는 들었다. 어느 때 부처께서 마갈제국 아란야법 보리도량에 계실 때 정각(正覺)을 이루셨다...... 그때 세존께서 이 자리에서 일체법에 최정각(最正覺)을 이루셨는데, 지혜는 삼세에 들어가서 모두 평등해지고, 그 몸은 일체 세간에 충만하며, 그 음성은 시방 국토에 두루 퍼졌다.[50]

이 구절이 실려 있는 『화엄경』은 대승경전이다. 본래 이름은 『대방광불화엄경(大方廣佛華嚴經)』인데, 부처(대방광불)의 눈에 비친, 꽃으로 장엄한 진리의 세계를 설한 경이라는 뜻이다. 그러니 '부처가 설한 경'이기보다는 '부처'를 설한 경이요, '부처의 눈에 비친 세계'를 설한 경이다. 그래서 『정각개현경(正覺開顯經)』 즉 정각의 열림을 설한 경전이라고도 한다. 여기서 흥미로운 점은 정각이 '열려 나타났다(開顯)'고 표현한 점이다. '부처의 눈'은 어디 다른 곳에

---

50 『화엄경』 제1「세주묘엄품」 如是我聞 一時 佛在摩竭提國 阿蘭若法 菩提場中 始成正覺...... 爾時 世尊 處于此座 於一切法 成最正覺 智入三世 悉皆平等 其身充滿 一切世間 其音普順 十方國土

있는 것을 가져다가 학습해서 자기 것으로 하는 어떤 것이 아니라 이미 자신에게 있으나 닫혀 있을 뿐인 '눈'을 연다는 의미이리라.

그런데 대승경전은 붓다의 친설(親說)이 아니라 붓다의 정신을 결집한 것으로, 친설인 『아함경』에 비해 매우 철학적이고 추상적이다. 철학적이고 추상적이라는 의미는 대승경전에 등장하는 붓다는 역사적 인물로서의 고타마 싯다르타에 한정되지 않는다는 것, 또 붓다의 설법을 듣는 보살들 역시 역사적 실존 인물이 아니라는 것, 그리고 설해지는 내용 또한 듣고 바로 이해할 수 있는 범용한 내용이 아니라는 것이다. 방편으로서의 언어가 극대로 사용된 표현들과 삼매(三昧)에서 현현한 세계에 대한 웅장한 묘사가 주를 이루고 있기 때문에 그 의미를 많이 생각하고 참구해야 하는 경전이 바로 대승경전이다.

그런 의미에서 볼 때, 그 붓다의 신구의(身口意), 즉 몸과 뜻(지혜)과 입(음성)이 장자의 위 인용문에서의 '도(道)'와 유사하게, 허공처럼 두루 포괄하고(周), 어디에나 있으며(遍), 모든 것에 다 있다는 것은 '붓다'의 의미가 육신을 지니고 세상에 출현했던 고타마 싯다르타라는 역사적 인물에 한정된 것이 아닌 듯하다. 친설 『아함경』에서 붓다는 친히 제자 아난(阿難)에게 이렇게 설한다.

그러므로 아난이여, 마땅히 이렇게 뜻을 세워야 한다. '우리 석가모니 부처의 수명은 무량하다. 왜냐하면 육신이 비록 멸도해도 법신(法身)은 존재하기 때문이다.' 이것이 그 이치이니, 마땅히 염하고 받들어 행하라.[51]

육신을 지닌 붓다가 세상을 떠난다 해도 그 법신은 여전히 이 세상에 존재한다는 것인데, 초기불교에서는 29세에 출가하여 35세에 도를 깨달아 80세로 열반에 든 석가모니 한 분을 붓다라 칭했으나, 대승불교가 일어나면서 역사적 붓다를 뛰어넘는 '부처'의 개념이 기술되기 시작했다. 『법화경』에서는 보리수 밑에서 성도(成道)하고 붓다가 된 석가모니(석가 족(族)의 깨달은 자라는 뜻)는 일시적으로 인간의 모습을 하고 이 세상에 출현한 것에 불과하며(그래서 석가모니를 화신불(化身佛)이라 칭한다), 실상은 영원한 과거에 이미 성불하고 무수한 시간에 걸쳐 인간을 교화해 온 부처가 있었다고 하며 이렇게 설한다.

그대들은 여래의 비밀한 신통의 힘에 대해 잘 들으라. 일체 세간에 하늘과 인간 아수라들은 모두 석가모니 부처가 석씨 왕궁을 나와 가야성 가까운 도량에 앉아 아뇩다라삼먁삼보리를 얻었다고 생각한다. 그러나 선남자들이여, 내가 실제로 성불한 지는 무량무변 백천만억 나유타 겁이 되었다...... 그로부터 나는 항상 이 사바세계(인간세계)에서 법을 설하여 교화하였고, 다른 백천만억 나유타 아승지겁 국토에서 중생을 인도하여 이롭게 하였다.[52]

인간만이 아니라 천신과 아수라들의 생각을 헤아리며, 붓다가 카필라성에서 왕자로 태어나, 29세에 출가하여 6년 후 보리수 아래에서 성도했다고 알고 있는 그들의 생각이 부분적일 뿐임을 지적한다. 그리고 상상을 초월하는 시간 단위를 제시한다.

겁(劫)이란 산스크리트어 칼파(kalpa)를 '겁파(劫波)'라 음역한 것을 줄인 말로, 하나의 세계가 개벽한 때부터 다음 세계가 개벽할 때까지의 시간을 가리킨다. 『잡아함경』에서는 두 가지 비유로 이를 설명하는데, 첫 번째는 가로, 세

---

51 『증일아함경』 동진 계빈 삼장 구담 승가제바(東晉罽賓三藏瞿曇僧伽提婆) 역, 제57 「십불선품(十不善品)」 當建此意 我釋迦文佛 壽命極長 所以然者 肉身雖取滅度 法身存在 此是其義 當念奉行

52 『법화경』 제16 「여래수량품」 汝等諦聽 如來秘密 神通之力 一切世間 天人及阿修羅 皆謂今釋迦牟尼佛 出釋氏宮 去伽耶城不遠 坐於道場 得阿耨多羅三藐三菩提 然善男子 我實成佛已來 無量無邊 百千萬億 那由他劫...... 自從是來 我常在此 娑婆世界 說法敎化 亦於餘處 百千萬億 那由他 阿僧祇國 導利衆生

로, 높이가 1유순(由旬, 약 15km) 되는 반석을 백 년에 한 번씩 비단 옷자락으로 닦아 그 반석이 다 없어져도 1겁이 다하지 않는다고 하고[53], 두 번째는 가로, 세로, 높이가 각 1유순 되는 철성(鐵城)에 겨자씨를 가득 채우고, 백 년에 한 알씩 꺼내어 모두 다 꺼내도 1겁의 시간은 끝나지 않는다고 한다.[54] 그리고 나유타란 10^{60}이라 하니, 1나유타 겁도 상상 불가인데, 그 나유타 겁 앞에 무량무변 백천만억이 붙어 있으니, 그야말로 의식으로 헤아리는 행위를 포기하지 않을 수 없게 한다. 그러니 어떤 의미에서는 의식으로 헤아리는 우리의 행위를 쉽게 하려는 목적에서 사용된 방편이 아닐까.

하여간 붓다 자신은 헤아릴 수 없는 옛날 옛적에 이미 성도(成道)했으며, 그 성도 이후 이번 세상만이 아니라 시간적, 공간적으로 무수한 세계에 출현하여 중생들을 인도해 왔다는 것이다. 이렇게 무량한 시간 동안 항시 존재해온 이 부처를 칭하여 '법신불(法身佛)'이라 한다. 이때 '법'이란 존재의 실상, 존재의 진리 등을 가리키는 말로 법성(法性)이라고도 하며, 이 법성을 인격화한 것이 바로 법신불이다. 『화엄경』에서는 이를 대방광불, 즉 비로자나불(毘盧遮那佛)이라 칭한다.

그러니 이런 의미에서 보면 정각을 이룬 고타마 싯다르타를 부처라 하는 까닭은 이 법신을 보았고 또 얻어서, 그것과 하나로 이어졌기 때문이 아닐까. 위의 인용 구절 다음에는 붓다가 무상정등각을 얻는 광경을 본 보살 마하살들의 찬탄이 이어지는데, 그 가운데 한 보살(해혜자재신통왕 보살 마하살, 海慧自在神通王 菩薩摩訶薩)은 이렇게 찬탄한다.

비로자나불의 장엄한 상호를 갖추고 연화장 사자좌에 앉아계시니, 모여 있

53 『잡아함경』 제34권 제10 「산경(山經)」 佛言可說比丘 如大石山 不斷不壞 方一由旬 若有士夫 以迦尸劫貝 百年一拂 拂之不已 石山遂盡 劫猶不竟
54 『잡아함경』 제34권 제9 「성경(城經)」 佛言可說 比丘譬如 鐵城方一由旬 高下亦爾 滿中芥子 有人百年 取一芥子 盡其芥子 劫猶不竟

는 일체 대중이 모두 청정하고 적연히 머물며 우러러보았다.[55]

　무상정등각을 얻은 석가모니불의 장엄한 모습을 보니, 곧 비로자나불이라는 것이다. 화엄의 이 비로자나불은 과거, 현재, 미래의 삼세 세간[56]에 두루하고(周), 어디에나 있으며(遍), 모든 것에 존재하는(咸) 변만불(遍滿佛)이라고 한다. 그런 맥락에서 위 구절의 의미를 새겨보면, 부처의 눈에 비친 세계, 즉 해인삼매(海印三昧)에서 본 세계는 우주의 삼라만상이 모두 비로자나불의 화현(化現)이요, 부처 그 자체라는 것이 아닐까.

55　『화엄경』제1「세주묘엄품」毘盧遮那 具嚴好坐 蓮華藏 師子座 一切衆會 皆淸淨寂然 而住同瞻仰
56　『화엄경』에서 세간이란 중생세간(衆生世間), 기세간(器世間), 지정각세간(智正覺世間)을 가리킨다. 삼세는 과거, 현재, 미래이다.

2

여래 출현: 여래성기

性 起

삼라만상이 모두 법신의 화현이라면, '부처의 눈'에 비친 세계의 모든 존재자는 법성이 그대로 드러난 존재요, 모두 법신을 지녔다는 점에서 고유한 제 가치를 지닌 평등한 존재일 것이다. 이를 화엄 사상에서는 여래 성품이 드러난 것이라 하여 '여래(如來) 출현'이라고 하고, 또 다른 표현으로 여래의 법성에서 생기한 것이라 하여 '여래성기(如來性起)'라고도 한다.

이때의 성(性)이란 법성, 혹은 자연성이나 물성(物性)으로 이해할 수 있는데, 일어남 즉 생기(生起)는 존재자 단독의 돌출이 아니라 관계 속에서 일어난다는 점에서 인연생기(因緣生起)이다. '일어남'으로서의 '생기(生起)'는 동시에 '사라짐'의 사건을 동반하지 않으면 성립하지 않는다. 생겨나야 사라지고 사라져야 다시 생길 수 있다. 이른바 존재 과정은 반드시 생멸(生滅)의 양상을 띤다.

그런데 여기서 흥미로운 것은 '여래'라는 단어 자체에 그런 의미가 담겨 있다는 점이다. '여래'란 붓다의 10가지 명호 가운데 하나인데, 산스크리트어 타타가타(tathāgata)를 번역한 것이라고 한다. 이 말은 두 가지로 해석되는데, 타타/가타(tathā+gata)로 보는 것과 타타/아가타(tathā+āgata)로 보는 것이다. 타타(tathā)는 '실상(如是, 如實)'을 의미하는데, 전자의 가타는 '가다(去)', 후자의 아가타(āgata)는 '오다(來)'를 뜻한다고 한다. 그러니 전자의 뜻으로 번역하면 여거(如去)가 되고, 후자의 의미로 하면 여래(如來)가 된다.

종교적으로 해석하면 '여거'는 피안으로 간 자, 즉 실상(진리)에 도달한 사람이라는 뜻이 되니 고타마 싯다르타를 비롯한 모든 부처를 가리키고, '여래'는 '진리에서 오는 자'의 의미가 되니 이 세상에 출현하여 중생에게 실상을 가르치는 이를 가리킨다. 그러니 '여래'이든 '여거'이든 고타마 싯다르타를 비롯한 모든 부처를 가리킨다.

그런데 철학적으로는 이 '여래'라는 말의 의미를 어떻게 읽어야 할까. 모든 언설은 방편으로 읽어야 한다는 점을 상기하며 본다면 '여래여거'란 자연 그대로 '왔다'가 자연 그대로 '가는', '생성과 소멸'의 존재의 실상, 실존의 섭리를 인격화하여 표현한 것으로 볼 수 있지 않을까. 온갖 존재자들이 자연에서 나와 각기 고유의 실존의 길(各得其宜)에 따라 거래하면서 연속적인 세계의 균형을 이루며 세상을 열어나가는 자연의 실상을, 그리고 자연스러운 존재 과정에 따라 소멸해가는 섭리를 가리키는 것이 아닐까. 마치 장자가 성심(成心)을 해체하고 허심(虛心)으로 이 자연의 실상에 도달한 마음을 지인(至人)이나 진인(眞人)으로 의인화하여 표현한 것처럼 말이다. 공 사상을 완성하여 대승의 불법을 중흥시킨 나가르주나(龍樹)는 『대지도론』에서 이렇게 말한다.

실상의 도에서 왔기 때문에 이름하여 여래라 한다.[57]

다시 '부처의 눈'에 비친 세계로 돌아가 보자. 여래 출현, 여래성기 사상은 『화엄경』의 중심사상 가운데 첫째로 꼽히는 것인데, 이 세상에서 생성 변화하며 존재하는 것은 모두 여래, 즉 법신불의 성품을 지니고 있다는 것이 바로

---

57 『대지도론(大智度論)』 용수보살 저, 요진 삼장 구라마집(姚秦三藏鳩摩羅什) 역, 제24권 「석초품(釋初品)」 如實道來故 名為如來

그 요점이다. 요컨대 정각을 얻은 붓다가 '해인삼매'에서 본 세계는 곧 화엄 세계이고, 화엄 세계에서는 모두가 비로자나불의 화현이 아닌 것이 없으며, 또한 범부 중생이 그대로 부처라는 것이다. 그러니 그런 맥락에서 위 구절을 보면, 정각을 얻은 부처의 눈에는 이렇게 보인 것이 아닐까.

이 세상은 모두가 부처이다. 사물도 사람도 모두 부처이다. 봄이 가고 여름이 오는 것도 부처요, 가을이 가고 겨울이 오는 것도 부처이다. 선도 악도, 시(是)도 비(非)도, 광명도 어둠도 있는 그대로 모두 부처이다. 행복도 불행도, 극락도 지옥도 부처이며, 번뇌도 열반도, 무한한 공간과 시간도 부처이다. 그러니 즐거워하는 부처님, 아프고 슬퍼서 울고 있는 부처님, 고뇌하는 부처님, 병으로 신음하는 부처님, 열심히 일하는 부처님, 공부하는 부처님, 도박하는 부처님, 범죄를 저지르는 부처님, 권세를 부리는 부처님, 물건을 파는 부처님, 재판하는 부처님, 재판받는 부처님, 죄를 고하는 부처님, 죄를 변호하는 부처님, 번뇌에 빠진 부처님 등등 중생들이 있는 그대로 부처님이다.

한용운 시인이 '님만 님이 아니라, 그리운 것은 모두 님이다'라고 말한 것처럼, '붓다만 부처가 아니다. 실존과정 속에 있는 모든 존재는 부처다'라고 말하는 것이다. 말하자면 '나'도 부처이고, '너'도 부처라는 것이다. 참으로 놀랍고 믿기 어려운 말이지만, '부처의 눈'으로 볼 때는 그렇다는 것이다.

『대방등여래장경』의 다음 구절은 이런 생각을 뒷받침한다.

이와 같이 선남자여, 내가 '부처의 눈'으로 일체중생을 관하니, 탐욕과 성냄과 어리석음의 모든 번뇌 속에 여래의 지혜, 여래의 눈, 여래의 몸이 결가부좌하고 엄연 부동하였다.[58]

'부처의 눈'으로 보니, 탐욕과 성냄과 어리석음(貪瞋痴)의 삼독(三毒)에 물들어 번뇌하고 고통받는 중생 그 자체에 부처가 보이더라는 것이니, 깨닫고 난 부처의 눈에 비친 세계는 화엄의 연화장세계이고, 모든 존재는 그 안에서 그 자체로 부처이며, 부처로 살아가고 있는 이미 구원된 존재라는 것이다.

　하지만 중생의 입장, 중생지견에서 벗어나지 못한 입장에서 보면 어떠한가. 참으로 믿을 수 없는 기가 막힌 이야기가 아닌가. 약자에 대한 강자의 억압과 착취가 교묘히 행해지고, 자신의 이익과 편리를 위해 상대를 거침없이 해치는 세상을, 그래서 고통스럽고, 아프고, 힘들고, 밉고 원망스러운 것이 많은 세상을 '화엄의 연화장세계'라 하고, 그 속에서 상처받으며 힘겹게 살아가는 중생들이 '있는 그대로 부처'라고 하니, 도저히 이해하기도 어렵고 믿기도 어려우며, 쉽게 받아들일 수도 없다.

　자기 의지와 무관하게 태어나 복잡한 관계에서 시달리며 힘들게 일하면서 사랑하는 이와 헤어지는 괴로움(愛別離苦), 미워하는 이와 만나야 하는 괴로움(怨憎會苦), 구하는 것을 얻지 못하는 괴로움(求不得苦) 등등을 온몸으로 겪다가 결국 피하지 못하고 늙고 병들어 죽음을 향해 가는 중생이 '있는 그대로 부처'라니 말이다.

　의문은 더 깊어진다. 그렇다면 전쟁과 살상이 난무하고, 수없이 많은 무고한 생명이 속절없이 스러지는 참혹한 현장도 '부처의 눈'에는 그 자체로 화엄의 세계란 말인가. 이렇게 따져 들다가 문득 역사적 붓다 역시 생전에 이런 일을 겪었다는 사실이 떠올랐다.

　붓다를 칭하는 석가모니라는 말은 사캬무니(Śākyamuni)를 음역한 것인데, '사캬족의 깨달은 자'라는 뜻이다. 그런데 붓다는 말년에 이 사캬족 전체가

58　『대방등여래장경(大方等如來藏經)』동진 북천축 삼장법사 불타발타라(東晋北天竺三藏法師佛陀跋陀羅) 역, 제1권 如是善男子 我以佛眼 觀一切衆生 貪欲恚痴 諸煩惱煩中 有如來智 如來眼 如來身 结加趺坐儼然不動

코살라국에 의해 학살되는 아픔을 겪었다. 당시 붓다는 침략군이 지나는 길에 서서 세 번은 진군을 막았으나 네 번째는 그냥 보내주었다고 하는데, 자신의 종족을 '씨도 남기지 않고 죽여버리겠다'라고 벼르는 자를 그대로 보내는 그 심정은 어떠했을까. 그 당시의 상황이 친설인 『아함경』에 이렇게 나온다.

이때 대목건련(大目乾連)이 유리왕이 석가족을 정벌하러 온다는 말을 듣고 세존께 나아가 머리 조아려 발에 예배하고 한쪽에 섰다. 그리고 목건련이 세존께 아뢰었다. "지금 유리왕이 네 종류의 군사를 모아 석가족을 치러 온다고 합니다. 저는 지금 유리왕과 그 네 종류의 군사들을 모두 다른 세계에 던져 버릴 수 있습니다."
세존께서 말씀하셨다. "그대가 어찌 이 석가족의 전생 인연마저 다른 세계로 던져 버릴 수 있겠는가."
……
세존께서 말씀하셨다. "그대는 지금 석가족의 전생 인연도 허공에 옮겨 놓을 수 있겠는가."
……
부처님께서 목건련에게 말씀하셨다. "그대는 본래 있었던 자리로 돌아가라. 석가족은 이제 묵은 인연이 이미 익었으니, 지금 그 과보를 받아야 한다." 그리고 세존께서 게송으로 설하셨다.

설사 허공을 땅으로 만들고
또 땅을 허공으로 만든다 해도
본래 (전생) 인연에 묶인
이 인연은 영원히 썩지 않는다.[59]

전생에 지은 본래 인연이 영원히 썩지 않는다는 것은, 그 업이 저절로 없어지지 않는다는 것이리라. 세상에 피할 수 없는 것이 바로 인연사라고 한다. 그 인연사가 옳다거나 정당하거나 마음에 들어서가 아니라 여러 가지 인(因)이 연(緣)을 만나면 일어날 일은 일어난다는 것이며, 천지가 뒤바뀌어도 전생의 묵인 인연은 그냥 없어지지 않는다는 것이다. 반드시 그 과보가 이어진다.

애초에 이 대학살극은 석가족과 유리왕의 아버지 파세나디(Pasenadi) 사이에서 비롯되었다. 『아함경』의 기록에 따르면 코살라 국왕 파세나디가 석가족의 딸을 왕실의 비(妃)로 맞이하려 하자, 교만한 석가족은 노예 여자에게서 태어난 딸을 보냈다. 그리고 그 여인이 낳은 아들(유리왕)이 외가를 찾아왔을 때 궁중 사람들이 노예의 아들이라며 천대하였고, 이에 원한을 품은 유리왕이 즉위하자마자 카필라성을 공격하여 석가족을 전멸시켰다는 것이다. 그런데 파세나디왕이나 유리왕은 붓다와 동시대인이니, 이들은 석가족 멸망의 현생 인연일 뿐, 전생의 묵은 인연이라고 볼 수는 없다. 그러면 여기서 말하는 전생 인연이란 어떤 일일까. 그 이야기는 『아함경』에 자세히 나와 있다.[60]

그렇게 한을 품은 유리왕이 대규모 공격을 감행하자, 그 소식을 들은 붓다의 제자 목건련이 나선다. 자신의 신통력으로 그들을 다른 세상으로 던져버려 막겠다는 것이다. 그러자 붓다는 신통으로 군사들은 던져버릴 수 있겠지만, '전생 인연'도 그럴 수 있느냐고 하면서 '묵은 인연의 과보는 받을 수밖에 없다'고 말한다.

전생 인연이란 이미 '지어놓은 업'이다. 땅에서 올라간 물은 빠짐없이 비나 눈으로 다시 지상에 돌아오는 것처럼, 지어놓은 그 업이 선업이든 악업이든

---

59 『증일아함경』 제38 「등견품」 是時 大目乾連聞 流離王往征 釋種聞已 至世尊所 頭面禮足 在一面立 爾時 目連白世尊言 今日流離王 集四種兵 往攻釋種 我今堪任 使流離王 及四部兵 擲著他方世界 世尊告曰 汝豈能取 釋種宿緣 著他方世界乎…… 世尊告曰 汝今堪能移 釋種宿緣 著虛空中乎…… 佛告目連 汝今還就本位 釋種今日 宿緣已熟 今當受報 爾時世尊 便說此偈 欲使空爲地 復使地爲空 本緣之所繫 此緣不腐敗

업에 과보가 따르는 것은 필연이고, 피하고 싶어도 피할 수 없다는 것이다. 『화엄경』에서 이렇게 설한다.

업과 과보는 서로 어긋나지도 되돌려지지도 않는다.[61]

받을 것은 받을 수밖에 없다는 것이다. 그것이 자연이요, 자연의 섭리이다. 석가족에 대한 대학살이 부당하고 억울해서 막고 싶겠지만, 석가족 입장에서 보면 말 그대로 '자업자득'이라는 것이다. 자신이 지은 것을 자신이 받아야 한다는 것인데, 그래도 의문이 떠나지 않는다. 유리왕의 원한을 일으킨 사건과 무관한 평범한 백성들은 무고한 것이 아닌가. 왜 그들까지 그 업보를 받아야 하는가.

불법에서는 업(業)을 두 가지로 나누어 본다. 하나는 개개인이 지은 업으로 별업(別業) 또는 불공업(不共業)이라 하고, 다른 하나는 집단의 공통적인 업으로 공업(共業)이라 하는데, 『아비담심론경(阿毘曇心論經)』에서는 이렇게 말한다.

---

60 그 이야기를 요약하면 이렇다. 옛날 나열성(羅閱城)에 어부들이 사는 마을이 있었다. 그 마을 큰 못에 물고기가 많았는데 두 종류의 물고기였다. 사람들이 물고기를 잡아먹자 물고기들이 '우리는 사람들에게 잘못을 저지른 적이 없고 땅에서는 살 수 없는데, 이 사람들이 와서 우리를 잡아먹고 있으니 원수를 갚아야겠다'고 했는데 그 나열성 사람들이 바로 석가족이고 그 두 종류의 물고기 가운데 하나가 바로 유리왕이라는 것이다. 원문은 이렇다.
『증일아함경』 제38「등견품」爾時世尊 告諸比丘 昔日之時 此羅閱城中 有捕魚村時 世極飢儉 人食草根 一升金貿 一升米時 彼村中 有大池水 又復饒魚時 羅閱城中 人民之類 往至池中 而捕魚食之 當於爾時 水中有二種魚 一名拘璅 二名兩舌 是時二魚 各相謂言 我等於此 衆人先無過失 我是水性之虫 不處平地 此人民之類 皆來食噉 我等設前世時 少多有福德者 其當用報怨 爾時村中 有小兒 年向八歳 亦不捕魚 復非害命 然復彼魚 在岸上者 皆悉命終 小兒見已 極懷歡喜 比丘當知 汝等莫作 是觀爾時 羅閱城中 人民之類 豈異人乎 今釋種是也
61 『화엄경』 제39「입법계품 13」說業報不相違反

불공업이란 각각의 중생의 업이 증상되어 생(生)하는 것이요, 공업이란 일체중생의 업이 증상되어 생하는 것이다.[62]

말하자면 개별업의 주체는 개인이지만 공업의 주체는 사회구성원 전체라는 것이다. 우주의 생성과 전개는 바로 이 두 가지 업의 힘에 의해 움직인다고 하는데, 예컨대 분단 상황에 놓인 우리 민족이 분단의 아픔과 그로 인한 제반 비용 및 사건들을 공동으로 감당해야 하는 것, 그리고 또 다양한 의견으로 갈리긴 하지만 통일이라는 공동 과제에 직면해 있는 것, 이것은 우리의 공업이라 할 수 있다. 또 십자군 전쟁 이래 이슬람과 기독교의 오랜 대립과 현재까지 이어지는 악순환의 고리 역시 그들의 공업이다. 또 지구 자원을 고갈시키고 환경을 오염시켜 인류 생존을 위협할 정도의 갖가지 기상 이변과 자연 재난을 겪는 것은 전 지구인의 공업이다. 하여간 석가족은 전생에 집단적으로 살생의 업을 행했으니, 그 과보를 집단적으로 받는 것 역시 피할 수 없는 일이라는 것이다.

그러나 일체 언설이 방편이라는 입장에 서면 업이니 과보이니 하는 설(說) 역시 중생이 피할 수 없이 겪어야 하는 인연사를 해명하고 수용하여 다른 차원의 노력을 하도록 인도하기 위한 일종의 방편일지도 모른다. 궁극적으로 보면, 즉 '부처의 눈'으로 보면 '업이 업인 채로, 업이 아닌 것'인지도 모른다.

그런 의미에서 연관에 따라 일어나는 모든 것(因緣生起)을 공으로 보는 관점에서 보면, 이렇게 업을 짓고 지은 업의 과보를 받는 것 역시 공이다. 실체가 아니다. 인연 따라 흘러가는 구체적 사태의 연속일 뿐이다. 『능가경』에서는 이렇게 설한다.

---

62 『아비담심론경(阿毘曇心論經)』제2권 不共者 各各衆生 業增上生 共者一切衆生業 增上生

번뇌의 업과 몸, 짓는 자와 과보는 마치 아지랑이 같고 꿈같고 건달바성(신
기루)과 같은 것이다.[63]

말하자면 있는 것처럼 보여도 실제로 있는 것이 아니라는 것이니, 바로 공
(空)이다. 전생에 지은 악업의 대가를 아무리 참혹한 과보로 받는다 해도, 그
것을 지은 자도 받는 과보도 모두 아지랑이 같고 꿈같고 신기루 같다는 것
이다.

그런데 바로 이에 관련된 이야기가 『열반경』에 나온다. 당시 붓다의 사촌
으로 평생 그를 시봉(侍奉)한 아난이 카필라성에서 벌어진 학살 광경을 보며
슬피 울자, 붓다는 그에게 이렇게 말한다.

"너는 걱정하지 말고 슬피 울지 말라."
아난이 바로 답했다. "여래 세존이시여, 지금 권속들이 모두 죽었는데 어
찌 울지 않겠습니까. 여래께서는 저와 같이 이 성에서 나셨고, 석가족의 친
척 권속인데, 어찌하여 여래께서는 유독 근심하지 않고 안색이 빛나는 것
입니까."[64]

아난의 심정에는 족히 공감된다. 자기 종족이 무참히 짓밟히며 죽어가는
지옥 같은 현장을 목도했으니 그 아픔을 어떻게 형언하겠는가. 먼 나라에서
일어난 전란이라 해도 잠 못 이룰 정도로 마음이 아픈데, 가까운 핏줄들이 비
명 속에서 무참히 죽어가는 모습을 어찌 눈 뜨고 볼 수 있었겠는가. 정신을
놓을 만큼 슬피 우는 것은 자연스럽지 않은가. 그런데 붓다는 '근심하지 않을

---

63 『능가경』 제18 「총품」 煩惱業及身 作者與果報 如陽焰及夢 丁闥婆城等
64 『대반열반경』 담무참 역, 제10 「광명보조 고귀덕왕 보살품(光明遍照 高貴德王 菩薩品)」告阿
    難言 汝莫愁惱 悲泣啼哭 阿難即言 如來世尊 我今眷屬 悉皆死喪 云何當得 不愁啼
    耶 如來與我 俱生此城 俱同釋種 親戚眷屬 云何如來 獨不愁惱 光顏更顯

뿐 아니라 빛나는 얼굴'을 하고 있으니 놀랍기도 하고 이해되지도 않았을 것이다. 어떻게 그럴 수 있는 것입니까, 하고 물을 수밖에 없다. 그러자 붓다는 이렇게 답한다.

"너는 가비라 성이 참으로 있는 것인 줄 보지만, 나는 공적하여 모두 있는 것이 없다고 본다. 너는 석가족이 모두 친척인 줄 보지만 나는 공을 닦아 보는 바가 없다. 이런 인연으로 너는 근심하며 괴로워하지만, 나는 안색이 더욱 빛나는 것이다."[65]

아난이 괴로워하고 슬퍼하는 것은 카필라성이나 친척들, 나아가 종족이 겪는 무참한 현실을 실제로 있는 것으로 보기 때문이요, 붓다 자신은 그 모든 것을 '있는 것'으로 보지 않기 때문에 마음이 화평할 수 있다는 것이다. 마치 봄날의 아지랑이처럼, 허공에 잠시 머무는 구름처럼, 간밤에 보았던 꿈처럼 그렇게 보인다는 것이요, 그렇게 보일 수 있는 것은 바로 공을 닦았기 때문이라는 것이다. 너무 고원(高遠)하고 도달하기 어려운 마음의 경지이다. 아마도 공을 닦아 깨우치는 것, 이것이 중요하고 또 중요하다는 의미이리라.

공의 이치에 철저히 사무치는 것, 바닥까지 비우는 것, 공조차도 공임을 아는 것, 그리하여 비우는 것조차 비우는 것에 마음이 이르는 것을 진공(眞空)이라 하는데, 바로 이 부정의 부정을 거쳐 도달한 진공에 이르렀을 때, 대긍정의 세계인 묘유(妙有)가 열리는 것이 아닐까. 이른바 진공묘유이다. 이렇게 진공에 이른 눈이 바로 '부처의 눈'이요, 진공에서 열리는 현재 진행형의 묘유세계가 바로 '부처의 눈'에서 열린다는 '화엄의 연화장세계'가 아닐까. 그래

---

65 『대반열반경』 제10 「광명보조 고귀덕왕 보살품」 善男子 我復告言 阿難 汝見迦毘 真實而有 我見空寂 悉無所有 汝見釋種 悉是親戚 我修空故 悉無所見 以是因緣 汝生愁苦 我身容顏 益更光顯

서 붓다는 화평하고 빛나는 얼굴을 보일 수 있었던 것이 아닐까.

붓다의 이 언설을 보면서 '물에도 젖지 않고, 불에도 뜨거워지지 않는다'는 장자의 진인(眞人)이 떠올랐다. 진인이란 존재의 실상인 도에 이른 마음을 의인화한 것인데, 어떤 일을 만나도 그 일에 물들지 않는 마음이다. 장자는 이렇게 말한다.

> 진인이 있은 연후에 진지(眞知)가 있다. 진인이란 무엇인가. 진인은 아무리 사소한 것(寡)이라 해도 거역하지 않고 무엇을 이루었다 해도 내세우지 않으며 일을 꾸미지 않는다. 그런 자는 허물이 있어도 뉘우치지 않으며, 마땅하게 했다고 해도 자득(自得)하지 않는다. 이런 자는 높은 데에 올라가도 떨지 않으며, 물에 들어가도 젖지 않고, 불에 들어가도 뜨거워지지 않는다. 그 앎이 이같이 도(道)에 이르렀기 때문이다.[66]

여기서 눈여겨보아야 할 것은 '지(知)'가 먼저가 아니라 '인(人)'이 먼저라는 진술이다. 여기서 진인은 의인화된 마음이니, 참된 마음 상태에 이르러야 참된 존재의 실상을 알 수 있다는 것인데, 이는 무슨 의미인가.

'무엇에 대해 안다는 것'은 먼저 그 무엇을 대상화한 것이기 때문에 엄밀한 의미에서 대상화할 수 없는 연속된 그물망의 세계를 이탈한 것이다. 그렇기 때문에 '아는 것(知)'과 '모르는 것(不知)'은 모두 '아는 것'에 속한다. '지(知)'는 '안다'고 아는 것이고, '부지(不知)'는 '모른다'고 아는 것이다. 즉 '알고 모르는 것'은 모두 아는 것(知)에 속하는 것이고, 이렇게 아는 것은 제약적으로만 아는 것일 뿐 진지(眞知)가 아니다. 참된 앎은 '알고 모르고'의 문제가 아니며, '안다고 아는 것(知)'과 '모른다고 아는 것(不知)'을 모두 넘어선 자리에서 현현

---

66 『장자』「대종사」且有眞人 而後有眞知 不逆寡 不雄成 不謨士 若然者 過而弗悔 當而 不自得也 若然者 登高不慄 入水不濡 入火不熱 是知之能登假於道者也若此

한다. 대상화가 소멸된 자리에서만 드러난다는 것이다. 불법에서는 그 자리를 空으로 표현하고, 나아가 진공묘유로 표현한다.

공을 아는 마음을 장자는 허심(虛心)으로 표현하는데, 허심은 허공을 닮은 마음이기 때문에 거울에 비유된다. 거울은 비어 있기 때문에 만물을 있는 그대로 비추며, 대상을 지배하려는 욕구 없이 대상과 거래한다. 비추는 것 자체도 거래이다. 거래하면서 관계를 맺는다. 그러나 관계에 집착하거나 그 관계를 지배하려 하지 않는다. 타자와 세계를 온전하게 존재케 하는 존재론적 비춤(照)이다.

그러니 거울 같은 진인의 마음은 아무리 사소한 것이라 해도 차별 없이 수용한다. 멋진 것을 비추었다고 자랑하지 않고, 어떻게 비출지 미리 계산하지 않는다. 잘못 비추었다고 뉘우치지 않고, 잘 비추었다고 흡족해하지도 않는다. 나아가 높은 산을 비추었다고 두려워 떨지 않으며, 물을 비추었다고 젖지 않고, 불을 비추었다고 뜨거워지지 않는다.

방편으로서의 언어를 사용하는 장자에게 이 물과 불은 메타포이다. 경험적인 지(知)의 차원에서 볼 때 물에 닿으면 젖고, 불에 닿으면 뜨거운 것은 당연하다. 그런 당연한 사실을 부정하는 묘사는 진인이 인간의 감각을 상실했음을 의미하는 것도 아니요, 상상을 초월하는 도술에 능통함을 의미하는 것도 아닐 것이다.

진인은 허물이 있어도, 공이 있어도, 물에 젖어도, 불을 만나도, 위험한 일을 당해도 모두 그것이 연관 속에서 일어난 일, 즉 인연사임을 안다. 그것이 실체가 아님을, 공임을 아는 것이다. 공임을 알기 때문에 생사와 안위가 하나임을 아는 마음이다. 진인의 진지가 이런 공능(功能)을 발휘할 수 있는 것은 그의 앎이 도(道), 즉 존재의 실상에 이르렀기 때문이라고 장자는 말한다. '하늘의 눈'으로 보기 때문이다.

만물을 차별 없이 비추는 '하늘의 눈'은 거울 같고 허공 같은 마음이다. 그리고 그것은 공을 닦은 '부처의 눈'과 많이 닮아 있다. 허공은 태양의 빛을 포용하지만 그 빛에 물드는 법이 없고, 어둠을 안고 있지만 어둠에 물들지 않는다. 온갖 형태의 구름을 그 안에 담고 있지만 그 구름에 물드는 법이 없고, 벼락치고 천둥이 울려도 그것에 물들지 않는다. 공을 닦은 마음은 그 어떤 것에도 물들지 않는다.

3

중생 법신: '나'도 부처 '너'도 부처

法 身

다시 화엄의 세계로 돌아가자. '부처의 눈'으로 보니 쾌청하게 맑은 푸른 하늘도, 벼락치고 태풍이 몰아치는 하늘도, 풍요롭게 익은 들판도, 가뭄에 불타는 대지도, 자애의 마음으로 이타를 행하는 중생도, 탐욕으로 물들어 싸우는 중생들도 모두 부처라 한다. 그 '큰마음'을 믿고 싶고 배우고 싶지만 여전히 믿기 어렵고 설사 머리로 애써 이해한다 해도 그것은 관념적 이해일 뿐 체득되기 어렵다.

그런데 붓다 역시 바로 이 점을 염려했던 듯하다. 자신이 본 실상을 중생이 믿기 어려울 것이며, 중생에게 이해시키기도 어렵다는 것을 말이다. 그래서인지 『법화경』에서 이렇게 설한다.

> 부처가 성취한 (법은) 희유하고 난해한 제일의 법이다. 오직 부처와 부처만이 능히 제법의 실상을 모두 알 수 있다.[67]

희유(希有)하다는 것은 일상적으로 만날 수 있는 것이 아니라 지극히 드물

---

67 『법화경』 제2 「방편품」 佛所成就 第一希有難解之法 唯佛與佛 乃能究盡 諸法實相

게 있는 것이라는 의미이고, 난해하다 함은 이해하기 어렵다는 뜻인데, 항시 무언가를 의식으로 헤아려 알려고 하는 '중생의 눈'에는 이 법이 보이지도 않고 이해되기도 어렵다는 것이다. 이렇게 의식으로 헤아려 알 수 없는 실상을 부사의법(不思議法)이라고 하는데, 오직 부처와 부처만이 알 수 있다는 것은 '부처의 눈'이 열려야만 실상이 눈앞에 보인다는 의미일 것이다. 마치 장자의 '제물(齊物)의 세계'가 별도의 세계로 존재하는 것이 아니라 거울같이 비추는 텅 빈 마음인 허심(虛心)에서 현현하는 것처럼 말이다. 제물의 세계는 그물처럼 얽혀 거래하는 만물이 '있는 그대로(如如)' 비치도록 허용하는 거울 같은 마음에 현현하는 평등의 세계이다. 그런데 여기서 흥미로운 것은 붓다가 깨닫고 나서 열린 '부처의 눈'으로 중생을 보니 그 자체로 자신과 다를 바 없는 부처일 뿐만 아니라, 그 마음속에 스스로 부처임을 알 수 있는 부처의 눈이 있는데도 스스로 중생지견에 '눈이 덮여' 보지 못하더라는 것이다. 위에서 인용한 『대방등여래장경』의 구절은 이렇게 이어진다.

선남자여, 일체중생이 비록 육도(를 윤회하며) 번뇌의 몸 가운데 있다 해도 여래장이 있어 항시 물듦이 없고, 덕상(德相)이 구족한 것이 나와 다르지 않다...... 모든 부처의 법은 그러하다. 부처가 세상에 나오든 세상에 나오지 않든 일체중생의 여래장은 상주불변하다. 다만 중생이 번뇌에 덮여 있기 때문에 여래가 세상에 나와서 널리 법을 설하여 번뇌를 멸하고 일체지혜를 청정케 하는 것이다.[68]

황송하게도 우리 중생이 붓다와 다르지 않다고 한다. 번뇌의 몸을 지니고

---

68 『대방등여래장경』 제1권 善男子 一切衆生 雖在諸趣 煩惱身中 有如來藏 常無染汚 德相備足 如我無異...... 善男子 諸佛法爾 若佛出世 若不出世 一切衆生 如來之藏 常住不變 但彼衆生 煩惱覆故 如來出世 廣爲說法 除滅塵勞 淨一切智

있어도 우리 중생에게 여래장(如來藏)이 있다는 것이 그 이유이다. '여래장'이란 여래라 번역된 산스크리트어 타타가타(Tathāgata)에 '모태' 혹은 '태아'를 의미하는 가르바(garbha)가 합성된 말이라고 한다. 그래서 모태로 해석하면 '그 태내에 부처를 잉태하고 있는 것'이라는 의미가 되고, 태아로 해석하면 '성장하여 부처가 될 태아'라는 의미가 된다. 그래서 일반적으로 여래장은 인간이 본래부터 지니고 나온 '부처가 될 가능성'으로 해석한다.

그런데 여기서 또 의문이 든다. '부처의 눈'으로 중생을 보니 '이미 그 자체로 부처'라고 했는데, 다시 '부처가 될 가능성'이라고 말하다니 무슨 의미인가. 이미 부처인데 또 다시 부처가 되어야 한다는 것인가. 옥상옥(屋上屋)이 아닌가. 이런 의문을 오래도록 품고 있었는데 서로 다른 종지(宗旨)를 설하는 여러 경전을 보면서 그 의미가 어렴풋이 보이다가 한참 후에야 석연해졌다.

세상은 자신의 눈이 열리는 만큼 함께 열린다. 세계는 우리 식(識)의 현현이기 때문이다. 그렇기 때문에 중생의 눈에 열린 세상과 '부처의 눈'에 나타난 세상은 크게 다를 수밖에 없다. 부처의 눈에 '중생이 곧 부처'로 보였다 하여, 중생의 눈에도 중생 자신이 부처로 보이는 것은 아니다. 또 부처의 눈에 세상이 '화엄의 연화장세계'로 보인다 하여 중생의 눈에도 그렇게 보이는 것은 아니다. 그 까닭을 붓다는 중생 스스로 '번뇌'에 덮여 있기 때문이라고 설한다. 스스로 부처이면서 그것을 모르고 번뇌하고 고통받으니, 가엾지 않을 수 없다는 것이다. 그러니 '큰사랑'과 '큰 연민'으로 중생에게 스스로 부처임을 보게 하고, '부처의 눈'을 열어주기 위해 세상에 출현하지 않을 수 없었을 것이다. 『화엄경』과 『열반경』에서 각기 이렇게 설한다.

부처의 경계는 부사의하여 중생들이 헤아리기 어렵지만, 그 마음에 믿음을 내게 하시니 크고 넓은 뜻과 즐거움 다함이 없다.[69]

믿는 마음을 도라 하니, 능히 온갖 번뇌를 제도할 수 있기 때문이다.[70]

'부처의 눈'에 비친 화엄의 연화장세계와 일체중생이 있는 그대로 부처라는 그 부처의 경계는 우리 의식으로 헤아려 이해하기 어렵다는 것이다. 즉 부사의(不思議)이다. 그러니 우리가 '부처의 눈'을 얻기 위해 가장 우선적으로 필요한 것은 '번뇌'에 덮여 있는 중생지견에서 벗어나는 것인데, 번뇌에서 벗어나기 위해 필요한 것은 바로 '믿는 마음(信心)'이라는 것이다. 믿는 마음으로만 능히 번뇌에서 벗어날 수 있다고 하니 말이다.

그러면 믿는 마음은 무엇을 믿는가. 어떤 절대자를 믿고 귀의하는 것인가. 『열반경』에서 보살 마하살은 열 가지 법(十法)을 성취하여 열반무상(涅槃無相)에서 무소유에 이르기까지 분명히 볼 수 있다 하면서, 그 열 가지 가운데 첫 번째를 이렇게 설한다.

> 신심을 족히 갖추는 것이다. 무엇을 이름하여 신심구족(信心具足)이라 하는가. 부처와 부처의 법, 그리고 승가가 항상하며, 시방의 모든 부처가 일체중생과 일천제에게 모두 불성이 있음을 방편으로 보이셨음을 깊이 믿는 것이다.[71]

다른 어떤 초월자를 믿는 것도 아니요, 또 어떤 절대적 진리나 교리를 믿는 것도 아니라고 한다. 우리 스스로가 '부처임'을 믿고, 다른 모든 중생 역시

---

69 『화엄경』 제1 「세주묘엄품」 諸佛境界 不思議 一切衆生 莫能測普 令其心生信解 廣大意樂 無窮盡
70 『내반열반경』 제7 「성행품(聖行品)」 信心爲道 能度諸漏
71 『대반열반경』 제11 「사자후보살품」 菩薩摩訶薩 成就十法 則能明見 涅槃無相 至無所有 何等爲十 深信佛法 衆僧是常 十方諸佛 方便示現 一切衆生 及一闡提 悉有佛性

'부처임'을 믿는 것. 그리고 지금은 부처가 아닌 것처럼 느껴지지만, '부처의 눈'을 열어 자신과 타인 역시 '부처임'을 볼 수 있다고 믿는 것이 첫째로 필요하다는 것이다. 쉽게 이해되지도 믿어지지도 않지만 '부처의 눈'을 상상하며 중생지견을 해체하기 위해 수행하는 것, 이것이 반야의 지혜를 얻기 위해 우리에게 필요하다는 것이다.

'부처의 눈'을 상상하며, '부처의 눈'에 비친 이 세계의 실상을 고찰하는 것은 우리에게 어떤 각별한 성찰의 계기를 던져준다. 우리는 사람이든 사물이든 그것을 얼마나 제대로 보고 있는가. 겉으로 보이는 색신(色身)에 매여 있지는 않은가. 그리고 나아가 그 색신에 미혹되어 자신과 타자의 법신을 짓밟고 있지는 않은가. 우리는 그 법신을 보는 눈을 맑히기 위해 얼마나 노력하고 있는가. 용모와 지식과 학벌, 지위와 재산 등등의 색신으로 '자신'을 보고 '상대'를 보지 않았는가. 그러면서 마땅히 존중되어야 할 '나'도 부처, '너'도 부처인 법신을 무시해 오지 않았는가. 마치 '달을 가리키는 손가락'일 뿐인 방편의 언어에 눈이 매일 때 그것이 지시하는 '달'을 보지 못하는 것처럼, 우리 눈이 색신에 매일 때 우리 눈에서 법신은 더욱 멀어지는 것이 아닐까.

바로 이런 문제에 장자는 주목한 것 같다. 색신(겉모습)에 눈이 붙잡혀 법신(고유의 덕)을 보지 못하는 우리의 눈을 말이다. 장자 사유에 따르면 개별자의 마음 안에 도(道)가 깃든 것을 덕(德)이라 칭한다. 즉 덕은 존재의 실상(道)을 회복한 마음을 의미하는데, 이렇게 '덕이 마음에 가득한 사람들' 이야기를 장자는 「덕충부(德充符)」 편에서 펼쳐낸다. 「덕충부」에는 신체적으로 비정상적인 기형 불구들이 등장하여, 겉으로 보기에는 쓸모없어(無用) 보이지만, 오히려 정상인보다 더 탁월한 덕을 갖고 있음을 증명하는 이야기가 넘쳐난다.

첫 번째로 등장하는 인물은 왕태(王駘)('駘'는 둔한 말이라는 의미이다)인데, 한쪽 발이 잘린 불구임에도 불구하고 그의 제자가 되려는 사람이 공자와 더불어 노나라를 반분하고 있다. 의아한 일이다.

노(魯)나라에 발 하나가 잘린 왕태란 자가 있었는데, 그를 좇아 노니는 자가 공자의 제자 수와 비슷하였다. 상계(常季)가 중니(仲尼)에게 물었다. "왕태는 발이 잘린 사람인데도, 그를 좇아 노니는 자가 선생님과 더불어 노나라를 반분하고 있습니다. 그는 서서 가르치지도 않고, 앉아서 의논하지도 않는데, (사람들은) 텅 비어서 찾아갔다가 가득 차서 돌아옵니다. 진실로 불언지교(不言之敎)가 있어서 드러내지 않고 이루어주는 것입니까. 이 사람은 어떤 자입니까."

중니가 말했다. "그분은 성인이다. 나는 다만 뒤처져서 아직 그에게 가지 못한 것이다. 나는 장차 그를 스승으로 삼고자 하는데 하물며 나만 못한 이들이야. 어찌 노나라만이겠는가. 나는 장차 천하를 이끌고 그와 더불어 좇으리라."[72]

왕태는 거울 같은 마음을 지닌 지인(至人)에 해당하는 인물이다. 그는 고답적인 태도로 서서 제자들을 가르치지도 않고, 친밀하게 한자리에 앉아서 무언가를 의논하지도 않는다. 즉 아무것도 가르치지 않고 주장하지도 않았는데 공자와 맞먹을 정도의 제자들이 따른다. 그런데 그 제자들은 텅 비어 그를 찾아갔다가 가득 차서 돌아온다. 그들은 무엇을 보고 무엇을 얻은 것일까.

왕태가 사람들에게 어떤 고원한 가르침이나 규범을 보여준 것 같지는 않다. 사람들이 왕태를 보고 자득(自得)해서 돌아온 것은 아마도 왕태를 통해 거울을 본 것이리라. 즉 왕태라는 거울에 비친 자신들의 모습을 보고 간 것이다. 거울은 그대로 비출 뿐 무시하거나 차별하지 않고 있는 그대로의 모습대

---

72 『장자』「덕충부(德充符)」魯有兀者王駘 從之遊者與仲尼相若 常季問於仲尼曰 王駘 兀者也 從之遊者與夫子中分魯 立不敎 坐不議 虛而往 實而歸 固有不言之敎 無形 而心成者邪 是何人也 仲尼曰 夫子聖人也 丘也直後 而未往耳 丘將以爲師 而況不 若丘者乎 奚假魯國 丘將引天下而與從之 常季曰 彼兀者也 而王先生 其與庸亦遠 矣 若然者 其用心也獨若之何

로 인정한다. 그 모습을 다른 모습으로 바꾸어 비추려고 하지 않는다. 사람들은 왕태를 통하여 자신이 추하든 아름답든 유능하든 무능하든 그 누구도 대신할 수 없는 고유한 삶을 살아가는 자신을 발견한다. 어떤 외적 가치나 잣대에 의해 평가되거나 재단되지 않고 온전히 수용된 자신을 발견한다. 그리고 그렇게 비친 자신의 모습은 그 누구도 아닌 자신이 만들었음을 발견한다. 그리고 나아가 어떤 주재자가 있어 자신을 그렇게 만든 것이 아닌 자연임을 알게 되고 다른 무엇으로도 환원할 수 없는 삶의 주체자로 자신과 타자를 긍정하게 된 것이다. 요컨대 왕태 앞에서 사람들이 본 것은 '각자에게 마땅한 실존의 길을 가고 있는(各得其宜)' 자신의 모습이다. 즉 '있는 그대로의 자신의 모습'이 곧 도라는 것을 왕태의 거울 같은 마음의 덕을 통해 본 것이다. 바로 색신에 휘둘리지 않는 자신의 '법신'을 본 것이 아닐까.

이것을 잘 이해하지 못한 제자가 이런 사태를 이상하게 여겨 공자에게 묻자, 공자는 왕태를 성인이라 높이며 자신도 그를 따르겠노라 한다. 그러나 상계는 잘 이해되지 않아서 다시 묻는다.

상계가 다시 물었다. "그분은 불구인데도 선생님보다 훌륭하다고 하시니, 보통 사람과 차이가 퍽 멀겠습니다. 그렇다면 그 마음 씀은 특별히 어떤 것입니까."
중니가 말했다. "죽고 사는 것은 큰 문제이지만 그에게는 아무런 변화도 주지 못한다. 비록 천지가 뒤집혀도 그에게 아무런 영향을 끼치지 않을 것이다."[73]

상계는 아직 드러난 외형밖에는 보지 못한다. 그래서 보이지 않는 마음 씀

---

73 『장자』「덕충부」常季曰 彼兀者也 而王先生 其與庸亦遠矣 若然者 其用心也 獨若之何仲尼曰 死生亦大矣 而不得與之變 雖天地覆墜 亦將不與之遺

(用心)은 어떠하냐고 묻는다. 드러난 모습밖에 보지 못하는 제자에게 공자는 좀 더 이점에 유념하며, 왕태의 용심을 이렇게 표현한다. 죽고 사는 것은 큰 일이지만 그것이 그의 마음을 변화시키지 못하고, 하늘과 땅이 뒤집혀도 그에게 영향을 주지 못한다는 것이다. 이때 공자는 장자에 의해 장자의 대변인 역할로 설정된 인물이다.

왕태의 용심은 거울과 같다(用心若鏡). 거울은 어떤 대상을 비추어도 그대로 수용한다. 오는 대로 비추고 가는 대로 보낸다. 자취를 남기지 않는다. 어떠한 변화도 마음을 동요시키지 못하는 것은 왕태의 거울 같은 마음에 아무 일도 남지 않았기 때문일 것이다. 유기체의 자연적 소멸이라는 죽음이 왕태에게 진행되지 않는 것이 아니다. 거울은 어떤 것도 계속 붙잡고 있지 않는다. 생사는 자연의 과정이다. 생(生)은 생(生)으로 비추고 사(死)는 사(死)로 비출 뿐 그것을 문제 삼아 집착하지 않는다. 그래서 문제 삼을 일이 없으니 아무런 일도 없다(無事). 무사하다는 것은 실체라고 할 만한 일, 즉 실제로 일어났다고 할 만한 일이 없다는 것이다. 왜냐하면 왕태는 세상과 자아를 실체라고 여기는 관념을 해체했기 때문이다. 공(空)을 아는 마음이다. 다만 존재 과정의 변화(物化)에 따라 움직일 뿐이다. 변화가 오면 변화로, 죽음이 오면 죽음으로, 이미 함께 유전하고 있다. 마음의 수용력이 이미 거울과 같이 된 것이다.

왕태 외에도 여러 '기형적 존재'들이 등장하는데, 한결같이 지인의 덕을 보여준다. 곱사등이로 등장하여 화이불창(和而不唱)하는 재전(才全)의 덕을 보여주는 애태타(哀駘它), 괴물에 가까운 기형적 모습으로 등장하여 겉으로 드러나지 않는 온전한 덕으로 위령공과 제환공을 감동시키는 인기지리무신(闉跂支離無脤)과 옹앙대영(甕㼜大癭) 등이 그들인데, 이렇게 무용해 보이는 기형 불구를 등장시킨 것은 소유적 세계의 유용(有用)에 갇혀 겉으로 드러난 형(形)에 집착하는 것을 뒤집고 나올 때만이 온전한 덕을 지닐 수 있고 볼 수 있음을 말하고자 하는 장자의 의도가 반영된 것이다. 말하자면 자신에게든 타자에게든 색신에 구애되는 눈을 걷어낼 때 비로소 겉으로 드러나지 않은 덕(德不形), 즉 법신을 볼 수 있다는 것이리라.

　법신을 보지 못하고, 눈에 보이는 '쓸모'로만 자신과 타자를 보는 것, 이 역시 우리가 걷어내야 할 '중생지견' 가운데 하나가 아닌가. '나'도 부처이고, '너'도 부처임을 믿을 때 우리는 자신과 타자를 존중할 수 있다. 장자는 '서로 존중하라(相尊)' 하고, 혜능은 '항시 경(敬)으로 행하라'고 한다.[74] 바로 그렇게 할 때, 자신과 타자의 법신을 조금이나마 볼 수 있기 때문이지 않을까. 그러면 이제 우리는 '부처의 눈'을 따라 배우기 위해 더 나아가야 한다. 붓다는 무엇을 깨닫고 '부처의 눈'이 열렸는가. 붓다가 보리수 아래에서 '성도'할 때 깨달았다는 것은 구체적으로 무엇인가. 경전에서 늘 '이 법(此法)'이라고 표현되는 것, 바로 연기법이다.

---

74 『돈황본 육조단경(敦煌本 六祖壇經)』혜능 저, 常行於敬 自修身即功

5

연기법

緣起法

1

고독한 수행자, 고타마 싯다르타 성도하다

인도 대륙 북부의 카필라성에서 왕자로 태어난 붓다(기원전 약 560년-기원전 약 480년. 생몰연대가 불확실하여 학계에서 논쟁 중)는 왕궁에서 극진한 보살핌과 교육을 받으며 성장하던 중, 어떤 사건이 계기가 되어 인생의 근본문제, 즉 삶과 죽음의 문제에 깊이 고뇌하게 되었다. 이른바 사문유관(四門遊觀)인데, 궁 밖에 놀러 나갔다가 왕궁의 네 문에서 네 부류의 사람을 만났다는 뜻이다.

고타마 싯다르타는 첫째 날에는 동문에서 비참한 모습의 늙은이를 만났고, 둘째 날에는 남문에서 병으로 신음하는 이를 보았으며, 셋째 날에는 서문에서 죽은 이를 보내는 장례 행렬을 보았고, 넷째 날에는 떠돌아다니는 자(遊行者)를 보았다고 한다. 이를 계기로 생로병사의 문제에 깊이 천착하며 고뇌하던 고타마 싯다르타는 출가하여 궁극의 도를 찾기로 마음먹고 있다가, 그가 29세에 태어난 아들에게 '라훌라(장애물)'라는 이름을 지어주고 출가를 감행한다.

그는 덕망 높은 스승을 찾기로 작정하고, 당시 삼백 명의 집단을 이끄는 알라라 카라마(Alala-Kalama) 선인(仙人)을 찾아 무소유처정(無所有處定)을 배워 그 선정에 도달했으나 그것으로는 해탈에 도달하지 못함을 알고 떠났다. 다시 칠백 명의 수행자를 이끄는 웃다카 라마풋타(Uddaka Ramaputta) 문하에서 그가 가르치는 비상비비상처정(非想非非想處定)의 높은 선정에 이르렀으나 또한 해탈의 길이 아님을 알고 떠났다. 『사자후대경(獅子吼大經)』에서 붓다는 수행 당시의 모습을 이렇게 설한다. 매우 장문이다.

사리불이여, 이때 나는 이렇게 고행하였다. 나는 벗은 채로 관습을 거부하며 살았고, 밥을 먹은 후 손을 핥았으며...... 하루에 한 번, 혹 이틀에 한 번, 7일에 한 번, 이렇게 하여 보름에 한 번만 먹었다...... 또 숲의 나무뿌리와 열매를 먹거나, 떨어진 열매를 먹었다. 나는 삼베옷을 입거나...... 무덤에 버려진 옷, 분소의(糞掃衣), 나무껍질 옷을 입었고...... 머리털과 수염을 뽑는 수행을 따라 머리털과 수염을 뽑아 버렸고, 항시 똑바로 서서 걸으며 앉지 않고 자리 방석을 물리쳤으며, 항시 쪼그려 앉으며 쪼그려 앉는 수행을 하였다. 또 가시 침상에 눕는 수행을 위해 가시 침상에서 잤으며, 저녁까지 하루 세 번 물에 들어가는 수행을 하였다. 이렇게 여러 가지 형태로 몸을 괴롭히고 힘들게 하는 수행을 하였다...... 사리불이여, 내가 깊은 숲에 머문 적이 있는데 목동이나 가축 돌보는 자, 풀 베는 자, 땔감 줍는 자, 나무꾼 등을 보면 나는 숲에서 숲으로, 밀림에서 밀림으로, 골짜기에서 골짜기로, 능선에서 능선으로 피해 다녔으니, 그 까닭은 그들이 나를 보지 못하게 하고, 내가 그들을 보지 않기 위해서였다. 사리불이여, 나는 이렇게 고독하게 수행했다. 사리불이여, 나는 무덤 사이 송장의 뼈다귀 위에 잠자리를 마련했는데, 목동들이 나에게 와서 침을 뱉고 오줌을 누고 오물을 던지고 나뭇가지로 내 귀를 찔렀다. 그러나 나는 그들에게 나쁜 마음을 일으키지 않았다. 사리불이여, 나는 이렇게 모든 것을 버리고 머물렀다...... 사리불이여, 오직 대추 한 개만을 먹으면서 나의 몸은 아주 쇠약해졌다. 이렇게 적은 음식 때문에 나의 사지는 아씨제가 풀의 마디처럼, 또 가라 풀의 마디처럼 되었다. 이렇게 적은 음식 때문에 나의 엉덩이는 낙타의 발처럼 되었고, 이렇게 적은 음식 때문에 나의 등뼈는 줄로 엮은 요철(凹凸) 구슬 같았다..... 이렇게 적은 음식 때문에 나의 뱃가죽이 등가죽에 붙어, 뱃가죽을 만지면 곧 등뼈가 잡혔고, 등뼈를 잡으면 뱃가죽이 잡혔다. 이렇게 적은 음식 때문에 내가 똥이나 오줌을 누려고 일어나면 앞으로 고꾸라져 머리가 처박혔다.

사리불이여, 이러한 수행과 이러한 도와 이러한 고행으로도 나는 인간의 법을 넘어서는 수승한 최상의 지견(智見)에는 이르지 못했다. 왜 그런가. 이것으로는 성스러운 지혜에 도달하지 못했기 때문이다. 만일 성스러운 지혜에 도달했다면, 성스러운 해탈로 인도할 것이요, 그렇게 수행하는 자들을 바르게 괴로움의 소멸로 이끌 것이다.[75]

스승들의 가르침에 한계를 느낀 수행자 고타마 싯다르타는 그들을 떠나 네란자라강(江)이 굽이쳐 흐르는 가야(Gayā)산 고행림(苦行林)에 들어갔다. 그리고 무서운 고행이 시작되었다. 다 해진 베옷, 무덤에 버려진 옷, 누더기, 풀로 엮

75　『한역남전대장경(漢譯南傳大藏經)』『중부경전(中部經典)』 제2품 「사자후품(第二品 獅子吼品)」 제12 사자후 대경(師子吼大經) 舍利弗 於此予有 如是苦行 即予裸形而 是不作法者 食後舐手者…… 又一日取一食 或二日取一食 七日取一食 如是予至 半月一食…… 又予食森 樹根野果 或食自然落下之野果 又予著麻…… 或著塚間衣 或著糞掃衣 或著樹皮…… 予從拔鬚髮行者 而取拔鬚髮行 又予常直立 行者不坐 常排座 又常蹲踞 而精勤常蹲踞 又臥棘刺行者 而常臥棘刺牀 或予一晚 三浴于水中 是行種種 身體之苦行難行 舍利弗 予有如是之苦行…… 舍利弗 即予或住 於閑林處 若見有牧牛者 或牧畜者 或採草者 或採薪者 或樵夫 予由森林至森林 由密林至密林 由低地至低地 由高地至高地逃行 其故為彼等不見予 又予不見彼等也…… 舍利弗 如是予有孤獨行 舍利弗 予追趕母牛 牧牛者 行他處(去)時 於牛檻中 四肢匍匐而行 於幼乳食犢之糞…… 舍利弗 又予臥於塚間舖死屍之 骸骨為牀坐 其時牧童 近之唾予 放尿 投塵芥 塞樹皮于予耳 予對彼等 不起惡心 舍利弗 如是予於捨而住…… 舍利弗 要唯食一棗果 予之身極衰瘦 其因少食 予之肢節 恰如阿氏提加(草) 草節 又如伽羅草節 又其因少食 予之臀部 恰如駱駝之足 因少食 予之脊柱 恰如紡錘之連鎖凸凹…… 如是 舍利弗 因如是少食 予之腹皮 密著於脊柱時 觸及予腹皮 即觸到脊柱 觸及脊柱 即觸得腹皮 因如是少食 予行糞或尿 而於其處頭 向前傾倒…… 舍利弗 以如是行 如是道 如是難行 予以超越人法 未到達 特殊最上智見 其為何故 此乃未達 聖慧也 若達此聖慧 依解脫之聖 導而隨其行 正引導苦滅也 『중부경전』은 한역 아함경에 해당하는 팔리어 5부 경전 가운데 하나이다. 팔리어 5부 경전은 『장부경전』 34경, 『중부경전』 152경, 『상응부경전』 7762경, 『증지부경전』 9557경, 『소부경전』 15분(分)인데, 이 가운데 소부경전에 해당하는 것이 『법구경(法句經)』과 『본생담』이고 이 부분은 아함경에는 들어 있지 않다.

은 옷을 입었고, 몸의 터럭을 뽑는 수행, 앉지 않는 수행, 쪼그려 앉는 수행, 가시 침상에 앉는 수행을 했으며, 오직 채소와 풀과 떨어진 과일, 나무뿌리 등 거친 음식만을 먹었고, 또 가시나 무덤 사이 해골 위에서 잠을 잤으며, 목동들이 모욕하고 괴롭혀도 원망하는 마음을 내지 않았다. 고독하고 또 고독한 수행자였다. 목자들이나 나무꾼 등 사람을 만나면 그들을 피해서 갔고, 겨울에도 여름에도, 밤에도 낮에도 숲속에 홀로 있었다. 이 당시의 심경을 그는 이렇게 게송으로 읊었다.

더운 낮이든 추운 밤이든   暑日及寒夜
홀로 무서운 숲에서   獨處怖畏森
벌거숭이로 혼자 앉아 있으니,   裸形無人坐
말 없는 자, 이 원(願)을 이루리라.   默者願成果[76]

단식에 가까운 소식(小食)으로 몸이 수척해져, 사지는 풀 마디처럼 가늘어지고, 엉덩이는 낙타의 발처럼 되고, 뱃가죽이 등가죽에 붙었으며, 일어서려 하면 땅에 머리를 처박고 넘어졌다. 그러나 이런 혹독한 고행으로도 최고의 지견에는 이르지 못했다. 이런 고행은 인간의 생로병사의 고(苦)를 멸하는 길, 해탈의 길로 수행자 고타마 자신을 인도하지 못했다고 그는 술회한다.

고행의 한계를 또렷이 본 고타마는 자리를 박차고 일어나 탁발하기 위해 숲을 떠나 마을로 향했고, 이 광경을 본 동료 수행자 다섯은 고타마에게 실망했다고 외치며 멀리 떠나버렸다. 고타마는 네란자라강에 들어가 목욕하고, 마을 처녀 수자타가 공양한 우유죽을 먹고서는 저물녘 보리수 아래 결가부좌하고 앉아 깊고 고요한 선정에 들었다.

---

76 『중부경전』 제2품 「사자후품」 제12 사자후 대경

제1 선정에 들어 육체적 욕망과 불선한 념(念)을 모두 떠나 마음에 환희를 느꼈고, 제2 선정에 들어 분별과 시비의 생각을 모두 떠나 마음이 한곳에 집중되는 환희를 느꼈으며, 제3 선정에 들어 환희마저 버린 상태에서 바른 생각과 바른 지혜가 나타나는 심신의 즐거움을 느꼈고, 제4 선정에 들어 심신의 즐거움과 괴로움을 모두 떠난 상태에서 고요하고 흔들림 없는 평정의 경지에 들었다고 한다.

더없이 밝고 고요한 마음의 평정 속에서, 수행자 고타마는 초저녁에 이르러 숙명통(宿命通)이 열려 모든 생명의 과거세 일을 환히 관찰하였고, 한밤중에 이르러 천안통(天眼通)이 열려 걸림 없는 지혜의 눈으로 모든 생명의 실존의 길을 관찰하여, 각기 지은 업력에 따라 육도(六道, 지옥, 아귀, 축생, 수라, 인간, 하늘)에 태어나는 모습을 보았으며, 새벽녘에 이르러 누진통(漏盡通)이 열려 모든 번뇌와 번뇌의 원인이 되는 깊은 무지, 즉 무명(無明)을 온전히 벗어나 밝은 지혜로 생과 사의 과정을 여실히 관찰하였다고 한다. 이른바 12연기이다. 이 광경을 『아함경』에서는 이렇게 설한다.

초저녁에 전생의 모습을 관찰하고(숙명통), 한밤중에 천안을 청정히 하였으며(천안통), 새벽녘에 무명(無明)을 없앴다(누진통). 그리하여 중생들의 괴로움과 즐거움, 상중하의 모양과 선색(善色)과 악색(惡色)을 보았고, 어떤 업의 인연으로 그런 과보를 받았는지 보았다.[77]

---

77 『잡아함경』 제50권 제22 「수면경(睡眠經)」 初夜觀宿命 中夜天眼淨 後夜除無明 見衆
生苦樂 上中下形類 善色及惡色 知何業因緣 而受斯果報

2

12연기

緣起

붓다의 깨달음을 한마디로 하면 연기법이라고 한다. 즉 연기법은 불법의 중심 사상이다. 연기(緣起)란 인연생기(因緣生起)의 줄임말로, '인연에 의해 일어난다'는 의미의 산스크리트어 프라티트야 삼무트파다(pratītya-samutpāda)의 역어인데, 모든 현상은 무수한 원인(因)과 조건(緣)이 상호작용하여 성립한 것이어서, 독립적이거나 자존(自存)적인 것은 없다는 것이다. 친설 『아함경』에서는 이렇게 설한다.

> 세존께서 이렇게 설하셨다. 만일 연기를 보면 곧 법을 볼 것이요, 법을 보면 곧 연기를 볼 것이다.[78]

법이란 곧 세계의 실상이요, 존재의 섭리를 가리키니, 실상의 진리를 구하는 불법에서 이 연기설은 핵심 중의 핵심이다. 연기는 법 자체이고, 법계의 실상이며, 보리수 아래에서 정각을 얻은 붓다가 '보고 깨달은 것'이 바로 이

---

78 『중아함경』제7권 3「사리자상응품(舍梨子相應品)」제9「상적유경(象跡喩經)」世尊亦如是 說 若見緣起 便見法 若見法 便見緣起

것이다. 『아함경』에서는 이렇게 설한다.

"세존이시여, 이른바 연기법은 세존께서 만든 것입니까, 다른 사람이 만든
것입니까?"
"연기법은 내가 만든 것도 아니요, 또한 다른 사람이 만든 것도 아니다. 그
것은 여래가 세상에 출현하거나 세상에 출현하지 않거나 법계에 항상 머물
러 있다. 저 여래는 이 법을 스스로 깨닫고 등정각(等正覺)을 이룬 뒤, 중생
들을 위해 분별해 연설하고 드러내어 보인 것이다. 그것은 이른바 '이것이
있기 때문에 저것이 있고, 이것이 일어나기 때문에 저것이 일어난다'고 하
는 것이다."[79]

요체는 두 가지이다. 연기법은 붓다가 만든 것이 아니라 항시 법계에 머물
러 있던 법(실상)을 본 것일 뿐이라는 것, 그리고 그 어떤 존재도 스스로 존재
하는 것이 아니라 관계적으로만 존재한다는 것이다. 이 연기설은 세계의 생
멸을 나타내는 실상이며, 자연현상뿐 아니라 인간의 고뇌가 어떤 조건과 원
인에 의해 생(生)하고 멸(滅)하는가를 밝히는 것인데, 바로 이런 연기의 관점에
서, 붓다는 보리수 아래에서 깊은 선정에 들어 생로병사의 괴로움이 어떻게
일어나는지, 인간 실존의 실상은 어떠한지를 관찰했다는 것이다. 그러면 어
떻게 관찰한 것일까. 역시 『아함경』에서 이렇게 설한다.

옛날 부처께서 아직 정각을 이루지 못했을 때, 보리수가 있는 곳에 머무시
며 오래지 않아 성불하셨다. 그분께서는 보리수 아래로 나아가 풀로 만든

---

79 『잡아함경』 제12권 제17 「연기법경(緣起法經)」 世尊謂緣起法爲世尊作爲餘人作耶 緣
起法者非我所作亦非餘人作然彼如來出世及未出世法界常住彼如來自覺此法成等
正覺爲諸衆生分別演說開發顯示所謂此有故彼有此起故彼起

자리를 깔고 결가부좌로 앉으셨다. 단정히 앉아 정념(正念)으로 이레 동안 12연기에 대해 역(逆)으로, 순(順)으로 관찰하셨다.[80]

붓다는 정각을 이루기 전 이 12연기의 실상을 역으로, 순으로 관찰하여 무명(無明)을 멸하고 생사의 괴로움에서 벗어났다고 한다. 그런데 흥미로운 것은 역관을 먼저하고 순관을 다음에 했다는 것이다. 역관은 인간 실존의 현실에서 역으로 그 원인을 추적해 나가는 것이고, 순관은 무명에서 어떻게 인간의 괴로움이 비롯되었는가를 순차적으로 관찰하는 것이다.

〈역관〉

역관은 인간의 실존이 괴롭다(苦)는 것에서 시작한다. 붓다는 이렇게 관찰했다고 한다.

① 인간의 삶은 괴롭다. (苦) 왜 괴로운가. 죽기 때문이다. (死)

태자 시절 사문유관(四門遊觀)에서 목도(目睹)한 인간 현실, 즉 병들고 늙고 결국에는 죽음에 이르는, 피할 수 없는 실존과정을 붓다는 괴로움으로 보는데, 붓다의 문제의식은 바로 여기에서 시작한다. 이 괴로움의 원인은 무엇인가. 이 괴로움은 피할 수 없는 것인가. 이 괴로움에서 벗어나는 길은 없는가. 붓다가 찾아 나선 길은 바로 이것, 생사에서 벗어나는 해탈의 길이다.

---

80 『잡아함경』 제15권 제5 「십이인연경(十二因緣經)」 佛未成正覺時 住菩提所 不久成佛 詣菩提樹下 敷草爲座 結跏趺坐 端坐正念 一坐七日 於十二緣起 逆順觀

② 무엇으로 말미암아 죽는가. 태어났기 때문이다. (生)

문제의 원인을 찾아내는 그 '눈'이 도저(到底)하다. 우리 중생들은 '왜 죽느 가'라는 질문을 받으면, 사고나 병, 혹은 자연적으로 세포나 장기의 수명이 다하여 결국 심장이 멈췄기 때문에 등등이라고 답하리라. 그런데 붓다는 아주 깊은 원인을 찾아낸다. 태어났기 때문이요, 태어나면서부터 우리 중생은 죽음을 향하여 가기 때문이라는 것이 바로 그것이다. 게다가 태어남에서 죽음에 이르는 길은 병과 노쇠로 인해 육체적으로도 힘들고, 번뇌로 인하여 정신적으로도 괴롭다. 『아함경』에서는 '태어남'을 이렇게 설명한다.

어떤 것을 태어남이라고 하는가. 이런저런 중생들이 이런저런 몸의 종류를 얻어 태어나, 초월 화합하여 나와서 오음(伍陰)을 얻고, 18계를 얻고, 6입처를 얻고, 명근(命根)을 얻으면 이를 이름하여 태어남이라 한다.[81]

③ 무엇으로 말미암아 태어나는가. 존재(業)가 형성되었기 때문이다. (有)

유(有)는 존재를 가리키는데, 이 존재는 일반적으로 업(業)이라 본다. 업력에 의해 생겨났다는 것인데, 그러면 이 업력은 누가 만들었고 누가 주재하는 것인가. 주재하는 어떤 것도 없이 스스로 지은 것을 스스로 받는다는 것이다. 그런 의미에서 우리의 '존재' 자체는 자기 행위의 산물이다. 자신의 업인(業因)이 부모의 연(緣)을 만나 오온(五蘊: 色受想行識)을 갖춘 몸을 얻어 세상에 나온다는 것이다. 『아함경』에서는 존재(有)를 세 가지로 설한다. 욕유(欲有), 색유(色有), 무색유(無色有)인데[82], 즉 욕망의 존재, 물질 존재, 비물질 존재이다.

---

81 『잡아함경』제12 「법설의설경(法說義說經)」 緣有生者 云何爲生 若彼彼衆生 彼彼身種類一生 超越和合 出生得陰 得界得入處 得命根是名爲生
82 『잡아함경』제12 「법설의설경」 云何爲有三有欲有色有無色有

④ 무엇으로 말미암아 존재가 형성되는가. 집착 때문이다. (取)

존재(업)가 생기는 이유는 집착하기 때문이라고 한다. 집착이란 마음이 대상에 달라붙어 붙잡고 놓지 않으려는 것인데, 오는 대로 비추고 가는 대로 보내는 거울 같은 마음을 쓰지 못하기 때문이다. 좋은 것은 잡으려고 집착하고, 싫은 것은 피하려고 집착한다. 『아함경』에서는 집착을 네 가지로 설한다. 이른바 사취(四取)인데, 첫째는 욕망에 대한 집착(欲取)이요, 둘째는 견해에 대한 집착(見取), 셋째는 계에 대한 집착(戒取), 넷째는 자아에 대한 집착(我取)이다.[83]

⑤ 무엇으로 말미암아 집착이 생기는가. 좋아하기 때문이다. (愛)

우리는 어디에 집착하는가. 마음에 드는 것, 욕망을 충족시켜 주는 것, 지금 하는 일에 마땅한 것 등등 좋아하는 것에 집착한다. 왜냐하면 그것을 잃어버리는 것이 싫고 두렵기 때문이다. 그러면 괴로운 일에 집착하는 것은 왜인가. 괴로운 일에 집착하는 것은 괴롭지 않은 상태를 좋아하여, 괴로운 상태를 괴롭지 않은 상태로 바꾸고자 하기 때문이다. 결국, 우리가 집착을 일으키는 것은 바로 대상에 대한 '애착' 때문이다.

『아함경』에서는 애(愛)를 세 가지로 설한다. 욕애(欲愛), 색애(色愛), 무색애(無色愛)[84]인데, '욕'이란 근본적 욕망이요, '색'이란 물질적인 것, '무색'이란 비물질적인 것을 가리킨다. 불법에서는 '사랑'을 의미하는 자(慈)와 애(愛)를 구별하여 사용한다. '자'가 대상과 이어진 마음에서 우러나는 사랑이라면, '애'는 대상을 소유하고 자기 마음에 부합되게 만들고자 하는 마음, 즉 애착이다. 마치 탐(貪)과 원(願)이 모두 '무언가를 간절히 구하는 마음'이지만, '탐'은 구하는 대로 되지 않을 때 '성(瞋)'이 나고, 성이 나면 마음이 어리석어지는(痴) 악

---

83 『잡아함경』 제12 「법설의설경」 云何爲取 四取 欲取見取 戒取我取
84 『잡아함경』 제12 「법설의설경」 云何爲愛 謂三愛 欲愛 色愛 無色愛

순환에 드는 마음이라면, '원'은 다만 바라고 구하길 노력할 뿐 그 결과를 평등하게 바라보는 마음이라는 점에서 다르다. 대상에 대한 애차은 대상을 잃을까를 근심하게 한다. 『열반경』에서 이렇게 설한다.

> 애별리고(愛別離苦)는 모든 고통의 근본이 되니,
> 사랑으로 인해 근심이 있고, 사랑으로 인해 두려움이 있다.
> 만일 사랑을 떠나기만 한다면, 무엇을 근심하고 무엇을 두려워하랴.[85]

⑥ 무엇으로 말미암아 좋아함이 생기는가.
　받아들여 느끼는 감수작용 때문이다. (受)

　어떤 대상을 좋아하는 것은 좋은 느낌이 있기 때문이고, 좋은 느낌을 받는 것은 우리에게 무언가를 느끼고 받아들이는 감수작용이 있기 때문이다. 아무런 느낌도 없을 때 우리는 대상에 무심해진다. 『아함경』에서는 우리에게 세 가지 느낌(受)이 있다고 한다. 괴롭다는 느낌(苦受), 즐겁다는 느낌(樂受), 괴롭지도 즐겁지도 않은 느낌(不苦不樂受)이다[86].

⑦ 무엇으로 말미암아 감수작용이 있는가. 만나서 접촉하기 때문이다. (觸)

　우리가 무언가를 느끼는 것은, 그 무언가의 느낌을 주는 대상과 만나서 접촉했기 때문이다. 만난 적이 없다면, 우리는 그 대상에 대해 아무런 관심도, 생각도 지닐 수 없다. 설사 직접 만나지 않는다 해도, 사진으로 만날 수 있고, 문자를 통해 만날 수도 있으며, 누군가에게 들어서 만날 수도 있다. 이 모든 것이 만나는 것에 속한다.

---

85 『대반열반경』 제12권 제7 「성행품」 愛別離苦 能為一切 衆苦根本 如說偈言 因愛生憂 因愛生怖 若離於愛 何憂何怖
86 『잡아함경』 제12 「법설의설경」 云何爲受 謂三受 苦受 樂受 不苦不樂受

⑧ 무엇으로 말미암아 접촉하게 되는가.

　여섯의 감각기관이 있기 때문이다. (六入)

　우리가 무언가를 만나 어떤 것을 느끼는 것은, 눈으로 보고, 귀로 듣고, 코로 냄새를 맡고, 혀로 맛보고, 몸으로 느끼고, 이것들을 의식으로 헤아리기 때문이다. 여섯의 감각기관이란 즉 우리에게 있는 안이비설신의(眼耳鼻舌身意)를 가리킨다. 안이비설신의가 없다면, 무언가 만난다 해도 마치 '돌'과 '돌'이 만나는 것처럼 아무것도 느낄 수 없으리라.

⑨ 무엇으로 말미암아 여섯 감각기관이 생기는가.

　정신과 육체가 있기 때문이다. (名色)

　감각기관이 자리 잡을 수 있는 것은 우리에게 이름 짓는 정신(名)과 물질적인 육체(色)가 있기 때문이다. 명(名)은 정신적, 인식적인 것이니 이름 짓고, 관념을 세우고, 가치를 판단하는 것 등이요, 색(色)은 사대(四大)가 화합하여 이루어진 물질적인 우리 몸이다. 이 정신과 육체가 없다면, 안이비설신의가 생겨날 곳이 없다.

⑩ 무엇으로 말미암아 정신과 육체가 작용하는가. 식의 작용 때문이다. (識)

　우리가 명색을 지니게 된 것은 식(識)이 작용했기 때문이라고 한다. 식이란 무언가를 보고 느끼는 과거의 경험과 행위에서 비롯되는 앎이다. 눈으로 보고 얻은 안식(眼識), 귀로 들어 얻은 이식(耳識), 코로 맡아 얻은 비식(鼻識), 혀로 맛보아 얻은 설식(舌識), 몸으로 느껴서 얻은 신식(身識), 뜻으로 헤아려 얻은 의식(意識)의 육식(六識)인데, 후대에 유식철학에 의해 심층 무의식에 해당하는 제7 말나식(末那識)과 깊고 깊은 저장고(藏)인 제8 알라야식이 더해졌다. 육식과 제7 식('나'라는 강고한 의식)이 작용함에 알라야식이 바탕이 되어 개입, 작용하고 있으므로, 총칭하면 알라야식이라고도 할 수 있다. 동일한 대상을 두고 각기 다르게 보는 것, 즉 상이한 안식(眼識)을 얻는 것은 단순히 시력의 차이가 아니라 각기의 알라야식이 다르기 때문이다. 예컨대 같은 무지개를 보고 누군가는 다섯 빛깔로, 누군가는 일곱 빛깔로, 또 누군가는 아홉 빛깔로 나누는 것은 그렇게 보게 만드는 알라야식의 작용 때문이라는 것이다.

⑪ 무엇으로 말미암아 식이 작용하는가.
　업을 지은 행위가 있기 때문이다. (行)
　그렇게 중생들의 식이 서로 다른 까닭은 각기 행하여 지은 업이 다르기 때문이다. 말하자면 몸으로 짓는 행과 입으로 짓는 행, 그리고 뜻으로 짓는 행, 즉 신구의(身口意) 삼업(三業)이 다르기 때문인데, 이렇게 지은 행위의 업이 잠재적인 힘의 형태로 남아 알라야식에 저장된다는 것이다.

⑫ 무엇으로 말미암아 행이 있는가. 무지(無知)하기 때문이다. (無明)
　우리는 무엇으로 인해 업을 짓는 행위를 하는가. 무지, 즉 존재의 실상을 아는 밝은 지혜가 없기 때문이라는 것이다. 이는 곧 무명(無明)인데, 이 무명으로 인하여 모든 괴로움의 연쇄가 비롯되었다는 것이다. 그러니 이 무명을 멸하는 것, 무명을 멸하기 위해 반야의 지혜를 얻는 것, 그것이 바로 '부처의 눈'을 얻기 위한 수행이다.

〈순관〉

　붓다는 이렇게 역관으로 죽음에서 무명에 이르는 12연기를 관찰하고는, 다시 뒤집어서 생각한다. 순관은 역관과 반대의 순서로 무명에서 죽음에 이르는 과정을 관찰한 것이다. 『아함경』에서 이렇게 설한다.

연기법이란 이것이 있기 때문에 저것이 있고, 이것이 일어나기 때문에 저것이 일어난다는 것이니, 무명으로 인연하여 행이 있고, (이렇게 연쇄적으로) 나아가 큰 괴로움의 무더기가 발생한다는 것이다. 무명이 소멸하기 때문에 행이 소멸하고, (이렇게 연쇄적으로) 나아가 큰 괴로움의 무더기가 멸한다.[87]

말하자면, 무명으로 인하여 업을 짓는 행위(行)가 있고, 업을 짓는 행위로 인하여 식(識)이 있으며, 식으로 인하여 정신과 육체(名色)가 있고, 명색으로 인하여 안이비설신의의 육입(六入)이 있고, 육입으로 인하여 접촉(觸)이 있고, 접촉으로 인하여 '느낌'이 있고, '느낌'이 있기 때문에 '좋아함(愛)'이 있고, '좋아함'으로 인하여 집착(取)이 있고, 집착으로 인하여 존재의 몸(有)이 형성되며, 존재의 몸이 형성됨으로 인하여 태어남(生)이 있고, 태어남으로 인하여 죽음의 괴로움이 있다는 것이다. 그렇기 때문에 무명을 소멸하면 행이 소멸하고, 행이 소멸하면 식이 소멸하고 등등 이렇게 다시 꼬리를 물고 이어져, 태어남이 소멸하면 죽음의 괴로움이 소멸한다는 것이다.

그렇게 관찰하여 붓다는 괴로움의 궁극적인 원인이 무명으로 귀결됨을 보았다. 어둠은 오직 빛으로만 몰아낼 수 있는 것처럼, 무명은 밝은 지혜, 즉 반야의 지혜로만 멸할 수 있다. 이렇게 역관과 순관으로 12연기의 관찰을 마쳤을 때 수행자 고타마 싯다르타는 바로 이 밝은 지혜를 얻었다고 한다. 이렇게 관찰하기를 마친 붓다는 눈을 크게 떴고, 눈빛이 동쪽 하늘의 샛별과 마주치는 순간 무상정등각(無上正等覺, 위 없는 바른 깨달음)을 얻었다고 한다. '부처의 눈'이 열려 마침내 성도(成道)한 것이다.

그런데 붓다는 성도 후 깨달음의 기쁨이 채 가시기도 전에 고뇌하며 자신

---

87 『잡아함경』 제12권 제17 「연기법경」 所謂此有故彼有 此起故彼起 謂緣無明行 乃至純大苦聚集 無明滅故行滅 乃至純大苦聚滅

이 깨달은 존재의 실상을 다른 사람들에게 전하기를 한동안 머뭇거렸다고 한다. 자신이 증득한 이 법(연기법)은 매우 심오한 것이어서 보기 어렵고 깨치기 어려우며, 오직 현자라야만 볼 수 있는 것이라고 사유했기 때문인데, 그때의 상황을 『상응부경』에서 이렇게 묘사하고 있다.

> 내가 증득한 법은 어렵고 또 어려워서, 지금 설하기 어려우리라.
> 탐욕과 성냄으로 불타는 자 이 법을 깨치기 어려울 것이요,
> 세상의 큰 흐름에 역류하니 미묘하고 깊고 깊도다.
> 미세하여 지극히 보기 어려우니, 탐욕에 물들고, 어둠에 가린 자
> 이 법을 보기 어려우리라.[88]

더 많이 소유하고, 더 크게 지배하고자 욕망하고, 뜻대로 원하는 대로 되지 않으면 성내는 존재가 바로 우리 중생이다. 장자의 말처럼 한번 형체를 받아 태어나면, 죽을 때까지 소유를 위해 해치고 다투며, 욕망의 부림을 받아 (존재를) 상하게 하는 슬픈 존재들이 바로 우리 중생이다.[89] 그러니 이렇게 탐욕과 성냄으로 불타오르며, 어리석음의 어둠에 덮인 중생들이 자신이 깨달은 이 법을 어찌 이해하겠느냐는 것이다.

붓다의 깨달음은 이 세상의 현실과 반대로 탐욕과 성냄의 불을 끄고 어둠을 걷어내도록 인도하는 것이니, 이는 세상의 흐름에 거스르는 것, 즉 역류(逆流)이다. 흐름을 거스른다는 것이 얼마나 힘들며, 얼마나 큰 용기와 고통을 수반하는가. 깨달음의 길에 합류하는 예류(預流) 수다원(須陀洹)이 역류에서 시작

---

88 『한역남전대장경』『상응부경전』제6 「범천상응(梵天相應)」 제1 「범천품」 제1 「권청(勸請)」
艱難我所證 今此實難說 敗於欲瞋者 難得悟此法 逆世之常流 微妙而甚深 微細極
難見 貪欲之所汚 闇蘊所蔽者 不得見此法
89 『장자』「제물론」一受其成形 不忘以待盡 與物相刃相靡 其行盡如馳 而莫之能止 不
亦悲乎 終身役役 而不見其成功 茶然疲役 而不知其所歸 可不哀邪

한다고 한 것이 바로 이런 의미이리라. 욕망이란 일시적으로 누를 수는 있지만, 결국 쌓이면 안으로든 밖으로든 터져버리게 마련이다. 안으로 터질 때 병이 나고, 밖으로 터질 때 사고가 난다. 중요한 것은 욕망을 억누르는 것이 아니라 욕망의 불을 끄는 것이요, 그 욕망의 근원을 관(觀)하고 그것의 무상함을 보는 것이다. 그러기 위해서는 실상의 이치를 아는 지혜가 필요하다. 그런데 붓다가 보기에 그 이치를 중생에게 이해시키는 것은 너무나도 어려울 것이 명약관화하다. 그래서 또 고뇌한다.

'이 이치는 이른바 연기에 의지한다는 것이다. 연기가 바로 이 이치인데, 역시 보기 어렵다. 이 이치를 (깨달으면) 곧 일체행이 그치고 고요해지니 일체가 이것에 의지하여 버리고, 떠나서 욕망(愛)이 다하면 고뇌를 떠나고 멸할 것이니, 이것이 열반이다. 내가 만일 이 법을 설하면 모든 이들이 내가 설하는 법을 이해하기 어려워할 것이다. (그러니) 나는 응당 (심신이) 피로하고 번거로울 것이다.' 세존께서 이렇게 사유하시고, 곧 법을 설하시기를 주저하셨다.[90]

알아듣지도, 듣고 깊이 이해하지도, 이해하고 받아들이지도 못하는 대상을 향해 무언가를 말한다는 것은 얼마나 허무하고 맥이 빠지는 일인가. 필시 몸은 피로하고 정신은 번거로울 것이다. 그래서 주저하고 있는데, 바로 이때 범천(브라흐마)이 부처에게 청한다. 세간의 중생들은 번뇌에 눈이 가려 있으니, 중생들을 위해 법을 설해달라고 거듭 청한다. 이를 범천의 권청(梵天勸請)이라 하는데, 이 거듭되는 청을 듣고 붓다는 '부처의 눈'으로 세간의 중생을 다시

---

90 『상응부경전』 제6 「범천상응」 제1 「범천품」 제1 「권청」 此理者 即所謂依緣 緣起是此理 亦難見 此理者 即一切行之止靜 一切依之 捨離 愛盡 離滅 涅槃是 我若說法 諸人難了解 我所說者 我是應所 疲勞而煩擾 世尊作如是思惟 即躊躇'不說法

보았다고 한다. 그랬더니 마치 연못의 청련화, 황련화, 백련화가 물속에서 자라면서 물 위로 나오지 못하고 잠긴 채로 사는 것도 있지만, 물에서 나와 물에 젖지 않는 것도 있는 것처럼, 중생도 역시 그러함을 보았다고 한다.

세존이 부처의 눈으로 세간을 관찰하니, 눈을 많이 가린 자, 조금 가린 자, 근기가 예리한 자, 근기가 둔한 자, 훌륭한 모습을 한 자, 나쁜 모습을 한 자, 쉽게 가르칠 수 있는 자, 가르치기 어려운 자가 있었으며, 또 그 중의 어떤 중생은 내세의 죄를 두려워하며 살고 있음을 보았다.[91]

그리하여 붓다는 법을 설하기로 마음을 정하고, 누구에게 먼저 법을 설할 것인가를 생각했다. 제일 먼저 이전의 두 스승(알라라 카라마, 웃다카 라마풋타)을 떠올리고 그들이라면 자신이 깨달은 법을 이해할 것이라 여겼으나, 천안(天眼)으로 둘 다 세상을 떠났음을 보고는 다음으로 다섯 수행자를 떠올렸다. 함께 하던 엄격한 고행을 포기하고 음식을 찾아 나선 수행자 고타마에게 실망하여 떠나 버린 고행자들이다. 붓다는 그들을 찾아 떠난다.

---

91 『상응부경전』 제6 「범천상응」 제1 「범천품」 제1 「권청」 世尊依佛眼 觀世間見衆生 眼有蔽多蔽少 有利根者 鈍根者 有善相者惡相者 有易敎者 難敎者 其中或有衆生 見來世罪之 怖畏而住

3

사성제와 팔정도

四 聖 諦   八 正 道

자신이 깨달은 이 난해하고 미묘한 법을 전할 수 있는가, 나아가 전해야 하는가를 고민하며 주저하던 붓다는 일단 마음이 정해지자 감탄스러울 정도의 놀라운 열정과 노력을 보여주며 법을 전하기 시작했다. 별다른 이동 수단도 없던 시절, 붓다는 순전히 자신의 발로 200km에 가까운 거리를 걸어서 다섯 비구가 있는 녹야원(鹿野苑. 사슴 동산)으로 찾아갔다. 붓다가 녹야원에 도착했을 때, 다섯 고행자는 깨달음을 얻은 자에게 적합한 태도로 그를 대하지 않았다. 그들은 고행이야말로 깨달음의 길이라고 믿고 있었기 때문에 고행을 버리고 떠난 붓다를 '그대(卿)'라고 칭하며, 의심과 경시의 눈으로 바라보았다.[92] 그러나 붓다가 그들의 마음을 살피고 자비로 대하자, 마침내 그들은 붓다를 믿고 그의 가르침에 귀를 기울이기 시작했다. 이른바 초전법륜(初轉法輪)의 시작이다.

그런데 여기서 매우 흥미롭고, 그래서 더욱 주목해야 하는 문제가 하나 있다. 이때 붓다가 이 다섯 비구에게 설한 법이 12연기법이 아니라는 것이다. 앞서 우리가 살펴본 바에 따르면, 보리수 아래에서 무상정등각을 얻은 붓다가 깨달은 법은 12연기의 존재의 실상이었고, 그 이치를 전하기 위해 주저하는 마음을 떨치고 전법(傳法)에 나선 것인데, 막상 법륜을 처음 굴리는 자리에서는 그것을 설하지 않은 것이다. 왜 그런 것일까. 왜 12연기를 설하지 않고 다른 가르침을 편 것일까. 나아가 그들에게 설한 법과 12연기법은 어떤 관련이 있는 것일까. 이점에 각별히 유념하며 계속 나가 보자.[92]

붓다가 처음 그들에게 설한 것은 극단적인 쾌락과 극단적인 고행은 깨달음의 길에 아무런 도움도 되지 않는다는 것, 그러므로 이 양극단을 버리고 중도(中道)를 가야 한다는 것이었다. 『아함경』에서 이렇게 설한다.

붓다께서 말씀하셨다. "욕망의 즐거움을 구하지 말라. (이는) 지극히 하천(下賤)한 일이요, 범부의 행이다. 또 자신의 몸을 괴롭히는 행을 구하지 말라. 극단적인 고행은 거룩한 행위도 아니고 이치에 부합되는 것도 아니다. 이 양 극단을 떠나면 곧 중도이니, 눈이 열리고 지혜를 이루고 자재하게 선정에 들어 (마침내) 지혜로 나아가고 깨달음으로 나아가며, 열반으로 향하리라."[93]

붓다의 모든 설법이 대기설법(근기에 따라 법을 설함)이라는 점을 상기하면, 붓다는 이 다섯 비구의 근기, 마음과 번뇌, 원하는 바 등을 헤아리며 그들을 인도하기 위한 방편을 사용하여 설했을 것이다. 그런데 첫 설법에서 이렇게 설한 것은 아마도 이 다섯 비구가 '고행만이 깨달음의 길'이라는 극단에 치우쳐 있었기 때문이리라. 그러니 실상을 보는 밝은 지혜의 눈을 얻는 '중도'의 길

---

92 『증일아함경』 제25 「고당품」에서 다섯 비구는 이렇게 말했다. "구담이여, 그대는 본래 고행할 때도 아직 상인(上人)의 법을 얻지 못했는데, 하물며 지금 그 어지러운 마음으로 어떻게 도를 얻었다고 하는가." 爾時五比丘 白世尊曰 瞿曇 本苦行時 尚不能得 上人之法 況復今日 意情錯亂 言得道乎

을 가야 한다는 것이다. 붓다는 이렇게 비구의 태도를 우선 바로 잡고 나서 법을 설하는데, 이 광경을 『아함경』에서 이렇게 설한다.[93]

이와 같이 나는 들었다. 어느 때 부처께서 바라나 녹야원의 선인이 살던 곳에 머무셨다. 그때 세존께서 다섯 비구에게 고하셨다. "이 고성제는 본래 미증유(未曾有)의 법이니, 마땅히 바르게 사유할 때 눈과 지혜, 밝음, 깨달음이 생길 것이다. 이 고(苦)의 원인, 괴로움의 소멸, 괴로움의 소멸에 이르는 길의 성스러운 진리는 미증유의 법이니, 마땅히 바르게 사유할 때 눈과 지혜, 밝음과 깨달음이 생길 것이다."[94]

네 가지 진리, 즉 괴로움의 현실(苦聖諦), 괴로움의 원인(集聖諦), 괴로움의 소멸(滅聖諦), 그리고 괴로움을 소멸하는 길(道聖諦)은 일찍이 없었던 것이요, 이것을 바르게 사유할 때 밝은 지혜의 눈을 얻어 깨달음에 이른다는 것이다. 그리고 이어 그 네 가지에 대해 하나씩 자세하게 설한다. 사성제는 '부처의 눈'이 중생에게 내려앉아 바라본 것이다.

⟨고성제(苦聖諦)⟩

고성제는 괴로움의 현실이다. 그런데 흥미로운 것은 이것을 자각하는 것이 진리의 문에 들어선다는 것이다. 『아함경』에서 이렇게 설한다.

---

93 『중아함경』 제13 「근본분별품」 제5 「의행경(意行經)」 佛言 莫求欲樂 極下賤業 爲凡夫行 亦莫求自身苦行 至苦 非聖行 無義相應 離此二邊 則有中道 成眼成智 自在成定 趣智趣覺 趣於涅槃
94 『잡아함경』 제15권 제15 「전법륜경」 一時佛住波羅奈 鹿野苑中 仙人住處 爾時 世尊 告五比丘 此苦聖諦 本所未曾聞法 當正思惟時 生眼智明覺 此苦集 此苦滅 此苦滅道 迹聖諦 本所未曾聞法 當正思惟時 生眼智明覺

무엇을 일러 고제(苦諦)라 하는가. 말하자면 생고(生苦), 노고(老苦), 병고(病苦), 사고(死苦), 우비뇌고(憂悲惱苦), 수우고통(愁憂苦痛) 등등이니 이루 다 헤아릴 수가 없다. 원증회고(怨憎會苦), 애별리고(愛別離苦), 구부득고(求不得苦) 역시 괴로움이다. 요체를 취해서 말하면 오성음고(伍盛陰苦)이다. 이를 일러 고제라 한다.[95]

붓다는 인간의 실존 자체를 '괴로움'으로 본다. 왜냐하면 그것이 중생의 실상이기 때문이다. '부처의 눈'으로 보면 중생과 중생의 삶은 그 자체로 부처이지만, 그 '부처의 눈'이 다시 고통받는 중생을 연민하는 입장에서 보면 인간 실존은 '고(苦)'라는 것이다. 마치 번민하는 사춘기 자녀를 보는 '부모의 눈'에 비친 자녀는 그 자체로 예쁘고 사랑스럽고 성장하는 부처이긴 하지만, 입시를 비롯한 여러 고민에 빠진 자녀의 아픔에 공감하고 연민하는 마음, 그리고 나아가 그 아픔에서 벗어나도록 돕고자 하는 마음과 유사할 것이다. 그런 부모 눈으로 자녀를 보면 '성장통을 앓고 있는 부처님'인 것처럼, 부처의 눈으로 중생을 보면 '괴로운 현실에 놓여 번뇌하는 부처님'이다.

그렇게 보니 생로병사의 길에 있는 중생의 실존이 괴로움이요, 실존과정에서 슬퍼하고, 근심하고, 갖가지 통증으로 시달리는 것도 괴로움이요, 헤어지고 만나는 관계의 변화도 괴로움이다. 그런데 요체를 취하여 말하면 오음이 모두 괴로움(五陰盛苦)이라고 한다. 무슨 의미인가.

오음은 다른 표현으로 '오온(五蘊)'이라 하는데, 온(蘊)이란 스칸다(skanda)의 역어로 '근간이 되는 부분'이라는 뜻이다. 다섯 가지 근간이 모인 것(聚), 즉 우리 몸을 가리킨다. 우리 몸은 물질적인 부분인 색(色)에 감수작용을 하는 수

---

95 『증일아함경』 제25 「고당품(高幢品)」 云何名爲苦諦 所謂生苦老苦 病苦死苦 憂悲惱 苦 愁憂苦痛 不可稱記 怨憎會苦 恩愛別苦 所欲不得 亦復是苦 取要言之 五盛陰苦 是謂苦諦

(受), 대상을 식별하고 이름을 부여하는 상(想), 의지작용으로 행위하는 행(行), 인식판단의 의식작용을 하는 식(識)의 다섯 가지가 어떤 원인(因)과 조건(緣)에 의해 일시적으로 결합하여 이루어졌다는 것이다. 인연생기에 의해 일시적으로 있을 뿐인 우리 몸이 가유(假有), 즉 있는 것처럼 보여도 실상은 있는 것이 아님을 표현하는 말이다. 『아함경』에서 이렇게 말한다.

> 마치 여러 재목이 한데 모인 것을 세상에서 수레라 일컫는 것처럼, 오온이 인연으로 화합하여 '가유'로 있는 것을 이름하여 중생이라 한다.[96]

오온이 일시적으로 화합하여 가유로 있을 뿐인 우리 몸이 치성하게 집착을 일으키고 번뇌하는 것 일체가 괴로움이라는 것이다. 그리하여 그 괴로움이 '내 것'이고, 그래서 '나'가 괴롭다고 여긴다. 그런데 '부처의 눈'에 본 실상도 그러한가. 『아함경』에서 이렇게 설한다.

> 색(色)은 무상한 것이다. 무상한 것은 곧 고(苦)이다. 고는 '나'가 아니다. '나'가 아니니 '내 것'도 아니다. 이렇게 관(觀)하는 것을 진실한 바른 관찰이라 한다. 이와 같이 수, 상, 행, 식 또한 무상한 것이다. 무상한 것은 '고'요, '고'는 곧 '나'가 아니며, '나'가 아니니 '내 것'도 아니다. 이렇게 관하는 것을 진실한 바른 관찰이라고 한다.[97]

실상에서 보면 물질의 몸(色)도 무상한 것이요, 느낌(受), 생각(想), 행위(行)

---

96 『잡아함경』 제45권 제5 「시라경(尸羅經)」 如和合衆材 世名之爲車 諸陰因緣合 假名爲 衆生
97 『잡아함경』 제1권 제9 「염리경(厭離經)」 色無常 無常卽苦 苦卽非我 非我者亦非我所 如是觀者 名眞實正觀 如是受想行識無常 無常卽苦 苦卽非我 非我者亦非我所 如 是觀者 名眞實正觀

와 알음알이(識)도 모두 무상한 것이라 한다. 그러니 그 다섯 가지로 이루어진 '나' 역시 무상한 것이다. 무상한 것은 곧 '고'이지만, '나'가 괴로운 것도 아니요, 그 괴로움이 '내 것'도 아니라는 것이다. 결국 실상은 '무상(無常)'이요, '무아(無我)'라는 것이다.

그러니 마치 거울이 사과를 비추었다고 해서 사과가 되지 않고 괴로움을 비추었다고 '괴로움'이 되지 않는 것처럼, 실상에서 보면 그 괴로움은 다만 우리 마음에 비친 업의 그림자일 뿐이라는 것이다. 하지만 거울에 비친 사과를 무슨 수로 떼어낼 수 있으며 마음에 비친 '괴로움'을 무슨 수로 없앨 수 있겠는가. 다만 그 '괴로움'이 '나'도 아니요, '내 것'도 아닌 업의 그림자일 뿐임을 관하는 것이고, 이렇게 보는 것이 바로 진실한 바른 관찰이라는 것이다. 생로병사에 애별리고와 원증회고, 구부득고, 오음성고를 합하여 8고(八苦)라고 하는데, 바로 이렇게 실존 자체가 '고(苦)'임을 자각하고 비추는 것, 이것이 진리의 문에 들어서는 것이요, 그런 의미에서 괴로움의 성스러운 진리(고성제)라 한다.

그런데 『열반경』에서는 이에 대해 흥미로운 점을 설한다. '고(苦)'와 '고성제'를 구분하는 것이 그것이다.

선남자여, 苦를 고성제라 이름하지 않으니 왜 그런가. 만일 苦를 고성제라고 말한다면 모든 소와 양, 나귀, 말, 나아가 지옥 중생에게도 성스러운 진리가 있어야 할 것이다. 선남자여, 만일 어떤 이가 여래의 깊은 경계와 상주불변(常住不變)의 법신을 알지 못하면 이를 일러 '밥 먹는 몸(食身)'이라 한다. 이는 법신이 아니요, 여래의 도덕과 위력을 알지 못하는 것이니, 그것을 이름하여 苦라고 한다. 왜 그런가. 알지 못하기 때문에 실상을 실상이 아니라 보고, 실상이 아닌 것을 실상이라 보기 때문이다.[98]

단순히 괴로움을 겪는 것과 괴로움을 진리에 들어가는 문으로 삼는 것은 다르다는 것이다. 그런데 괴로움이 괴로움에서 그치지 않으려면 상주불변의 비밀한 법신을 알아야 한다고 한다. 그렇지 않으면 이 몸은 법신이 아니라 그저 밥 먹는 몸(食身)에 지나지 않으리라는 것이다.

여기서 앞서 살펴본 '부처의 눈'을 상기해 볼 필요가 있다. '부처의 눈'에 비친 존재의 실상은 삼라만상이 모두 비로자나불의 화현이요, 법신을 지닌 존재이다. 그리고 나아가 법신을 지녔다는 점에서 제각기 자신의 가치를 지닌 평등한 존재들이다. 다만 중생지견에 덮여 그 법신을 보지 못하고 있을 뿐이다. 만일 우리가 물속에서 훌쩍 나와 물에 젖지 않는 꽃을 피우는 연꽃처럼 되지 못하고, 마냥 물속에 잠겨 있는 연꽃의 처지가 되어 괴로움에 젖어 있다면, 그런 우리의 몸은 바로 식신(食身)이 된다는 것이다. 법신이 아니다.

비로자나불의 법신은 삼라만상 두두물물(頭頭物物)에 편재(遍在)하는 자연성이요, 그 자연성을 드러나게 해주는 힘이다. 그래서 허공에 비유되는 성품을 지닌 '부처'로 표현된다. 마치 허공에 벼락이 치든 예쁜 구름이 펼쳐지든 허공은 있는 그대로 그것들을 나투어 주듯, '부처의 눈'은 중생의 식(識)이 어떤 그림을 펼쳐내든 그 자체를 부처의 현현으로 본다.

그런데 중생지견에 덮여 허공의 뜬구름 같은 '괴로움'을 겪으며 '괴로워 죽고', 그리하여 번뇌가 더 커져서 더욱더 '괴로워 죽는' 상태가 된다면 식신일 뿐이고, 그 괴로움은 苦일 뿐 고성제가 아니라는 것이다. 괴로움이 괴로움인 채로 괴로움이 아님을 안다면 그저 숙세에 지은 자신의 업이 자연스럽게 인(因)과 연(緣)이 만나 업의 두루마리가 전개(development)된 것임을 관(觀)하며, 그

---

98 『대반열반경』 제4 「여래성품(如來性品)」 善男子 所言苦者 不名聖諦 何以故 若言苦是 苦聖諦者 一切 牛羊驢馬 及地獄衆生 應有聖諦 善男子 若復有人 不知如來 甚深境 界 常住不變 微密法身 謂是食身 非是法身 不知如來 道德威力 是名爲苦 何以故 以不知故 法見非法 非法見法 當知是人 必墮惡趣 輪轉生死 增長諸結 多受苦惱

것의 무상함을 볼 수 있다면, 나아가 그렇게 전개되는 것 역시 법신의 현현임을 볼 수 있다면 괴로움을 넘어선 고성제가 되고, 그리하여 '괴로워하는 부처님'이 되는 것이 아닐까. 『아함경』에서 붓다는 이렇게 설한다.

자세히 듣고 자세히 들어, 잘 사유하고 생각하라. 내가 그대를 위해 설하리라. 비구여, (그대가) 만일 번뇌의 부림을 따라 부림을 당한다면, 곧 번뇌를 따라 죽을 것이요, 만일 (그런) 죽음의 길을 따른다면 그대가 취한 것에 결박될 것이다. 비구여, 만일 번뇌의 부림에 부림을 당하지 않는다면 번뇌를 따라 죽지 않을 것이요, 번뇌를 따라 죽지 않는다면 '취한 것'에서 해탈(解脫)하리라.[99]

중요하고 또 필요한 것은 괴로움에 잡아먹히지 않아야 한다는 것이다. 거울 같은 마음은 괴로움을 만나도 그 괴로움에 물들지 않는다. 다만 업의 전개를 비출 뿐이다. 괴로움이 오는 것도 인연에 따른 것이요, 떠나는 것도 인연에 따른 것이다. 오고 가는 실상을 그대로 관(觀)할 뿐, 끌려다니지 않아야 한다. 장자는 이렇게 말한다.

얻는 것도 때가 되어 얻은 것이요, 잃은 것도 때를 따른 것이니, 안시처순(安時處順)한다면 슬픔도 기쁨도 끼어들지 못한다[100]

---

99 『잡아함경』 제1권 제15 「사경(使經)」 諦聽諦聽 善思念之 當爲汝說 比丘 若隨使使者
    卽隨使死 若隨死者 爲取所縛 比丘若不隨使使 不隨使死 不隨死者 則於取解脫
100 『장자』 「대종사」 且夫得者時也 失者 順也 安時而處順 哀樂不能入也

〈집성제(集聖諦)〉

집성제는 위에서 말한 괴로움의 원인에 대한 진리이다. 괴로움은 어디에서 발생하는가. 괴로움의 원인을 보아야 괴로움을 멸하는 길을 찾을 수 있다. 12 연기에 따르면 괴로움의 존재론적인 원인은 '죽음(死)'이요, 나아가 무명(無明)이다. 그런데 집성제에서는 좀 더 구체적으로 '태어남에서 죽음'에 이르기까지 우리가 겪는 괴로움이 어디에서 발생하는가를 설한다. 『아함경』에서는 이렇게 설한다.

> 어떤 것이 괴로움의 발생에 대한 진리인가. 이른바 집성제란 애와 욕이 서로 응하여 마음이 항시 물들어 집착하는 것이니, 이를 일러 고습제(苦習諦)라 한다.[101]

우리는 '왜 괴로운가'라는 질문을 받으면, 대체로 '무엇 때문에' 라고 답한다. 어떤 일 때문에, 어떤 사람 때문에 또는 누군가 혹은 무언가 없기 때문에 괴로움이 생긴다고 여긴다. 그래서 늘 무언가를 혹은 누군가를 탓하고 원망한다. 그런데 실상에서 볼 때도 그러할까.

세계가 우리 식(識)의 현현이라면, 그 무언가도 결국은 우리 마음이 그렇게 그려낸 것일 뿐이다. 예컨대 우리가 미움과 원망으로 온몸을 불태우며 괴로움을 겪을 때, 그 '미움과 원망'은 어디에 있는 것이며 어디에서 오는 것인가. 대상에 있는 것인가, 내 마음 속에 있는 것인가. 대상에서 나온 것인가, 내 마음에서 나온 것인가. 결론부터 말하면 자신의 마음에 있으며, 자신의 마음에

---

101 『증일아함경』 제28 「사제품(四諦品)」 彼云何名 爲苦習諦 所謂習諦者 愛與欲相應 心恒染著 是謂名爲苦習諦

서 비롯되었다는 것이다.

무언가를 좋아하고(愛) 그 좋아하는 것을 취하고자 욕망하고(欲) 그 욕망을 실현하고자 마음이 달라붙을 때(着), 우리는 '나'라고 하는 심지를 세우고 거기에 '욕망'의 불을 붙여 스스로 활활 타오르게 되는데 이것이 번뇌요, 괴로움의 근원이 된다는 것이다.

그런데 이 욕망은 단지 사람이나 물질에만 국한되는 것이 아니다. 어떤 당위나 이념, 도그마에 기초하여 자신의 '옳음'으로 타자와 세상을 지배하려는 것 역시 큰 욕망이다. 그 가운데 가장 큰 욕망은 자신의 육신이 끝나지 않기를 바라는 것이다. 이런 욕망(貪欲)이 성취되지 않을 때 우리는 성을 내고, 그것이 다시 어리석음을 불러일으키는 탐진치의 악순환에 들게 된다. 그런데 살기 위해서 일어나는 욕망이 어째서 문제가 되고, 어떻게 번뇌와 괴로움을 일으키는 것일까. 생존을 위한 욕망이란 '자연'이요, 인지상정(人之常情)이 아닌가. 어떤 욕망이 괴로움의 원인이 되는가.

위에서 인용한 『덕충부』편의 마지막 우화에서 장자는 이 문제를 비중 있게 검토한다. 장자에 따르면, 덕이 가득한 덕충자(德充者)들, 즉 거울같이 마음을 쓰는 지인(至人)에게는 '슬픔도 기쁨도 끼어들지 못한다(哀樂不能入).' 그렇다면 지인은 희노애락애오욕(喜怒哀樂愛惡欲)의 정(情)이 없는 존재인가. 목석같은 신경마비 환자인가. 그러면서 사람이라고 할 수 있는가. 사람이면서 어떻게 정이 없을 수 있는가. 의문스럽다. 그래서 장자의 절친한 벗, 혜시(惠施)는 장자에게 이렇게 따져 묻는다.

혜시가 장자에게 말했다. "사람은 본래 정이 없는가."
장자가 말했다. "그렇다."
혜시가 말했다. "사람이면서 정이 없다면 무엇을 가지고 사람이라 말할 수 있는가."

(장자가 말했다) "도(道)가 인간에게 모습을 주고, 하늘이 사람에게 인간의
형체를 갖춰 주었는데, 어찌 사람이라고 말할 수 없겠는가."[102]

장자는 본래 사람에게 정이 없느냐는 혜시의 질문에 본디 없다고 답한다.
정이 없는 존재를 어찌 사람이라 할 수 있느냐는 혜시의 질문에, 장자는 자연
으로 사람의 모습과 형체를 갖추고 있는데 어찌 사람이라 할 수 없느냐고 답
한다. 장자에 따르면, 우리는 자연(道와 天)에 의해 사람으로 태어났다. 어떤
의도를 가지고 그 의도를 실현하기 위해 태어난 것이 아니다. 그런 면에서 우
리는 세상에 던져졌고 태어날 때 아무것도 선택하지 못한다. 우리의 용모, 태
어날 지역, 성품, 능력, 기본적인 혈연관계 등등 그 어느 것도 우리의 의도나
계획이 관철되어 세상에 태어나는 것이 아니다. 우리가 당연하게 갖고 있는
생각들, 즉 '나'가 태어나고, '나'가 살고, '나'가 무언가를 성취한다는 등의 관
념은 의식일 뿐이다. '나'를 실체로 여기는 의식에서 나온 것이다. 장자는 바
로 이점, 즉 '나'를 해체하고자 한다. 혜시는 좀 더 문제에 천착해 들어간다.

혜시가 말했다. "이미 사람이라고 한다면, 어떻게 정이 없을 수가 있는가."
장자가 말했다. "그대가 말하는 정은 내가 말하는 정이 아니다. 내가 정이
없다고 말하는 것은 호오(好惡)의 감정으로 몸을 상(傷)하게 하지 않는 것
이다. 자연을 따르면서 익생(益生)하지 않는 것을 말하는 것이다."[103]

어떻게 사람이라면 정이 없을 수가 있는가 따져 묻는 혜시에게 장자는 자

---

102 『장자』「덕충부」 惠子謂莊子曰 人故無情乎 莊子曰 然 惠子曰 人而無情 何以謂之
  人 道與之貌 天與之形 惡得不謂之人
103 『장자』「덕충부」 惠子曰 旣謂之人 惡得無情 莊子曰 是非吾所謂情也 吾所謂無情
  者 言人之不以好惡內傷其身 常因自然而不益生也

신이 말하는 정과 혜시가 말하는 정이 다르다고 한다. 어떻게 다른가. 장자에 따르면, 지인은 결코 슬픔과 기쁨을 느끼지 못하거나 욕망이 없는 것이 아니다. 슬픔은 슬픔인 채로, 기쁨은 기쁨인 채로 수용한다. 그 감정에 의해 휘둘리지 않는다. 그리하여 존재의 본성을 해치지 않고 더 많이 소유하기 위해 본성을 수고롭게 하지 않는다. 다만 존재의 실상에 따라 변화를 수용하기 때문에 세상을 지배하기 위한 욕망을 갖지 않는다는 것이다.

실상 우리는 정 때문에 마음에 상처를 입는다. 좋은 정도, 싫은 정도 감정에 부림을 당하게 되면 집착이 생기고 대상에 대한 열망이나 미움이 싹트니, '호(好)이든 오(惡)이든 그 몸을 상하게 한다(好惡內傷其身)'는 점에서 똑같이 마음에 독이 된다. 장자의 무정(無情)은 목석처럼 무감동하거나 무감각의 상태가 될 것을 권하는 것이 아니다. 거울이 둥근 것은 둥글게, 붉은 것은 붉게 비추며 그대로 응할 뿐 잡으려 하지 않고, 또 대상에 붙잡히지도 않는 것처럼, 아무리 슬픈 일을 만난다 해도 '슬픔'을 느끼며 비출 뿐 그 '슬픔'도 '슬퍼하는 나'에게도 마음이 매여 슬픔의 노예가 되지 말라는 것이다. 그 모두가 원인과 조건이 결합하여 때가 되어 왔다가 때가 되면 떠나는 인연사일 뿐, 실체가 아님을 알아야 한다는 것이다.

그러면서 장자는 '무정(無情)의 요체'는 자연을 따를 뿐 그것을 넘어서는 것을 욕망하지 않는 것, 즉 익생(益生)하지 않는 것이라고 말한다. 장자가 말하는 정은 '소유적 욕망에서 기인하는 욕망'에 국한된다. 예컨대 자신의 옳음으로 시비를 가리고, 자신의 선으로 선악을 겨루고, 호오(好惡)을 내어 펴는 그런 정이고, 이런 정들은 소유적 욕망에서 비롯된다는 것이다.

프랑스의 정신분석학자이자 철학인인 라캉(Jacques Lacan, 1901-1981)은 바로 이런 점에서 욕구(need)와 욕망(desire)을 구분한다. 욕구란 생존에 꼭 필요한 것, 예컨대 먹고 자고 추위를 피하는 등 살기 위해 무언가를 구하는 마음이다. 이에 비해 욕망은 사회적으로 인정받기 위해 더 좋은 것을 취하려는 마음인데,

이것은 다른 사람들이 바라는 것을 '나'도 바라기 때문이라고 한다. 이른바 '타자의 욕망을 욕망하다'라는 것인데, 무언가를 성취한 이후 허탈감에 빠지는 이유는 진정한 자기 욕망이 아니라 타인의 욕망을 따른 것이기 때문이라는 것이다.

그런 의미에서 본다면, 장자가 말하는 '익생(益生)'이란 존재의 자연적 필요를 충족하기 위한 욕구를 넘어선 그런 욕망을 가리키는 것이 아닐까. 실상 우리가 마주하는 괴로움과 아픔이 다만 생존에 필요한 욕구에서 비롯한 것일까. 우리의 탐욕은 다만 생을 보존하기 위해 필수적인 것인가. 그 이상의 욕망 때문이 아닌가. 익생으로 표현된 바로 그 욕망이 괴로움을 발생시키는 '갈애(渴愛)'가 되는 것이 아닐까. 장자는 이렇게 말한다.

> 뱁새와 메추라기는 깊은 숲에 둥지를 트는데 나뭇가지 하나면 족하고, 두더지가 강물을 마시는데 배를 채우면 그만이다.[104]

우리는 이 세상에 가유(假有), 즉 일시적으로 머무는 나그네 같은 존재이다. 우리뿐 아니라 존재하는 모든 것 역시 일시적으로 인연에 따라 그렇게 존재하는 것이다. 무언가를 소유한다는 것은 일시적인 것이요, 그런 의미에서 소유해도 소유한 것이 아니다. 허구적인 것이다. 그러니 우리는 허구적인 것을 추구하면서 소유적 욕망을 확대하여 그 욕망에 부림을 당하지 않아야 한다는 것이다. 뱁새에게 나뭇가지 하나를 넘어서는 것과 두더지에게 한모금의 물을 넘어서는 것은 필요 이상의 소유적 욕망이다. 뱁새가 나무 전체를 차지하고 둥지를 틀려는 것, 두더지가 물을 마시기 위해 강물 전체를 소유하려는 것, 이것은 필요 이상의 욕망이요, 그런 욕망이 괴로움을 발생시키는 것이 아

---

104 『장자』「소요유」鷦巢於深林 不過一枝 偃鼠飮河 不過滿腹

닐까.

〈멸성제(滅聖諦)〉

붓다가 바라 본 중생의 현실은 괴로움이요, 그 괴로움의 원인은 바로 우리
의 탐욕과 집착, 즉 중생의 갈애(渴愛)이다. 이제 그 괴로움을 멸하는 진리, 멸
성제를 『아함경』에서 이렇게 설한다.

무엇을 일러 괴로움을 멸하는 진리라 하는가. 이른바 저 갈애를 남김없이
멸하여 다시 생겨나지 않게 하는 것이니, 이를 일러 괴로움의 소멸에 대한
진리라고 한다.[105]

괴로움의 원인인 갈애를 남김없이 멸하여 다시 생겨나지 않게 하는 것이라
고 한다. 이 때 갈애란 생존에 필요한 욕구 이상을 욕망하는 것이다. 라캉의
말을 빌리면 타자의 욕망을 욕망하는 것이요, 장자식으로 말하면 자연의 욕
구를 넘어서는 익생(益生)의 욕망이리라. 타자에 의해 만들어진 욕망을 따르
느라 자신을 몰아가는 것은 '어리석음'이다. 이 어리석음은 새로운 탐욕을 일
으키고, 스스로를 불행으로 이끈다. 하지만 욕망을 모두 멸하는 것이 어찌 쉽
겠는가. 어렵고 또 어려운 길이리라. 그러나 그렇게 괴로움의 원인인 애욕을
멸하면 어디에 이르는 것인가. 『아함경』에서 이렇게 설한다.

애욕을 멸하여 기리 남김없이 다한다면, 그것이 멸진열반(滅盡涅槃)이다.[106]

---

105 『증일아함경』 제28 「사제품」 彼云何苦盡諦 能使彼愛 滅盡無餘 亦不更生
106 『증일아함경』 제29 「사의단품(四意斷品)」 滅於愛欲 永盡無餘 滅盡涅槃

말하자면 괴로움을 멸하고 도달한 그곳은 바로 열반이라는 것이다. 열반이란 산스크리트어 '니르바나(nirvana)'의 음역으로, '불이 꺼진 상태'를 의미한다고 한다. 그러니 타오르는 번뇌의 불길을 지혜로 꺼서 일체 번뇌와 괴로움이 소멸된 상태를 뜻한다. 다른 표현으로 해탈이라고 하고, 성불(成佛)이라고도 한다. '부처의 눈'이 열려 무상정등각을 얻은 상태이다. 적정(寂靜)하고 평화로운 최상의 안락이라고 한다.

〈도성제(道聖諦) : 팔정도(八正道)〉

그러면 어떻게 괴로움의 원인인 갈애를 모두 멸하고, 멸진 열반에 이르는가. 그 길을 제시하는 것이 바로 도성제(道聖諦)이다. 도성제란 괴로움을 소멸하고 열반에 이르는 길의 진리이다. 붓다는 이렇게 설한다.

> 현자들이여, 또 중도(中道)가 있으니, 능히 마음을 집중하게 하고, 선정을 얻고 즐거움을 얻으며, 신통을 얻고 깨달음을 얻게 하며, 열반을 얻게 한다. 무엇을 일러 중도가 능히 마음을 집중하게 하고, 선정을 얻고 즐거움을 얻으며, 신통을 얻고 깨달음을 얻으며, 열반을 얻게 한다고 하는가. 곧 여덟 가지 거룩한 길이니, 정견(正見)에서 정정(正定)에 이르는 여덟 가지이다.[107]

중도란 쾌락과 고행, 단견과 상견 등 양극단을 여의고 참된 실상의 지혜를 구하는 길이다. 그 길은 여덟 가지이며, 이 길 즉 팔정도를 통해 괴로움이 소멸된 멸진 열반에 이를 수 있다는 것이다. 『불설전법륜경』에서는 이를 이렇게 설한나.

탐욕을 생각하지 않고 몸과 애욕에 집착하지 않으며 수행하면 가히 중도를 얻으니, 여래의 최정각은 눈과 지혜를 얻어 양변에서 벗어나 스스로 열반에 이른 것이다. 무엇을 일러 중도를 얻는다 하는가. 이른바 여덟 가지 바른 길이니, 바른 견해(正見), 바른 사유(正思), 바른 말(正言), 바른 행위(正行. 正業), 바른 생업(正命), 바른 정진(正治, 正精進), 바른 생각(正志, 正念), 바른 선정(正定)이다.[108]

팔정도란 '부처의 눈'을 얻어 열반에 이르기 위한 여덟 가지의 실천 강령인데, 모두 '바른'이라는 수식어가 붙어 있다. '바르게 ~하라'는 것인데, 바로 그 지점, 즉 무엇이 바른 것인가를 하나씩 참구하고 깨쳐 실행해 나가는 것이 우리를 공부로 이끈다.

① 정견(正見) : '바르게 보라는 것'은 세계와 존재의 실상을 바르게 보는 것, 즉 부처의 눈에 비친 실상을 보라는 것인데, 아직 부처의 눈을 얻지 못한 우리는 어찌해야 하는가. 부처의 눈을 상상하며, 부처가 본 실상을 따라 배우라는 것이 아닐까. 자신의 눈에서 걷어내야 할 중생지견이 무엇인가를 보고, 하나씩 하나씩 해체해 나가는 것, 그리하여 본래 자기에게 있는 부처의 눈을 열어나가는 것이니, 붓다가 '정각'을 얻었을 때 본 법, 즉 연기법(12연기)을 바르게 보고, 연기법을 이해하기 쉽게 설한 사성제를 바르게 이해하라는 것이리라.

그러면 정사와 정언, 정업은 무엇을 바르게 하는 것일까. 사유는 의식으로

---

107 『중아함경』제8「예품」 제2「구법경」諸賢復有中道 能得心住 得定得樂 順法次法 得通得覺 亦得涅槃 諸賢 云何復有中 道能得心住 得定得樂 順法次法 得通得覺 亦得涅槃 謂八支聖道 正見乃至正定 是爲八

108 『불설전법륜경(佛說轉法輪經)』후한 안식 삼장 안세고(後漢安息三藏安世高) 역, 不念貪欲 著身愛行 可得受中 如來最正覺 得眼得慧 從兩邊度 自致泥洹 何謂受中 謂受八 直之道 一曰正見 二曰正思 三曰正言 四曰正行 五曰正命 六曰正治 七曰正志 八曰正定

하는 것이요, 말은 입으로 하는 것, 그리고 행위는 몸으로 짓는 것이다. 우리 중생은 이렇게 몸과 입과 뜻으로 업을 짓는 행위를 하는데, 이른바 신구의(身口意) 삼업(三業)이다. 이 세 가지로 짓는 악업을 십불선업이라 한다.

신(身) – 살생(殺), 도둑질(盜), 음란한 행위(淫)
구(口) – 거짓말(妄語), 교묘히 꾸민 말(綺語), 이간질하는 말(兩舌), 험한 말 (惡口)
의(意) – 탐욕(貪), 성냄(瞋), 어리석음(痴)

이 가운데 일상의 여러 관계에서 가장 많은 상처를 일으키는 것은 아마도 입으로 짓는 업이리라. 『아함경』에서는 이를 이렇게 설한다.

대개 사람이 세상에 태어나면, 날카로운 도끼가 입안에 있어, 도리어 제 자신의 몸을 해치니, 그것은 나쁜 말을 하기 때문이다.[109]

이 열 가지 불선한 업을 반대로 행하는 것, 즉 몸으로 살생하지 않고, 도둑질하지 않으며, 음란행을 하지 않는 것, 입으로 거짓말하지 않고, 속이는 말을 하지 않으며, 이간질하는 말을 하지 않고, 거친 욕설을 하지 않는 것, 그리고 뜻으로 탐냄과 성냄(우울은 성냄의 한 형태인 듯하다. 세상이 마음대로 되지 않기 때문에 우울한 것이 아닐까)과 어리석음을 행하지 않는 것을 십선(十善)이라고 한다. 바로 이 십선을 행하는 것이 몸과 입과 뜻으로 '바르게' 하는 것이 아닐까.

그런 맥락에서,

---

109 『잡아함경』제44권 제17 「범천경」 夫士生世間 利斧在口中 還自斬其身 斯由惡言故

② 정사(正思) : 의식(意識)을 써서 하는 것이 사유이니, 바르게 사유하라(正思)는 것은 탐진치 삼독에 물들지 않은 마음, 세계와 제대로 이어진 마음으로 실상대로 사유하라는 것이리라.

③ 정언(正言) : 입으로 하는 것이 말이니, 바르게 말하라(正言)는 것은 거짓말과 이간질하는 말, 교묘히 꾸민 말, 나쁜 말을 하지 말고, 진실되고 부드럽게 말하라는 뜻일 것이요,

④ 정업(正業) : 몸으로 하는 것이 행위이니, 바르게 행위하라는 것은 살생과 도둑질, 음란한 행위를 하지 말고 자비롭게 행위하라는 의미일 것이다.

⑤ 정명(正命) : 바른 생업이란 정당한 방법으로 의식주를 해결하면서 목숨을 유지하라는 의미일 것이요,

⑥ 정정진(正精進) : 바르게 정진하라는 것은 방일(放逸)하지 말고 집중해서 수행하라는 의미인데, 바로 붓다가 열반 시 남기신 최후의 말씀이 이것이다. 『아함경』에서 이렇게 설한다.

> 방일하지 말라. 나는 방일하지 않았기 때문에 스스로 정각을 이루었다. 한량없는 온갖 선도 방일하지 않음에서 말미암는 것이다. 일체 만물은 영원히 존재하는 것이 없다. 이것이 여래 최후의 말씀이다.[110]

---

110 『불설장아함경』 제2 「유행경(遊行經)」 無爲放逸 我以不放逸故 自致正覺 無量衆善亦由不放逸得 一切萬物 無常存者 此是如來 末後所說

바로 이렇게 방일하지 않고 수행하는 것이 곧 정진(精進)인데, 이 정진이 어째서 그리도 중요한가. 『열반경』에서 이렇게 설한다.

나는 아뇩다라삼먁삼보리(阿耨多羅三藐三菩提)를 위해 몸과 마음과 목숨을 아끼지 않으며, 아뇩다라삼먁삼보리를 위해 몸이 티끌처럼 부서진다 해도 끝내 놓아버리고 정진하리라. 왜 그런가. 부지런히 정진하는 마음이 바로 아뇩다라삼먁삼보리의 인(因)이기 때문이다.[111]

아뇩다라삼먁삼보리(阿耨多羅三藐三菩提)란 무상정등각(無上正等覺)을 가리킨다. 즉 위 없는 바른 깨달음을 얻는 인(因)이 바로 정진이라는 것이다. 정진하기 위해선 방일하지 않아야 하는데, 방일하지 않기 위해서는 어떻게 힘써야 하는가. 무엇을 경계해야 하는가. 『열반경』에서는 이렇게 설한다.

방일함에는 13가지 과보가 있으니, 무엇이 열세 가지인가. 첫째는 세간의 업 짓기를 좋아함이요, 둘째는 무익한 말하기를 좋아함이요, 셋째는 항시 오래 잠자기를 좋아하는 것이요, 넷째는 세간의 일을 말하기 좋아함이요, 다섯째는 악우(惡友)를 가까이함이요, 여섯째는 늘 게으르고 나태함이요, 일곱째는 다른 이의 업신여김을 받는 것이요, 여덟째는 비록 들은 것이 있어도 곧 잊어버림이요, 아홉째는 극단적 견해(邊)에 있기를 좋아하는 것이요, 열째는 모든 감각기관을 조복하지 못함이요, 열한 번째는 먹음에 만족을 모르는 것이요, 열두 번째는 고요한 곳을 좋아하지 않음이요, 열세 번째는 보는 바가 바르지 못한 것이다.[112]

---

111 『대반열반경』제8 「범행품(梵行品)」若我為於阿耨多羅三藐三菩提 終不護惜 身心與命 我為阿耨多羅三藐三菩提 正使碎身 猶如微塵 終不放捨 勤精進也 何以故 勤進之心 即是阿耨多羅三藐三菩提因

⑦ 정념(正念) : 바르게 생각하라는 것은 항시 바른 의식을 가지고 깨달음으로 향하는 이상과 목표를 잃지 않도록 깨어 있는 것이다. 그러기 위해서는 생각의 지혜, 즉 염혜(念慧)를 길러야 한다고 하는데, 염혜란 오근(五根, 다섯 감각기관)을 거두는 힘이라 한다. 눈을 비롯한 다섯 감각이 대상으로 치달려 흘리는 것, 그렇게 흘린 감각적 욕망에 마음을 내어 맡기지 않는 것이다. 『열반경』에서는 이렇게 설한다.

> 지혜를 얻으면 염(念)을 집중할 수 있지만, 오근이 흩어지면 집중하는 힘이 그치게 된다...... 선남자여, 마치 솜씨 좋은 목동이 자기의 소가 동서로 다니며 남의 밭의 곡식을 먹으려 할 때 곧 제지하여 범하지 못하게 하는 것처럼, 보살 마하살 역시 그러하여 염혜의 인연으로 오근을 거두어 지켜 치달려 흩어지지 않게 한다...... 염혜를 지닌 이는 '나'라는 상을 보지 않고, '내 것'이라는 상을 보지 않으며, 중생도 받아들인 것도 보지 않으며, 일체 존재가 법의 성품과 같음을 본다.[113]

⑧ 바른 선정(正定) : 바른 선정이란 고요한 곳에서 마음을 한 곳에 집중하여 명상하며, 마음에 비친 것을 관(觀)하는 것인데, 붓다는 입적할 시에도 이 선정에 들었다고 한다. 붓다는 '방일하지 말라'는 유훈을 남기고, 곧 선정에 들었다고 한다.[114]

---

112 『대반열반경』 제30권 제11 「사자후보살품」 夫放逸者 復有十三果報 何等十三 一者樂為 世間作業 二者樂說 無益之言 三者常樂 久寢睡眠 四者樂說 世間之事 五者常樂 親近惡友 六者常懈怠懶惰 七者常為 他人所輕 八者雖有所聞 尋復忘失 九者樂處邊地 十者不能 調伏諸根 十一者食不知足 十二者不樂空寂 十三者所見不正

113 『대반열반경』 제22권 제10 「광명보조 고귀덕왕 보살품」 得智慧故 則得專念 五根若散 念則能止 何以故 是念慧故 善男子 如善牧者 設牛東西 啖他苗稼 則便遮止 不令犯暴 菩薩摩訶薩 亦復如是 念慧因緣 故守攝五根 不令馳散...... 有念慧者 不見我相 不見我所相 不見衆生 及所受用 見一切法 同法性相

지금까지 살펴본 사성제는 초기 불교의 핵심 가르침으로 일컬어진다. 즉 실상의 밝은 지혜를 찾아가는 핵심적인 길이다. 무명의 어둠을 몰아내는 지혜(般若智)는 '빛(광명)'으로 표현되는데, 이 사정제의 빛은 그 어떤 광명보다도 수승하다고 『아함경』에서 설한다.

반딧불의 빛에서 부처의 광명에 이르기까지 그 모든 빛을 합한다 해도, 고제, 집제, 멸제, 도제의 빛만 못하다. 그러므로 모든 비구들이여, 빛을 찾고자 하는 이는 마땅히 고제, 집제, 멸제, 도제의 광명을 구해야 하며, 마땅히 이렇게 수행해야 한다.[115]

---

114 『불설장아함경』 제2 「유행경」 이에 세존께서 곧 초선정에 드셨다. 초선정에서 일어나 제2선에 드시고, 제2선에서 일어나 제3선에 드시고, 제3선에서 일어나 제4선에 드시고, 제4선에서 일어나 공처정에 드시고, 공처정에서 일어나 식처정에 드시고 식처정에서 일어나 불용정에 드시고 불용정에서 일어나 유상무상정에 드시고, 유상무상정에서 일어나 멸상정에 드셨다. 이때 아난이 아나율에게 물었다. 세존께서 이미 반열반에 드신 것인가. 아나율이 말했다. 그렇지 않소. 아난이여, 세존께서는 지금 멸상정에 계시오. 내가 옛날 부처님께 직접 듣기에, 제4선에서 일어나 반열반에 드신다고 하셨소. 이때 세존께서는 멸상정에서 일어나 유상무상정에 드시고, 유상무상정에서 일어나 불용정에 드시고, 불용정에서 일어나 식처정에 드시고 식처정에서 일어나 공처정에 드시고, 공처정에서 일어나 제4선에 드시고, 제4선에서 일어나 제3선에 드시고, 제3선에서 일어나 제2선에 드시고 제2선에서 일어나 제1선에 드시고, 제1선에서 일어나 제2선에 드시고, 제2선에서 일어나 제3선에 드시고, 제3선에서 일어나 제4선에 드시고, 제4선에서 일어나 부처께서 반열반에 드셨다. 於是世尊 即入初禪定 從初禪起 入第二禪 從第二禪起 入第三禪 從第三禪起 入第四禪 從四禪起 入空處定 從空處定起 入識處定 從識處定起 入不用定 從不用定起 入有想無想定 從有想無想定起 入滅想定 是時阿難 問阿那律 世尊已般涅槃耶 阿那律言 未也阿難 世尊今者 在滅想定 我昔親從佛聞 從四禪起 乃般涅槃 於時世尊 從滅想定起 入有想無想定 從有想無想起 入不用定 從不用定起 入識處定 從識處定起 入空處定 從空處定起 入第四禪 從第四禪起 入第三禪 從三禪起 入第二禪 從二禪起 入第一禪 從第一禪起 入第二禪 從二禪起 入第三禪 從三禪起 入第四禪 從四禪起 佛般涅槃

115 『불설장아함경』 제30 제8 「도리천품」 從螢火光 至佛光明 合集爾所光明 不如苦諦光明 集諦滅諦道諦光明 是故諸比丘 欲求光明者 當求苦諦 集諦滅諦 道諦光明 當作是修行

이 사성제를 다시 종합해서 정리하면 모든 존재는 관계적으로만 존재하며 변화할 뿐 고정된 실체가 아니고, 일체 색수상행식은 모두 무상하며 무상한 것은 모두 고(苦)이고, '고(苦)'의 원인을 멸하면 고요하고 평정한 멸진열반에 든다는 것이다. 『아함경』에서는 이를 이렇게 설한다.

여래가 설한 바의 네 가지 법은 무엇인가. 일체 모든 행은 무상함이요……
일체 모든 것은 괴로움이며…… 일체 모든 것은 '나'가 없고…… 열반은 영
원히 고요하다는 것이다.[116]

이른바 제행무상(諸行無常), 제법무아(諸法無我), 열반적정(涅槃寂靜), 일체개고(一切皆苦)이다. 이를 초기 불교에서 삼법인(三法印) 혹은 사법인(四法印)으로 정리했는데, 법인(法印)이란 '법의 표지'를 가리킨다. 그리하여 초기 불교에서는 이를 통해 불교가 다른 유파(외도라 칭했다)와 다른 점을 분명히 나타내는 표지로 삼았고, 어느 불경이든 이 법인에 합치되면 붓다의 진설로 인정하고, 어긋나면 불설이 아니라고 판정하였다고 한다.

다시 앞서 붓다가 보리수 아래에서 '부처의 눈'을 얻게 된 광경으로 돌아가 보자. 그때 붓다가 본 것은 바로 '연기법'이요, 생로병사하는 인간 실존의 괴로움이 어떻게 인연하여 일어나는가를 본 '12연기'이다. 그런데 붓다는 어째서 다섯 비구에게 12연기를 그대로 설하지 않고, 사성제를 설한 것일까. 이 사성제는 12연기와 어떻게 이어지는 것일까.

여기서 한 번 더 앞부분의 내용을 돌이켜 보자. 붓다는 성도한 후, 이 연기

---

116 『증일아함경』 제29 「사의단품」 如來之所說 云何爲四 一切諸行無常…… 一切諸行
　　苦…… 一切諸行無我…… 涅槃爲永寂

법을 어떻게 전할 수 있는지, 또 전해야 하는지를 고뇌했다. 이 법은 미증유(未曾有)의 것이고, 미묘 난해하다는 것이 그 이유였다. 붓다가 깨달은 존재의 실상인 '12연기법'은 매우 심오하고 이론적이어서 고도의 사유와 지혜가 필요하다. 그래서 탐욕과 성냄에 불타고 있는 사람들이 이 법을 어찌 이해할 수 있겠는가 고뇌했다. 그러나 법을 전하기로 마음을 정했으니, 매우 어려워 이해시키기 어려움을 알고 설법의 방편을 고안하여 다섯 비구에게 설한 것이 아닐까. 붓다의 설법이 대기설법임을 상기해본다면, 붓다는 이 법을 전하기 위해 응당 선교방편(善巧方便)을 쓰고자 했을 것이다.

앞에서 살펴본 것처럼 이론적인 12연기에 비해 사제설(四諦說)은 이해하기 쉽게 체계를 세운 법문으로 실천적인 측면이 강하다는 점을 본다면 수긍이 가는 일이다. 그러면 사제설은 12연기와 이론적으로 어떻게 맥락이 이어지는가.

12연기설은 생로병사의 괴로움이 궁극적으로는 무명으로 귀결됨을 보고, 다시 무명에서부터 생로병사의 괴로움이 비롯됨을 본 것이다. 그러므로 이 무명에서 벗어나 멸진열반에 도달할 때 곧 '반야지'를 얻어 '부처의 눈'이 열리게 될 것이다. 그러니 이 무명으로 인한 괴로움의 현실과 괴로움의 원인, 그리고 괴로움을 멸한 열반의 상태, 나아가 열반에 이르는 길을 그림으로 보면 이렇게 되지 않을까.

무명 ─────────────────────────── 반야지(12연기 깨달음)

고성제	깨달음에 이르는 길	열반
집성제	(道聖諦: 팔정도)	멸성제

요컨대, 붓다가 본 존재의 실상은 연기법이고, 그 연기법에 따라 인간실존의 괴로움의 원인을 연쇄적으로 따진 것이 12연기이며, 12연기가 일어나는

근저에 무명이 있었다. 바로 이런 실상에 근거하여 붓다는 무명에서 비롯된 괴로움에서 벗어나 열반에 이르는 실천적인 지침으로 사성제를 설하고, 다시 종합 정리하여 삼법인의 교리를 체계화하여 우리가 자세히 이해하고 실천할 수 있도록 길을 세웠다. 그런 의미에서 존재의 실상을 보는 반야지를 얻어 '부처의 눈'을 열어나가는 길, 즉 철학적 구도의 과정에서 핵심이 되는 것은 팔정도 가운데 정견(正見)이리라.

그러면 '바른 견해(正見)'를 얻기 위해 우리는 무엇을 공부해야 하는가. 이 존재의 실상인 연기법을 깨치기 위하여 어떻게 공부해야 하는가. 『능가경』에서는 이렇게 설한다.

> 일체 세간의 법은 모두 환(幻)과 같은 것이니...... 능히 이와 같이 보고, 실상 대로(如實) 보는 것을 이름하여 정견이라 한다.[117]

말하자면 정견이란 존재의 실상을 보는 것인데, 그 실상이 환(幻)과 같음을 보는 것이라고 한다. '환'이란 실제로 존재하지 않는 '헛것', 즉 '허깨비'를 가리키는데, 생생하게 잡힐 듯이 보이는 이 세계 자체가 마치 아지랑이처럼, 있는 것처럼 보일 뿐, 실상은 '허깨비'라는 것이다. 『아함경』에서는 이렇게 설한다.

> 인(因)과 연(緣)은 다 무상한 것이다.[118]

연기란 인연생기, 즉 인연으로 인하여 일어난다는 것이다. 원인과 조건이

---

117 『능가경』 제1 「청불품(請佛品)」 원위 천축 삼장 보리유지(元魏天竺三藏 菩提留支) 역 一切世間 法皆如幻...... 若能如是見 如實見者 名爲正見
118 『능가경』 제1 「청불품」 一切世間 法皆如幻...... 若能如是見 如實見者 名爲正見

결합하여 일어난 것이니 일시적인 것이다. 원인과 조건이 소멸하면 따라서 소멸하는 가유일 뿐이다. 일시적으로 있는 것이니 무상하다는 것인데, 대승불교에서는 이렇게 무상하고 환과 같은 실상을 '공(空)'으로 표현하고, 이를 공 사상이라 한다. 그리고 나아가 이렇게 공일 뿐인 세계에 대해 이런저런 그림(실체로 오인하는 세계)을 그려내는 것이 바로 우리의 식(識)임을 보고, 그것을 해명해나가는 것이 바로 유식 철학이다. 이 두 사상, 공 사상과 유식 철학은 대승불교를 받쳐 주는 두 기둥이다.

6장

공 사상 (1)

空

1

붓다의 입멸, 그리고 새로운 논쟁

어떤 새로운 책의 탄생이나 사상의 출현은 '돌출'이거나 '하늘에서 떨어진 것'이 아니라 이어짐, 즉 연관 속에서 일어난다. 책이나 사상이 성립하려면, 언어의 체계가 필요하고, 언어의 체계는 인간 사회가 형성되어야 가능한 일이다. 그리고 모든 책이나 사상은 부단히 이전의 다른 책이나 사상과의 교류에서 비롯된다. 말하자면 인연생기이다. 게다가 어떤 책이든 사상이든 자체의 고유한 독립성 혹은 독창성을 주장하기 어렵다. 즉 제법무아(諸法無我)인데, 그것들은 이전의 다른 책이나 사상과의 밀접한 연관 속에서만 이루어지고, 그 결과로 존재하기 때문이다. 이른바 포스트모더니즘의 핵심이론인 '상호텍스트성(intertextuality)'인데, (붓다 역시 '연기법'을 자신이 창안해낸 것이라 하지 않았음을 상기하라) 그런 맥락에서 보면 어떤 책이나 사상이든 자체의 도그마적 권위에서 내려와 다양한 해석의 가능성 앞에 놓이게 되고 다른 책이나 사상과 대화를 시작하게 된다. 그러면서 새로운 원인과 조건(인연)이 만나 새롭게 생기하면서, 다시 이어진다.

붓다 입멸 후 불교 교단에서도 이런 일이 일어났다. '붓다가 설한 법'에 대한 다양한 해석이 나타나게 된 것이다. '내 등이 매우 아파 쉬어야겠구나'라고 말하는 인간적 면모를 보여주며, 마지막 순간까지 한 사람이라도 더 깨달게 하고자 갖은 노력을 기울인 붓다에게 '붓다의 멸도'를 슬퍼하며 울고 있던 시자 아난(阿難)은 교단의 몇 가지 문제를 거론하며 이렇게 묻는다.

> 그때 아난이 무릎 꿇고 합장하며 부처께 아뢰었다...... 부처 멸도 후 어찌
> 해야 합니까.[119]

그러자 붓다는 이렇게 설한다.

> 아난이여, 마땅히 스스로 치열하게 정진하되 법에 정진하라. 다른 것에 정
> 진하지 말라. 마땅히 귀의하되 법에 귀의하라. 다른 것에 귀의하지 말라.[120]

교단의 이런저런 문제에 대해 이렇게 저렇게 하라는 지시 없이, 붓다는 법에 정진하고, 법에 귀의하라고 설한다. 오직 존재의 실상인 법을 구하는데 정진하라는 것이다. 그러니 결국 교단의 문제를 해결하는데 의지해야 하는 것은 역시 '법'이다.

그러나 붓다가 설한 법은 35세 성도 후 80세에 열반에 들 때까지 긴 시간 동안 행해졌고, 그 내용 역시 논리적으로 정리된 것이기보다는 대기설법으로 듣는 상대에 따라 다르게 설해졌기 때문에 체계를 세우기가 어려웠다. 더욱이 붓다의 설법은 구전으로 전승되고 있었기 때문에 각자의 기억에 따라 다양하게 남아있었다. 그리하여 제자들은 붓다가 입멸한 그 해, 붓다의 교설을 일정한 형태로 정리하여 보존하기 위해 결집(結集)을 시작했다. 이것이 제1차

---

119 『불설장아함경(佛說長阿含經)』후진 불타야사 공축불념(後秦 佛陀耶舍 共竺佛念) 역, 제2권
　　제1「유행경」爾時阿難 長跪叉手 前白佛言...... 佛滅度後 當如之何
120 『불설장아함경』제2권 제1「유행경」阿難 當自熾燃 熾燃於法 勿他熾燃 當自歸依
　　歸依於法 勿他歸依

결집이다.

1차 결집은 마하가섭의 주재 아래 오백여 명의 비구들이 모여, 다문제일(多聞第一) 아난이 자신이 들은 것을 암송하면 전원일치로 그것을 붓다의 법으로 승인하였다고 하는데, 만일 한 명이라도 '그렇게 말씀하지 않으셨다'라고 하면 제외되었다고 한다.[121] 이렇게 하여 결집된 것이 바로 『아함경』이다.

그런데 여기서 주목해야 하는 점은 이 결집에 재가 신도들은 관여하지 않았다는 것, 또 이렇게 결집된 법과 율(律) 역시 암송으로 전승되었고 문자로 기록된 것은 200여 년 이후의 일이라는 것, 그리고 당시 불교 승려 전체가 참여한 것이 아니라 마가다 지역 일대에 한정된 가섭을 중심으로 한 일파의 회합이었다는 점이다.

이 점이 중요한 이유는 붓다의 교설이 제한적 범위에서, 그것도 기억을 통해 결집되었던 까닭에 결집에서 만장일치를 받지 못한 내용과 결집에 참여하지 않은 불제자들이 들은 교설은 제외되었다는 사실 때문이다. 게다가 붓다의 설법을 들은 이들이 오백 명에 한정되지는 않았을 것이므로 이 결집에 포함되지 않은 부분은 아마도 다양한 사람들에게 구전 전승되었을 것인데, 바로 이렇게 전승된 내용이 후대 대승경전의 성립과 무관하지 않기 때문이다.

하여간, 이렇게 하여 전승된 붓다의 가르침은 점점 더 넓은 지역과 많은 계층으로 확대되었다. 그러나 문자로 기록된 경전 없이 입에서 입으로 법이 전파되는 과정에서 지역에 따라 또 교단에 따라 계율도 조금씩 변질되었고, 이

---

121 다문제일이라 일컬어지는 아난은 들은 것을 정확히 옮겨내는 비상한 실력을 갖추었는데, 붓다는 이를 '마치 이쪽 그릇에 있는 물을 저쪽 그릇에 옮겨 담듯 하였다'고 표현했다. 경(經)에 해당하는 것은 주로 아난이, 율(律)은 우팔리가 암송했다고 한다. 경전에는 다음과 같은 관련 구절이 나온다. 아난 비구는 12부경을 수지 독송하여 다른 이를 위해 바른 말과 바른 뜻을 잘 설하여, 마치 물을 다른 그릇에 붓는 것과 같이 아난 비구 역시 그렇게 부처께 들은 바를 들은 대로 잘 전하여 설하였다. 『대반열반경』 제30권 제11 「사자후보살품」 阿難比丘 受持讀誦 十二部經 為人開說 正語正義 猶如寫水 置之異器 阿難比丘 亦復如是 從佛所聞 如聞轉說

에 대한 여러 가지 입장의 차이가 발생하게 되었다. 그리하여 불멸 후 100년
경 제2차 결집이 이루어지게 됐는데, 각 교단마다 다양한 근거로 '법'과 '율'
에 대한 상이한 해석을 내놓게 되었고, 급기야 열 가지 문제를 놓고 정법이냐
아니냐의 논쟁이 시작되었다. 이른바 십사(十事) 논쟁[122]인데, 이 십사가 정법
이라는 입장과 비법이라는 입장이 대립하게 되었다.

  결국, 엄격한 장로 비구들은 이 열 가지를 모두 '법에 합치되는 않는 것'으
로 판정하였고, 이 결정에 승복하지 않은 많은 비구들이 따로 '대중부(大衆部)'
를 만들었다. 그 결과 상좌부(上座部)와 대중부의 분열이 일어나게 되었으니,
이른바 근본분열이다.

  이 최초의 분열 이후 상좌부는 7번에 걸쳐 다시 분열하여 11부(部)로 나뉘
고, 대중부는 9부로 나뉘어 전체 교단은 20부로 분열하게 되었는데, 이를 부
파(部派)불교라고 한다. 이 부파불교 가운데 가장 큰 세력을 얻어 발달한 것은
바로 상좌부 계통에서 나온 설일체유부(說一切有部)이고, 이 설일체유부의 교
설이 수백 년간 인도 대륙에 큰 영향력을 발휘하고 있을 때 나타난 이가 바로
나가르주나(Nāgārjuna, 150?-250?), 즉 용수(龍樹)이다.

---

122 열 가지 일이란 다음과 같다. ①그릇에 소금을 축적해도 되는가(角鹽淨) ②정오가 지나
    도 식사해도 되는가(二指淨) ③다른 부락에 가서 음식을 취해도 되는가(他聚落淨) ④다른
    주처에서 포살을 행해도 되는가(住處淨) ⑤정족수가 부족해도 뒤늦은 사람들의 동의를
    예상하고 의결해도 되는가(隨意行) ⑥관습적으로 행해온 것을 행해도 되는가(久住淨) ⑦
    식사를 마친 후 응고되지 않은 우유를 마셔도 되는가(生和合淨) ⑧아직 알콜로 발효되지
    않은 음료를 마셔도 되는가(飲門樓伽酒淨) ⑨테두리 장식이 없는 방석을 사용해도 되는
    가(無緣坐具淨) ⑩금이나 은을 받아도 되는가(金銀淨)

2

부파불교, 그리고 대승불교의 흥기

설일체유부를 포함한 부파의 교설이 우리의 논의에서 중요한 이유는, 나가르주나의 공 사상이 바로 이들의 교설에 대립하며 이루어진 것이기 때문이다. 왜 대립한 것일까. 그 사정을 알기 위해서는 부파불교의 전개와 대승불교의 흥기에 대해 간략히 살펴볼 필요가 있다.

불멸 후 100년 경 계율에 대한 해석을 둘러싼 논쟁으로 보수적인 상좌부와 진보적인 대중부의 분열이 시작되었고, 이 양대 파의 분열이 세분화되면서 이른바 부파불교의 시대가 전개되었는데, 대표적인 종파가 '설일체유부'라는 교학 불교였다. 이렇게 분열을 거듭하며 형성된 20개의 각 부파는 자기 집단의 권위와 정통성을 주장하기 위해 종래 경전을 편집, 집대성하였는데, 이 과정에서 경장(經藏)과 율장(律藏)이 성립되었고, 이에 대한 해석과 주석을 체계화한 논서가 성립되었다. 이를 칭하여 『아비달마(阿毘達磨)』라고 부르며, 논장(論藏)으로 총칭한다. 아비달마란 '불법에 대한 연구'라는 뜻이다.[123]

이 부파불교는 출가주의를 특징으로 했는데, 이는 출가하여 비구가 되고 계율을 엄격히 지키며 수행하는 은둔적인 사원불교로, 출가 비구들이 금욕생활을 하며 학문과 수행에 전념하는 것이었다. 말하자면 거리의 중생을 위한 불교가 아니었다. 마하가섭과 아난 등에 의해 수지(受持)된 불교는 스승으로부터 제자에게 계승되며 발전된, 가르침을 전하는 불교가 아니라 배우는 불교, 즉 수동적인 불교였기 때문에 후대에 성문(聲聞)이라 일컬어졌다. '성문'이란 붓다의 교설을 들은 사람들, 즉 제자라는 의미이다. 그들은 붓다의 제자로서 아라한(阿羅漢)과 붓다의 경지를 분명히 구분하였고, 수행자가 이르러야 할 깨달음의 최고 경지를 아라한과(果)에 두었다.

또한 당시 교단은 국왕이나 대상(大商)의 경제적 지원을 받았기 때문에 탁발하지 않고 사찰에서 고립된 생활을 하며 연구와 수행에 주력할 수 있었고, 그 결과 분석적이고 정밀한 불교 교리를 완성하게 되었다. 이것이 곧 아비달마 불교인데, 이로써 이전에 결집된 『아함』의 경전이 정리되고 조직화되어 거대한 교의체계로 성립되었다. 그런데 경장의 주석과 체계화에서 시작된 아비달마 교학은 점차 『아함』 경전에서 벗어나기 시작했고, 마침내 『아함』의 흔적이 완전히 사라지고 아비달마 특유의 색채만을 지닌 논서까지 등장하게 되었다.

그래서 결국 이로 인해 아비달마 불교의 교학은 지나치게 번쇄(繁瑣)하고 난해해져, 불교의 본래 의도, 즉 현실의 고(苦)를 연기설에 입각하여 고찰하

---

123 부파불교의 아디달마를 총정리한 논서로 세 가지가 대표적이다. 첫째는 기원전 2세기경 설일체유부의 파조(派祖)로 존숭되던 가다연니자(迦多衍尼子)가 저술한 『발지론(發智論)』인데, '유부(有部)'의 교학 전반에 걸쳐 조직적으로 논술함으로써 근본불교에서 '유부'의 교리가 독립하게 되었다. 둘째는 2세기 『발지론』을 주석한 『대비바사론(大毘婆沙論)』인데, 부파 불교 시대에 불경의 주석과 연구에 종사한 논사들을 '비바사사(毘婆沙師)'라 칭했기 때문에 이런 제목이 붙었다. 500명의 아라한들이 모여 결집 편찬한 것으로, 교리에 대한 연구와 주석의 세분화가 촉진되고 더욱 정밀해졌으며 설일체 유부의 학설이 집대성되었다. 이 논서는 200여 권으로 분량이 방대하여, 핵심주제와 개념을 종합하여 간결하게 재구성한 것이 『아비담심론(阿毘曇心論)』이다. 셋째는 4세기 세친의 『구사론(俱舍論)』인데, '유부'의 교학체계를 해설한 백과사전식 논서로 아비달마 교학의 정점에 해당하는 논서이다. 세친이 대승불교로 전향하기 전 지은 것으로, 후대 발달한 중관학과 유식학도 이 『구사론』을 바탕으로 '다르마'를 다른 관점에 입장에서 재해석한 것이다.

고, 바른 지혜와 수행으로 번뇌와 괴로움에서 해탈한다는 목표에서 거리가 멀어지게 되었다. 실제 수행보다는 번쇄한 교리를 중시하고, 또 타인의 구제보다는 자기 수행의 완성을 목표로 하는 수도승들에 의해 일반 대중은 불법을 배우고 수행하는 길에서 매우 소외된 상태에 놓이게 되었다.

그리하여 불멸 후 500년 경, 새로운 불교 운동이 일어나게 되었다. 부파불교 승려들의 수행방식을 편협한 독주(獨走)라고 비판하며, 출가자든 재가자든 누구나 수행을 통해 붓다가 될 수 있다는 대중 운동이 출현한 것이다. 여러 부파로 갈라져 자파의 주장만이 최상의 것이라 주장하는 교단의 현실에 반대하며, 일반 재가(在家) 신도들과 이에 뜻을 함께 하는 출가자들이 불탑(佛塔)에 모여들어(최근의 연구에 의하면 스투파(stupa, 분묘)를 관리하고 있던 사람들이 중심이 된 것으로 추정되고 있다), 붓다께 소박한 믿음으로 예배하고 공양함으로써 구원을 희구하게 되었다.

그리고 이 새로운 운동에 큰 바탕이 된 것은 바로 기원전 3세기 경부터 진행된 불교 경전의 문자화였다.[124] 암기로 전승되던 가르침이 문자화되었다는 것은 불법 전승에 획기적인 사건이 되었을 것이다. 경전이 기록되기 시작하면서, 암기 전승과는 비교되지 않는 편리함을 누리게 되었고, 불법의 전승은 구전에서 기록으로 그 양상이 완전히 바뀌게 되었다. 암기를 통한 전승 방식은 그 지식을 가진 사람만이 법을 전할 수 있었기 때문에 승려와 승단의 권위가 강해질 수밖에 없었다. 그러나 기록이 시작되면 승려의 권위나 승단의 위상은 상대적으로 약화된다. 즉 '누가 더 많이 암기하고 있는가'가 더 이상 중

---

124 불교 경전이 처음 문자화된 곳은 인도가 아닌 스리랑카 마탈레에 위치한 알루비하라 사원이었다고 한다. 당시 인도 본토에서는 성스러운 가르침을 문자화하는 데 반발이 강했던 반면, 스리랑카는 상대적으로 인도보다 유연한 입장을 취할 수 있었기 때문이라고 한다. 초기 경전은 팔리어로 문자화되기 시작했고, 산스크리트어 문자화는 인도에서는 아소카 왕의 적극적인 지원을 받아 기원전 3세기경 제3차 경전결집에서 본격적으로 이루어졌다.

요한 문제가 되지 않았다. 그리하여 경전의 문자화는 불법의 전달자가 반드시 승려일 필요가 없다는 것을 의미했고, 출가자가 아닌 재가자라 하더라도 불법을 배울 수 있음을 뜻했으며. 나아가 주류인 출가자와 비주류인 재가자의 편차를 줄이는 역할을 했다. 이것은 재가자 중심의 대승불교가 성립하고 대승경전이 출현하는 데 중요한 배경으로 작용했을 것이다.

그리하여 새로이 등장한 불탑 신앙에 더하여 구전으로 전승돼온 불설(佛說)에 기초한 불전(佛傳) 문학이 등장하게 되었다. 이 불전 문학에서는, 붓다가 단지 이번 세(世)에만 깨달은 자가 아니라 한량없는 세월 동안 초인적인 이력을 세운 불세출의 영웅(그래서 사찰의 중심 법당을 대웅전(大雄殿)이라 한다)으로 묘사되었고, 그에 대한 사모와 찬탄이 웅장한 필치로 전개되었는데, 이는 법 중심의 이론적 교설과는 다른 형태의 문헌을 산출하게 되었다.

이들은 자신들을 '대승(大乘)'이라 칭하고, 부파불교를 소승(小乘)으로 폄하하여 칭했는데, 대승은 '큰(maha) 수레(yana)'라는 뜻으로, 많은 중생을 태우는 수레에 비유하여 일체중생의 제도(濟度)를 목표로 했고, 그때까지 붓다에게만 한정하던 부처라는 개념을 넓혀 일체중생의 성불(成佛) 가능성을 인정했으며, 상구보리 하화중생(上求菩提 下化衆生), 즉 자기만의 구원뿐 아니라 중생 구제를 지향하는 자리이타(自利利他)의 보살의 역할을 이상으로 삼고 광범위한 활동을 전개해 나갔다.

부파불교가 아라한의 불교라면, 대승은 보살의 불교라 칭해지는데, '보살'은 산스크리트어 보디사트와(Bodhisattva)를 음역한 보리살타(菩提薩埵)를 줄인 말이다. 보리(菩提)는 '(진리의)깨달음'을 뜻하고, 살타(薩埵)는 '중생'을 의미하니, '깨달음을 구하는 중생', 즉 붓다가 되리라는 서원을 세우고 수행하는 이를 가리킨다. 그런데 보살이 깨달음을 구하는 것은 아라한이 열반을 구하는 것과 다르다. 보살은 생사와 열반, 번뇌와 보리, '나'와 '남'의 분별을 떠나 평등하게 수행하며, 궁극적인 경계를 얻는 것도 구하지 않는다. 그리고 나아가 보살은 자신의 수행 결과를 중생에게로 되돌린다. 이른바 회향(廻向)이다.

또 새로운 불교 운동이 전개되면서 대승경전들이 속속(續續) 출현하게 되었는데, 이런 경전의 근거가 된 것이 바로 결집에 참여하지 않은 비구들과 민간에 광범위하게 구전되어 전승되던 붓다의 교설일 가능성이 크다. 가장 먼저 출현한 것은 「반야계」 경전들인데, 대표적인 것이 바로 『대반야경』과 『금강경』이다. 대략 기원전 1세기에서 기원후 1세기경 성립된 것으로 추정되는 『금강경』은 '공 사상'을 설하고 있지만 정작 '공'이라는 단어는 전혀 등장하지 않으며, 보살행에 대해 서술하고 있지만 '보리심'이라는 용어를 사용하지 않은 점 등으로 미루어, 대승경전 가운데 상당히 초기에 성립된 경전으로 추정된다.

이에 이어 '일승(一乘)'을 교설하고 구원(久遠)의 본불(本佛)을 내세우는 『법화경(法華經)』, 광대한 부처, 즉 비로자나불의 화엄 세계를 교설하는 『화엄경』, 재가 거사인 유마힐(維摩詰)이 오히려 출가자에게 교설하는 『유마경』, 아미타불의 세계를 찬탄하며 일체중생의 구제를 약속하는 『정토삼부경(淨土三部經)』 등이 등장하면서 새로운 불교 운동을 뒷받침했는데, 이를 대승 초기 경전이라 한다. 이렇게 대승불교가 발흥하고, 점차 발전해 나가던 2세기 무렵 등장한 이가 바로 나가르주나이다. 그는 공 사상을 완성하여 대승불교의 교리를 체계화하고, 그 사상적 기반을 확립하였는데, 그로써 대승불교는 점차 불교의 중심으로 자리를 잡아간다.

3

설일체유부
說一切有部

대승불교가 발흥하여 그 세력이 확대되고 있는 동안에도 부파불교는 여전히 큰 세력으로 존재하면서 자신의 교학 체계를 발전시키고 있었다. 이 가운데 '설일체유부'는 교리 연구 면에서 큰 진전을 이루어 부파 가운데 가장 많은 논서를 생산하여 학문적으로나 교세 면에서 제일 강력한 부파로 성장하여 세력을 떨치고 있었다. 대승불교에서 소승으로 칭한 이들은 주로 설일체유부를 가리키는 것이었고, 또 소승불교에 대한 비판이나 논쟁은 거의 이들을 상대로 한 것이었다. 그런데 나가르주나는 어째서 그들의 교설에 대항했으며, 나아가 왜 그 교설에 대항하기 위한 방편으로 공 사상을 전개한 것일까. 그 문제를 해명하기 위해서는 일단 설일체유부의 주장을 소략(疏略)하게나마 살펴볼 필요가 있다.

 붓다 교설의 핵심은 모든 것은 인연에 의해 생기한다는 것, 그러므로 독립적이거나 자존(自存)적인 것은 없다는 것, 그런 의미에서 세계의 모든 존재는 원인과 조건이 결합하여 일시적으로 존재하는 가유(假有)라는 것이었다. 그리고 그것을 제행무상(諸行無常)과 제법무아(諸法無我)로 표현했다.
 그러나 우리 중생은 무상과 무아를 그대로 직시하고 수용하기 매우 어렵다. 자신이 가진 것이 늘 그 자리에 있기를 소망하고 이 기대에 어긋날 때 실망하고 노여움을 느낀다. 늘 '나'를 의식하고 '나의 것'을 내세우며, '나'의 갈망을 성취하기 위해 고뇌한다. 붓다가 설한 대로, 실상인 것을 실상이 아니라고 보고, 실상이 아닌 것을 실상이라고 보는 데서 우리의 번뇌가 일어나기 때문이다. 그리고 그 결과는 '고(苦)'로 이어진다. 그래서 붓다는 괴로움을 멸진하고 열반에 이르는 여덟 가지 길의 첫 번째로 정견(正見)을 설했는데, 무상과 무아의 실상을 바로 보고, 세계와 '나'에 대한 집착에서 떠나라는 것이다. 무상을 무상으로 알고, 무아를 무아로 보는 것, 이것이 지혜를 얻는 길이요, 번뇌의 속박에서 해방되는 길이라는 것이다.

'설일체유부'(이하 유부로 약칭) 역시 이 무상과 무아를 붓다 가르침의 핵심으로 보고 이를 논증하고자 했다. '설일체유부'란 '모든 것은 존재한다고 설하는 부파'라는 뜻인데, 흥미로운 것은 '일체가 존재한다'는 주장을 세우고, 이를 정밀한 이론을 세워 뒷받침함으로써 '무상'과 '무아'를 논증하려 했다는 것이다. 이런 입장은 붓다의 연기설과 모순적으로 보이지만, 그들은 이렇게 함으로써 실상(法)에 대해 붓다가 생전에 명확하게 설하지 않은 점들을 논리적으로 체계를 세우고자 했으며, 그것을 자신들의 사명으로 삼았다. 그러면 '유부'에서는 어떤 점이 초기불교에서 명확하지 못하다고 본 것인가.

〈형이상학적 문제에 대한 붓다의 답 : 무기(無記)〉

붓다는 늘 중생의 근기에 따라 자비로 법을 설했고, 모든 중생에게 차별 없이 평등하게 설했으며, 조금도 숨기거나 지체하지 않았다. 『능가경』에서는 이렇게 설한다.

모든 근기와 힘을 알고, 나는 어리석은 이를 위해 법을 설하니, 번뇌와 근

기는 차별하지만 나의 가르침에는 차별이 없다.[125]

그런데 어떤 특정한 질문에 대해서는 답하지 않았다고 한다. 이를 무기(無記)라고 하는데, 당시 외도(外道)에 있다가, 붓다가 뛰어난 사상가라는 이야기를 듣고 자신의 의문에 답을 얻고자 붓다의 제자가 된 인물이 있었다. 바로 그가 붓다에게 이런 질문하는데, 『전유경(箭喩經)』에 이렇게 서술되어 있다.

어느 때 붓다께서 사위국에 가시어 승림 급고독원에 계셨다. 이때 존자 만동자가 고요한 곳에서 홀로 좌선하며 사유하다가 이렇게 생각했다..... 세상은 영원한 것(常)인가, 영원하지 않은가. 세상은 유한한가. 무한한가. 몸이 곧 명(命)인가, 몸은 명(命)과 다른 것인가. 여래는 마침이 있는가, 여래는 마침이 없는가, 여래는 마침이 있기도 하고 없기도 한가. 여래는 마침이 있지도 않고 마침이 없지도 않는가...... 만일 세존이 나를 위해 세상이 영원하다고 설해주신다면 나는 그를 좇아 범행(수행자의 청정행)을 배우리라. 만일 세존이 나를 위해 세상이 영원한지를 분명하게 설해주지 않는다면 나는 그를 힐난하며 버리고 떠나리라.[126]

이렇게 생각한 후, 만동자는 붓다에게 나아가 자신이 생각한 것을 질문했지만, 붓다는 이런 견해에 대해서는 제쳐놓고 전혀 답하지 않았다. 이른바 무기인데,[127] 자신의 질문에 붓다가 답하지 않자, 만동자는 그것은 자신이 원하는 바가 아니며, 옳게 여기지 않는다고 하면서 거듭 간청한다.

---

125 『능가경』제18 「총품」知諸根及力 我爲愚法說 煩惱根差別 我敎無差別
126 『중아함경』제18 「예품」, 제5 「전유경(箭喩經)」一時佛遊舍衛國 在勝林給孤獨園 爾時 尊者鬘童子 獨安靖處 燕坐思惟 心作是念...... 謂世有常 世無有常 世有底 世無底 命卽是身 爲命異身異 如來終 如來不終 如來終不終 如來亦非終亦非不終耶...... 若世尊爲我 一向說世有常者 我從彼學梵行 若世尊不爲 我一向說世有常者 我當難詰彼 捨之而去

만약 세존께서 '세상은 영원한가'에 대해 알지 못한다면 '나는 모른다'고 정직하게 말씀해주소서.[128]

만동자가 제기한 이 문제들은 이른바 형이상학적 실재론의 중심 문제들이다. 당시 인도 대륙의 사상계에서 주된 논의 대상이 된 것은 이런 문제들이었고, 육사외도(六師外道)를 비롯한 여러 학파가 이런 문제들을 놓고 날카롭게 대립하며 논쟁하고 있었다. 간절히 답을 구하는 만동자의 말에 붓다는 이렇게 비유를 들어 답한다.

만일 어떤 이가 몸에 독화살을 맞았다고 하자. 독화살을 맞아 심히 고통받고 있는 그를 위해 친족들이 가엾이 여겨 그를 이롭고 편안케 하고자 의원을 불러 화살을 뽑게 하려 하는데, 그는 이렇게 생각했다. 아직 화살을 뽑아서는 안 된다. 나는 먼저 화살 쏜 이의 성과 이름과 신분이 무엇인지, 키는 큰지 작은지…… 찰리족(크샤트리아)인지 바라문인지, 거사인지, 기술자의 종족인지, 동방 서방 남방 북방 어디에 사는지 알아야 한다. 아직 화살을 뽑아서는 안 된다. 나는 먼저 그 활이 뽕나무인지 물푸레나무인지, 뿔인지 알아야 한다…… 아직 화살을 뽑아서는 안 된다. 나는 먼저 그 활의 색이 흑색인지, 백색인지, 적색인지, 황색인지 알아야 한다. 아직 화살을 뽑아서는 안 된다. 나는 먼저 그 활줄이 힘줄인지, 실인지, 모시인지, 삼인지 알아야 한다…… 아직 화살을 뽑아서는 안 된다. 나는 먼저 화살 깃이

---

127 만동자의 이 의문을 정리한 것이 14 무기설이다. ①세상은 영원한가 ②세상은 영원하지 않은가 ③세상은 영원하면서 영원하지 않은가 ④세상은 영원하지도 않고, 영원하지 않은 것도 아닌가 ⑤세상은 유한한가 ⑥세상은 무한한가 ⑦세상은 유한하기도 하고 무한하기도 한가 ⑧세상은 유한하지도 않고 무한하지도 않은가 ⑨정신과 육체는 하나인가 ⑩정신과 육체는 다른 것인가 ⑪여래는 사후에도 있는가 ⑫여래는 사후에 없는가 ⑬여래는 사후에 있으면서 없는가 ⑭여래는 사후에 있는 것도 아니고 없는 것도 아닌가

128 『중아함경』 제18 「예품」 제5 「전유경」 若世尊不一向知世有常者 當直言不知也

무엇으로 되었는지 알아야 한다…… 아직 화살을 뽑아서는 안 된다. 나는 먼저 화살촉이 무엇으로 되었는지 알아야 한다…… 아직 화살을 뽑아서는 안 된다. 나는 먼저 화살촉을 만든 사람의 성과 이름과 신분과 키를 알아야 한다…… 그러다 보면, 필경 그 사람은 그것을 알기 전 중간에 목숨을 마치고 말 것이다.[129]

만동자의 질문을 요약하면 세 가지가 된다. 이 세계는 시공간적으로 영원한가 아닌가. 육체와 영혼은 하나인가 다른 것인가, 내세란 있는 것인가 없는 것인가. 만동자의 입장에서는 수행에 지장을 줄 정도로 궁금하고, 그래서 답을 듣는 것이 그 무엇보다 중요하다. 그런데, 붓다는 만동자의 이런 태도가 마치 위에서 인용한 독화살을 맞은 이와 같다는 것이다. 시급한 것은 당장의 고통을 해결하고 목숨을 구하는 것일 터인데, 전혀 무관한 것을 따지고 있으니, 그런 태도라면 답을 알아내기도 전에 곧 독이 퍼져 죽음을 피할 수 없다는 것이다. 중요한 것은 시급히 독화살을 뽑아내고 치료하는 것이다. 그러면 어떻게 독화살을 뽑고 치료하는가. 이어서 붓다는 이렇게 설한다.

세상은 영원하다고 나는 한결같이 설하지 않는다. 무슨 까닭으로 그렇게 한결같이 설하지 않는가. 그것은 이치에 맞지 않고 법에 맞지 않으며 또 범행의 근본이 아니어서 지혜로 나아가지 못하고, 깨달음으로 나아가지 못하며, 열반으로 나아가지 못하기 때문이다…… 그러면 어떤 법을 나는 한

---

129 『중아함경』 제18권 「예품」 제5 「전유경」 猶如有人 身被毒箭 因毒箭故 受極重苦 彼見親族 憐念愍傷 爲求利義 饒益安隱 便求箭醫 然彼人者 方作是念 未可拔箭 我應先知 彼人如是姓 如是名 如是生 爲長短…… 刹利族梵志 居士 工師族 爲東方南方 西方北方耶 未可拔箭 我應先知 彼弓爲桑爲槻爲角耶…… 未可拔箭 我應先知 弓色 爲黑爲白 爲赤爲黃耶…… 未可拔箭 我應先知 弓弦爲筋 爲絲爲紵 爲麻耶…… 未可拔箭 我應先知 箭羽爲…… 未可拔箭 我應先知 箭鏑爲…… 未可拔箭 我應先知 作箭鏑師 如是姓 如是名 如是生爲長短…… 彼人竟不得知於其中閒而命終也

결같이 설하는가. 나는 이 이치를 한결같이 설하니, 괴로움의 현실(苦苦)과 괴로움의 원인(苦集), 괴로움의 소멸(滅苦)과 괴로움의 소멸에 이르는 길(滅道)의 자취이니, 나는 이것을 한결같이 말한다. 무슨 까닭으로 나는 이것을 한결같이 말하는가. 이것은 이치에 맞고 법에 맞으며 범행의 근본이어서, 지혜로 나아가고 깨달음으로 나아가며 열반으로 나아간다. 그러므로 나는 한결같이 이것을 설한다. 이것이 바로 말할 수 없는 것은 말하지 않고, 말할 수 있는 것은 말한다는 것이다. 마땅히 이렇게 지니고 이렇게 배워야 한다.[130]

만동자의 질문에 붓다가 무기로 일관한 이유는 바로 그런 의문이 깨달음과 열반에 이르는 데 아무런 도움도 되지 않기 때문이라는 것이다. 그리고 이에 더해 '그것은 말할 수 없는 것(不可說)에 속하고, 그래서 말하지 않는 것'이라고 말한다. 다만 '말할 수 있는 것'은 독화살을 뽑고 독을 치료해야 한다는 것이다. 말하자면 구체적인 인간의 실존과 해탈의 길, 즉 괴로움의 현실과 괴로움의 원인, 그리고 괴로움의 소멸 및 소멸의 길만을 말할 수 있다는 것이다. 그런데 여기서 붓다가 설한 '말할 수 없는 것'이란 무엇을 의미하는 것인가.

앞서 살펴본 것처럼, 붓다가 설한 모든 언설은 '방편'일 뿐이다. 왜냐하면, 존재의 실상인 법(세계)은 인식주체인 (것처럼 느껴지는) '나'와 그 자체로 이어진 채로 유전하기 때문에 대상화가 불가능하며, 따라서 의식으로 헤아려 실상을 알 수 없기 때문이다. 그러므로 '진리(법)'란 '알고 모르고'의 문제가 아니라 중생지견을 걷어낼 때 열리는 것, 즉 독화살을 뽑아내고 독을 치료할 때 현현

---

130 『중아함경』 제18권 예품 제5 「전유경」 世有常 我不一向說此 以何等故 我不一向說 此 此非義相應 非法相應 非梵行本 不趣智 不趣覺 不趣涅槃······ 何等法 我一向說 耶 此義我一向說 苦苦習苦滅苦滅道迹 我一向說 以何等故 我不一向說此 此是義相 應 是法相應 是梵行本 趣智趣覺 趣於涅槃 是故我一向說此 是爲不可說者則不說 可說者則說 當如是持 當如是學

(顯現)하는 것이다. 그런데 만동자가 제기한 문제는 '인식주체'와 별도의 세계, 별도의 몸과 영혼, 그리고 내세에 대한 것이었다(앞으로 보겠지만, 나가르주나는 이렇게 대상세계를 분별하여 논하는 일체의 논의를 희론(戲論)이라 했다).

이렇게 '주관의 인식 작용'과 독립하여 외부에 어떤 세계나 물질이 '실재 (reality)'로 존재하며, 그 외부 세계에 관해 우리가 말할 수 있고 또 탐구할 수 있다고 보는 입장을 서양 철학에서는 '실재론' 혹은 '형이상학적 실재론'이라고 한다. '세계가 실제로 있다'고 보는 견해가 실재론이요, 그런 세계에 궁극적인 본체로 불변의 형이상학적 실체(substance)가 있다고 보는 것은 형이상학적 실재론이라 한다. 그러나 붓다가 본 세계의 실상은, 마음과 연관되어 현현할 뿐, 독립적으로 그렇게 존재하지 않는다는 것이다. 붓다는 『아함경』에서 이렇게 설한다.

> 마음이 더러운 까닭에 중생이 더럽고, 마음이 청정한 까닭에 중생이 청정하다. 비유컨대 화가나 화가의 제자가 잘 다듬어진 하얀 바탕에 갖가지로 채색하며 뜻에 따라 갖가지 모양을 그려내는 것과 같다.[131]

마치 화가가 그림을 그려내는 것처럼 우리 마음이 세상을 그려낸다는 것이다. 그러니 이 마음과 별도로 존재하는 어떤 것을 상정하고 대상화하여 분별하고 논리를 끌어내는 것은 '말할 수 없는 것을 말하는 것'에 속하는 것이며, 그런 의미에서 초기불교에서 말하는 세계란 단순히 대상세계를 지칭하는 것이 아니라 그 대상을 바라보는 사람의 마음이 포함된 것이었다. 그래서 '소나무'를 바라보는 사람의 마음이 각기 다르듯, 세계 역시 보는 사람의 마음(識)

---

131 『잡아함경』 제10권 제12 「무지경(無知經)」 心惱故衆生惱 心淨故衆生淨 譬如畵師 畵師弟子 善治素地 具衆彩色 隨意圖畵 種種像類 如是比丘

에 따라 다르게 나타난다. 어떤 이는 '소나무'를 보고 멋지다고 감탄하며 다른 이에게 알리러 갈 수도 있고, 또 어떤 이는 가만히 음미하며 홀로 좋아할 수도 있으며, 또 어떤 이는 잘 자라도록 물과 거름을 줄 수도 있고, 어떤 이는 독야청청하는 소나무의 절개를 배워야겠다고 할 수도 있고, 어떤 이는 그 향기를 취하여 꺾어가야겠다고 생각할 수도 있다는 것이다.

그런데 이들과 달리 이렇게 생각하는 이도 있을 것이다. '나'가 소나무를 볼 때는 마음에 따라 보게 되지만, '나'가 보고 있지 않을 때라면 저 소나무는 어떻게 존재하는 것인가, 보고 있지 않아도 존재하고는 있는 것인가, 하는 의문을 가질 수 있다. 말하자면 어떤 마음으로 소나무를 보느냐가 아니라 소나무의 존재 문제에 관심을 갖는 것이다. 부파불교에서는 이 문제에 관해 초기불교에서는 명확하게 답을 주지 않았다고 보고, 이 존재 문제에 대해 답을 내고자 했다. 말하자면 실재론적 측면에 수안하게 된 것이다.

〈'설일체유부'의 삼세실유론(三世實有論)〉

'유부'를 비롯한 부파 불교의 논사(論師)들은 자신들에게 주어진 최대의 과제가 붓다의 가르침을 체계적으로 정리하는 일이라고 보았고, '일체가 존재한다(一切有)'는 법유론(法有論)을 통해 이를 완수하고자 했다. 그들은 이렇게 생각했다. 제법은 무상하다. 무엇 때문에 무상한가. '연기'하고 있기 때문이다. 이 세계의 모든 것은 원인과 조건이 만나 성립한 것이고, 인간 생존에 관계되는 일체의 것은 모두 인연화합으로 생성한 것이다. 그런 의미에서 일체는 일시적으로 존재하는 가유(假有)이며, 실유(實有)라고 할 수 없다. 그렇게 현상계의 사물들은 실유가 아니지만, 그것들을 분석해 나가면 궁극적으로 도달하게 되는 단일한 사물이 있을 것이며, 그것은 가유의 현상계를 성립시키는 실체로서 존재할 것이다.

부파불교의 이런 주장의 이면에는 뿌리 깊은 인도의 전통적 사유방식이 자리하고 있다. 그러므로 어떤 면에서 보면 인도 대륙을 지배하고 있는 전통철학 속에서 불법의 설득력을 높이고자 하는 하나의 시도였는지도 모른다. 오랜 세월 인도 사상계에서는 '현상계를 성립시키는 불변의 '실체'가 있다'는 생각이 불문율처럼 확고하게 자리 잡고 있었다.

이런 사상을 대표하는 것은 인도 사상의 원천으로 일컬어지고 있는 우파니샤드 철학이다. 고대 인도 경전 『우파니샤드(Upaniṣad, 奧義書)』는 제의(祭儀)를 위한 사제의 실용서인 네 가지가 베다(Veda)[132]의 해설서 가운데 마지막 것으로, 형식적으로는 베다의 해설서이지만, 내용적으로는 우주와 자아에 대한 수많은 철인(哲人)들의 사유와 깨달음을 담고 있는 철학서이다. 기원전 8세기에서 3세기 무렵 형성된 것으로 전해지는데, 여기서는 세계의 다양성의 배후에는 하나의 절대적인 최초의 근원적 실체가 존재한다는 사상을 전개했다. 즉 이 우주에는 우주를 창조하고 그 우주의 일체를 지배하는 근본원리가 있으며, 또 영원히 존재하는 '참나(眞我)'의 본체가 실체로 존재한다고 본 것이다.

전자를 브라흐만(brahman)이라 하고 후자를 아트만(ātman)이라고 했는데, 브라흐만은 우주를 창조한 인격신으로서, 우주 자연 등 일체를 성립시킨 다음 스스로 그 일체 속으로 들어갔다고 보았다. 말하자면 브라흐만은 우주의 근원적 창조원리이며, 세계 전체를 포괄하면서 동시에 세계를 초월하며, 또 온 우주에 편재(遍在)하는데, 그렇기 때문에 모든 것 안에서 브라흐만을 보고, 브라흐만 안에서 모든 것을 본다는 것이다. 아트만은 인간 내면에 존재하는 것

---

132 베다는 기원전 1500년-기원전 1200년경 문자로 기록된 브라만교의 경전이다. 첫째는 신에 대한 찬가(讚歌)로 신통력을 일으키는 시(詩)인 『리그베다(Rig-Veda)』 둘째는 음률로 노래하는 『사마베다(Sama-Veda)』 셋째는 제사의 절차와 형식을 담은 『야주르베다(Yajur-Veda)』 넷째는 민속 신앙의 성향이 짙은 낭송시 『아타르바 베다(Atharva-Veda)』이다.

으로, 끊임없이 변화하는 '물질적 자아'와 달리 상주불변하는 가장 내밀하고 '초월적인 자아'이며, 세상 전체에 퍼져 있는 우주적 영혼이다. 이 아트만이 새로운 육체의 옷을 입고 윤회한다고 보았다. 이 우주의 근본원리인 브라흐만과 우주적 영혼인 아트만은 궁극적으로 하나이며 동일하다는 범아일여(梵我一如) 사상을 주창했으며, 범아일여에 이르는 것을 수행의 목표로 설정하였다.

그렇기 때문에 거의 모든 경전에는 제행무상과 제법무아를 내용으로 하는 붓다의 법문을 들은 제자들이 언제나 '미증유(未曾有 일찍이 없었던 것)'의 법을 들었다고 찬탄하는 장면이 나오는데, 그 까닭은 '무상'과 '무아'의 설은 우주와 자아의 불변적 실체가 있다는 사상에 정면으로 반(反)하는 것이고, 그렇기 때문에 이전의 전통 철학의 가르침에서는 들어본 적이 없는 것이기 때문이다.

그리하여 인도 전통의 브라흐만과 아트만을 부정하는 불교의 무상설(無常說)과 무아설(無我說), 그리고 형이상학적 논의를 희론으로 부정한 무기설(無記說)은 인도의 여타 사상과 구별되는 불교만의 특색이 되었다.

이런 사상적 풍토 속에서 붓다의 가르침을 체계적으로 정리하고자 한 부파의 논사들은 현상적으로는 일체가 무아이고, 무상이어서 찰나적 생멸을 거듭하지만 이들을 이루고 있는 현상세계 이면(裏面)에는 불멸의 본체가 있다고 주장한 것이니, 이렇게 보면 '유부'가 '법유론'을 주장하게 된 동기는 전통 철학적 배경 속에서 연기설에 따라 현상세계를 설명하려는 데 있었던 듯하다.

그러면 현상세계에서 연기는 어떻게 일어나는가. 『아함경』에서 붓다는 연기를 설명하면서 이렇게 설했다.

이것이 있으므로 저것이 있고, 이것이 발생하기 때문에 저것이 발생한다...... 이것이 없으므로 저것이 없고, 이것이 소멸하기 때문에 저것이 소멸한다.[133]

저것의 존재 원인은 이것의 존재이고, 저것의 소멸 원인은 이것의 소멸이라는 것이다. 원인이 있어서 결과가 있다는 것이니, '유부'의 논사들은 이러한 붓다의 가르침에 따라 여러 사물의 발생을 설명하기 위해서는 반드시 원인의 존재가 있어야 한다고 보았다. 만약 원인이 되는 존재가 없다면 사물들은 비존재로부터 발생하는 것이 되어 무인론(無因論)의 오류에 빠지게 될 것이다. 나아가 논사들은 현상의 원인을 올바르게 설명하기 위해서는 반드시 궁극적인 원인의 존재가 인정되어야 한다고 보았는데, 만일 궁극적인 원인의 존재가 없다면 여러 사물의 다양한 원인은 끝없이 소급되어 무한소급(無限遡及)에 빠지게 될 것이기 때문이다.

그리하여 이렇게 '실체성'을 지니는 법체가 세계의 원인으로 존재한다고 보았는데, 이를 다르마(dharma)라 칭하고, 이것이 세계를 이루는 기본 요소가 된다고 보았다. 다르마는 자성(自性)을 지닌 법체인데, 법체란 개체들의 변하지 않는 실체이다. 예컨대 푸른 병이 깨지면 없어지지만, 청색이라는 것은 병이 깨져도 존재하니, 이처럼 다른 것에 의존하지 않고 그 자체로 존재하는 것을 자성(自性)을 갖는 것이라 하고 다르마라 칭한 것이다.

또 그들은 이 법체가 과거, 현재, 미래의 삼세를 통해 변하지 않으며 영원히 소멸하지 않고 실재한다고 주장했는데, 이를 시간적으로 표현하여 '삼세실유(三世實有)'라 하고 공간적으로 표현하여 '법체항유(法體恒有)'라고 하였다. 그런데 이들의 이런 주장은 『잡아함경』에서 붓다가 설한 두 가지 교설에 근거한 것이라고 한다.

과거의 색(色)도 미래색도 오히려 무상한데, 하물며 현재의 색이겠는가……

---

133 『잡아함경』 제13권 제32 「제일의공경(第一義空經)」 此有故彼有 此起故彼起…… 又復此無故彼無 此滅故彼滅

비구여, 만일 과거의 색이 없다면 다문성(多聞聖) 제자들이 과거의 색을 돌아보지 않는 일도 없을 것이다. 과거의 색이 있기 때문에 다문성 제자들이 과거의 색을 돌아보지 않는 것이다. 만일 미래의 색이 없다면 다문성 제자들이 미래의 색을 기뻐하지 않는 일조차 없을 것이다. 미래의 색이 있기 때문에 다문성 제자들이 미래의 색을 기뻐하지 않는 것이다. 만일 현재의 색이 없다면 다문성 제자들이 현재의 색에 싫어하는 마음을 내지도, 탐욕을 떠나지도, 멸진을 향하지도 않을 것이다. 현재의 색이 있기 때문에 다문성 제자들이 현재의 색에 싫어하는 마음을 내고 탐욕을 떠나 멸진을 향하는 것이다. 수, 상, 행, 식 역시 그러하다.[134]

그대들을 위하여 두 가지 법을 설하리니, 자세히 듣고 잘 사유하라. 무엇이 두 가지인가. 눈과 색이 둘이요, 귀와 소리, 코와 향, 혀와 맛, 몸과 감촉, 뜻과 법이 두 가지이니, 이를 이름하여 두 가지 법이라 한다...... 눈이 색에 인연하여 안식이 생기니, 이 세 가지(눈, 색, 안식)가 화합한 것이 촉이요, 이 촉에 인연하여 고(苦)와 락(樂), 불고불락(不苦不樂)의 느낌(受)이 생겨난다.[135]

첫 번째 경문에서 그들이 근거로 삼은 것은, 붓다가 친히 과거와 현재, 미래가 있다고 설했다는 것이다. 위 경문은 과거에도 미래에도 매이지 말고, 현재의 괴로움을 직시하고 그 괴로움의 멸진을 향해 나아가라는 가르침을 설

---

134 『잡아함경』제3권 제21「생경(生經)」過去未來色 尚無常 況復現在色...... 比丘 若無
　　過去色者 多聞聖弟子 無不顧過去色 以有過去色故 多聞聖弟子 不顧過去色 若無
　　未來色者 多聞聖弟子 無不欣未來色 以有未來色故 多聞聖弟子 不欣未來色 若無
　　現在色者 多聞聖弟子 不於現在色 生厭離 欲滅盡向 以欲現在色故 多聞聖弟子
　　於現在色 生厭 離欲 滅盡向 受想行識 亦如是說
135 『잡아함경』제8권 제26「법경(法經)」當爲汝等 演說二法 諦聽善思 何等爲二 眼色爲
　　二 耳聲鼻香 舌味身觸 意法爲二 是名二法...... 眼緣色生眼識 三事和合觸 觸緣受
　　若苦若樂不苦不樂

한 것으로 보이는데, '유부'에서는 이를 과거와 현재, 미래라는 삼세 시간이 실체로 존재함을 설했다고 보고, 이를 근거로 삼은 것이다. 그리고 이렇게 시간이 과거, 현재, 미래에 걸쳐 실재하는 것은 법체가 불멸하기 때문이라고 주장한다. 시간이라는 거대한 컨베이어 벨트가 무한히 움직이는 것을 확인하는 것은 그 연속되는 시간 위에 법체가 있기 때문에 가능하다는 것이요, 뒤집어 말하면 법체가 항유하기 때문에 삼세가 실유함을 알 수 있다는 것이다.

두 번째 경문을 근거로 삼아 그들이 주장한 것은 법체가 있어야 현상세계가 존재할 수 있는 것처럼, 우리의 인식 역시 법체가 있어야 가능하다는 것이다. 색이 있어야 눈이 볼 수 있고, 소리가 있어야 귀가 들을 수 있으며, 향이 있어야 코가 맡을 수 있고, 맛이 있어야 혀가 맛볼 수 있으며, 촉이 있어야 몸이 느낄 수 있고, 법이 있어야 우리 의식이 헤아릴 수 있다는 것이다. 결국 안이비설신의가 무언가를 인식하는 것은 법체가 있기 때문이라는 것이다.

그리고 또 우리의 기억 작용은 기억하는 대상에 대한 관념인데, 우리가 과거에 대한 기억을 지니고 있는 것은 과거에 대상이 존재했고 그 대상을 인식했기 때문이다. 만일 과거에 그 대상이 없다면 우리의 인식은 일어나지 않는다. 그러니 과거는 존재하는 것이다. 과거가 존재하지 않는다면 선악의 행위가 어떻게 미래의 과보를 산출하겠는가. 현재의 과보로 산출되는 순간 그 과보의 인(因)은 '과거'의 것이다. 그렇게 하여 '유부'의 논사들은 과거법과 미래법에 대한 인식, 그리고 선업(善業) 및 악업(惡業) 과보가 존재한다는 사실로부터 과거법과 현재법, 미래법의 존재를 논증하고자 했다.

〈다르마(dharma) 이론 : 세계의 기본 요소로서의 법체〉

그러면 과거, 현재, 미래의 삼세를 통해 변하지 않고 영원히 소멸하지 않는 법체는 어떻게 존재하는가. 유부의 논사들은 세상의 모든 법을 75가지로 분류하고, 이를 다시 다섯 그룹으로 나누었는데, 각각을 영원불멸의 실체성을 지닌 것으로 파악한 다음, 이들이 여러 형태로 상응, 상반하는 관계에 의해 모든 형상이 만들어진다고 설명했다. 75법이란 존재를 분석해 얻은 요소 전체를 가리키는데, 이것이 세계를 구성하는 기본 요소라고 보았다.

1. 색(色) : 물질의 요소 – 11종

2. 심(心) : 마음의 주체 – 1종

3. 심소(心所) : 마음의 작용 – 46종

4. 심불상응행(心不相應行) : 물질도 마음도 아닌 요소 – 14종

5. 무위법(無爲法) : 3종[136]

　'모든 것이 존재한다'는 주장에서 '모든 것'이란 바로 이 존재의 기본 요소인 '다르마'가 존재한다는 것이고, 이것이 삼세의 시간을 통해 실체로 존재한다는 것이다. 이 75종의 법 가운데 72종은 유위법이고, 3종은 무위법인데, 이

---

136 〈5위(位) 75 법〉은 구체적으로 다음과 같다.
　1. 색법 11가지: 안근(眼根), 이근(耳根), 비근(鼻根), 설근(舌根), 신근(身根), 색경(色境), 성경(聲境), 향경(香境), 미경(味境), 촉경(觸境), 무표색(無表色, 겉으로 드러나지 않는 힘)
　2. 심법: 심왕(心王)
　3. 심소법(心所法) 〈대지법(大地法)-10종〉: 수(受)·상(想)·사(思)·촉(觸)·욕(欲)·혜(慧)·염(念)·작의(作意)·승해(勝解)·삼마지(三摩地), 〈대선지법(大善地法)-10종〉 신(信)·불방일(不放逸)·경안(輕安)·사(捨)·참(慚)·괴(愧)·무탐(無貪)·무진(無瞋)·불해(不害)·근(勤), 〈대번뇌지법(大煩惱地法)-6종〉 치(癡)·방일(放逸)·해태(懈怠)·불신(不信)·혼침(惛沈)·도거(掉擧), 〈대불선지법(大不善地法)-2종〉 무참(無慚)·무괴(無愧), 〈소번뇌지법(小煩惱地法)-10종〉 분(忿)·부(覆)·간(慳)·질(嫉)·뇌(惱)·해(害)·한(恨)·첨(諂)·광(誑)·교(憍), 〈부정지법(不定地法)-8종〉 심(尋)·사(伺)·수면(睡眠)·악작(惡作)·탐(貪)·진(瞋)·만(慢)·의(疑)
　4. 〈불상응행법(不相應行法)-14종〉 득(得)·비득(非得)·동분(同分)·무상과(無想果)·무상정(無想定)·멸진정(滅盡定)·명(命)·생(生)·주(住)·이(異)·멸(滅)·명신(名身)·구신(句身)·문신(文身)
　5. 〈무위법(無爲法)-3종〉 허공(虛空)·택멸(擇滅)·비택멸(非擇滅)

75가지의 법이 상호 인과관계를 맺고, 이 인과 위에서 유동적으로 구성된 것이 바로 현실 세계라는 것이다.

그러면 이렇게 구성된 현실 세계에서 삼세에 걸쳐 존재하는 법들은 어떤 관계에 놓여 있고, 또 어떻게 발생하고 소멸하는가. '유부'의 논사들은 이 문제를 탐구하는 것을 중요한 과제로 보았다. 왜냐하면 일체지자(一切智者)인 붓다가 삼세의 모든 실상을 밝혀 놓았으므로 그 제자들은 삼세의 일체 현상이 어떤 관계에 놓여 있으며, 그런 관계에 놓인 법들이 어떻게 발생 소멸하는가를 밝히는 것이 자신들의 의무이자 사명이라 여겼기 때문이다. 전자를 '인과론' 후자를 '작용론'이라 하는데, 이를 통해 법의 존재 자체에 대한 논의는 다시 존재의 구조 문제로 확대되었다.

그리하여 '유부'는 현재를 중심으로, 현재와 미래, 현재와 과거, 그리고 그 속에서 항유(恒有)하는 법과의 관계성을 규명해 삼세에 존재하는 법의 관계를 크게 인(因)과 연(緣)과 과(果)로 보고, 그것을 세분하여 여섯 가지 인(因)과 네 가지 연(緣), 다섯 가지 과(果)로 분석했다.[137]

〈업감(業感) 연기론〉

'유부'의 인과론에 따르면, 삼세의 세계는 인(因), 연(緣), 과(果)의 관계성에 놓여 있고, 그에 의해 이루어진다. 그런데 이런 인과의 체계는 객관 세계를 실재론적으로 구성한 것이기보다는 선악의 행위와 결과의 관계, 마음의 자

---

137 6인(因), 4연(緣), 5과(果)는 구체적으로 다음과 같다.
   6인: 능작인(能作因), 구유인(俱有因), 상응인(相應因), 동류인(同類因), 변행인(遍行因), 이숙인(異熟因)
   4연: 증상연(增上緣), 등무간연(等無間緣), 소연연(所緣緣), 인연(因緣)
   5과: 증상과(增上果), 사용과(士用果), 등류과(等流果), 이숙과(異熟果), 이계과(離繫果)

세, 번뇌와 번뇌의 단멸 등에 관한 이론 체계를 의도한 것으로 보이는데, 이런 맥락에서 제시된 것이 초기불교의 업사상에 연기론을 결합한 '업감연기론'이다.

'업감연기론'이란 삼라만상의 존재가 원인과 조건이 만나 생성 발전, 소멸하는데, 그 연기의 주체가 바로 업이며, 중생의 생사유전 역시 모두 자신의 업에서 말미암는다는 주장이다. 즉 만물이 생겨나고 소멸하는 원인은 신이나 창조주 같은 바깥의 주재자에 의한 것이 아니라 자신이 지은 업이라는 것인데, 우리가 과거에 행한 행위의 힘이 업으로 잠재해 있다가 그것이 인(因)이 되어 다른 연(緣)과 만날 때 과(果)로서의 여러 현상을 낳는다는 것이다.

그러므로 모든 중생은 각자의 업이 있어 그 업을 삼세에 상속받고, 그 업에 결박된다. 그 업은 중생을 분별하여 빈부, 수요(壽夭), 미추(美醜), 우열(優劣) 등등을 있게 한다. 그리하여 세상의 모든 중생은 자신이 지은 업력에 의해 자신과 자신의 환경을 만들어 나가며, 이 업은 대신 짓거나 대신 받을 수 없으니, 이른바 업인업과(業因業果)의 철칙이다. 자신이 지은 바에 따라 삼계(三界) 오취(五趣)에 나아간다.[138]

삼계 오취의 윤회적 생존은 중생이 행한 선업과 악업의 과보이다. 그러므

---

138 '유부'의 논사들은 중생들이 자기 업의 인과에 따라 겪는 여러 가지 생존 방식을 삼계 (三界) 오취(五趣)로 분류했다. 삼계란 욕계(欲界), 색계(色界), 무색계(無色界)이다. 욕계는 맨 아래에 있으며 오관(五官)의 욕망이 존재하는 세계로 지옥, 아귀, 축생, 아수라, 인간 (人間)과 사왕천(四王天),도리천(忉利天),야마천(夜摩天),도솔천(兜率天),화락천(化樂天),타화 자재천(他化自在天) 등의 육욕천(六欲天)이 여기에 속한다. 여기에서는 보시(布施), 지계(持 戒) 등을 욕계의 선(禪)이라고 한다.
색계는 욕계 위에 있으며 색계사선(色界四禪: 初禪 · 二禪 · 三禪 · 四禪)이 행해지는 세계로, 물질적인 것(色)은 있어도 감관의 욕망을 떠난 청정(淸淨)의 세계이다. 무색계는 물질적 인 것도 없어진 순수한 정신만의 세계인데, 무념무상의 정(定: 三昧)으로서 사무색정(四 無色定: 空無邊處定 · 識無邊處定 無所有處定 · 非想非非想處定)을 닦은 자가 태어나는 곳이다.
오취는 중생이 자신이 지은 행위의 업에 따라 받는다고 하는 다섯 가지 길로 곧 지옥(地 獄), 아귀도(餓鬼), 축생(畜生), 인(人), 천(天)이다.

로 중생이 받는 고통의 직접적 원인은 자신의 업이고, 나아가 그 궁극적인 원인은 번뇌이며, 그런 의미에서 인간은 번뇌 → 업 → 고(苦)의 연쇄로 윤회하는 존재이다. 선업이든 악업이든 자신이 지은 대로 과보를 받는다. 그렇기 때문에 고통에서 벗어나 열반을 얻기 위해서는 번뇌를 단멸해야 하는데, 그 방법은 먼저 사제(四諦)의 이치를 반복적으로 참구하여 견혹(見惑)[139]을 끊는 것인데 이를 견도(見道)[140]라 한다. 다음으로 견혹을 끊은 후 계속 수행하여 수혹(修惑)을 끊는 것인데, 이를 수도(修道)[141]라 하며, 이를 통해 얻은 지혜로 모든 번뇌를 끊어내어 더 닦을 것이 없다는 무학도(無學道)에 이른 수행자가 바로 아라한(阿羅漢)이다. '유부'의 논사들은 이를 열반의 경지라고 보았다. 아라한이란 '공양 받을만한 자(應供)'라는 의미이다.

〈삼세실유와 제행무상〉

그러면 삼세실유 법체항유(三世實有 法體恒有)를 주장하는 '유부'의 교설이 어떻게 제행무상과 모순되지 않으며, 오히려 이를 논증하는 것이 된다고 그들은 주장하는 것일까.

'유부'에 의하면 유위의 다르마 전체에 공통되는 속성이 두 가지가 있는데, 하나는 순간성(刹那滅)이며, 다른 하나는 삼세실유성이다. 이 두 속성은 모순된 것으로 보이고, 사실 다른 부파로부터 격렬한 비판의 대상이 되었으나,

---

139 견혹이란 견도에서 끊는 번뇌라는 의미로, 사제를 명료하게 참구하지 못함으로써 일어나는 번뇌이다. 이 번뇌에는 유신견(有身見), 변집견(邊執見), 사견(邪見), 견취견(見取見), 계금취견(戒禁取見), 탐(貪), 진(瞋), 치(癡), 만(慢), 의(疑)가 있다.
140 견도에 이른 수행자를 초기불교에서는 예류향이라 한다. 유식에서는 통달위(通達位)에, 화엄에서는 십지(十地) 가운데 초지(初地)에 해당한다.
141 수혹이란 수도(修道)에서 끊는 번뇌라는 뜻인데, 대상에 집착함으로써 일어나는 번뇌를 가리킨다. 이 번뇌는 욕계에 탐(貪)·진(瞋)·치(癡)·만(慢), 그리고 색계와 무색계에 각각 탐(貪)·치(癡)·만(慢)으로 모두 열 가지이다.

'유부'의 입장에서는 이 두 가지에 의해 제행무상이 변증된다고 보았다.

'유부'에 따르면, 모든 유위법은 실체를 얻으면 곧 소멸하여 존재하지 않는다. 발생한 바로 그곳에서 소멸한다. 이른바 찰나멸(刹那滅, kṣaṇika)인데, 유위법이 실체를 얻자마자 시간적인 간격을 두지 않고 즉시 소멸하는 것을 말한다. 말하자면 법은 항시 자기동일성을 가지고 실재하지만, 우리가 법을 경험하는 것은 현재의 한순간에 지나지 않는다는 것이다. 그런데 어째서 우리에게는 눈앞의 어떤 법이 지속적인 모습을 하고 있는 것처럼 보이는 것일까.

예컨대 지금 눈앞에 달항아리 하나가 있다고 하자. 항아리는 점토, 물, 불, 유약, 도공의 아이디어와 솜씨 등등 여러 인연이 만나 생겨났다. 달항아리는 여러 존재 요소(다르마)로 구성되어 있고, 여러 법은 찰나멸이기 때문에 발생한 다음 즉시 소멸하여 과거로 들어간다. 이를 낙사(落謝)라 한다. 그러나 여러 유위법이 과거로 낙사하면, 다시 연(緣)에 따라 미래의 영역에서 동일한 종류의 법이 동일한 장소에 동일한 관계를 가지고 현재에 생기하여 과거로 낙사한 여러 법의 역할을 대신한다. 그렇게 하여 눈앞에 있는 달항아리는 찰나멸이지만 여전한 모습으로 유지되는 것처럼 보인다.

그러므로 여러 유위법은 삼세실유이지만 그 법들은 발생한 다음 찰나에 과거로 낙사하기 때문에 상주(常住)가 아니며, 미래로부터 동일한 종류의 법들이 현재에 발생하여 상속(相續)되기 때문에 단멸(斷滅)도 아니라는 것이다. 또 현재에서 과거로 낙사한 법은 과거의 영역에 존재하고 현재에 나타나기 이전의 법은 미래 영역에 속하며, 미래의 영역에서 나타나 과거의 영역으로 사라지는 한 찰나 동안 법은 현재에 존재한다. 그러므로 법은 과거에도 현재에도 미래에도 존재한다. 법은 삼세 어디에나 그 자체로 불변의 속성, 즉 자성을 지니고 존재한다. 그러므로 삼세실유라고 주장하는 것이다.

그러면 이 다르마의 삼세실유와 찰나멸의 속성을 갖는 것이 어떻게 제행무상을 논증하는 것이 되는가. '유부'의 논사들은 법은 과거 현재 미래에 항시 자기동일성을 가지고 실재하지만 우리가 법을 경험하는 것은 현재의 일찰나에 지나지 않는다고 본다. 비유컨대, 마치 영화의 필름이 영사기에 감겨 있다가, 시간적 경과에 따라 스크린에 투사되는 것과 같다. 아직 스크린에 투사되지 않은 필름은 미래에 해당하고, 이미 투사된 것은 과거에 속하며, 지금 투사되고 있는 영상은 현재에 속한다. 그리고 필름의 한토막 한토막이 곧 다르마이며, 스크린에 투사되지 않을 때에도 이 영사기의 필름은 항시 존재한다. 그러니 우리가 영화 필름의 각 장면을 보듯 순간마다 다른 법을 경험하는 것, 그리고 스크린에 투사되며 엮어지는 이야기의 흐름이 바로 제행무상의 세계에 해당한다. 즉 상주불변하는 것처럼 보이는 것도 변화하고 있으며, 그 변화는 결국 찰나 속에 있으니 제행무상이라는 것이다.

나아가 '유부'는 이렇게 단절되지 않는 인과관계의 연속을 상속(相續, saṁtāna)이라 하고, 중생의 오온(五蘊)도 이렇게 상속된다는 오온상속설(五蘊相續說)을 주장했다. 마치 곡식이 단멸하지 않고 상속되다가 다른 곳에서 싹을 피우는 것처럼, 중생 역시 죽은 후 바로 태어나는 것이 아니라 중유(中有)로 상속되다가 다른 장소에 다시 태어난다는 것이다.

'유부'는 이렇게 불변의 자성 개념을 지닌 다르마 이론을 바탕으로, 삼세실유론, 삼세 양중(兩重) 인과론, 업감 연기설, 오온 상속설 등의 교리를 전개하며 불교 이론을 완비하려 노력했고, 현재 불교의 기초가 되는 기본 교리는 한편으로 '유부'의 노력에 크게 힘입었다.

그러나 아비달마가 논리적으로 더욱 심화되면서, 무아, 무상, 연기, 중도라는 개념을 기본으로 한 붓다의 실상법에서 벗어나 고도의 관념적 단계로 나아가게 되었고, 그 결과 대중과 크게 유리되게 되어 결국 새로운 불교 운동인 대승불교를 흥기시켰다. 그리고 그 이론은 나가르주나에 의해 대대적으로 비판받게 되었는데, 그 비판의 핵심에 놓인 것은 바로 법의 영원불멸한 '자성(自性)'을 주장하는 실체론적 이론이었다.

7장

공 사상 (2)

1

나가르주나(용수)

나가르주나는 공 사상을 정립하여 대승불교의 사상적 기초를 확립함으로써, 후대에 제2의 석가모니불, 대승 8종(宗)[142]의 조사(祖師)라 일컬어질 정도로 그 역할이 컸으며, 유식학을 완성한 세친(世親)과 더불어 대승불교에서 가장 중요한 인물로 꼽힌다. 그의 생몰 연대는 분명치 않으나 대략 서기 150년-250년 정도로 추정하니, 불멸 후 6-7백 년 무렵 활동한 것으로 보인다. 생몰 연대도 불확실할 정도이니 그의 생애 역시 알려진 바가 많지 않은데, 전해지는 몇 가지 자료들은 신화적으로 채색되어 어디까지가 역사적 사실이고 어느 부분이 허구적 전설인지 가늠하기 어렵다. 그러나 허구는 허구대로 전하고자 하는 메시지가 있을 터인데, 『중론』을 한역한 구마라집(鳩摩羅什, Kumārajīva, 344-413)은 『용수보살전(龍樹菩薩傳)』에서 이렇게 전하고 있다.

용수보살은 남인도 브라만의 가문 출신이다. 태어날 때부터 뛰어나게 총명하여 어떤 일이든 다시 알려주지 않아도 되었다. 그가 젖먹이일 때 브라

---

142 대승 8종이란 법상종(法相宗), 선종(禪宗), 밀종(密宗), 법화종(法華宗), 천태종(天台宗), 삼론종(三論宗), 율종(律宗), 화엄종(華嚴宗)을 가리킨다.

만들이 네 가지 베다 경전을 외는 것을 들었는데, 게송이 각각 4만이나 되고 게송마다 32글자가 되었는데도 그 문장을 모두 외고 그 뜻을 모두 깨달았다. 약관의 나이에 독보적으로 여러 나라에 이름을 날렸는데 천문, 지리, 도위, 비참 및 온갖 도술에 이르지 않음이 없었다. 뜻이 맞는 세 친구 역시 한 시대의 걸물이었는데 서로 의논하여 말하였다. 천하의 이치는 신명을 열고 그윽한 뜻을 깨치는 것인데 우리는 이미 다 하였다. 다시 무엇으로 즐길 수 있겠는가. 욕정을 끝까지 추구하는 것이 일생의 가장 큰 즐거움일 것이다. 그러나 왕공이 아닌 브라만 도사의 세력으로 어찌 그것을 얻겠는가. 오직 은신술만이 이 즐거움을 이뤄줄 것이다. 네 사람은 서로 보며 마음이 맞아 은신 술법을 구하기 위해 술사를 찾아갔다...... 네 사람은 은신술을 얻어 자재하게 늘 왕궁을 드나들며 궁중 미인들을 능욕하였다. 백 여일이 지난 후 궁중에 회임한 이가 있어 두려워하며 왕에게 아뢰고 죄를 사해줄 것을 청했다. 왕은 크게 노했고...... 네 사람의 자취가 드러나 왕에게 보고되어...... 왕은 역사(力士)에게 칼을 휘두르게 하여 세 사람은 그 자리에서 죽고, 용수만 혼자 남아 몸을 움츠리고 숨죽이며 왕의 곁에 있었다. 왕의 주변 일곱 자 안에는 칼을 들일 수 없었기 때문이다. 그때 비로소 욕망이 괴로움의 근본이고 모든 재앙의 뿌리이며 패덕위신(敗德危身)이 모두 여기에서 일어남을 깨닫고 곧 맹세하기를, 내가 만일 이곳에서 벗어난다면 사문에 나아가 출가법을 받으리라 하였다. 궁에서 나온 (그는) 입산하여 불탑을 찾아가 출가하여 계를 받고, 90일만에 삼장(三藏)을 모두 암송하고 나서, 다른 경을 구했으나 얻지 못하자 마침내 설산에 들어갔다. 산중의 탑에 한 늙은 비구가 탑에 있는 대승경전을 그에게 주어 즐겨 암송하며 그 뜻을 알았지만 아직 통달하지 못하여 여러 나라를 주유하며 또 다른 경전을 구했으나 염부제(인간세계)에서는 구할 수가 없었다...... 큰 용(대룡보살)이 그를 보고 가엾이 여겨 곧 바다로 데리고 들어가 궁전의 칠보장을 열고 칠보함을 꺼내 모든 방등의 심오한 경전과 무량묘법을 그에게 주었다. 용수가 받아 읽고 90일 만에 통하여 깊이 이해하고, 마음 깊이 그 보배같은 이로움을 체득하였다...... 용은 다시 그를 남인도로 보냈고, 그는 불법을 크게 홍포하여 외도를 꺾어 항복받았다. 마하연(대승)을 자세히 밝히는 논서(우파제사) 10만게(偈)를 지었다...... 또 『중론』5백게를 지어 대승의 가르침이 인도에 크게 행해지도록 했다...... 용수가 세상을 떠나려 할 때...... 매미처럼 껍질을 버려두고 떠났다. 그가 떠난 지 백 년이 지났으나 남인도 모든 나라에서는 그의 사당을 세우고 부처님처럼 공경하고 받들었다. 그의 어머니가 나무(樹) 아래에서 그를 낳았다 하여 그의 자를 '아르주나'라고 했는데, 아르주나는 나무 이름이다. 또 용의 도움으로 도를 완성하였으므로 용(나가)을 더하여 이름을 용수라 했다.[143]

나가르주나의 생애를 요약하면, 브라만 계급 출신으로 뛰어난 자질을 지닌 천재였고, 더 이상 배울 것이 없다는 교만한 마음에 젊은 시절 감각적 쾌락을 추구하다 죽을 위기에 처했으며, 그 경험을 통해 욕망이 모든 괴로움과 재앙

---

143 『용수보살전(龍樹菩薩傳)』구마라집 역 龍樹菩薩者 出南天竺梵志種也 天聰奇悟事不再告 在乳餔之中.聞諸梵志 誦四圍陀典 各四萬偈 偈有三十二字 皆諷其文 而領其義 弱冠馳名 獨步諸國 天文地理 圖緯祕讖 及諸道術 無不悉綜 梵友三人 亦是一時之傑 相與議日 天下理義 可以開神明 悟幽旨者 吾等盡之矣 復欲何以自娛 騁情極欲 最是一生之樂 然諸梵志 道士勢 非王公何由得之 唯有隱身之術 斯樂可辦 四人相視 莫逆於心 俱至術家 求隱身法...... 四人得術 縱意自在 常入王宮 宮中美人 皆被侵淩 百餘日後 宮人 有懷姙者 憺以白王 庶免罪咎 王大不悅...... 見四人跡 驟以聞王...... 令諸力士 揮刀空斬 三人即死 唯有龍樹 斂身屛氣 依王頭側 王頭側七尺 刀所不至 是時始悟 欲為苦本 衆禍之根 敗德危身 皆由此起 即自誓日我若得脫 當詣沙門 受出家法 既出入山 詣一佛塔 出家受戒 九十日中 誦三藏盡更求異經 都無得處 遂入雪山 山中有塔 塔中有 一老比丘 以摩訶衍 經典與之 誦受愛樂 雖知實義 未得通利 周遊諸國 更求餘經 於閻浮提中 遍求不得...... 大龍菩薩 見其如是 惜而愍之 即接之入海 於宮殿中 開七寶藏 發七寶華函 以諸方等深奧經典 無量妙法授之 龍樹受讀 九十日中 通解甚多 其心深入 體得寶利...... 龍還送出 於南天竺 大弘佛法 摧伏外道 廣明摩訶衍 作優波提舍 十萬偈...... 中論五百偈 令摩訶衍教 大行於天竺...... 龍樹將去此世...... 遂蟬蛻而去 去此世已 來至今 始過百歲 南天竺諸國 為其立廟 敬奉如佛 其母樹下生之 因字阿周陀那 阿周陀那樹名也 以龍成其道 故以龍配字 號日龍樹也

의 근본이요, 덕을 파괴하고 몸을 위태롭게 하는 것임을 깨닫고 불문에 출가했는데, 역시 천재답게 석 달 만에 법장, 율장, 논장의 삼장을 독파하고 더 배우기 위해 찾아다니다가 설산(히말라야)에서 승려 노인을 만나고 그에게 받은 대승경전을 또 즐겨 공부했지만, 스스로 그 뜻을 통달하지 못했다고 여겨 다시 주유편력하며 다른 경전을 찾아 나섰지만 얻지 못하자, 이를 가엾게 여긴 용왕의 도움으로 용궁에 가서 심심비밀(甚深秘密)한 방등경전(대승경전의 총칭)의 묘법을 얻어 또 역시 석 달 만에 독파하고 보배 같은 이로움을 체득하여 돌아와 대승의 가르침을 널리 폈다는 것이다.

그런데 이 용궁 부분의 전설이 흥미로운 것은, 이 전설의 내용이 이후 대승경전이 붓다가 직접 설한 것이라는 주장의 근거로 사용되었다는 점이다. 천태종(天台宗)의 지의(智顗)는 경전들을 오시판교(五時判教)[144]라 하여 다섯 시기로 구분하였는데, 그 첫 번째가 바로 '화엄시(華嚴時)'이다. 성도한 후 21일간 해탈의 경지에 있는 채로 『화엄경』을 설했지만, 듣는 사람들이 귀머거리처럼 전혀 이해하지 못했다고 한다. 그래서 할 수 없이 『아함』을 설했다 하는데 이를 '아함시'라고 한다. 그런데 전설에 따르면 붓다는 이 『화엄경』을 설할 수 없게 되자 용궁에 맡겨 두었고, 바로 이것을 용궁에서 가져와 세상에 전한 이

---

144 천태 지의의 오시판교는 다음과 같다. ①화엄시(華嚴時): 해탈한 때부터 21일간 해탈의 경지에 있는 채로 『화엄경』을 설법하였다. 그러나 듣는 사람들은 전혀 이해하지 못한다. ②녹원시(鹿苑時): 아함시라고도 한다. 화엄시 다음의 12년간은 『아함경』을 설하여 소승(小乘)의 근기가 있는 사람을 인도했다. ③방등시(方等時): 방등이란 대승 일반을 이르는 말이다. 그 다음 8년간은 소승을 비판하고 대승으로 이끌기 위하여 『유마경』, 『승만경(勝鬘經)』 등을 설법하였다. ④반야시(般若時): 그 다음 22년간은 대승, 소승의 집착을 모두 버리도록 하기 위하여 『반야경(般若經)』을 설하였다. 일체개공(一切皆空)의 이치를 이해시키고자 한다. ⑤법화열반시(法華涅槃時): 마지막 8년간은 『법화경』의 일승진실(一乘眞實)의 가르침을 설법하고, 최후의 하루 낮과 하루 밤은 『열반경(涅槃經)』을 설하여 그때까지 구제받지 못하고 있던 사람도 법신상주(法身常住)의 도리에 의해 마침내 성불할 때가 있을 것임을 보증함으로써, 법화경이 보인 실개성불(悉皆成佛)이라는 이상의 실현을 뒷받침한 것이라고 한다.

가 바로 나가르주나라는 것이다(아마 다른 방등경전도 함께 가져왔으리라). 허구라고 해도 그 안에는 무언가 전하고자 하는 마음이 담기는 법, 그러면 이 허구적 이야기 속에 담긴 진실은 무엇일까. 붓다의 권위에 의지하여 대승경전을 높이고, 또 나가르주나의 신비한 능력(靈力)을 높이고자 한 것이 아닐까. 그리고 그렇게 신화적으로 높여도 대중들에게 수용되고 믿어질 정도로 나가르주나는 대승에서 독보적인 지위를 인정받은 것이 아닐까.

〈중도(中道)〉

나가르주나가 완성한 것은 공 사상이라 하는데, 그가 이를 위해 저술한 논서의 제목은 [공론(空論)]이 아니라 [중론(中論)]이라 이름하고, 그의 사상을 [공관(空觀)]이 아니라 [중관(中觀)]이라고 한다. 그래서 후대 그를 계승한 학파는 중관학파라 칭해진다. 무슨 연유인가. 어째서 '공'이라 하지 않고 '중(도)'이라 한 것일까.

앞서 우리가 살펴본 것처럼, 붓다가 녹야원에서 사제(四諦)를 설하기 전 다섯 비구에게 첫 번째로 설한 것은 극단적인 쾌락과 극단적인 고행은 깨달음의 길에 아무런 도움도 되지 않는다는 것, 그러므로 이 양극단을 버리고 실상을 밝게 보기 위해서는 중도를 가야 한다는 것이었다. 이른바 〈고락(苦樂) 중도〉이다.

그런데 또 이 '중도'에 대해 설하는 대목이 경전에 나온다. 『아함경』에서 제자 가전연(迦旃延)이 '정견(正見)'에 대해 묻는 장면이 있는데, 붓다는 이렇게 설한다.

세존이시여, 세존께서는 정견을 설하시니 무엇을 일러 정견이라 하고 어떤 것을 세존께서 시설하신 바른 견해라고 합니까. 부처께서 산타 가전연에게 고하셨다. 세간 사람들이 의지하는 것에 두 가지가 있으니, 유(有)와 무(無)이다. 취한 것에 접촉하고, 취한 것에 접촉하기 때문에 혹 유에 의지 하고 혹 무에 의지한다. 만일 이렇게 취함이 없다면, 마음이 경계에 묶이고 집착함을 취하게 하지도, 머물게 하지도, 헤아리게 하지도 않을 것이다. 자 기에게 괴로움이 생기면 괴로움이 생겼다고 보고, 소멸하면 소멸했다고 보 아 그것을 의심하지 않고 끄달리지 않으며, 다른 것에 연유하지 않고 스스 로 아는 것, 이를 정견이라 한다. 이것이 여래가 시설한 바른 견해이다.[145]

여기서 우리는 앞서 살펴본 '정견'을 다시 상기할 필요가 있다. 정견이란 팔정도의 첫째를 차지하는 것으로 세계와 존재의 실상을 있는 그대로 바르게 보는 것이요, 궁극적으로는 '부처의 눈'에 비친 실상을 보는 것이었는데, 이 를 앞서 인용한 『능가경』에서는

일체 세간의 법은 모두 환(幻)과 같은 것이니...... 능히 이와 같이 보고, 실 상 대로(如實) 보는 것을 이름하여 정견이라 한다.[146]

라고 하여, 있는 것처럼 보이지만 실제로는 헛것이니, '환(幻)'처럼 보는 것 이 곧 실상대로 보는 것이요, 정견이라고 했다.

그런데 위 경문에서는 매우 흥미로운 내용을 설한다. 사람들의 눈앞에 원 인과 조건에 따라 '무언가' 생기거나 소멸하면, 그것을 '환'처럼 보는 것이 아 니라, '있다'고 취하거나 '없다'고 취하여 마음이 휘둘리고(惑) 달라붙는다(着)

---

145 『잡아함경』 제12권 제19 「가전연경(迦旃延經)」 世尊 如世尊說正見 云何正見 云何世 尊 施設正見 佛告跚陁迦旃延 世間有二種依 若有若無 爲取所觸 取所觸故 或依 有 或依無 若無此取者 心境繫著 使不取 不住不計 我苦生而生苦 滅而滅於彼 不 疑不惑 不由於他而自知 是名正見 是名如來 所施設正見
146 『능가경』 원위 천축 삼장 보리유지 역, 제1 「청불품」 一切世間 法皆如幻...... 若能如是 見 如實見者 名爲正見

는 것이다. 말하자면 '유'나 '무'에 의지한다는 것인데, 만일 취하지 않는다면 휘둘려 집착하거나 머무르고 헤아리지 않을 것이라고 한다. 다만 생기면 생긴 대로 보고, 소멸하면 소멸하는 대로 보는 것, 그리고 이것이 자기 업으로 말미암은 것일 뿐 다른 것에서 연유하지 않음을 아는 것, 이것이 정견이라는 것이다. 그러면 여기서 '취하지 않는다는 것, 그리고 생기면 생긴 대로 소멸하면 소멸하는 대로 보는 것'이란 어떤 것을 의미하는 것일까. 『화엄경』에서는 이렇게 설한다.

일체 업보가 거울에 비친 그림자 같음을 알라.[147]

모든 업보가 거울에 비친 '영상'에 불과하다는 것은 『능가경』에서 말한 '환(幻)'과 같은 것이라는 의미이리라. 업보란 자신이 지은 업에 대한 과보를 받는 것이니, 우리가 살면서 피할 수 없이 만나게 되는 인연사 일체를 가리키는 것일 터인데, 그 인연사가 실제인 것처럼 보이지만 실상은 꿈같고 아지랑이 같은 '헛것'에 지나지 않으니 실상대로 보라는 것이다. 그러면 실상대로 보기 위해서 우리는 어떻게 마음을 써야하는 것일까.

흥미롭게도 장자 역시 이점을 논하고 있는데, 거울에 비친 영상처럼 보는 데서 한발 더 나아가 그는 우리 마음 자체를 거울처럼 쓰라고 한다. 그는 이렇게 말한다.

지인(至人)의 마음 씀은 거울과 같아서 잡지도 않고 맞이하지도 않는다. 응하되 저장하지 않기 때문에 능히 모든 것을 감당하지만(勝物) 상처 입지 않는다.[148]

147 『화엄경』제60권 제39「입법계품」1 知一切業報 如鏡中像

장자의 지인(至人)은 허심에 도달한 마음을 의인화한 것이니, 허심을 가리킬 것이요, 허심이란 허공을 닮은 마음이다. 그런데 그 지인의 용심은 거울과 같으니 잡지도 맞이하지도 않는다고 한다. 거울은 고정된 상(像)을 갖지 않는다. 오는 대로 맞이하고 가는 대로 보낸다. 둥근 것은 둥글게, 모난 것은 모나게, 붉은 것은 붉게, 있는 그대로 비춘다. 어떻게 비출 것인지 미리 계획하거나 준비하지 않는다. 차별 없이 비출 뿐 거부하거나 불러들이지 않는다. 오는 대로 응할 뿐이다. 위 경문에서 설한 대로 괴로움이 생하면 괴로움이 생했다고 보고, 괴로움이 소멸하면 소멸했다고 볼 뿐이다. 그 미추(美醜)와 선악(善惡), 호오(好惡)를 가려서 기억하고 저장하지 않는다. 말하자면 판단하거나 선택하지 않는다. 거울은 아무것도 잡는 것, 즉 '취하는 것'이 없다.

애착은 혐오와 함께 생기한다. 좋아하는 것은 잃는 것이 괴롭고, 싫어하는 것은 마주하니 괴롭다. 다가오는 모든 것을 차별 없이 수용하고 보내는 거울 같은 마음은 고(苦)를 만들지 않는다. 그런 까닭에 모든 인연사(사물)를 다 비추어 감당하지만, 그것으로 인해 거울(마음)이 물들지 않는다. 어떤 것이든 모두 비추지만 그 사물의 모습을 왜곡하거나 재단하지 않는다. 모든 사물을 감당하는 수용력을 지니지만 그 사물의 모습을 바꾸지 않으며 바꾸도록 종용하지 않는다. 그래서 하루종일 비추어도 그 마음에는 흔적이 남지 않고 그러므로 수고롭지 않다. 이 거울 같은 마음은 세상의 변화에 대한 최대한의 수용력을 갖게 해준다. 즉 승물이불상(勝物而不傷)이다.

그런데 이렇게 거울 같은 마음은 저절로 얻어지는 것은 아닌 것 같다. 장자에 따르면 공부가 필요하다. 허심을 향한 마음의 공부이다. 이 공부는 해체공부, 걷어내는 공부, 덜어내는 공부, 즉 마이너스 공부이다. 그래서 장자는 '~하지 말라'는 부정 어법으로 이렇게 제시한다.

---

148 『장자』「응제왕(應帝王)」至人之用心若鏡 不將不迎 應而不藏 故能勝物而不傷

이름의 노예(名尸)가 되지 말라. 음모의 창고(謀府)가 되지 말라. 일을 맡아 일삼지(事任) 말라. 아는 것의 주인(知主)이 되지 말라.[149]

먼저 '이름의 노예'가 되지 말라고 한다. 이름(名)이란 무한하고 연속적인 세계를 유한한 인간의 인식 범주에 넣기 위해 편의에 따라 그 연속성을 분절하여 구분한 것에 지나지 않는다. 그 자체로 실체성이 없으며, 그대로 실체를 지시하는 것이 아니다. '사과'라는 이름이 있다고 해서 사과라는 '이름' 자체가 '사과'인 것은 아니며, 또 그 이름이 지시하는 '사과'가 '사과'로서 자기동일성(自性)을 지닌 것이 아니라는 것이다.

또 '마음을 꾀를 부리는 창고로 만들지 말라'고 한다. 꾀(謀)란 대상에 대해 일정한 목적 하에서 그 목적을 달성하기 위한 계략이다. 이해와 손익에 기반한 대상에 대한 지배전략이다. 이렇게 되면 마음은 스스로 설정한 목적에 다시 부림을 당하는 노예가 된다. 장자가 해체하고자 하는 소유적 사유의 일차적 양상이다.

그리고 '일을 맡아 일삼지 말라'고 한다. 어떤 목적을 위해 '일삼아 하는 것'은 장자에 따르면 부득이(不得已)한 요청에 따라 '자아의 욕망'에 치우치지 않는 양중(養中)에 위배되는 것이다. '일삼는 것'은 대상에 대한 집착을 보여주는 것이고, 이렇게 되면 마음은 그 일에 부림을 당하는 노예가 된다. '일'을 해도 '일'에 매몰되지 않아야 한다.

마지막으로 '아는 것의 주인이 되지 말라'고 한다. 인간의 지적 인식능력에는 한계가 있다. 그러니 인간의 유한한 지식을 쫓지 말라. 알되 그 앎이 전부가 아님을 알아야 하며, 자기가 '아는 것'에 기초해서 진리를 주장하는 것은 손바닥으로 하늘을 가리는 것처럼 어리석고 부분적이며 편파적이라는 것이

---

149 『장자』「응제왕」無爲名尸 無爲謀府 無爲事任 無爲知主

다. 그런 면에서 '아는 것의 주인'이 되는 것은 결과적으로 '자신이 아는 것에 노예'가 되는 것이다.

장자의 이 공부 조목을 장황히 거론한 것은 바로 이것이 위 경문에서 말한 '취하는 것'과 무관하지 않기 때문이다. 이름이 있다고 보고, 음모가 필요하다고 보며, 그래서 일삼아 해야 하는 것이 있고, '나'가 앎의 주인이라고 보는 것, 이것은 모두 '취하는 것'에 해당한다. '나'도 '이름'도 '일'도 '앎'도 '있는 것'으로 취하기 때문에 그 '있는 것'이 없어지면 '없다'고 취하는 것이다. 바로 유(有)에 의지하고 무(無)에 의지하는 것이다. 그러나 거울은 아무것도 취하지 않는다. 이 거울처럼 '취하지 않고' 있는 그대로 실상을 볼 때, 마음은 경계에 묶이지도 집착하지도 머물지도 헤아리지도 않는다는 것이다. 그리고 나아가 마음에 그렇게 비친 것이 스스로의 업에서 말미암은 것일 뿐 다른 것에서 연유하지 않음을 보는 것, 이것이 바로 실상대로 보는 정견이라는 것이다. 그리고 위의 인용 경문에 이어 붓다는 이렇게 설한다.

왜 그런가. 세간의 발생을 실상 그대로 바르게 알고 본다면 세간이 없다는 것은 있을 수 없고, 세간의 소멸을 실상 대로 알고 본다면 세간이 있다는 것은 있을 수 없는 일이니, 이를 이름하여 두 극단을 떠나 중도에서 설하는 것이라 한다. 이른바 이것이 있으므로 저것이 있고, 이것이 일어나니 저것이 일어난다는 것이다.[150]

이른바 '유무(有無) 중도'를 설하고 있다. 세간의 사람들은 대체로 유(有)와 무(無)라는 두 가지에 의존한다. 그러나 사물의 발생과 소멸을 정견, 즉 올바

---

150 『잡아함경』 제12권 제19「가전연경」 所以者何 世間集如實 正知見 若世間無者不有 世間滅如實 正知見 若世間有者 無有 是名離於二邊 說於中道 所謂此有故彼 有 此起故彼起

른 지혜를 가지고 보는 이는 유라거나 무라고 주장하지 않는다는 것이다. 왜냐하면 만일 세간의 사물이 '유'라면 소멸하는 일이 있을 수 없고, '무'라면 발생하는 일이 있을 수 없기 때문이다. 삼라만상은 끊임없이 발생한다. 그러므로 무가 아니다. 또 사물들은 끊임없이 소멸한다. 그러므로 유라고 할 수 없다. '모든 것이 있다'고 보는 것, 그것은 하나의 극단이며 '모든 것은 존재하지 않는다'고 보는 것 역시 또 하나의 극단이다. 사물의 발생과 소멸을 올바르게 보는 견해는 이 두 극단에 의하지 않는다. 이것이 있으므로 저것이 있고 이것이 일어나므로 저것이 일어나는 것, 즉 '연기'를 볼 뿐이다. 나가르주나는 이렇게 말한다.

> 연기(緣起)하고 있는 것, 그것을 나는 공성(空性)이라 설한다. 그것 또한 가명이니, 이것이 중도(中道)의 뜻이다.[151]

이 세계의 모든 것은 원인과 조건에 따라 일어날 뿐이다. 그렇기 때문에 정견으로 본 실상은 '연기'일 뿐이다. 이렇게 인연생기하는 일체를 나가르주나는 공(空)이라 이름한다는 것이다. 그런데 흥미로운 것은 이 공이 가명, 즉 방편이라는 것이다. 존재의 실상은 곧 연기일 뿐이지만, 양극단에 치우친 견해를 파하기 위해 사용한 방편이 곧 공이라는 것이다. 그러므로 공(空)에 붙잡혀서는 안 된다. 공을 방편으로 보면서, 실상을 보는 것, 이것이 바로 중도의 의미라는 것이다. 그런 의미에서 '중도'란 어떤 대립물, 즉 두 가지 극단적 견해를 전제하고 성립한 개념이니, 그 자체로 어떤 절대적인 지점으로 '중'을 설정하고 있는 것은 아니리라.

---

151 『중론』 제24품 「관사제품(觀四諦品)」 衆因緣生法 我說卽是空 亦爲是假名 亦是中道義

2

중론

『중론』은 나가르주나가 지은 449개의 게송(偈頌)에 청목(靑目, Piṅgala)이 해설을 붙여서 넣은 산문이다. 나가르주나의 「중송(中頌)」이 이 안에 담겨 전해지기 때문에 일반적으로 『중론』이라 칭해진다.

　『중론』은 문학성이 강한 대승경전과 달리 치밀한 체계와 논리를 갖춘 철학적 논서이다. 세친에 따르면 논서는 두 가지 요건을 갖추어야 한다고 한다. 첫째, 배우는 이의 번뇌를 제어할 수 있어야 하고 둘째, 배우는 이를 삼악도 (三惡道, 지옥 아귀 축생) 및 윤회에서 구할 수 있어야 한다. 말하자면 철학적 논서마저도 해탈에 이르기 위한 방편으로 보는 것인데, 그런 맥락에서 나가르주나의 저술 역시 '세간의 무수한 속설' 즉 희론(戲論)을 잔가지 치듯 쳐내어 배우는 이를 반야의 지혜에 이르게 하기 위한 것이라 한다. 『중론』을 주석한 청목은 중송의 저술 목적을 이렇게 말한다.

　　어떤 이는 세상이 브라흐마 신에서 생겼다고 하고, 어떤 이는 비슈누 신에서 생겼다고 말하며…… 어떤 이는 시간에서 생겼다고 말하고…… 어떤 이는 변화에서 생겼다고 말하고 어떤 이는 자기 원인(自然)에서 생겼다고 말하고, 어떤 이는 원자(微塵)에서 생겼다고 말한다. 이런 잘못 때문에……

갖가지 사견(邪見)에 빠져 갖가지로 '나'와 '내 것'을 말하며 바른 법을 알지 못한다. 붓다는 이런 모든 사견을 끊고 불법을 알게 하기 위해 먼저 성문승을 대상으로 12연기를 설하셨으며, 또 이미 (12연기를) 익히고 행하여 큰 마음(보살심)으로 깊은 법을 받아 감당하는 이를 위해 대승법의 연기의 실상을 설하셨으니, 이른바 모든 존재는 생겨나지도 않고 소멸하지도 않으며, 같지도 않고 다르지도 않다는 것 등등 뭇 존재는 필경에 공하여 그 어떤 것도 없다고 설하였다....... 붓다가 열반에 든 후 오 백년이 지난 상법(像法) 시대 사람들의 인식능력이 둔해지고 뭇 존재에 깊이 집착한 나머지 12인연, 오음, 십이처, 십팔계 등에 관한 확정적인 정의만을 구하여 붓다의 뜻을 알지 못하고 문자에만 집착하여 대승법문 가운데 필경공 설법을 들어도 왜 공(空)한지 알지 못하고 의심을 내기를, 만일 모든 것이 끝없이 공하다고 한다면 죄와 복 및 그 과보를 어떻게 구별하는가. 이같이 (죄복과 그 과보의 구별이 없다면) 일상적 진리(世俗諦)와 궁극적 진리(第一義諦)의 구별도 없어지지 않겠는가, 하였다. 이같이 '공'의 정의(空相)만을 취하여 탐착을 일으켜 필경공에 갖가지 오류를 일으키니, 용수 보살이 이런 오류를 없애기 위해 이 중론을 지었다.[152]

인용문에 따르면 나가르주나 당시 인도 사상계에의 주된 논쟁은 생성론과 실재론이었던 것으로 보인다. 즉 세상이 어디에서 비롯하여 생성된 것이며,

---

152 『중론』 제1품 「관인연품(觀因緣品)」 萬物 從大自在天生 有言從韋紐天生…… 有言從時生…… 有言從變生。有言從自然生。有言從微塵生 有如是等謬故…… 等邪見 種種說我我所 不知正法 佛欲斷 如是等 諸邪見 令知佛法故 先於聲聞法中 說十二因緣 又爲已習行 有大心 堪受深法者 以大乘法 說因緣相 所謂一切法 不生不滅 不一不異等 畢竟空無所有…… 佛滅度後 後五百歲 像法中 人根轉鈍 深著諸法 求十二因緣 五陰十二入 十八界等 決定相 不知佛意 但著文字 聞大法中 說畢竟空 不知 何因緣故空 卽生疑見 若都畢竟空 云何分別 有罪福報應等 如是則無 世諦第一義諦 取是空相 而起貪著 於畢竟空中 生種種過 龍樹菩薩 爲是等故 造此中論

어떻게 존재하는가의 문제인데, 이 가운데 나가르주나가 주되게 문제 삼은 것은 부파불교의 실체론, 즉 유자성론(有自性論)이다. 실체가 '있다(有)'고 보는 견해를 대립물로 하고 있기 때문에 방편으로 '공'이라는 개념을 설정한 것이니, 그런 의미에서 볼 때 '공'은 '없다(無)'는 뜻이 아니다.

일반적으로 『중론』은 난해한 논서로 알려져 있는데, 그 난해성은 주제 자체에 있다기보다는 주제를 드러내는 방식에서 연유한다. 전체를 관통하고 있는 주제는 공 사상이고 연기론인데, 그 방법론은 사물의 공성을 입증하기 위해 공성 자체를 적극적으로 논구하거나 분석하는 것이 아니라, 실체론적 주장대로 자성이 있다고 가정할 때 드러나는 모순을 파(破)함으로써 공 사상을 드러내는 방식을 취했다. 이른바 귀류논증(歸謬論證)이다. 귀류법이란 증명하고자 하는 진술의 모순되는 상황을 가정하고, 그 모순되는 상황의 진술이 거짓임을 증명함으로써, 자신이 증명하고자 하는 진술이 참임을 보여주는 것이다.

한 가지 예를 들어, 과거 현재 미래의 삼세에 다르마가 실체로 있다는 '유부'의 주장을 논파하기 위한 게송을 하나 보자.

> 묻기를, 세간에서는 눈으로 이미 지난 것, 아직 가지 않은 것, 지금 가고 있는 것 등 삼시(三時)에 지음(作)이 있음을 본다. 지음이 있으므로, 모든 법(다르마)이 있음을 마땅히 알아야 한다.[153]

'유부'에서의 주장은 간단하다. 우리는 눈으로 세상에서 이미 가버린 과거, 아직 가지 않은 미래, 그리고 지금 가고 있는 현재를 보고 있고, 또 그 삼세에

---

153 이 질문은 청목이 설정해 놓은 문장이다. 『중론』 제2품 「관거래품(觀去來品)」 問曰 世間 眼見 三時有作 已去未去去時 以有作故 當知有諸法

무언가를 행하여 짓고 있다. 따라서 그것을 보면 불변의 다르마(법)가 있음이 틀림없으니, 그것을 알아야 한다는 것이다. 이런 주장에 대해 나가르주나는 이렇게 논파한다. 당신들은 그렇게 주장하는데, 하나씩 보면 그 주장에는 이런 모순이 있다고 하는 것이다.

> 이미 가버린 것에는 가는 일이 없고, 아직 가지 않은 것 역시 가는 일이 없다. 이미 가버린 것과 아직 가지 않은 것을 떠나 지금 가고 있는 것에도 가는 일이 없다.[154]

이미 가버린 것에는 '가는 일(去)'이 없다. 왜냐하면 이미 갔기 때문이다. 만일 가는 것이 없는데, 가는 일이 있다면 이는 모순이다. 또 아직 가지 않은 것 역시 '가는 일'이 없다. 왜냐하면 아직 가지 않았기 때문이다. 또 지금 가고 있는 것 역시 '가는 일'이 없다. 왜냐하면 반은 간 것이고 반은 아직 가지 않은 것이어서 간 것과 가지 않은 것이 이어져 있으므로 여기서 어느 부분을 잘라내어 '가는 일'이라고 이름할 수 없기 때문이다.

결론적으로 '가는 일' 자체가 없는데 어떻게 이미 가버린 것과 아직 가지 않은 것, 지금 가고 있는 것이 어찌 성립하겠는가. 그러므로 모순이다. '거(去)' 자체가 없다. 일체가 '공'이다. 단지 연속되어 진행되는 흐름, 즉 연기만 있을 뿐이라는 것이다. 이런 식으로 그는 실체론적 입장의 주장들을 하나하나 거론하며, 그 모순을 드러냄으로써 '공'의 사상을 전개해 나간다.

연기, 무자성(無自性), 즉 공론은 나가르주나의 핵심 사상이고, 당시 부파불교에 널리 퍼져 있던 유자성론을 논파하기 위해 설해진 것인데, 논파의 핵심적 내용은 바로 팔불(八不)에 있다. 즉 불생불멸(不生不滅), 부단불상(不斷不常),

---

154 『중론』 제2품 「관거래품」 已去無有去 未去亦無去 離已去未去 去時亦無去

불일불이(不一不異), 불래불출(不來不出)이다. 나가르주나는 이렇게 말한다.

> 생하지도 멸하지도 않고, 상주하지도 단멸하지도 않으며
>
> 不生亦不滅　不常亦不斷
>
> 같지도 다르지도 않고, 오도 않고 나가지도 않는
>
> 不一亦不異　不來亦不出
>
> 이러한 인연법을 설하여 모든 희론을 훌륭하게 멸하신
>
> 能說是因緣　善滅諸戱論
>
> 모든 설법자 가운데 제일이신 부처님께 머리 숙여 예배합니다.
>
> 我稽首禮佛　諸說中第一

『중론』 첫머리에 나오는 귀경게(歸敬偈)이다. 귀경게는 철학적 논서를 쓸 때 맨 앞부분에 스승을 칭송하는 계송을 붙이는 것이다. 나가르주나 역시『중론송』의 첫머리에 귀경게를 붙였는데, 일반적으로 이 귀경게에『중론』전체의 요지가 담긴 것으로 본다. 그러므로『중론』을 고찰함에 이 팔불 가운데 불생불멸과 불상부단을 중심으로 볼 것이다.

여기서 스승은 붓다를 가리키는데, 이 스승은 결코 신통력이나 신의 은총을 베풀어 중생을 구제하는 이가 아니라, 진리를 가르침으로써 중생을 고통에서 구제한 존재라는 점에 눈길이 간다. 이것은『중론송』을 마무리하는 결송(結頌)과 연관지어 보면 분명하게 드러나는데, 그는 이렇게 말한다.

> 붓다께서 (중생을) 연민하사 (고통의 원인인) 잘못된 견해를 모두 끊어버리도록 이 법을 설해주셨으니, 저는 지금 (그분께) 머리 숙여 예배합니다.[155]

경문이나 논서에서 '이 법'이란 항시 '연기법'을 칭한다. 붓다가 중생을 연민하여 연기법을 설함으로써 잘못된 견해를 모두 단멸하였음에 고개 숙여 에배한다는 것이니, 이 게송에서 나가르주나는 자신의 공 사상이 '연기법'에 토대를 두고 있으며, 자신 역시 희론을 단멸하고 정견을 세우는 것을 목표로 함을 천명한 것이다.

그 연기법의 앞에는 여덟 가지의 수식어가 붙는다. 그것이 바로 팔불이다. 그런데 어째서 이 팔불이 핵심이 되는가. 청목은 이렇게 말한다.

> 묻기를, 모든 법은 무량한데, 어째서 다만 여덟 가지 일만 들어 논파하는가. 답하길, 법이 비록 무량하나, 간략하게 여덟 가지 일을 들어 일체법을 통틀어 논파한 것이다. 불생(不生)이라 (설)한 것은, 여러 논사들이 갖가지로 사물이 생겨나는 상을 설하지만…… 이렇게 생하는 상에 대해 설하는 것은 모두 실상에 맞지 않기 때문이다…… 생상(生相)은 결정하여 얻을 수 없으니, 그러므로 불생이다. 불멸이란 만일 생겨남이 없다면 어떻게 멸함이 있겠는가. 생겨남이 없으면 멸함도 없기 때문에 나머지 여섯 가지 일도 역시 없는 것이다.[156]

이 여덟 가지가 일체법을 포괄하고 있기 때문이라는 것이다. 그런데 일체법의 생성에 대해 실상에 맞지 않는 여러 잘못된 입장이 난무하고 있으므로, 이 팔불을 설하여 논파한다는 것이다. 그 가운데 첫째는 바로 '불생불멸'이다.

---

155 『중론』 제27품 「관사견품(觀邪見品)」 瞿曇大聖主 憐愍說是法 悉斷一切見 我今稽首禮 一切見者
156 『중론』 제1품 「관인연품」 問日 諸法無量 何故但以 此八事破 答曰法雖無量 略說八事 則爲總 破一切法 不生者 諸論師 種種說生相 或謂因果一 或謂因果異 或謂因中先有果 或謂因中先無果 或謂自體生 或謂從他生 或謂共生 或謂有生 或謂無生 如是等 說生相皆不然…… 此事後當廣說。生相決定 不可得故不生 不滅者 若無生何得有滅 以無生無滅故 餘六事亦無

① 불생불멸 : 不生亦不滅　생겨나지도 소멸하지도 않는다.

　존재는 생겨나는 것도 아니고, 소멸하는 것도 아니라는 이 언명은 간단해 보이지만 실상 많은 의미를 안고 있다. '제행무상'이란 존재의 세계는 무상(無常)하여 한시도 쉬지 않고 생성 소멸하며 변화한다는 것이다. 그런데 생겨나지도 소멸하지도 않는다고 한다면 '제행무상'과 어긋나는 것처럼 보인다. 그러면 불생불멸이란 어떤 의미인가.

　여기서 부정하고 있는 생성과 소멸은 실체론에서 말하는 생멸이다. 존재 세계의 현상적인 생멸을 부정하는 것이 아니다. 대승에서는 무릇 연기하며 생멸하는 것은 무상한 것이고, 그리하여 '공'이라 표현된다. 원인과 조건이 결합하여 일시적으로 존재하는 가유라는 것인데, 이를 『원각경』에서는 이렇게 표현한다.

　　화합하여 상(相)을 이룬 것은 실상 허공꽃과 같은 것이다.[157]

　말하자면 존재 세계를 허공 꽃이나 뜬구름처럼 인연에 따라 생멸하는 존재로 보는 것인데, 그것은 본체를 전제 삼을 필요 없이 생겨나고 사라지는 것이다. 그러나 실체론에서 말하는 존재의 생멸은 이것과 다르다. 이 입장은 현상의 배후에 상존하는 존재론적 본질, 즉 존재 배후에 있는 본체를 세계의 성립 기반으로 본다. 그렇기 때문에 존재의 생성과 소멸에는 본체와 어떤 관계가 상정되고, 필연적으로 본체가 생성의 직접적인 원인으로 자리 잡게 된다. 예컨대 아리스토텔레스는 존재 세계에서 존재 생성의 으뜸가는 원인을 탐구하는 학문을 '제일철학'이라 했고, 나중에 형이상학이라 이름했다. 그리고 자신의 형이상학에서 제일원인으로 신(神)을 상정한다. 신은 자신은 움직이지

---

157 『원각경(圓覺經)』 제2 「보현보살장(普賢菩薩章)」 和合爲相 實同幻華

않으면서 다른 일체의 존재를 움직이는 자, 즉 부동(不動)의 운전자(運轉者)(the Unmoving Mover)로 표현되었다.

그러나 실체론자들과 달리 공 사상은 본체를 부정한다. 존재의 생성을 본체의 유출로 본다거나, 어떤 본체가 생성과 소멸을 제어하며 이끌어 간다는 생각은 모두 실체론자들의 사유이다. 공 사상은 이 같은 본체가 있다는 실체론자들의 생각을 부정한다. 실체론자들이 말하는 생성과 소멸은 없다는 것, 그리고 실상이 아니라는 것을 표현한 말이 바로 '불생불멸'이다. 말하자면 어떤 불변의 본체가 있어 존재를 생겨나게 하거나, 소멸하게 하는 것이 아니라는 것이다.

장자 역시 나가르주나와 마찬가지로 실체론적 본체, 즉 주재자를 부정한다. 장자에 따르면 세계는 어떤 의지나 목적을 갖는 중심, 혹은 주재자가 존재하지 않는다. 현상의 사물은 모두 자연으로 생성되고 변화하며 관계 속에서 질서를 유지한다. 현상 배후에 존재하는 '절대자'에 의한 이원적 분리나 갈등은 존재하지 않는다. 만물은 저절로 그러하며 불변적인 존재론적 근거나 주재자를 세울 수 없고, 설사 세운다 해도 검증할 수 없다. 서구의 합리적 사유는 이 세계를 주관하는 초월적 존재가 있다고 상정하고 그에 따라 세계의 질서를 구축한다. 그러나 장자에서는 주재자가 설정되지 않는다.

다양한 개별자의 존재 과정은 연관, 즉 인연의 산물일 뿐이다. 특별히 그것을 관장하거나 결정하는 불변적인 중심은 존재하지 않는다. 모든 존재자는 연관되어 서로 의지하고 있지만 그 의지하는 바의 끝, 즉 주재자를 알 수 없다. 장자는 이것을 '망양(罔兩)' 이야기를 통해 설명하는데, 이 이야기는 망양과 경(景)의 대화로 구성된다. 망양은 그림자(景)의 가장자리에 생기는 옅은 그림자이다. 자신이 그림자임을 아는 그림자(景)와 그것을 모르는 그림자(망양)의 대화이다. 장자는 이를 통해 형이상학적 궁극자에 대해 알 수 없음을 논하고, 그것조차 실체가 아님을 논한다.

망양(罔兩)이 경(景)에게 물었다. "그대는 왜 그리도 종잡을 수 없이 움직이는가. 왜 주체성을 가지고 지조 있게 움직이지 못하는가?"

그러자 본 그림자가 답했다. "내가 무엇에 의존해 있는 게 아닐까. 그리고 내가 의존하고 있는 것 역시 무언가에 의존해 있는 게 아닐까…… 왜 그런지를 내가 어떻게 알며, 왜 그렇지 않은지를 어찌 알겠는가."[158]

그림자의 그림자인 망양(罔兩)이 의지하고 있는 것은 그림자 경(景)이다. 그런데 그림자 경은 또 어떤 형체에 의지하고 있다. 그리고 그 어떤 형체는 또 어떤 것(주재자 혹은 궁극자)에 의지할 것이다. 그렇다면 그 궁극자는 어디에 의지하겠느냐는 것이다. 분명 만물은 서로 의지하여 연관되어 있는데, 그 의지의 궁극, 다시 말해 근거를 소급해 들어가다 보면 역시 무한소급에 빠지게 되고, 결국 도달하는 곳은 '졸호무대(卒乎無待)'의 의지하는 바 없음, 즉 '궁극적 원인자 없음'에 도달하게 된다는 것이다. 그러면서 장자는 이렇게 말한다.

그리고 이 실체성을 해체하는 것은 존재의 실상에 가까운 것이다(是亦近矣). 그러나 그런 존재의 실상을 누가 주재하는지 알 수 없다. 설사 주재가 있다 해도 그 조짐을 알 수 없다. 연관에 의해 이루어지는 작용은 있으나 그 실체를 볼 수 없고, 실상은 있어도 형체는 없다.[159]

자연의 존재 과정은 연관에 의해 분명히 작용하지만 그 형체를 잡아낼 수 없다는 것인데, 고정된 객관적 실체가 아니기 때문이다. 변화하고 유전하는 과정과 사건 자체의 모습일 뿐이다. 중심, 즉 환원해 들어갈 궁극적 주재자가

---

158 『장자』「제물론」罔兩問景曰 曩子行 今子止 曩子坐 今子起 何其無特操與 景曰 吾有待而然者邪 吾所待又有待而然者邪…… 惡識所以然 惡識所以不然

159 『장자』「제물론」非彼無我 非我無所取 是亦近矣而不知其所爲使 若有眞宰 而特不得其眹 可行己信 而不見其形

없다는 것은 필연적으로 관계의 그물망에서 주종이나 서열의 관계를 해체시킨다.

이렇게 존재의 주종과 서열 관계의 해체는 장자의 사유에서 매우 중요한 의미를 가진다. 세상에 중심이 되는 궁극적 원인이 없다는 것은 결코 부정적인 사유가 아니다. 오히려 중심이 없기 때문에 모든 존재가 역으로 세상의 중심이 된다. 그리하여 장자는 각 개별자들이 평등하게 중심이 되어 자기 실존의 길을 가고 있음을 보도록 우리에게 권유한다. 이렇게 하여 보게 되는 것이 법신이 아닐까.

② 불상부단 : 不常亦不斷 상주하지도 단멸하지도 않는다.

연기설이 인과의 그물망에서 생성 소멸하는 존재의 사태를 표현한 것이라면, 공성(空性)은 현상 배후에 존재론적 본체가 없다는 것, 즉 제법무아를 달리 표현한 것이다. 말하자면 모든 존재에 '자성'이 없다는 것이다.

그런데 실체론적 입장에서는 모든 법에 다른 것에 의존하지 않는 자성(自性)이 있다고 주장한다. 말하자면 현상적인 유(有)의 배후에 존재론적 본체가 있다고 상정하는 것인데, 이를 상견(常見)이라 한다. 이 상견은 다른 표현으로 '있다'에 치우친 극단적 견해라 하여 유변(有邊)이라고 한다. 나가르주나는 이렇게 말한다.

만일 모든 법에 자성이 있다면 (그것은) 인연 가운데 있는 것이 아니다.[160]

자성이란 다른 것에 의지하지 않고 스스로 존재함을 의미하니, 모든 법에

---

160 『중론』제1품 「관인연품」 如諸法自性 不在於緣中 以無自性故 他性亦復無

자성이 있다면 그것은 연기할 필요도 없고 연기할 수도 없다. 자성이 없을 때만이 비로소 인연으로 말미암아 생멸하는 현상이 있을 수 있다. 만일 자성을 지닌 본체가 있다면 삼라만상이 모두 그 본체로부터 나올 것인데, 다시 무엇 때문에 인연을 필요로 할 것이며 또 인연으로 생겨날 수 있겠는가.

법(法, 다르마)이란 '실상' 혹은 '실제로 있는 것'을 의미한다. 이 존재는 한시의 고정된 틈 없이 변화하고 유전한다. 그래서 무상(無常)하다고 한다. 게다가 '연기'하는 존재는 무궁한 인과관계의 그물망 속에서 서로 역동적으로 관계를 맺는다. '같은 물에 두 번 발을 담글 수 없다'고 말한 헤라클레이토스의 말처럼 세상의 부단히 변화한다. 그리고 나아가 끊임없이 얽혀 인과적으로 관계 맺으며 생성소멸의 흐름에 합류되어 흘러간다. 그러므로 존재는 거대한 관계의 그물망 속에서의 '하나의 흐름', 즉 과정과 사건으로 존재한다. 이러한 존재의 모습은 상존한다고 할 수 없으니 불상(不常)이요, 그렇다고 해서 단절된다고 할 수 없으니 부단(不斷)이다.

그런데 당연해 보이는 이 말이 왜 그리 중요한 것일까. 청목은 불상부단을 설하는 이유를 이렇게 말한다.

묻기를, 불생불멸로 이미 일체법을 모두 파했는데 어찌하여 다시 여섯 가지 일을 설하는가.
답하길, 불생불멸의 뜻을 완성하기 위한 연고이다. 어떤 이는 불생불멸을 받아들이지 않으면서 불상부단은 믿는다. 만일 불상부단을 깊이 궁구하면 곧 불생불멸(을 알 것)이다.[161]

불생불멸 뜻을 완성하기 위함인데, 그 이유는 불생불멸은 인정하지 않지

---

161 『중론』제1품 「관인연품」問曰 不生不滅 已總破一切法 何故復說六事 答曰 爲成不生不滅義故 有人不受 不生不滅 而信不常不斷

만, 불상부단은 믿는 이가 많기 때문이라는 것이다. 말하자면 연기에 의한 존재의 변화는 인정하지만 '본체'가 없다는 것은 받아들이지 않는다는 것인데, 그러면 어째서 전자는 인정하고 후자는 인정하지 않는 것일까.

'공'은 어감상 무(無)와 혼동될 여지가 많고, 실제로 이 때문에 허무주의로 오인되곤 한다. '공'에 대한 가장 일반적인 오해는 '공'을 허무론적으로 이해하는 것인데, 즉 '비어 있음', '텅 비어 아무것도 없음'으로 해석하는 것이다. 그리하여 실체론자들은 세계의 본질은 허무가 아니므로 '존재론적 본질이 있어야 한다'고 주장한다. 이런 주장이 바로 법은 '상주한다'고 보는 상견이다. 그리고 다른 한편으로는 '공'을 오해하여 존재론적인 본질이 없으니 현상적인 '유(有)'마저도 존재하지 않는다고 주장한다. 이것이 곧 단견(斷見)이다.

그러나 공 사상에서는 상견을 유변(有邊)이라 부정하고, 단견을 무변(無邊)이라 부정한다. 상견은 '모든 것은 존재한다'는 것에 치우쳐 있고, 단견은 '모든 것은 존재하지 않는다'는 것에 치우쳐 있으니, 모두 극단적 견해에 속한다. 그런데 만일 생전의 붓다라면 이 상단(常斷) 두 견해에 대해 어떻게 답했을까.

앞서 보았던 만동자의 질문에 붓다가 '무기(無記)'로 응했던 것을 되새겨 보자. 만약 '세상은 영원(常)한가에 대해 알지 못한다면 모른다 정직하게 말해 달라'[162]는 만동자의 말에 일체지자(一切智者)로 추앙받던 붓다는 왜 굳이 대답하지 않은 것일까. 모르기 때문에 침묵했을 수도 있고 알면서도 침묵했을 수도 있지만, 붓다는 일체지자이니 '몰라서 침묵한 것'일 가능성은 크지 않다. 그렇다면 왜 그랬을까.

붓다는 상대편의 근기에 따라 설법하는 대기설법을 펼쳤다. '근기'라면 지적 인식 능력이나 수행 능력 등을 가리키겠지만, 내면에 깊게 뿌리박힌 세계관 역시 중요한 요소일 것이다. 그런데 만일 상대가 본체론적 세계관을 지닌

---

162 『중아함경』제18 예품 제5 「전유경」 若世尊不一向知世有常者 當直言不知也

실체론자인데 '세계는 영원하다'고 답한다면, 상대는 '영원한 세계'가 있다고 믿어버릴 것이니, 곧 상견에 빠질 것이다. 그러나 이것은 기본적으로 제법무아와 상충한다. 만일 '영원한 세계'는 없다고 답한다면 그는 예전에 있었는데 지금은 없다고 생각하여 낙담한 나머지 허무주의에 빠질 것이다. 즉 단견에 빠지는 것이다. 공 사상에 따르면 본체란 애당초 존재한 적도 없고 존재할 수도 없는 것이다. 그러니 붓다는 이 질문자가 실체론의 속박에서 벗어나도록 도와주기 위해 가타부타 말하지 않은 것이 아닐까.

결국 상(常)이니 단(斷)이니 하는 것은 실체론자가 본체에 대해 지니는 하나의 견해에 불과하다. 연기론 또는 공 사상에서는 본체란 존재하지 않는다. 마치 존재하지도 않는 토끼의 뿔이나 거북의 털에 대해 이러저러한 상(相)을 말할 수는 없는 것처럼, 존재하지도 않는 본체에 대해 상존이니 단멸이니 언명할 수 없는 노릇이다. 그래서 귀경게에서 부파의 실체론자들을 향해 '불(不)'자를 붙여 불상부단(不常不斷)이라고 한 것이 아닐까.

3

공성: 필경공
空性　畢竟空

우리 눈앞에 있는 책상이 '공'하다고 말하는 것은 책상 자체가 눈앞에 존재하지 않는다는 것이 아니다. 책상은 나무와 연장, 그리고 만드는 이의 아이디어와 솜씨 등등이 결합하여 이루어진 일시적인 가유(假有)일 뿐이므로, 책상의 불변하는 존재론적 본질, 즉 자성이 없다는 뜻이다. 이것이 곧 책상의 '공성(空性)'이다. 가유는 일시적인 것이므로 '꿈이나 허공꽃, 아지랑이나 뜬구름' 등에 비유된다. 이를 『금강경』에서 이렇게 설한다.

> 온갖 유위의 법은 꿈같고 환영같고 물거품같고 그림자 같으며, 이슬같고 번개같으니, 마땅히 이와 같이 보아야 한다.[163]

나가르주나는 세계의 이러한 공성을 입증하기 위해 일관되게 '자성'을 부정하는 귀류 논증을 전개했는데, 『중론』의 핵심은 아마도 이 구절에 있으리라.

---

163 『금강경(金剛經)』 제32분 「응화비진분(應化非眞分)」 一切有爲法 如夢幻泡影 如露亦如電 應作如是觀

여러 인과 연에 의해 생겨난 것이 곧 법이니, 나는 이것을 공이라 설한다.
이것 또한 가명이니, 이것이 중도의 이치이다.
단 하나의 법(존재)도 인과 연을 따라 생겨나지 않은 것이 없다.
그러므로 일체의 모든 법은 공하지 않은 것이 없다.[164]

인용문의 핵심은 연기하는 것을 공이라 하는데, 일체법은 인과 연을 따라 생겨나지 않은 것이 없으니, 일체법은 '공'하지 않은 것이 없다는 것이다. 이 구절에 대해 청목은 이렇게 해설한다.

(나가르주나가 말하길) 여러 인과 연에서 발생하는 법을 나는 '공'이라 말한다고 했는데 왜 이렇게 말하는가. 여러 인과 연이 다 갖추어져 화합하면 비로소 사물이 생겨난다. 따라서 사물은 여러 인과 연에 귀속되는 것이므로 사물 자체에는 고정된 성품(자성)이 없기 때문이다. 자성이 없으므로 공하다. 그러니 '공' 역시 또 '공'하다. (일체법이 공하다고 한 것은) 다만 중생을 인도하기 위해 방편(가명)으로 설한 것이다. 유무의 양극단에서 벗어나므로 이름하여 중도라 한다.[165]

그러면 '공'이라는 것은 자성이 있을 수 있는가. 일체법에 자성이 없으므로, 공 역시 자성이 있을 수 없다. '공'도 이름일 뿐이요, 그러니 공도 공이다. 『대반야경』에서 이렇게 설한다.

---

164 『중론』제24품「관사제품」衆因緣生法 我說卽是無 亦爲是假名 亦是中道義 未曾有
　一法 不從因緣生 是故一切法　無不是空者
165 『중론』제24품「관사제품」衆因緣生法 我說卽是空 何以故 衆緣具足 和合而物生
　是物屬 衆因緣故 無自性 無自性故空 空亦復空 但爲引導衆生故 以假名說 離有
　無二邊 故名爲中道

사리자여, 이것은 다만 이름이 있을 뿐이다. 즉 보리(菩提)도 다만 이름일 뿐이요, 살타(薩埵)도 이름일 뿐이니, 보리살타도 이름일 뿐이다. 공이라고 말하는 것도 다만 이름일 뿐이니…… 다만 일시적으로 세워놓은 객명(客名)이다…… 보살도 다만 이름일 뿐이요, 부처도 이름일 뿐이고, 반야바라밀다 역시 이름일 뿐이다.…… 내공(內空)도 다만 이름일 뿐이며, 외공(外空), 내외공, 공공, 대공, 승의공, 유위공, 무위공, 필경공, 무제공, 산공, 무변이공, 본성공, 자상공, 공상공, 일체법공, 불가득공, 무성공, 자성공, 무성자성공이 모두 이름일 뿐이다.[166]

보리도, 보살도, 부처도, 반야바라밀다도 모두 이름일 뿐이다. 그리고 이름 뿐임을 표현한 '공'도 역시 이름일 뿐이며, 나아가 그 '공도 공이다'라는 필경 공 역시 이름일 뿐이라는 것이다. 잠시 지나가는 손님처럼 일시적으로 세운 가명일 뿐, 실(實)이 아니다. 방편이다. 일체법에 자성이 없다. 그러면 '일체법' 이라는 것은 자성을 지니고 존재하는 것인가. 『금강경』에서 이렇게 설한다.

수보리여, 말한 바의 일체법이라는 것은 일체법이 아니다. 다만 이름이 일체법일 뿐이다.[167]

---

166 『대반야바라밀다경(大般若波羅蜜多經)』 대당 삼장법사 현장(大唐三藏法師玄奘) 역, 제4권 제2 「학관품(學觀品)」 舍利子 此但有名 謂為菩提 此但有名 謂為薩埵 此但有名 謂為菩提薩埵 此但有名 謂之為空 此但有名…… 但假立客名 別別於法 而起分別 假立客名…… 菩薩但有名 佛但有名 般若波羅蜜多但有名…… 內空但有名 外空 內外空 空空 大空 勝義空 有為空 無為空 畢竟空 無際空 散空 無變異空 本性空 自相空 共相空 一切法空 不可得空 無性空 自性空 無性自性空 但有名

167 『금강경』 제17분 「구경무아분(究竟無我分)」 若有人 言如來得阿耨多羅三藐三菩提 須菩提 實無有法 如來得阿耨多羅三藐三菩提 須菩提如來所得阿耨多羅三藐三菩提 於是中 無實無虛…… 須菩提所言一切法者 即非一切法 是故名一切法…… 如來說莊嚴佛土者 即非莊嚴是名莊嚴

일체법이라고 칭한 것 역시 이름이 일체법일 뿐, 그 일체법도 실체로 있는 것이 아니라는 것이다. 이름을 지닌 것, 언어로 표현된 것은 모두 일시적으로 머무는 손님처럼 그렇게 '가유'를 표현하기 위한 '가명'일 뿐, 그 어느 것도 실제가 아니라는 것이다. 다만 실상을 깨닫게 하기 위한 방편으로 사용된 것일 뿐이다. 바로 그런 의미에서 가명으로 '공'을 설한 이유 역시 중생을 인도하기 위한 방편일 뿐, 그 자체로 실체가 아니다. 결국, '공도 공(空空)일 뿐'이니, 이른바 필경공(畢竟空)이라는 것이다.

그런데 흥미롭게도 장자 역시 이와 유사한 이야기를 펼친다. 장자는 일체법이 공함을 '꿈'으로 표현하고, 공조차 공임을 아는 것, 즉 필경공을 '꿈이라 아는 것도 꿈'이라고 표현한다. 장자에 따르면 세계란 연관 속에서 그물처럼 유전하며 변화할 뿐 그 독립적이고 고정된 실체가 없다. 그리고 그 그물의 한 코로 이어져 있는 '나' 역시 그러하다. 실체가 아니다. 그리하여 세계와 자아의 해체를 말하는데, 이 두 가지 해체는 시간적 혹은 인과적 선후를 두고 이루어지는 것이 아니라 동시적으로 이루어진다. 세계의 실체성이 해체(法空)되면서 자아의 실체성이 해체되고(我空), 자아의 실체성이 해체되면서 세계의 실체성이 해체된다. 세계와 자아가 연속되어 있기 때문이다. 그는 이를 보이기 위해 '나비의 꿈(胡蝶之夢)'이라는 우화를 엮어낸다.

옛날 장주가 꿈에 나비가 되었는데, 자유롭게 나는 나비였다. 스스로 기분 좋게 뜻대로 날고 있었고, (자신이) 周임을 알지 못했다. 잠시 후 깨어나자, 황황히 周가 되었다. 周가 꿈에 나비가 된 것인가. 아니면 나비가 꿈에 周가 된 것인가. 周와 나비는 필시 구분이 있다. 이것을 일러 물화(物化)라고 한다.[168]

나비는 장주의 꿈속에 등장한다. 꿈속에서 훨훨 날아다니며 즐거운 마음으로 자유를 누리고 있다. 장주의 입장에서는 아직 꿈에서 깨지 않은 상태이다. 그런데 왜 하필 꿈에 '나비'가 등장하는 것일까. 나비는 간단한 존재가 아니다. 일단 아름답다. 자유롭게 날아다닌다. 그리고 나비는 변신을 통해 나타난다. 그 변신은 극적일 정도로 경이롭다. 추한 벌레에서 아름다운 나비로 변신한다. 그러나 아름답고 자유로우며 즐거운 나비로의 변신도 깨고 나면 꿈이다.

꿈을 꿀 때 장주는 자신을 장주로 의식하지 않았다. 다만 꿈속에서 나비로서 행복했다. 깨어난 후에야 장주는 그것이 꿈이었음을 안다. 그러나 꿈이었음을 알지만, 깨고 나니 나비와 장주가 혼동된다. 혹시 나비가 장주가 되는 꿈을 꾸고 있는 것은 아닐까. 꿈을 꾼 자도 장주이고, 꿈에서 깬 자도 장주이지만 무언가 불확실하다.

꿈속의 내용은 당연히 허구적인 것이다. 그러나 꿈을 꾸고 있는 당시에는 그것을 알지 못한다. 깨고 난 후에야 그것이 꿈임을 안다. 그래서 장주는 나비와 자신의 차이를 안다. 그런데 깨고 나서도 혼동이 된다. 지금 장주의 모습 역시 나비의 꿈속일 수 있다는 것이다. 말하자면 깨고 나서 자각하고 있는 장주 역시 꿈이 아니라고 단정할 수 없다. 그리하여 장주는 새로운 통찰을 얻게 된다. 즉 꿈속에서의 '나비'도 꿈이지만, 꿈에서 깨어난 '장주' 역시 꿈이라는 것이다.

물리적으로 나비가 장주가 되는 일은 없다. 그러므로 이 혼동은 실체로서 두 존재자의 혼동은 아니다. 다만 꿈속에서 나비를 실재라고 여긴 것이나, 깨어나서 장주 자신을 실재라고 여기는 것이나 다르지 않다는 것이다. 분명히

---

168 『장자』「제물론」昔者莊周夢爲胡蝶 栩栩然胡蝶也 自喩適志與 不知周也 俄然覺
則蘧蘧然周也 不知周之夢爲胡蝶與 胡蝶之夢爲周與 周與胡蝶 則必有分矣 此之
謂物化.

다른 것으로 구별되지만, 둘 모두 꿈처럼 허구적인 것, 즉 공이라는 것이다. 오직 연관(인연) 속에서 변화하는 과정, 물화(物化)만 남는다. 대상도 자아도 실체성이 없다. 즉 공이다.

요컨대, 우리가 경험하고 소유하고자 하는 세계는 꿈과 같이 허구적인 것이니, 우리에게 필요한 것은 바로 그 꿈에서 깨는 것, 즉 세계가 실체라는 의식의 허구성에서 벗어나는 것이요, 공성(空性)을 자각하는 것이다. 그런데 여기에서 생각해볼 문제가 하나 더 있다. 그렇다면 '꿈'이라고 아는 자, 꿈에서 깨어난 자, 즉 '공'을 아는 자는 실체인가. 즉 깨달은 '나'를 별도의 실체인 것처럼 '최종적인 주체'로 세울 수 있는가. 이 문제를 논하기 위해 장자는 또 하나의 우화를 엮어낸다.

바야흐로 꿈을 꿀 때는 그것이 꿈인 줄 알지 못한다. 꿈속에서도 또한 그 꿈을 점치다가 깨어난 후에야 비로소 꿈임을 안다. 또 크게 깨달은 후에야 이것이 큰 꿈이었음을 안다. 어리석은 자는 스스로 깨어났다고 여기면서 아는 체 한다. (그러면서) 군주라고 뽐내고, 목동이라고 천대한다. 구(丘)나 자네 역시 모두 꿈이다. 내가 자네에게 꿈이라고 말하는 것 역시 꿈이다.[169]

꿈꾸며 꿈인 줄 알지 못하다가, 깨어난 후 꿈임을 알고, 또 그렇게 꿈임을 아는 것 역시 꿈이었음을 안다. 그런데 어리석은 이는 자신이 꿈에서 깨어났다고 여긴 나머지, 그렇게 크게 깨달은 '나'를 세우고, 스스로 훌륭하다(군주)고 뽐내며, 다른 이를 얕본다는 것(목동이라고)이다(이런 이를 증상만(增上慢)자라 한

---

169 『장자』「제물론」方其夢也 不知其夢也 夢之中又占其夢焉　覺而後知其夢也 且有 大覺而後知此其大夢也 而愚者自以爲覺 竊竊然知之 君乎牧乎 固哉 丘也與女 皆 夢也 予謂女夢 亦夢也

다). 그렇게 크게 깨달은 '나' 역시 꿈이요, 그렇게 '꿈'이라고 말하는 자나 그 말을 듣는 자 역시 모두 꿈임을 또 알지 못하기 때문이다. 그래서 깨달은 자는 결코 자신이 깨달았음을 자각하지 못하며, 그렇기 때문에 내세우지 않는다. 나가르주나의 말을 빌면, 공 아닌 것이 없기 때문이다.

그러니 '나비의 꿈 이야기'의 나비도 꿈이요, 꿈을 꾸고 깨어난 장주도 꿈이며, 나비와 장주를 혼동하는 것도 꿈이고, 꿈이라고 아는 것도 꿈이다. 장자가 이 꿈의 은유를 통해 말하고자 하는 바는 우리가 아는 세계는 실체성이 없는 것이며, 동시에 세계가 실체성 없음을 자각하는 우리의 '자아' 역시 실체성이 없다는 것이다. 실체성 없이 오묘하게 연관에 따라 변화하며 얽혀 있는 존재의 실상인 물화, 곧 연기만이 있을 뿐이며, 그렇게 연기하는 것은 모두 공이라고 나가르주나는 말하는 것이다.

그러면 '이 세계도 공'이요, '공'임을 아는 마음 역시 공임을 깨달은 후, 마음에 현현하는 세계는 그 무엇이든 '꿈' 같은 것이리라. 그렇다면 이 '꿈'으로서의 삶과 세계는 어떻게 수용해야 하는가. 장자가 권하는 것은 '꿈'은 '꿈'인 채로 즐기라는 것이다. 꿈이기 때문에 '있는 것'이 아니니 집착할 필요가 없다. 그러나 꿈이라고 해서 '없는 것'이 아니니 무시하거나 부정할 수도 없다. 집착하지 않으면서, 무시하거나 부정하지 않을 수 있는 마음은 바로 '놀이'하는 마음이다. '놀이'하는 마음은 이성적인 것 이상이다. 바로 그런 마음으로 세상과 이어지며 자기 실존의 길을 가는 것이 바로 소요유(逍遙遊)가 아닐까. 장자의 사유가 유희적인 면모를 보이는 것은 그가 꿈같은 세상을 그 자체로, 즉 꿈을 꿈인 채로 수용하고 즐기기 때문이 아닐까.

4

이제설: 세속제와 제일의제

二 諦 說

그런데 '일체가 공이다'라는 언명은 다시 '없는 것', '빈 것'을 실체화하여 생각하게 만드는 경향이 있다. 말하자면 방편으로 제시된 '공'이 실체로 있다고 여기며, 나아가 필경공조차도 그렇게 보는 것이다. 그야말로 말이 있으므로 그 말이 지칭하는 실체가 있다고 보는 것인데, 이런 실체론적 언어관에 기초하여 일어난 갖가지 논의를 나가르주나는 희론(戲論)이라 칭한다. 그는 『중론』 귀경계에서 이렇게 말한다.

> 이러한 인연법을 설하여 모든 희론을 훌륭하게 멸하신
> 能說是因緣　　善滅諸戲論
> 모든 설법자 가운데 제일이신 부처님께 머리 숙여 예배합니다.
> 我稽首禮佛　　諸說中第一

여기서 나가르주나는 '연기'를 희론이 끊어진 자리로 묘사한다. 희론이란 산스크리트어 프라판차(prapañca)를 한역한 것인데, 이 말의 어원이 되는 프라(pra)는 '앞으로'의 의미를, 판차(pañc)는 '퍼지다. 흩뜨리다'의 의미를 지닌다고 한다. 그래서 어원의 뜻을 살려서 본다면, '실상을 꿰지 못하고 주변에서 퍼

뜨리는 말'이라는 뜻인데, 일반적으로 대상을 분별하여 이름과 의미를 부여하는 지적 작용을 가리키며, 더 넓게는 어떤 언어가 있으면 그에 대응하는 실체가 있다고 보는 인식 작용을 의미하기도 한다. 그런 의미에서 보면, 모든 언어적 표현 자체가 문제이기보다는 언어와 언어가 가리키는 대상의 실체성에 얽매이는 논의가 문제이다. 즉 희론인데, 달을 가리키는 손가락이 달 자체가 아닌 것처럼, 대상과 그 대상을 지시하는 언어는 같은 것이 아니다. 장자는 이 문제에 대해 이렇게 말한다.

대저 앎(知)이라는 것은 대상으로 삼을 것이 있어야 그 정당성(當)을 가릴 수 있다. 그러나 그 대상이라는 것은 특별히 고정되어 있지 않다. 그러니 내가 지금 '하늘'이라고 말한 것이 '사람'이 아니라는 것을 어떻게 아는가. 내가 지금 '사람'이라고 말한 것이 '하늘'이 아닌 것을 어떻게 알겠는가.[170]

장자의 말에 따르면, 우리가 무언가를 알려고 해도 그 앎의 근거가 되는 대상은 한시도 고정되어 있지 않다. 설사 그 대상이 고정된 것처럼 보인다 해도 실상 끊임없이 변화하고 있다. 그래서 우리가 '이것'이라고 알아도 그것이 '이것'인지 담보해줄 근거를 발견할 수 없다. 기준에 따라 '이것'이 지시하는 것이 달라지기 때문이다. 또 '하늘'을 가리키며 '하늘'이라고 말해도 '하늘'이라고 말한 것이 진정 '하늘'인지 확정할 수 없다. 다시 말해 '하늘'이라는 말과 '하늘' 그 자체는 필연적 관계가 없으며, 그 실체성을 드러내는 것도 아니다. 즉 '하늘'이라는 말이 '하늘' 그 자체가 아니다. '뜨거움'이라는 말이 '뜨거움' 자체가 아닌 것처럼, 아무리 '하늘'이라는 언어(名)로 '하늘'을 지칭한다

---

170 『장자』「대종사」夫知有所待而後當 其所待者 特未定也 庸詎知吾所 謂天之非人乎 所謂人之非天乎

해도, 그것이 '하늘'이 아닌 다른 것, 예컨대 '사람'이 아님을 증명해주지 못한다. '하늘'이 '하늘'이라고 말할 수 있는 절대적 근거는 없다. 다만 대상을 고정시켜 어떤 이름으로 합의한 사회적 약속일 뿐이다. '평화'라는 말이 있다고 해서, '평화'라는 실체가 있는 것은 아니다. 다만 그렇게 이름 붙인 것일 뿐이다.

그런데 실체론적 언어관에 잡혀 있는 우리는 끊임없이 무언가 말이 있으면 그 말이 지시하는 어떤 것이 실체로 '있다'거나 '없다'고 보고, 그것에 대해 논한다. 나가르주나는 이렇게 말한다.

> 여래는 희론을 넘어서 있는데, 사람들은 희론을 낸다. 희론은 혜안을 파괴하니 그래서 모두 부처를 보지 못하는 것이다.[171]

명쾌하지 않은가. 세상의 실상은 연기일 뿐, 자성을 지닌 실체가 없는데, 그 무언가가 실체로 있다고 보고 사람들은 부단히 이런저런 희론을 내고 있으니, 부처를 보는 지혜의 눈이 그 희론으로 파괴되고 그리하여 결국 부처를 보지 못한다는 것이다. 그러면 우리는 희론을 어떻게 멸해야 하는가. 그는 이렇게 말한다.

> 업과 번뇌가 소멸함으로써 해탈이 있다. 업과 번뇌는 실체가 아니니, 희론은 공성에서 멸한다.[172]

---

171 『중론』제22품「관여래품(觀如來品)」如來過戲論 而人生戲論 戲論破慧眼 是皆不見佛
172 『중론』제18품「관법품(觀法品)」業煩惱滅故 名之爲解脫 業煩惱非實 入空戲論滅

업과 번뇌는 어떤 무기로 쳐서 없앨 수 있는 것이 아니다. 그 업과 번뇌는 실체로 있는 것이 아니라 거울에 비친 그림자처럼, 허공꽃처럼 그렇게 있기 때문이다. 거울에 비친 사과를 어떤 무기로 떼어낼 수 있겠는가. 다만 그 '업과 번뇌가 업과 번뇌인 채로 업과 번뇌가 아닌' 실상, 말하자면 그 공성을 보는 데서 소멸한다. 업과 번뇌가 실제로 있다고 본다면 그것은 희론이요, 희론은 '나'와 '세상'을 실체로 보는 분별심에서 나온다. 나와 대상의 경계를 긋는 분별심이 있는 한, 세상을 있는 그대로 볼 수 없다.

그러므로 숙세의 희론을 멸하기 위해선 공성을 제대로 이해하는 지혜의 눈이 필요하다. 지혜의 눈으로 연기를 깨달은 말, 공성을 자각한 말, 분별을 버린 무분별지의 말은 희론이 아니다. 하지만 이것은 쉽지 않다. 오히려 우리는 공성에 대해서도 부단히 희론을 낸다. 그리하여 다시 '공'을 실체화하여 다시 공에 집착하는 오류를 빚는다. 이른바 공집(空執)에 빠지는 악취공(惡取空)이다. 나가르주나는 '공'에 대한 잘못된 이해에서 비롯되는 악취공의 문제에 대해 이렇게 말한다.

'공'을 올바르게 관하지 못하면, 근기가 약한 자는 스스로를 해치게 된다. 마치 잘못된 주술이나, 독사를 잘못 움켜쥐는 것과 같다.[173]

만일 지혜가 높지 않아 '공'을 오해하여 잘못된 견해를 낸다면, 오히려 주술로 무언가를 이루려다가 불선(不善)한 주술로 해를 입는 것과 같고, 이득을 위해 뱀을 잡으려다 잘못 독사를 움켜쥐어 그 독에 당하게 되는 것과 같다는 것이다. 결국은 스스로를 해치는 것이니, 시작하지 않음만 못하다. 그래서 이런 오류가 빚어질 것을 붓다 역시 염려하셨다고 한다. 그는 그에 대해 이렇게

---

173 『중론』제24품「관사제품」不能正觀空 鈍根則自害 如不善咒術 不善捉毒蛇

말한다.

세존께서는 이 법이 매우 깊고 미묘한 것이어서, 근기가 약한 자가 미칠 바
가 아님을 아셨기 때문에 설하려 하지 않으신 것이다.[174]

우리는 '있는 것이 아니다'라고 설하면 '아! 그러면 없는 것인가 보다'하면
서 '없다'에 마음이 달라붙고, '없는 것이 아니다'라고 설하면 다시 '아! 있다
는 것이구나'하며 '있다'에 달라붙는다. 말하자면 '말'에 묶이는 것인데, 실
체론적 언어관을 지니고 있는 한 벗어나기 어려운 문제이다. 그래서 붓다 역
시 설하시길 주저하셨다는 것이다.

나가르주나 역시 이 문제를 염려하여, 공은 가명, 즉 방편일 뿐이니, '공도
역시 공'이라는 필경공을 천명한 것인데, 이것을 다시 잘못 이해하거나 과도
하게 해석하는 경우, 모든 것이 공이니 붓다가 설한 사성제나 팔정도 등의 주
요 가르침 역시 모두 '공'으로 돌리며 무의미한 것으로 이해해 버리는 오류를
범하기 십상이다. 청목은 그들의 입장을 이렇게 요약한다.

그대가 모든 법이 다 공하다고 말한다면, 붓다도 붓다의 법도 붓다의 승가
도 모두 파괴하는 것이다. 또 공의 법을 받아들인다면, 죄와 복 그리고 죄
와 복의 과보를 파괴하고 또 세속법도 파괴한다. 이 같은 과실이 있기 때문
에 제법이 공하다고 해서는 안 된다.[175]

---

174 『중론』제24품 「관사제품」 世尊知是法 甚深微妙相 非鈍根所及 是故不欲說.
175 이 문장은 청목의 해설 부분 문장이다. 청목이 이렇게 질문을 상정하여 던지고, 용수가
     게송으로 답하는 형식을 취하고 있다. 『중론』제24품 「관사제품」 汝說諸法皆空 則壞
     三寶 復次 若受空法者 則破罪福 及罪福果報 亦破世俗法 有如是等諸過故 諸法
     不應空

이에 대해 나가르주나는 이렇게 답한다.

그대는 지금 여실히 능히 공과 공의 인연, 그리고 공의 의미를 알지 못한
다. 그리하여 스스로 근심을 일으킨다.[176]

말하자면 무엇을 공이라 개념한 것인지, 무엇을 공의 상(相)이라 하는 것인
지, 어떤 까닭으로 공을 설한 것인지, 공의 궁극적 의미가 무엇인지 이해하지
못하기 때문에, 이러한 의심을 내고 비난을 한다는 것이다. 그러면 제대로 이
해하기 위해서는 무엇이 필요한가. 그는 이렇게 말한다.

모든 부처는 이제(二諦)에 의거하여 중생을 위해 법을 설하셨으니, 하나는
세속제요, 다른 하나는 제일의제(第一義諦)이다. 만일 사람이 능히 이제를
분별하여 알지 못한다면 심오한 붓다의 법에서 진실한 뜻을 알지 못할 것
이요, 만일 속제에 의지하지 않으면 제일의제를 얻지 못하고, 제일의제를
얻지 못하면 열반을 얻지 못하리라.[177]

나가르주나는 공성에 대한 다기(多岐)한 오해를 바로잡기 위해 '이제설'을
들어 답한다. 모든 부처는 2종의 진리, 즉 세간의 일반적 진리인 '세속제'와
구경의 진리인 '제일의제(第一義諦)'에 의거하여 가르침을 설하셨다. 이 2종의
진리 사이의 구별을 모르는 이는 붓다 교설이 지닌 깊은 진실을 이해하지 못
한다. 그런데 존재의 실상인 제일의제는 언설로 나타낼 수 없다. 때문에 세간
의 언어에 의지하지 않고서는 제일의제는 설해질 수 없고, 제일의제를 이해

---

176 『중론』 제24품 「관사제품」 汝今實不能 知空空因緣 及知於空義 是故自生惱
177 『중론』 제24품 「관사제품」 諸佛依二諦 爲衆生說法 一以世俗諦 二第一義諦 若人不
　　能知 分別於二諦 則於深佛法 不知眞實義 若不依俗諦 不得第一義 不得第一義
　　則不得涅槃

하지 못하고서는 열반을 얻을 수 없다는 것이다. 그러면 세속제와 제일의제란 무엇을 지시하는 말인가.

세속제란 우리가 무언가를 보고, 듣고, 느끼고, 아는 세계에 관한 진리이다. 우리는 세계가 실제로 있는 것을 보며, 보아서 알고, 아는 만큼 소유하고 욕망에 따라 지배하고자 한다. 중생의 눈으로 본 세계이다. 그리고 중생에게는 그 세계가 실(實)이다. 그것을 청목은 이렇게 말한다.

세속제란 일체 존재의 성품이 '공'한데도, 세간에서는 전도되어 허망하게 법이 생겨난다고 본다. 세간에서는 이것이 실(實)이다.[178]

그러나 붓다와 부처의 눈을 얻은 성현의 눈에는 다르게 보인다. 일체법이 '공'하여 생겨남도 없고 멸함도 없기 때문이다. 마치 넓은 바다에 쉼 없이 일어났다 스러지는 파도처럼 '공'한 것이다. 바람이나 여러 인연으로 잠시 수면 위로 치올랐다가 다시 물속으로 사라지는 파도는 생겨난 것인가, 소멸한 것인가, 자성이 있는 것인가. 게다가 아무리 파도쳐도 바다는 늘지도 줄지도 않는다. 바로 그렇게 중생의 눈에는 세상에 무언가 쉼 없이 일어나고 소멸하는 것처럼 보이지만 그것은 생겨나는 것도 멸하는 것도 아닌 것, 즉 허망한 법이다. 그러니 붓다와 성현의 눈으로 볼 때, 일시적으로 허망하게 존재하는 세계를 실(實)로 보는 중생의 견해는 전도망상이다. 그러면 붓다와 성현에게 실(實)은 무엇인가. 청목은 이어서 이렇게 말한다.

모든 성현은 (이런 견해의) 전도성을 참되게 안다. 그러므로 일체법이 모두

---

178 『중론』 제24품 「관사제품」 世俗諦者 一切法性空 而世間顚倒 故生虛妄 法於世間 是實

공하여 생겨남이 없음을 안다. 성인에게는 이 제일의제가 실(實)이다.[179]

말하자면 세속제는 중생의 눈으로 본 세계에 대해 세간의 언어로 설한 진리이다. 즉 일체법이 공하지만 연기하여 세계가 이루어지므로, 세간의 관점에서 현상적인 유(有)를 인정하고 그에 기초하여 설하는 것이다.

이에 비해 승의제(勝義諦)인 제일의제는 그렇게 연기하고 있는 것은 '공'이며, '공' 조차도 공임을 자각하는 것, 그리하여 궁극적으로 이중부정을 통해 열리는 대긍정의 연화장세계, 즉 부처의 눈에 비친 구경(究竟)의 실상을 가리킨다. 그러니 이 두 가지 진리를 제대로 구별해야 하며, 이를 분별하지 못한다면 붓다의 깊은 실상법을 이해할 수 없다는 것이다.

그래서인지, 나가르주나 이후 그의 사상을 계승한 중관학파는 이 이제설로 대승불교의 모든 견해를 정리했다. 그들은 경전이 '승의제'를 기술한 것인지, '세속제'를 기술한 것인지에 따라 요의경(了義經)과 불요의경(不了義經)으로 나누고, 공성에 관한 교설은 요의경으로, 그 외의 교설은 모두 불요의경으로 귀속시켰다.

그런 의미에서 보면 세속제란 제일의제를 드러내기 위한 방편교설이요, 제일의제에 근거해서 설해진 것이다. 그렇기 때문에 세속제에 의지하고 않고는 제일의제를 얻을 수 없고 제일의제를 얻지 못하면 열반을 얻을 수 없다고 한 것이다.

그런데 여기서 주목해야 하는 것은 세속제이든 제일의제이든 세간의 언어를 빌지 않고는 전할 방법이 없다는 점이다. 즉 교설의 방편은 주로 '언어'에 의존한다. 그러나 연기적 관점에서 보면 세계의 모든 존재는 원인과 조건에 의해 일어나는 변화 상(相)으로만 존재한다. 그런데 언어는 연기의 변화를 따

---

179 『중론』 제24품 「관사제품」 諸賢聖眞 知顚倒性 故知一切法 皆空無生 於聖人 是第一義諦 名爲實

라잡을 수 없고, 그래서 변화를 드러내는 적절한 수단이 되지 못한다. 그러면 붓다는 어떻게 이 언어를 방편 교설로 사용했는가. 『능가경』에서 이렇게 설한다.

세존이시여, 언어는 제일의가 됩니까. 언어로 설하신 바는 제일의가 됩니까. 부처께서 대혜에게 고하셨다. 제일의는 언어도 아니고, 말한 바도 아니다. 왜 그런가. 제일의는 성인이 즐기시는 곳이니, 비록 언어로 인하여 들어가나 언어가 제일의는 아니다. 제일의는 거룩한 지혜로 안으로 깨닫는 경계이지, 언어 분별지의 경계가 아니다. 언어분별로는 (제일의를) 나타내 보일 수 없다. 그러므로 대혜여, 응당 언어분별을 멀리 떠나야 한다...... 마치 왕이나 장자(長者)가 아이들을 기쁘게 하기 위해, 먼저 비슷한 물건을 주고 나중에 진짜를 주듯이, 나 역시 그러하니, 먼저 비슷한 법을 설하고 나서, 스스로 깨닫는 진실한 법을 뒤에 말한다.[180]

요컨대 제일의제는 언어의 차원이 아니라 지혜의 차원이어서, 언어로 분별할 수 있는 것이 아님을 밝히고, 언어분별을 떠나야 함을 설한 후, 마치 아이들을 기쁘게 하기 위해 가짜 보물을 주고 나서 나중에 지혜가 성장하고 나면 진짜 보물을 주는 것처럼, 불제자들을 기쁘게 하기 위해 비슷한 법을 방편으로 설하고 지혜가 커진 후에 '마음으로 스스로 깨닫는 법(內證)'을 설한다는 것이다. 그리고 이어서 언어 방편은 마치 '등불'과 같은 것이라고 하며 이렇게 설한다.

---

180 『능가경』 실차난다 역, 제3권 제2 「집일체법품(集一切法品)」 世尊 為言語是第一義 為所說 是第一義 佛告大慧 非言語是 亦非所說 何以故 第一義者 是聖樂處 因言而入 非即是言 第一義者 是聖智內自證境 非言語分別智境 言語分別 不能顯示...... 是故大慧 應當遠離 言語分別...... 如王及長者 為令諸子喜 先示相似物 後賜真實者 我今亦復然 先說相似法 後乃為其演 自證實際法

뜻은 언어에 의해 이해되고 구별된다. 대혜여, 비유컨대 등불에 의지하여 여러 사물을 구별하여 이해하는 것과 같다. 대혜여, 마치 어떤 이가 등불을 켜고...... 이곳은 이러이러하고, 저곳은 저러저러하다고 하는 것과 같다. 대혜여, 보살은 언어에 의지하여 언어를 떠나, 스스로 안으로 수행하는 뜻을 증득하게 된다.[181]

언어가 어떻게 방편이 되는지, 즉 실상을 이해하는데 중요한 도구가 되는가를 잘 설명해준다. 마치 등불 같다는 것이다. 등불의 빛에 의지하여 여기에 이런 것이 이렇게 있구나를 아는 것처럼. 언어를 통해 세상을 구별하고 이해한다. 그리고 그렇게 구별하여 이해한 세상이 결국은 인연 따라 일어난 법이어서 공(空)이며, 그렇게 보이는 것은 결국 우리 마음이 그렇게 세상을 그려낸 것임을 알아, 성지내증(聖智內證)의 길에 들어서게 되니, 결국 언어에 의지하여 언어를 떠난다는 것이다.

그렇기 때문에 언어를 사용함에 주의 깊은 노력이 필요하다. 언어에 매이는 것도 문제지만, 역으로 언어를 멀리하고 부정하는 것도 또 하나의 문제이다. 필요한 것은 방편으로 적절하게 언어를 사용하는 것이다. 바로 이것이 붓다가 대기설법에서 사용한 선교방편(善巧方便)이다.

그런데 앞서 살펴본 것처럼 붓다는 평생 쉼 없이 많은 교설을 베풀었지만 한편으로 침묵하기도 했고, 또 한 구절도 말한 적이 없다고 설하기도 했다. 『능가경』의 구절을 다시 보자.

---

181 『능가경』 보리유지 역, 제4 「불심품」 而義依彼 言語了別 大慧 如依于燈 了別衆色 大慧 譬如有人 然燈觀察 種種珍寶 此處如是如是 彼處如是如是 大慧 菩薩依言 語聲 證離言語 入自內身 修行義故

나는 어느 날 밤에 보리를 증득했고, 어느 날 밤에 반열반에 들 것인데, 이 사이에 (나는) 한 글자도 말하지 않았다. 전에 말하지도 않았고, 앞으로 말하지도 않을 것이며, 현재에도 말하지 않는다.[182]

다만 있는 길을 지시하여 보여주었을 뿐, 말한 것이 아니라는 것이다. 왜냐하면 '나'와 그대로 이어진 '세계'는 대상화가 불가능하고, 대상화 불가능한 세계를 대상화하여 말로 할 수 없으며, 설사 대상화한다 해도 그 대상은 한시의 고정도 없이 변화하고 있으니, 어느 지점을 고정시켜 '언어'로 표현할 수 없기 때문이다. 결국 존재의 실상은 말로 그 실체를 드러낼 수 없다. 그러니 붓다에 의해 베풀어진 말은 일체가 말로 드러낼 수 없는 세계의 실상을 전하기 위한 '방편'일 뿐 어떤 말도 실(實)이 아니라는 것이다. 언어도 공(空)이기 때문이다. 그런 의미에서 보면, 번뇌와 보리, 범부와 부처, 열반, 해탈, 알라야식, 오온 등등도 모두 방편으로 설해진 것이다.

그렇게 공(空)인 언어로 나가르주나는 '공도 공이다'라고 말했고, 나아가 이를 필경공이라고 표현했다. 그러면 필경공은 자성이 있는가. 이 역시 언어 방편이다. 그러면 모든 것이 필경에 공하므로 이 '필경공' 역시 '공'일 것이요, '필경공도 공하다'는 것 역시 공할 것이다. 그러면 다시 '제일의제'라는 것은 자성이 있는가. 이 역시 언어 방편이다. 그러니 제일의제 역시 공할 것이요, 그렇게 제일의제도 공하다고 언명하는 것 역시 공할 것이다. 이렇게 나아가다 보면 계속 공이 연속될 것인데 우리는 어찌해야 하는가. 입을 다물 수밖에 없는 것이 아닐까. 바로 언어의 길이 끊어지는 것이 아닐까.

---

182 『능가경』 제4 「불심품」 我何等夜 得大菩提 何等夜 入般涅槃 此二中間 不說一字 亦不 已說 當說現說

나가르주나의 『중론』은 대승 초기 경전인 『대반야경』의 일체개공(一切皆空)을 이론적으로 체계화한 것으로 평가되는데, 그는 방대한 『대품반야경』[183]에 주석하여 그보다 더 방대한 논서를 썼으니 바로 『대지도론(大智度論)』이다. 그는 여기서 이렇게 말한다.

수보리가 설한 반야바라밀, 즉 필경공의 뜻은 (존재의 실상은) 고정된 상이 없어서 취할 수 없으며 전하여 옮기거나 얻어 깨칠 수 없다. 즉 있다(有)고 말할 수 없고, 없다(無)고 말할 수 없으며, 있으면서 없다(有無)고 말할 수도 없고, 있지도 않고 없지도 않다(非有非無)고 말할 수도 없으며, 있지 않은 것도 아니고 없지 않은 것도 아니라(非非有非非無)고 말할 수 없다. 일체 심행처가 멸한 것이니, 곧 언어의 길이 끊어진 것이다(言語道斷).[184]

수보리는 해공제일(解空第一), 즉 '공'을 제일 잘 이해했다고 일컬어지는 붓다의 제자이다. 반야(般若)는 지혜요, 바라밀(波羅蜜)이란 피안(彼岸)에 도달한다는 의미이니, 반야바라밀은 분별과 집착을 떠난 지혜의 완성을 가리키는 말이다. 그것을 '필경공'이라고 이름했으나, 그것은 이름일 뿐이다. 왜 그런가.

'부처의 눈'에 비친 세계의 실상은 끊임없이 변화하고 있는 연기 자체이기 때문에 고정된 상도 없고, 그래서 취할 수도 전할 수도 깨달을 수도 없는 것

---

183 원제는 『마하반야바라밀경(摩訶般若波羅蜜經)』으로, 줄여서 『대반야경』이라 부르는 『대반야바라밀다경』의 제2 분(401권-478권)을 따로 번역한 경전이다. 『대반야경』은 팔만대장경 전체 분량의 3분의 1을 차지할 만큼 비중이 큰 경전으로, 독자적인 경전이 아니라 반야계 경전들을 모아 놓은 경전이다. 『금강경』 『반야심경』 등도 모두 여기에 포함되어 있다. 『대품반야경』은 전 27권으로 되어 있으면 이만오천개의 게송으로 되어 있어 『이만오천송 반야경』이라고 불린다. 구마라집이 번역한 『소품반야경』과 구별하여 『대품반야경』이라고 한다.

184 『대지도론』 제54권 제27 「석천왕품(釋天王品)」 須菩提所說般若波羅蜜 畢竟空義 無有定相 不可取 不可傳譯得悟 不得言有 不得言無 不得言有無 不得言非有非無 非非有非非無亦無 一切心行處滅 言語道斷

이다. 말하자면 '명사'적으로 존재하지 않는다. 오직 자동사적으로 생기하고 소멸할 뿐이다. 그래서 있다거나 없다거나, 있기도 하고 없기도 하다거나, 있는 것도 아니고 없는 것도 아니라거나, 있지 않은 것도 아니고 없지 않은 것도 아니라거나, 어떻게 말해도 그것은 실상을 드러내지 못하니 옳지 않다는 것이다. 즉 어떤 말로도 표현할 수 없다. 그래서 존재의 실상은 어떤 분별로도 헤아릴 수 없기 때문에, 한마디로 하면 심행처멸(心行處滅)이고 언어도단(言語道斷)이라는 것이다. 마음의 분별과 헤아림이 쉬고 언어의 길이 끊어진 곳이다.

5

언어도단, 그리고 다시 언어

그러면 이렇게 언어적 분별과 헤아림을 버리고 우리는 어떻게 존재의 실상에 접근해 갈 수 있는가. 길은 있는 것인가. 우리가 쓸 수 있는 것은 오직 의식뿐인데 의식의 분별과 헤아림을 버리고 가는 길이 가능하기는 한 것인가. 여기서 우리는 장자가 제시하는 대안에 주목하며, 하나씩 검토해 볼 필요가 있다.

우리의 마음은 다가오는 세계, 즉 만물을 어떻게 이해하고 수용하는가. 우리는 기존의 축적된 지식, 경험, 습관, 범주, 원리 등을 가지고 마주하는 사물이나 사태를 무의식적으로 그 틀에 맞추어 본다. 또 세계에 대한 우리의 경험은 개념 체계 및 해당 범주의 언어로 정리될 때 자각되며, 이 체계 자체는 해당 공동체의 문화적 맥락에 의해 결정된다. 이때 중심적 여과지로 작용하는 것이 '언어'인데, 언어는 역사적으로 우리의 삶의 과정을 고정하여 표현한 것이며, 해당 언어의 문법과 문장 구조, 어원 등의 차이는 바로 역사적 문화적 경험의 차이를 드러낸다.

예컨대 서양의 언어에는 불교의 '공'이나 노자의 '무(無)'에 해당하는 어휘가 없다고 한다. 그래서 비트겐슈타인과 더불어 20세기 최고의 철학자로 꼽히는 마르틴 하이데거(Martin Heidegger, 1889-1976)는 서구의 형이상학을 검토하면서, 불교의 '공(空)'에 근접한 개념으로 '탈근거의 근거'로서의 '무'를 제시하고자 했지만, 자국어에 이에 해당하는 어휘가 없었다. 가장 유사한 것이 'nothing'이지만, 이것은 '있었던 것이 없어진 것' 즉 '유무의 무'가 되어버리기 때문에 의미에 부합하지 않았다. 그리하여 새로이 'nothingness'라는 단어를 만들어 사용하는데, 그것이 바로 'Nichts'이다. 또 존재의 실상에 해당하는 단어도 찾을 수가 없었다고 한다. 가장 근접한 단어가 'fact'이지만, 이 말은 현상적인 사실을 표현할 뿐, '실상'의 의미에 부합하지 못하므로 다시 단어를 만들어 사용했다. 그것이 'facticity'이다.

이렇게 언어는 그 문화권의 사유와 가치를 담고 있고, 해당 문화의 구성원들의 사고를 이끌어 주는 논리로 작용한다. 에리히 프롬(Erich Fromm, 1900-1980)은 '우리가 무언가 느끼고 경험한다고 생각하지만, 실제로 경험하는 것은 경험이 아니라 (언어를 매개로 한) 그것에 대한 기억과 사고'[185]라고 말한다.

그런데 언어와 개념은 늘 새로운 사건의 흐름이라는 유동성을 정지시키기 때문에 우리의 경험이 언어를 통해 수용될 때, 다양한 방식으로 변화하는 세계를 유형화된 규칙성과 구조에 맞추기 때문에 개별자의 실존적 고유성을 있는 그대로 보지 못한다. 그리고 고정화된 언어와 가치 기준은 고정화된 세계를 만들어낸다. '모장과 여희는 우리에게 미인이지만, 물고기나 사슴은 그녀들을 보면 도망간다.'[186]

이를 극복하기 위해 장자가 제시하는 대안은 바로 왜곡 없이 우리와 세계와의 관계를 구체적 사태로 미러링(mirroring)하는 것이다. 즉 언어를 매개하지 않고, 거울 같이 세상을 직접 그대로 비추는 것이다. 장자는 세계와의 무매개적 대면을 '날개 없이 나는 것'으로 비유한다. 그는 이렇게 말한다.

---

185 『선(禪)과 정신분석』에리히 프롬, 스즈끼 다이세쯔, 데 마르티노 공저, 원음사, p.57
186 『장자』「제물론」毛嬙麗姬 人之所美也 魚見之深入 鳥見之高飛 麋鹿見之決驟 四者孰知天下之正色哉

걷지 않기는 쉽지만 땅을 밟지 않기는 어렵다...... (너는) 날개가 있어서 난다는 말을 들었어도 날개 없이 난다는 말을 듣지 못했을 것이다. 유지(有知)로서 안다는 말은 들었어도 무지(無知)로서 안다는 말은 듣지 못했을 것이다. 저 텅 비어있음을 보라. 빈 방(虛室)이 빛을 뿜어내니, 길상(吉祥)은 그 고요함에 머문다.[187]

아예 걷지 않으면 몰라도 걷게 된다면 땅을 밟지 않을 수 없다. 즉 땅을 매개로 하지 않으면 우리는 걸을 수 없다. 마찬가지로 날개가 없으면 날 수 없고, 지(知)가 없으면 무언가에 대해 아는 것이 어렵다. 이것은 경험적인 사실이다. 그래서 장자는 '날개 없이 난다는 말과 무지로서 안다는 말'은 들어보지 못했을 것이라고 말한다.

그럼에도 불구하고 다시 '날개 없이 나는 것'과 '지식 없이 아는 것'에 대해 아느냐고 물음으로써 그러한 상황이 가능함을 내비치고 있다. 여기서 '날개 없음'과 '무지', 곧 '매개 없음'은 언어와 개념이라는 매개를 통하지 않은 실상과의 대면을 비유한 것이다. 그런데 날개 없이 날고, 지식 없이 아는 것은 땅을 딛지 않고 걷는 것과 같이 경험적인 이해 속에서는 잘 수용되지 않으며, 장자 역시 그것이 우리에게 매우 당혹스러운 이야기임을 알고 있다. 그럼에도 그는 부연 설명하지 않고 이렇게 덧붙인다. '저 텅 비어 있음을 보라. 허실에 빛이 드니, 그곳은 길상이 머무는 곳'이라고.

장자는 '날개 없음', '지식 없음', '허실'로 이어지는 전개 방식을 사용하여 논의를 전개한다. 장자는 왜 여기에서 허실을 언급하는가. 왜 허실에는 빛이 밝게 비추고 길상이 모이는가. 우리는 여기서 장자의 '허실'이 '텅 비어 있는 마음', 즉 허심을 나타내기 위한 은유라는 점에 주목해야 한다. 장자는 빈 방

---

187 『장자』「인간세」 150 絶跡易 無行地難...... 聞以有翼飛者矣 未聞以無翼飛者也 聞以有知知者矣 未聞以無知知者也.瞻彼闋者 虛室生白 吉祥止止

처럼 '텅 비어 있으면서 만물을 비추는 마음의 작용', 그리하여 길상이 고요함에 머무는 마음의 작용을 설명하기 위해 '거울의 비유'를 사용한다.

장자가 말하는 무지, 즉 앎의 해체는 기존의 이분법적 세계 인식에 기초한 상식적이고 일상적인 소유적 앎의 버림이다. 소유적 앎이란 마주하는 대상을 '있는 것(실체)'으로 보고 생과 사, 선과 악, 호(好)와 오(惡), 시와 비, 미와 추, 귀와 천, 이익과 손해 등등으로 나누어 한쪽은 취하고 다른 한쪽은 버리는 택일적 사유이다. 이러한 이분법적 앎을 해체할 때 비로소 '참된 실상에 대한 앎', 즉 무지(無知)의 지(知)가 가능하다는 것인데, 이는 앎이라기보다는 '비춤'에 가까운 마음의 작용을 의미한다.

그리하여 장자는 기존의 언어와 지식을 언어와 지식인 채로 해체하여 그것에 매이지 않는 마음, 빈 방과 같은 마음, 곧 허심을 회복하는 것이 바로 날개 없이 날고, 지식 없이 무매개적으로 세상과 대면하는 길임을 시사한다. 그리고 이 허심을 '거울 같이 비추는 마음'으로 표현한다. 거울은 어떻게 비추는가.

거울은 다가오는 사물을 차별 없이 비춘다. 추하다고 거부하지 않고, 아름답다고 부르지 않는다. 그리고 평가하지 않는다. 또, 한 번 비추었다고 해서 그 모습을 거울 안에 저장했다가 다시 꺼내어 비추지 않는다. 그리고 언제나 비추는 작용을 멈추지 않는다. 어두운 곳에서는 어둡게 비추고, 밝은 곳에서는 밝게 비춘다. 어둠을 비춘다고 해서 어둠에 물들지 않는다.

또 거울은 철저히 현재 진행형으로 비춘다. 과거에 사로잡히지도 미래를 계산하지도 않는다. 거울이 형상을 그대로 비출 수 있는 것은 거울이 대상을 어떻게 비출 것인지 영리하게 계획하여 준비하지 않기 때문이다. 대상이 거울에 미운 모습을 비추었다고 해서 상처받지 않는다. 당연히 복수하지도 않는다. 담담히 다가오는 대로 비출 뿐이다. 어떤 고정된 기준이나 가치를 대상에게 부여하지 않는다. 게다가 거울은 접하는 사물의 자발성을 억압하지 않는다. 부당하게 차별하지 않고 개별자의 고유성을 그대로 비추고 인정하는 미러링이 자신과 세계 사이의 연속성을 유지하면서 피차의 실존적 고유성을 향상시킬 수 있다는 것, 이것이 장자가 권하는 언어적 매개를 넘어서는 길이다.

그러나 언어적 매개를 넘어선다는 것이 언어 사용 자체를 부정하는 것은 아니다. 언어를 매개하지 않는 것, 즉 무매개적 인식이란 한편으로 실체론적 언어를 부정하는 것이지만, 다른 한편 장자는 개별자에 의해 해석된 세계를 활발하게 표현하는 것 자체를 부정하지 않는다. 개별자의 미러링에 의한 세계에 대한 해석 역시 언어를 통하지 않으면 표현될 수 없다. 이점이 바로 장자의 차원을 달리하는 이중적 언어관의 핵심인데, 그는 이렇게 말한다.

길이란 다니니까 생기는 것이고, 물(物)이란 그렇게 부르니까 그런 것이다.[188]

이 말은 두 가지 측면의 메시지를 담고 있다. 하나는 우리가 사용하는 '언어개념'은 본래부터 어떤 고유의 실체로 있었던 것이 아니라 마치 다니니까 길이 생긴 것처럼, 그렇게 부르다 보니 그런 이름이 생겼다는 것, 말하자면 언어의 실체성, 즉 실체론적 언어를 파(破)하는 말이다. 다른 하나는, 그럼에도 불구하고, 우리가 새로이 어떤 지역을 다니면 또 길이 생기는 것처럼, 우리는 새로운 언어 활동을 통하여 활발하게 세계에 대한 새로운 표현의 길을 만들어 낼 수 있다는 것이다. 즉 실체론적 언어의 부정 뒤에서 열리는 활발한 언설이다. 언어의 필경공, 즉 진공에서 열리는 묘유(妙有)이다.

---

188 『장자』「제물론」道行之而成 物謂之而然

장자는 기존의 고정화된 언어 규칙을 부정과 역설을 통해 반성적으로 검토하며 그것의 허구성을 드러냄으로써 그 해체를 도모하지만, 다른 한편으로는 기존 언어의 제약적 사용, 즉 언어 자체가 담고 있는 고정성이나 실체성을 거세한 사용을 통해 언어란 세상을 이해하고 자신을 표현하는 도구이며, 그 도구의 외연은 무한하고 우연적이며, 활발하고 창조적인 사용을 통해 세상을 더욱 풍부하게 이해하고 만들어 나갈 수 있다는 제안을 담고 있다. 이것이 불언지변(不言之辨)과 부도지도(不道之道)를 강조하면서 다언(多言)으로 나아간 장자를 이해할 수 있는 길이다.

그런 의미에서 언어도단의 의미를 다시 새겨 보자. 연기하며 생성 소멸되는 세계의 실상은 말로 표현할 수 있는 길이 끊어진 자리이다. 그렇게 일체가 모두 '공'이지만 이 언어방편인 세속제를 통하지 않고는 제일의제를 설할 수 없다. '공'도 언어요, 필경공도 언어이며, '언어의 길이 끊어졌다'는 말도 언어요, '제일의제'라는 말도 언어이다. 그런 의미에서 언어에 대한 극단적 부정을 천명한 선불교의 '교외별전', '불립문자'도 실상 언어이다. 나아가 붓다의 방편 교설도 모두 언어이다.

언어의 길이 끊어진 자리에서 다시 '언어'가 살아난다. 방편으로서의 언어가 활발하게 살아난다. 이렇게 다시 살아난 언어 방편으로 실상을 표현한 말이 붓다의 교설이요, 이 천여 년에 걸쳐 불법의 의미를 깊이 탐구한 선지식들의 가르침이다. 결국은 진공묘유(眞空妙有)이다. 여기서 '공'에 중심한 것이 나가르주나의 중관사상이고, 온통 '공'일 뿐인 세계, 즉 존재론적 본체가 없는 세계에서 어떻게 우리의 삶을 이루는 현상이 나타나는 것인지, 우리의 인식은 어떻게 일어나는 것인지에 대해, 즉 묘유의 세계에 대해 세밀하게 활발한 언설로 접근해 나간 것, 그것이 바로 유식(唯識) 사상이다.

8장

유식 사상 (1)

唯識

1

나가르주나 이후, 새로운 논쟁

어떤 사상이 시대에 따라 새로운 모습으로 전개되는 것은 해당 시기에 새로운 시대적 요구가 있었고, 또 그 요구에 답하는 것을 자신의 사명으로 하는 이들이 있었음을 보여준다. 말하자면 기존의 학설만으로는 해명 또는 해결되지 않는 새로운 문제의식이 일어난 데서 새로운 사상이 비롯하는 것이다. 초기불교의 가르침이 500여 년 지속되다가 새로이 부파불교가 출현한 것이나, 새로운 불교운동으로 대승불교가 흥기한 것, 그리고 나가르주나의 중관사상이 성립된 것 역시 이런 새로운 시대적 요청 속에서 일어난 것이다. 유식 사상의 등장 역시 그런 흐름 속에서 출현한 것으로 보인다. 그러면 유식 사상은 어떤 새로운 문제의식에서 출발한 것인지, 그 시대의 문제의식을 살펴보는 것이 필요하다.

붓다가 무상정등각을 얻으며 깨달은 것은 연기법이고, 나가르주나는 '연기하고 있는 것은 모두 공성이고, 그 또한 가명이니, 이것이 중도의 뜻이다'라고 하며 연기, 공, 가명, 중도, 무자성이라는 다섯 개의 키워드로 중관사상을 체계화하여 부파불교의 실유론(實有論)을 비판하고 공 사상을 천명하였다. 그리고 나아가 자성의 공이라는 것 역시 가명이니, 그 역시 공임을 '필경공'으로 언명하여 공을 실체화하여 집착하는 것을 경계하였다.

나가르주나의 공 사상에서 일체법은 유와 무를 떠난 공성(空性)의 중도로 꿈이나 허공꽃에 비유되었는데, 나가르주나 이후 중관불교가 부파불교의 실유론을 논파하는 과정에서 지나치게 공을 강조한 나머지 공의 부정적인 측면이 강조되었다. 그리하여 시간이 흐르면서 나가르주나의 중도사상을 잘못 이해하고, 무자성공(無自性空)이라는 말에 얽매여 공을 허무주의로 이해하는 악취공(惡取空)의 경향이 매우 큰 흐름을 형성했다고 하는데, 당시의 상황을 『유가사지론석(瑜伽師地論釋)』에서 이렇게 기록하고 있다.

붓다께서 열반하신 후 마군의 일이 어지러이 일어나 부파들이 다투어 흥기하였는데, '유견(有見)'에 집착하는 자가 많았다. 용수보살이 극희지(極喜地)를 증득하고, 대승의 무상과 공의 가르침을 모아 『중론』 등을 저술하여, 참된 진리를 널리 알리고 저 '유견'을 물리쳤다. (그리하여) 제바(提婆) 등의 여러 대논사들이 『백론(百論)』 등을 지어 대의를 널리 펼쳤다. 그러자 중생들은 다시 '공견(空見)'에 집착하였다.[189]

말하자면 여러 부파의 대표격인 설일체유부가 자성을 지닌 실체 없이 어떻게 현상이 있을 수 있는가, 라는 문제를 제기하며, 가유 뒤에는 자성을 지닌 실체가 삼세를 통하여 있으며, 그 법체는 5위 75법으로 나뉜다는 삼세실유론을 주장하자, 그에 대해 극희지를 얻은 나가르주나는 일체법은 연기하고, 연기가 성립하기 위해서는 자성이 있을 수 없으며, 그러므로 연기하는 모든 법은 무자성의 공이라고 논박하여, 그로써 부파의 '유견'을 물리쳤다는 것이

---

189 『유가사지론석(瑜伽師地論釋)』 현장 역, 佛涅槃後 魔事紛起 部集競興 多著有見 龍樹 菩薩 證極喜地 採集大乘 無相空教 造中論等 究暢眞要 除彼有見 聖提婆等 諸大 論師 造百論等 弘闡大義 由是衆生 復著空觀

다. 극희지란 보살 10지(地) 가운데 첫 번째로 환희지(歡喜地)의 다른 이름인데, 『해심밀경』에 따르면 '대의를 성취하여 미증유의 출세간심을 얻어 큰 환희를 일으키니, 첫 번째를 극희지라 이름한다'고 했다.[190]

그런데 또 새로이 문제가 발생했으니, 그것은 다시 그 공(空)에 집착하여 중생들이 중도의 반야공 사상을 허무주의로 이해하는 악취공에 빠지게 되었다는 것이다. 그리하여 중도에 서서 불법을 펴는 논사들은 한편으로는 유부의 독단적인 실재론을 벗어나면서 동시에 허무주의적 악취공에 빠지지 않기 위한 이론체계를 세워야 하는 시대적 필요에 직면하게 되었다.

이에 대해 가장 적극적으로 답하며 등장한 것이 유식학파의 논사들이었다. 이들은 인연 따라 일어나는 세계는 일체가 공이라는 중도사상을 계승하면서, 일체가 공임에도 불구하고 경험적인 대상세계가 존재한다는 것은 부정할 수 없으므로, 이런 가유(假有)의 세계를 형성해 내는 것은 무엇인지 그 근원을 탐구하였다. 그리하여 가유의 현상세계를 만들어내는 것은 바로 우리 식(識)의 활동임을 철학적으로 분석하고 규명하여 '유식무경(唯識無境)' 설을 확립하고, 삼성설(三性說)과 삼무성설(三無性說)을 주창하여 공 사상을 보완하였다. 부파의 실유론이 '존재론'에 중점을 둔 것이라면, 유식 사상은 '존재론'과 '인식론'을 통합해낸 것이었다.

그리고 다른 한편으로 윤회의 주체와 상속(相續)의 문제가 지속적으로 해결되지 않은 채 논쟁되고 있었다. 이 세계가 자성을 지니지 않은 일시적 존재, 즉 가유일 뿐이라는 것은 달리 표현하면 제행무상과 제법무아이다. 다만 연

---

190 『해심밀경』 제7 「지바라밀다품(地波羅蜜多品)」 관자재보살이 다시 부처께 아뢰었다. 세존이시여, 어떤 인연으로 최초를 극희지(極喜地)라 합니까...... 부처께서 관자재보살에게 고하셨다. 선남자여, 근 뜻(義)을 성취하여 미증유의 출세간심을 얻어 큰 환희(歡喜)를 일으키니, 그러므로 최초를 이름하여 극희지라 한다. 觀自在菩薩 復白佛言 世尊 何緣最初 名極喜地 乃至何緣 說名佛地 佛告觀自在菩薩曰 善男子 成就大義 得未曾得出世間心 生大歡喜 是故 最初 名極喜地

기하는 것만 있을 뿐인데, 이 연기의 근본 원인은 업력(業力)이다. 말하자면 각 존재자가 조성한 업력에 의해 각자의 삶과 환경이 연기하며 펼쳐진다는 것인데, 이렇게 업이 조성되는 원인은 일체 번뇌이며, 그 지어진 업은 반드시 과보를 가져와 각자의 업력에 따라 육도를 윤회하여 생사를 거듭한다는 것이 붓다의 기본 교설이다.

그런데 이런 무상, 무아의 설과 업, 윤회설 사이에는 양립하기 대단히 어려운 큰 문제가 내포되어 있다. 즉 일체법이 무아라면 누가 업을 짓고, 무엇이 윤회하며, 그 과보는 누가 받느냐의 문제이다. 그렇기 때문에 제행무상과 제법무아의 교리를 인정하면서도, 업의 주체 문제, 즉 자업자득과 인과응보의 원칙이 관철되는 자아의 자기 동일성이나 인격의 지속성 문제를 해명해야 하는 요청에 부응해야 했다. 그리고 또 일체가 무상하여 찰나에 생하고 멸한다면 어떻게 업이 전이(轉移)되고 상속되어 과보를 가져오는가의 문제를 해명해야 했다. 유식의 논사들은 바로 이런 문제를 해명하는 작업을 수행했고, 그 결과 알라야식설과 종자설을 정립하였다.

유식학을 완성한 세친의 『유식삼십송(唯識三十頌)』을 주석한 호법(護法)은 『성유식론(成唯識論)』에서 유식 사상의 목적을 이렇게 말한다.

지금 이 논서를 짓는 이유는 두 가지 공(아공, 법공)에 대해 미혹하고 오류가 있는 자로 하여금 바르게 이해하도록 하기 위해서이다. 바르게 이해하도록 하는 것은 두 가지 무거운 장애(번뇌장, 소지장)를 끊도록 하기 위함이다. 아집과 법집 때문에 두 가지 장애가 모두 일어난다. 두 가지 공을 증득하면 그 장애도 따라서 끊어진다. 장애를 끊는 것은 두 가지 증과(열반과 보리)를 얻기 위해서이다. 윤회의 삶을 계속하게 하는 번뇌장을 끊음으로써 진해탈을 증득한다. 지혜를 장애하는 소지장을 끊음으로써 대보리를 증득한다. 또한, 그릇되게 아와 법으로 집착하여 유식(의 이치)에 미혹한 자에게 열어 보여, 두 가지 공을 통달함으로써 유식의 이치에 대해서 있는 그대로 알게 하기 위해서이다....... 이러한 갖가지 주장들을 없애고, 유식의 심오하고 묘한 도리 속에서 참된 지혜를 얻게 하기 위해 이 논서를 짓는다.[191]

유식 사상이 지향하는 궁극적 목적을 말하고 있는데, 유식학의 스피커가 향하고 있는 대상은 두 부류이다. 즉 제행무상으로 표현되는 법공(法空)과 제법무아의 아공(我空)을 그릇되게 이해하여 허무의 오류에 빠진 자, 즉 악취공자들과 반대의 극단으로 아집과 법집에 빠져 유식의 이치에 미혹한 자들이다. 그들에게 공의 이치와 유식의 이치를 설하여 바르게 이해케 하여 번뇌장을 소멸하여 참다운 해탈을 증득케 하고 소지장(所知障)을 소멸하여 대보리를 얻게 하는 것이 유식이 선양하는 목적이자, 참된 해탈과 대보리(大菩提)를 얻는 것이 유식 수행의 목적이라는 것이다.

번뇌장은 '아'가 실재한다고 보는 아집에서 비롯되고, 소지장은 외경(外境)이 실재한다고 보는 법집에서 생긴다. 그러므로 궁극적인 무분별지(無分別智)를 이루어 있는 그대로의 실상(眞如)을 보게 되면 번뇌장이 소멸되어 해탈을 이루고, 소지장을 끊어 보리를 얻는다는 것이다.

해탈(解脫)로 번역된 산스크리트어 목샤(mokṣa)는 '해방되다(muc)'에서 유래한 말로, 인도 사상계에서 '깨달음의 상태'를 가리키는 용어로 사용되었다 한다. 불교에서는 해탈을 열반이라고도 하는데, 번뇌의 불길이 꺼져 평안함으

---

191 『성유식론(成唯識論)』호법, 현장 역, 제1권 稽首唯識性 滿分淸淨者 我今釋彼說 利樂 諸有情 今造此論 爲於二空 有迷謬者 生正解故 生解爲斷 二重障故 由我法執 二 障具生 若證二空 彼障隨斷 斷障爲得 二勝果故 由斷續生 煩惱障故 證眞解脫 由 斷礙解 所知障故 得大菩提 又爲開示 謬執我法 迷唯識者 令達二空 於唯識理 如 實知故...... 爲遮此等 種種異執 令於唯識 深妙理中 得如實解 故作斯論

로 가득한 상태를 가리킨다.

그런데 주목할 만한 것은 유식학에서는 번뇌장을 끊는 열반의 경지를 넘어서는 깨달음의 세계, 즉 '보리(bodhi)'의 세계를 지향한다는 점이다. 보리의 어근은 알다, 깨닫다는 의미의 'budh'로, 지적으로 이해하는 것이 원래의 의미라고 한다. 붓다 자신이 무상정등각을 얻었다고 선양했듯 보리는 붓다의 내용이며, 보리를 얻는다는 것은 붓다가 되는 것을 가리키는데, 그것은 곧 법무아(法無我)를 깨닫는 것이며, 외계의 사물은 자신의 '마음'을 떠나 독립적으로 실재하지 않음을 깨닫는 것이다. 이를 유식성(唯識性)의 깨달음이라 한다.

즉 유식에서는 실존적인 고통만을 없애는 것이 아니라, 그 속에 원인으로 내재하는 무지, 곧 무명까지 제거하여 자신과 우주의 참다운 모습을 있는 그대로 이해하는 것이 궁극적 목적이자, 수행의 목적으로 상정되는 것이다.

그리하여 유식의 논사들은 유식무경의 큰 틀 속에서 세 가지 설을 세우게 된다. 첫째 알라야식설, 둘째 삼성설, 그리고 마지막으로 유식성의 깨달음인 전식득지설(轉識得智說)인데, 이 세 가지 설은 유식 사상을 떠받치는 세 기둥이다.

2

세친(와수반두)

중관사상을 완성하여 대승불교의 체계를 확립한 것이 나가르주나라면, 유식 사상을 완성하여 부파불교의 교리를 종합하고 유식의 주요개념과 이론체계를 세워 당시 논쟁 중인 문제들과 새로이 제기된 문제들에 대해 실천적인 깨달음의 교리를 정립하여 답한 이는 세친(Vasubandhu)이다.

세친은 5세기 경의 인물로 부파불교에 출가했다가 후에 대승으로 전향하여, 당시 천년에 걸친 인도 불교의 역사를 경험하고 부파와 대승에 걸쳐 수많은 저술을 남겨 후대에 천부논사(千部論師)로 일컬어졌다. 부파불교의 교리를 집대성한 불후의 명저 『구사론(俱舍論)』을 저술했으며, 무착과 더불어 유식학을 체계적으로 종합하여 이론체계를 완성하였다.

흔히 인도를 '역사 없는 나라'라고 하는데, 역사가 없을 리 없으나 역사 기록이나 자료가 잘 전해지지 않고, 또 전해지는 역사적 사실이라 해도 신화와 전설 속에서 구전되며 버무려져 어디까지가 사실이고 사실이 아닌지를 명확히 구분하기 어렵다. 붓다의 생몰년이나 전 생애에 걸친 전법 교화의 발자취도 확실하게 밝혀져 있지 않으며, 나가르주나, 무착, 세친을 비롯해 그 외 여러 인물들 가운데도 만족스러울 만큼 밝혀진 사람이 한 사람도 없다는 것이 현재의 실정이라고 한다. 그런 사정으로 세친의 활동 연대 역시 논의가 분분한데, 여러 연구를 통해 세친이 400년에서 480년에 활동했다고 보는 설이 가장 유력하다.

세친의 전기 자료로서 가장 신빙할 만한 것은 진제(眞諦)의 『바수반두법사전(婆藪盤豆法師傳)』이고, 그 백여 년 후 『대당서역기』에서 현장이 세친을 서술한 부분이 있다. 바수반두를 세친이라 한역한 것은 현장이고, 진제는 천친(天親)으로 한역했다. 진제는 『바수반두법사전』에서 이렇게 전하고 있다.

바수반두법사는 북 인도 부루사부라국(丈夫國) 사람이다...... 이곳에 국사 바라문이 있었는데, 성은 교시가로 아들이 셋 있었다. 모두 이름은 바수반두였는데, 바수는 하늘이라는 뜻이요, 반두는 친(親)이라는 뜻이다...... 세 번째 아들 바수반두는 살바다부(설일체유부)로 출가하여 아라한과를 얻어 별도로 비린지발파라 했다...... 장자 바수반두는 보살의 근기와 성품을 지닌 사람으로 살바다부에 출가하여 대승의 공관을 얻었으므로, 이로 인해 아승가라 이름했다. 아승가는 무착(無著)이라 번역된다. (무착은) 여러 차례 도솔천에 올라가 미륵에게 대승경전의 뜻을 묻고, 대승경전의 논서를 지어 세존 교설의 모든 대의를 해석하였다. 두 번째 아들 바수반두 역시 살바다부에 출가하여 박학다문하고 전적에 두루 통하였으며, 신통한 재능이 높고 맑아 견줄 이가 없었으며, 계행이 청고하여 짝할 자가 없었다. 형제들은 별도의 이름을 가지고 있었기 때문에 법사는 다만 바수반두라 칭해졌다...... 법사는 이후 정법을 다시 세우기 위해 먼저 대비바사론의 뜻을 통하고 나서, 대중들에게 대비바사론의 뜻을 강의했다. 하루 강의하고 하나의 게송을 지었으며, 하루에 설한 뜻을 모아 적동색 잎사귀에 새겼다...... 이렇게 차례로 육백 게송을 지어 대비바사론의 뜻을 모두 포섭하였으니...... 이것이 곧 구사론의 게송이다. 게송을 마치고 장행의 게를 지어 살바다의 뜻을 세우고 그 치우친 곳은 경량부의 뜻으로 파하니 이를 이름하여 아비달마구사론이라 했다. 법사는 이미 (부파불교) 18부의 뜻에 통달하여 소승을 해석하고 소승이 옳다고 고집하며, 대승을 믿지 않아 마하연이라 부르며 (마하연은) 불설이 아니라고 했다.

아승가 법사는 장부국에 머물며 아우가 총명이 뛰어나고 식견과 이해가 넓어 내외에 두루 통함을 보고, 사신을 아유다국에 보내어 말하길, 내가 지금 병이 심하니 너는 급히 오라, 고 하였다. 천친이 곧 사신을 따라 본국에 돌아와 형과 대면하여 병의 원인을 물으니 형이 답하길, 내가 지금 마음에 중한 병이 있는데 너로 말미암아 생긴 것이다. 네가 대승을 믿지 않고 언제나 (대승을) 비방하여 이 악업으로 인하여 필시 영원히 악도에 빠질 것이니, 내가 근심으로 고통스러워 목숨이 온전치 못할 것 같다, 고 하였다. 천친이 이 말을 듣고 놀라 두려워하며 형에게 대승의 뜻을 설해 달라 청하니, 형이 곧 대승의 요의를 간략히 설해주었다. 법사는 총명하여 곧 그 자리에서 대승의 이치가 소승의 이치보다 수승함을 깨쳐 알았다.

그리하여 곧 형에게 나아가 대승의 뜻을 두루 배우고 난 후, 형이 해석한 바에 두루 통달하게 되었다. 뜻을 이해함이 분명하고, 사유의 전후가 모두 이치에 상응하여 어긋남이 없었다. 그리하여 소승을 버리고 대승을 얻게 되었다...... (그는) 지난 날 대승을 비방하며 믿음과 즐거움을 내지 않았으니, 이 죄업으로 필시 악도에 들 것이라 두려워하며, 깊이 스스로를 질책하고 이전의 허물을 뉘우치며, 형의 처소에 가서 자신의 허물과 미혹함을 말했다. 그리고 이전의 허물을 참회하고자 하지만 어떤 방도로 면할 것인지 알지 못했다. (그래서 형에게) 말하길, 제가 지난 날 혀로 말미암아 (대승을) 비방했으니, 마땅히 이 혀를 잘라 이 죄를 빌어야겠다, 고 하였다. (그러자) 형이 말하길, 설사 네 혀를 천 번 잘라도 이 죄는 멸할 수 없다. 네가 진실로 이 죄를 멸하고자 한다면...... 너의 혀는 대승을 비방했으니, 네가 만일 이 죄를 멸하고자 한다면 마땅히 대승을 잘 이해하여 (그 혀로) 설하라. 무착이 열반한 후, 천친은 『대승론』을 지어, 화엄경, 열반경, 법화경, 반야경, 유마경, 승만경 등 여러 경전을 주석했다...... 또 유식론을 지어 대승의 삼보성과 감로문 등을 두루 해설하였는데...... 문자의 뜻이 정밀하고 오묘하여 보고 듣는 자들이 모두 믿어 구하지 않는 이가 없었다. 그리하여 인도와 변방에서 대소승을 배우는 이들은 모두 법사가 지은 것을 근본으로 하여 배웠으며, 다른 부파 및 외도의 논사들도 법사의 이름을 들으면 두려워 조복하지 않은 이가 없었다. 아유다국에서 열반하니 나이 80이다……[192]

세친은 애초에 설일체유부에 출가했지만 자기 부파의 교리에만 천착하지 않고 모든 부파의 교리에 두루 통달했으며, 불법을 바로 세우기 위해 『아비달마대비바사론』을 배워 깊이 통달한 후 그것을 강의하고, 그날 강의한 교의를 시에 담아 적동색 잎에 새겼는데, 그 시가 곧 『구사론』 안의 시이고, 이 시가

---

192 『바수반두법사전(婆藪槃頭法師傳)』진제(眞諦) 역, 절록(節錄) 婆藪槃頭法師者 北天竺 富婁沙富羅國人也…… 此土有 國師婆羅門 姓憍尸迦 有三子 同名婆藪槃頭 婆藪 譯為天 槃頭 譯為親…… 第三子 婆藪槃頭 於薩婆多部出家 得阿羅漢果 別名比鄰 持跋婆…… 長子婆藪槃頭 是菩薩根性人 亦於薩婆多部出家 得大乘空觀 因此為 名 名阿僧伽 阿僧伽 譯為無著 數上兜率多天 諮問彌勒 大乘經義 造大乘經 優波 提舍 解釋佛所說 一切大教 第二婆藪槃頭 亦於薩婆多部出家 博學多聞 徧通墳籍 神才俊朗 無可為儔 戒行清高 難以相匹 兄弟旣有別名 故法師 但稱婆藪槃頭…… 法師爾後 更成立正法 先學毗婆沙義已通 後為衆人 講毗婆沙義 一日講 卽造一 偈 攝一日所說義 刻赤銅葉…… 如此次第 造六百餘偈 攝毗婆沙義盡…… 卽是俱舍 論偈也 偈訖後 卽作長行解偈 立薩婆多義 隨有僻處 以經部義破之 名為阿毗達摩 俱舍論 法師旣徧 通十八部義 妙解小乘 執小乘為是 不信大乘 謂摩訶衍 非佛所 說 阿僧伽法師 住在丈夫國 旣見此弟 聰明過人 識解深廣 該通內外 遣使往阿踰 闍國 報云 我今疾篤 汝可急來 天親卽隨 使還本國 與兄相見 諮問疾緣 兄答云 我 今心有重病 由汝而生 汝不信大乘 恆生毀謗 以此惡業 必永淪惡道 我今愁苦 命 將不全 天親聞此驚懼 卽請兄為 解說大乘 兄卽為略說 大乘要義 法師聰明 卽於 此時 悟知大乘理 應過小乘 於是就兄 徧學大乘義 後如兄所解 悉得通達 解意旣 明 思惟前後 悉與理相應 無有乖背 始驗小乘為失 大乘為得…… 昔旣毀謗大乘 不 生信樂 懼此罪業 必入惡道 深自咎責 欲悔先過 往至兄所 陳其過迷 今欲懺悔先 愆 未知何方得免 云我昔由舌 故生毀謗 今當割舌 以謝此罪 兄云 汝設割千舌 亦 不能滅此罪 汝若欲滅此罪…… 汝能毀謗大乘 汝若欲滅此罪 當善解說大乘 阿僧 伽法師 殂歿後 天親方造大乘論 解釋諸大乘經 華嚴 涅槃 法華 般若 維摩 勝鬘等 諸大乘經論…… 又造唯識論 釋攝大乘 三寶性 甘露門等 諸大乘論…… 文義精妙 有 見聞者 靡不信求 故天竺及餘邊土 學大小乘人 悉以法師 所造為學本 異部及外道 論師 聞法師名 莫不畏伏 於阿踰闍國捨命 年終八十……

완성된 후 '유부'의 중심지인 카슈미르의 논사들에게 기증했는데, 그것을 본 논사들이 크게 기뻐하며 그 시를 해설해줄 것을 청하자, '유부'의 교의를 중심으로 해설하며, '유부'의 교리가 치우친 부분은 다른 부파(경량부)의 교의로 논파하여 완성한 것이 『아비달마 구사론』이라는 것이다. 이로써 세친의 명성은 높아지고, '유부'의 교리는 절정에 이르게 되었다

세친은 부파불교 전체의 교의에 통달하고 거의 완전하게 소승불교를 이해했기 때문에 대승불교를 믿지 않고 '대승은 불설이 아니다'라고 비방했다. 형 무착이 이를 근심하여 그에게 대승의 주요 교의를 설하자 세친은 그 자리에서 대승의 이치가 소승을 능가하고 있음을 깨닫고 대승불교로 전향하였으며, 이에 대승의 교의를 배우고 대승의 경을 주석하면서 탁월한 논서를 저술하였다는 것이다. 그리하여 대소승을 공부하는 사람들이 세친의 논서를 학문의 기본으로 삼았다고 한다. 세친은 80세의 생애를 통해 불교 철학의 수많은 난제들을 해결했으며, 나가르주나와 더불어, 그때까지 인도 불교사 천년을 섭렵한 불교사의 위대한 철인(哲人)으로 남아 있다.

유식의 시조가 미륵(彌勒)이라고 하지만 미륵은 실존 여부가 불확실한 신비적 인물이고, 실제로 유식 사상의 교리를 철학적으로 조직하여 체계화하기 시작한 정초자(定礎者)는 무착이며, 그 뒤를 이어 유식의 주요개념과 이론체계를 완성한 확고한 대성자(大成者)는 세친이다.

당시 소승 부파의 거장이었던 세친을 전향케 하여 유식학을 완성하게 이끈 무착은 『바수반두법사전』에 따르면 보살의 근기와 성품을 지닌 이로, 유부에 출가한 후 선정을 깊이 닦아 욕망으로부터 해탈법을 습득하여 아상가(Asaṅga)란 이름을 얻었다고 한다. '아'는 부정을 나타내고, '상가'는 집착을 의미하여 '집착이 없다'는 뜻의 '무착'으로 한역되었다. 그 후 공(空)의 교리를 이해할 수 없어 고민하고 있을 때 어떤 아라한을 만나 소승의 공관(空觀)을 증득했

으나 여전히 완전치 못하여 신통력으로 도솔천에 올라 미륵보살에게 대승 공관에 대한 가르침을 받고 비로소 대승공관의 의미를 증득했다고 한다. 그는 도솔천에서 미륵에게 전수받은 내용을 사바세계에 돌아와 들려주었지만 듣기만 하고 믿는 사람은 적어, 미륵에게 직접 사바세계에 내려와 대승의 가르침을 베풀기를 발원하자 이에 미륵이 직접 밤마다 사바세계에 내려와 4개월 동안 설했으나, 오직 무착만이 미륵의 음성과 모습을 듣고 볼 수 있었으므로, 그는 밤에 들은 내용을 다시 낮에 대중을 위해 설했다고 하는데, 그때 설한 내용이 『유가사지론』이라고 한다.

무착의 전기 역시 신비적인 신화적 요소가 가미되어 어디까지 사실이고 어디까지 허구인지 불확실하다. 『바수반두법사전』과 『대당서역기』의 내용을 보면, 무착이 도솔천에 올라가 미륵보살에게 『유가사지론(瑜伽師地論)』을 전수받아 대중을 위해 설했다는 것은 공통적으로 서술되어 있다.

『유가사지론』은 『해심밀경』에서 시작된 유식학의 근본 논서인데, 미륵이 설한 것으로 되어 있지만, 합리적으로 따져 보면 미륵신앙을 신봉하던 무착의 저술일 가능성이 높은데, 미륵이 실존 인물인가 아닌가, 아니면 무착 자신인가의 문제는 예로부터 많은 논란이 있어 왔다.

무착은 『십지경(十地經)』과 『해심밀경』 등을 토대로 유식 사상을 정립했는데, 『십지경』에서는 일체유심조(一切唯心造)의 '유심(唯心)사상'을, 『해심밀경』에서는 만법유식(萬法唯識)을 계승하여 유식학을 구축하였으니, 이런 의미에서 무착은 유식학의 실질적인 창시자이다. 그의 대표적인 저술은 『섭대승론』으로, 유식학과 그에 기초한 대승의 실천체계를 조직적으로 정리한 논서이다.

대승의 이념을 실천하고, 그 사상을 이론적으로 정리하고, 정리된 사상을 충실히 실천하는 것을 장엄(莊嚴)이라고 하는데, 대승을 장엄하는 작업은 『대승기신론』을 저술한 마명(馬鳴, Aśvaghoṣa)과 『중론』의 나가르주나에서 시작하여

『섭대승론』의 무착과 『유식삼십송』과 『유식이십론』의 세친에 의해 완수되었다고 일컬어진다.

3
근본 불교에서 '마음'의 문제

붓다의 교설을 기본으로 성립된 근본불교는 '마음'의 문제만을 설한 것은 아니지만 어떤 의미에서 '마음'을 중심으로 하는 가르침이고, 그렇기 때문에 불법을 제대로 이해하고 수용하는 것은 마음의 내용과 그 작용을 잘 파악하는 것에서 시작한다. 불법은 마음의 교법이기 때문이다. 왜 그런가.

'연기를 보는 자는 법을 보고, 법을 보는 자는 연기를 본다'고 설한 것처럼, 연기법은 붓다 가르침의 핵심이다. 붓다 역시 연기(緣起)에 의해 일어나는 세계의 실상을 보고 '부처의 눈'이 열려 무상정등각을 얻었다고 했다. 그리고 붓다는 그렇게 인연생기하는 세계의 실상은 '있는 것'도 아니고 '없는 것'도 아닌데, 세간에서는 있다고 보거나 없다고 보는 전도된 견해를 내는 것을 안타까워하며, 실상을 바르게 보는 중도에 서는 것이 바로 정견(正見)이라고 했는데, 붓다는 『아함경』에서 이에 대해 이렇게 설한다.

세인들은 전도되어, 혹은 있다, 혹은 없다는 두 극단에 의지하고, 대상세계를 취하여 마음으로 분별하고 집착한다. 가전연이여, 만일 받아들이지 않고, 집착하지 않으며, 머무르지 않고, '나'를 헤아리지 않으면, 이 괴로움은 생길 때에 생겼다가 멸할 때 멸할 것이다...... 이것을 이름하여 바른 견해

라 한다...... 여래는 두 극단을 떠나 중도를 설하니, 곧 이것이 있으므로 저
것이 있고, 이것이 생하니 저것이 생하며...... 이것이 멸하니 저것이 멸한
다는 것이다.[193]

이른바 유무(有無) 중도를 설하는 경문인데, 여기서 '있는 것'도 아니고 '없
는 것'도 아니라는 언명에서 그 '있고 없음'은 어디에서 일어나는 것이고, 또
그것은 왜 문제가 되는 것일까. '있는 것'이 아니라는 것은 일체법이 연기에
의해 생멸하므로 고정된 실체로 존재하는 것이 아니라는 의미일 것이요, '없
는 것'이 아니라는 것은 고정된 실체로 존재하지는 않지만 인연에 따라 생겨
나서 우리 눈앞에 엄연하게 존재하기 때문에 '없는 것'이라고 할 수 없다는
의미일 것이다. 이를 붓다는 중도에서 보는 것이라고 했는데, 그러면 '있다'
고 보는 견해와 '없다'고 보는 이 전도된 두 견해는 어떤 점에서 문제가 되고
어떻게 극복되는 것인가.

　이 전도된 생각으로 인하여 왕성한 불길이 마음을 태우기 때문이다.[194]
　바른 견해를 성취해야 견해가 전도되지 않는다.[195]

여기서 주목해야 하는 것은 '있고 없음'의 문제에 '마음'이 중심이 되고 있
다는 점이다. 정견을 성취하여 존재의 실상을 밝게 보는 반야지를 얻는 것은
전도된 견해를 파(破)하기 위함이요, 전도된 견해가 문제 되는 것은 우리 마음

---

193 『잡아함경』 제10권 제7「천타경(闡陀經)」世人顛倒 依於二邊 若有若無 世人取諸境
　　界 心便計著 迦旃延 若不受不取不住 不計於我 此苦生時生 滅時滅...... 是名正
　　見...... 如來離於二邊 說於中道 所謂此有 故彼有 此生故彼生 此滅故彼滅
194 『잡아함경』 제45권 제17「탐욕경(貪欲經)」以彼顛倒想 熾然燒其心 遠離於淨想長養
　　貪欲者
195 『잡아함경』 제37권 제7「순다경(淳陀經)」正見成就 不顛倒見

을 치성하게 탐욕과 성냄과 어리석음에 불타게 하기 때문이라는 것이다. 즉 우리 마음을 번뇌로 물들이기 때문이라는 것인데, 결국 문제가 되는 것은 마음에서의 문제이다. 그러니 '있다'고 보거나 '없다'고 보는 것 역시 객관적인 어떤 실체의 있고 없음을 논하는 것이 아니라 마음이 그렇게 보는 것, 달리 말하면 마음에 그렇게 보이는 것을 문제 삼는 것이다.

또 철학적인 면에서 본다면 불법의 목적은 존재의 실상, 즉 진리를 보는 '부처의 눈'을 열어가는 것이다. 그것을 깨달음이라 표현하는데, 그 깨달음은 곧 마음에서 일어나는 사건이다. 보리를 증득한다는 것도 어떤 객관적인 대상을 얻는 것이 아니라 사물을 있는 그대로 보는 것, 즉 실상대로 보는 여실지견(如實知見)이다. 그리고 그대로 본다는 것은 결국 '있는 그대로 자신의 마음을 아는 것' 즉 여실지자심(如實知自心)을 가리키는 것이리라(이때 마음이란 사태에 따라 일희일비(一喜一悲)하는 감정에 따라 움직이는 어떤 물건을 가리키는 것은 아니다). 『아함경』에서 한 천자(天子)의 물음에 대한 붓다의 답을 이렇게 설한다.

무엇이 세간을 유지해 가는 것이며, 무엇이 세간을 이끌고 가는 것입니까.
어떤 하나의 법이 있어 이 세간을 제어하는 것입니까.
그때 세존께서 게송으로 답하셨다.
마음이 세간을 유지하고 있으며,
마음이 세간을 이끌고 간다.
그 마음이 하나의 법이 되어, 능히 세간을 제어한다.[196]

이 세계를 유지하고 이끌어 가고 나아가 그것을 제어하는 것이 바로 '마음'이라는 것인데, 그 마음이 하나의 법(一法)이 된다고 설한다. 이 구절에는 후대

---

196 『잡아함경』제36권 제17「심경(心經)」誰持世間去 誰拘牽世間 何等爲一法 制御於
世間 爾時世尊說偈答言 心持世間去 心拘引世間 其心爲一法 能制御世間

대승의 삼계유심(三界唯心)이나 만법유식(萬法唯識) 같은 강한 주장으로 표현되지는 않았지만, 마음이 모든 법을 담고 있고, 제어하는 것이라는 의미는 충분하게 담고 있다. 나아가 이 마음이 자아의 근본이 된다고 보는데, 『아함경』에서 이렇게 설한다.

> 비구들이여, 마음을 잘 사유하고 관찰하라. 왜냐하면 기나긴 밤 동안 마음은 탐욕에 물들고, 성냄과 어리석음에 물들어 있기 때문이다. 마음이 더러우니 중생이 더럽고, 마음이 청정하니 중생이 청정하다…… 마치 화가나 화가의 제자가 잘 다듬어 놓은 흰 바탕에 갖가지 색으로 갖가지 모양을 그리는 것과 같다.[197]

마음이 더러우면 중생이 더럽고, 마음이 청정하면 중생이 청정하다고 한다. 이를 달리 표현하면 중생이 번뇌하는 이유는 마음이 번뇌하기 때문이고, 중생이 청정한 이유 역시 마음이 청정하기 때문이라는 것이다. 중요하고 또 중요한 것은 '마음'이다. 그런 의미에서 보면 중생의 근본은 곧 마음이고, 나아가 '나'의 근본 역시 마음이다. 그러므로 그 마음을 잘 사유하고 관찰하는 것이 중요하다. 왜냐하면, 수행의 근본 역시 마음이기 때문이다. 또 초기 경전에 속하는 『법구경』에서는 이렇게 설한다.

> 마음은 법의 근본이요, 마음이 으뜸이어서, 마음이 (모든 것을) 이루니, 마음에서 악을 생각하며 말하고 행하면 그로부터 죄와 고뇌가 따른다. 마치 수레가 바퀴자국을 따르듯.

---

197 『잡아함경』 제10권 제12 「무지경(無知經)」 諸比丘 當善思惟 觀察於心 所以者何 長夜心爲 貪欲使染 瞋恚愚癡使染故 比丘 心惱故衆生惱 心淨故衆生淨…… 譬如畫師 畫師弟子 善治素地 具衆彩色 隨意圖畫 種種像類

마음은 법의 근본이요, 마음이 으뜸이어서, 마음이 (모든 것을) 이루니, 마음에서 선을 생각하며 말하고 행하면 그로부터 복과 즐거움이 따른다. 마치 그림자가 형체를 따르듯.[198]

업이란 산스크리트어 카르마(karma)를 한역한 말이다. '행하다'라는 의미의 동사 '크르(kr)'에서 파생된 명사로 행위를 가리킨다고 한다. 하나의 행위는 원인이 없으면 일어나지 않으며, 일단 일어난 행위는 반드시 어떤 결과를 남기고, 다시 그 결과는 다음 행위에 영향을 미친다고 본다. 그렇게 원인-행위-결과-영향으로 이어지는 일체를 총칭하여 업이라 한다. 그런데 번뇌의 마음으로 악업을 행하면 고통의 과보가 따르고, 선한 마음으로 선업을 행하면 복락의 과보가 따른다고 한다. 이는 업설을 간략히 표현한 경구(警句)인데, 여기서 눈길이 가는 것은 그 업을 일으키는 근본이 곧 마음이라는 것이다. 『아함경』에서는 이를 이렇게 설한다.

무엇을 일러 업을 아는 것이라 하는가. 두 가지의 업이 있으니, 사이업(思已業)과 사업(思業)이다.[199]

어떤 의미에서 보면 일상의 모든 행위가 업을 짓는 행위라고 할 수 있다. 마음으로 생각하는 것까지 포함하여 업을 짓는 행위가 아닌 것이 없는데, 이때 업을 짓는 마음의 활동을 사업(思業)이라 하고, 사업이 끝나고 나서 생하는 것을 사이업(思已業)이라 한다. 말하자면 사업은 뜻으로 활동하는 마음 안에서

---

198 『법구경』「쌍요품(雙要品)」제1게, 2게 心爲法本 心尊心使 中心念惡 即言即行 罪苦自追 車轢於轍 心爲法本 心尊心使 中心念善 即言即行 福樂自追 如影隨形
199 『중아함경』제10「임품(林品)」제5「달범행경(達梵行經)」云何知業 謂有二業 思已思業 是謂知業

일어나는 업이요, 사이업은 마음속에서 일어난 갖가지 분별과 사고가 언어나 동작 등으로 나타난 것이다. 예컨대 어떤 이가 몹시 마음에 들지 않아 미워하는 마음이 났다면, 그 미워하는 마음은 사업이고 그에게 눈을 흘겼다면 그것은 사이업이 된다. 또 어려운 처지에 있는 사람을 보고 도와야겠다고 생각하면 그것은 사업이요, 그것이 행동으로 옮겨져 위로의 말을 건네거나 물질적으로 도움을 준다면 사이업이다. 말하자면 사업은 곧 의업(意業)이고, 사이업은 구업(口業)과 신업(身業)에 해당한다고 볼 수 있는데, 이 모든 업을 짓는 행위가 모두 사(思)라는 마음의 작용이라는 것이다.

이런 '마음' 중심의 교설은 붓다가 제시한 실천원리인 사성제(四聖諦)에서도 뚜렷하게 나타난다. 고제(苦諦)는 생로병사로 대표되는 인간 실존의 현실이 고(苦)임을 아는 것이다. 그러나 이것은 자연현상으로서의 생로병사가 고(苦)라는 것도 아니요, '부처의 눈'에 '고'라는 것도 아니다. 바로 중생에게 '고'가 된다는 것이다. 생로병사 자체는 자연스러운 존재과정이고, 그 자체로는 중립적인 것이다. 그런데 이 생로병사가 '고'가 되는 것은 바로 우리 중생의 마음에서 일어나는 일이다. 그러므로 결국 이 '고'는 마음의 문제이다.

집제는 '고'의 원인을 밝히는 것인데, 우리에게 생존이 '고'가 되는 것은 마음 깊은 곳에 갈애와 탐욕이 있기 때문이요, 이로 인해 갖가지 번뇌가 일어난다는 것이다. 그러니 이 또한 마음의 문제이다.

멸제는 번뇌가 멸한 상태로 마음의 속박에서 벗어나 열반에 이르는 것이니, 이 역시 마음의 문제요, 도제인 팔정도는 열반에 이르는 방법이다. 첫 번째로 제시된 정견은 세계의 실상을 보는 밝은 눈이요, 연기의 이치를 아는 것이며, 마지막으로 제시된 정정(正定)이란 정견과 정념에 기초하여 실현되는 마음의 '집중과 통일'이다. 그러니 결국 이 모두가 마음을 중심으로 행해지는 것이라 아니할 수 없다.

그러면 또 인간 실존의 실상법인 12연기는 어떠한가. 12연기란 연기법의 이치에 의해 인간 실존의 근본을 밝힌 것이다. 죽음(死)에서 시작하여 무명(無明)으로 이어지는 환멸문(還滅門: 순관)이나 무명에서 비롯하여 죽음으로 이어지는 유전문(流轉門: 역관)의 12연기는 생사가 있다고 느끼는 우리의 착각된 인식이 근본적으로 무명에서 비롯된 망념(妄念)임을 밝히는 것이다. 망(妄)이란 '없는 것을 있다'고 생각하거나 '있는 것을 없다'고 보고 행동하는 것을 가리키는데, 생사를 넘어서고 생사를 멸하라는 것은 생명을 끊으라는 뜻이 아니라 망념을 끊어 생사의 실상을 바르게 보고 바르게 생각하며 살아가라는 것이다.

그래서인가. 『금강경』에서 수보리는 세존에게 이렇게 질문한다.

세존이시여, 선남자 선여인이 아뇩다라삼먁삼보리(무상정등각)을 얻고자 마음을 내고는, 어떻게 머물러야 하며, 어떻게 그 마음을 항복시켜야 합니까.[200]

『금강경』은 반야계 경전으로, 공 사상을 설하고 있지만 '공'이라는 어휘를 사용하지 않으며 일반적으로 '무상(無相)'을 설하는 경전으로 알려져 있다. 이 무상은 '공'에 근접해 있는 개념인데, 구체적으로는 마음에 어떤 '상'을 세우지 않음을 의미한다. 그 상이란 '아상, 인상, 중생상, 수자상'으로 대표되는데, 객관적인 어떤 대상으로서의 상(모습)이기보다는 마음에 들어와 앉아 있는 '상'을 가리킨다. 마음으로 지은 '상'에 매이지 말라는 것이 그 요체이다. 그런데 『금강경』에서 교설의 시작을 알리는 수보리의 질문은 바로 이 '마음'에서 시작한다. 보리심을 발하고 보리를 구하는 수행자를 보살이라 칭하는데,

---

200 『금강경』 제2분 「선현기청분(善現起請分)」 世尊 善男子善女人 發阿耨多羅三藐三菩
提心 應云何住云 何降伏其心

수보리의 첫 질문은 보리심을 발한 수행자가 어떻게 마음을 머물게 하며 어떻게 그 마음을 항복시키는가 하는 것이니, 여기에서 주목되는 것은 수행 역시 마음을 중심으로 행해진다는 점이다.

요컨대 불법에서 '마음'은 이 세계를 이끌어가는 근본이요 '중생'의 근본이며, '자아'의 근본이고, '업'의 근본이며 수행의 근본이다. 그런 면에서 보면 '있고 없음'의 문제 역시 마음에서 일어나는 사건이다. 그러면 이 두 극단적 견해를 떠난 중도는 객관적으로 존재하는 어떤 길인가. 『아함경』에서 붓다는 이렇게 설한다.

> 만일 두 극단을 아는 자라면, 중도에도 영원히 집착하지 않을 것이니, 그를 일러 대장부라 한다. 다섯 가지 탐욕을 돌아보지 않으니, 번뇌의 사슬도 없으며 얽매임의 근심에서도 벗어난다.[201]

'있고 없음'이 객관세계에 대한 논의가 아니라 '마음'의 문제임을 철저히 증득한 대장부라면 '중도'라는 언명 역시 방편으로 설한 것임을 알아 집착하지 않고, 그것조차 '마음'에서 일어나는 것임을 알아 어떤 탐욕도 번뇌도 마음의 속박과 근심에서도 벗어난다는 것이다. 붓다의 방편설 일체는 우리 '마음'을 향한 것일 뿐, 어떤 대상이나 경계를 세우거나 부수고자 하는 것이 아니다. 붓다는 오로지 우리 마음을 향해 '실상'을 제대로 보고, 해탈의 자유를 향해 나갈 것을 가르치고 있다. 예수도 말하지 않던가. '진리가 너희를 자유케 하리라'고.

그러면 붓다는 어째서 모든 것을 이 '마음'의 문제로 보는 것인가. 이를 해

---

201 『잡아함경』 제43권 제1 「바라연경(波羅延經)」 若知二邊者 於中永無著 說名大丈夫 不顧於五欲 無有煩惱鎖 超出縫紩憂

명하기 위해서는 붓다가 이 현상세계의 일체법을 어떻게 분류하여 설명하는 가를 보는 것이 필요하다. 바로 오온(五蘊), 12처(處), 18계(界)이다.

4

근본 불교에서 '세계'의 문제: 오온, 12처, 18계

불교는 붓다의 깨달음에 의해 성립된 것이고, 그 후 부파불교나 중관사상 역시 그 교학적 근거는 붓다의 교설에 있다. 그런데 초기불교의 『아함경』이래로 점점 정교해지고 복잡해지는 방대한 불전(佛典)들을 보면 실로 매우 어렵고 또 어렵게 느껴진다. 하지만 그 어려움을 딛고 일어나 자세히 깊이 들여다보면, 그 가르침은 어떤 초월적인 세계나 경지에 대해 논하고 있는 것이 결코 아닌 것 같다. 그런데 왜 이리도 복잡하고 어려우며 상식적인 수준에서 이해하기 힘든 것일까.

이는 『장자』와 매우 흡사한데, 장자는 매우 과장되고 비현실적인 논의를 전개하여 그 언어가 암호와 같아서 상식적으로 이해하기 어렵고, 그래서 접근하기 힘들다고들 한다. 그런데 이에 대해 마르셀 그라네라는 학자는 "장자는 신비적(mystical)이기보다는 지적(intellectual)이다"라고 말하여 단박에 그 이유를 정확하게 해명해 보였다.[202]

장자는 제자백가의 어느 학파보다, 사변적으로 보일 만큼 복잡하고 철저하게 지적인 논추(論追)를 전개하면서, 다른 한편으로는 신화적이고 비현실적이며 황당해 보이는 우화들을 조직하여 펼쳐낸다. 그런데 자세히 그의 언어를 해독해 가다 보면, 우리가 장자를 쉽게 독파해 내지 못하는 것은 그것이 신비적인 초월적 세계를 논하기 때문이 아니라, 그런 수사적(修辭的) 장치를 통해 우리의 사유를 계속해서 자극하며 성찰할 것을 요구하기 때문이다. 어떤 면에서 장자는 다양한 형식과 언어적 수사를 통해 자신의 담론을 전개한 탁월한 스타일리스트이다. 장자는 듣는 자의 처지나 지적 수준, 그리고 상황을 고려하여 대화하는 마음을 자신의 사유를 전하려고 했다. 우리가 마주하는 어려운 일들이 우리를 많이 생각하게 하는 것처럼, 어려운 언어와 이야기를 만날 때 우리가 더 많이 검토하고 성찰하기 때문이 아닐까. 생각해가며 읽으라는 의미이리라.

불전(佛典)의 다양하고 치밀하며 읽어내기 어려운 다기한 논변들을 보면, 얼핏 '일체가 공'임을 인정하면서 논하는 것일까, 하는 의문이 들 정도로 이론에 천착하고 있다는 생각이 든다. 하지만 다른 한편으로 보면 그렇게 다양하고 복잡하게 논의를 일으키는 것 역시 우리로 하여금 자신의 마음을 돌아보고, 세상의 실상을 있는 그대로 보도록 이끌기 위한 방편으로 보이기도 한다. 다시 말해 세계에 대해 스스로 지어 놓은 허상들, 즉 자신의 '망(妄)'을 또렷이 보고 해체하게 하기 위한 것이 아닐까.

어쨌든 불법의 핵심은 우리가 눈으로 보고 귀로 들으며 생각하는 삶 속에서 고(苦)의 실상을 보고, '고'의 원인을 찾아, '고'가 어디에서 비롯되는가를 알아 '고'에서 벗어나고, 번뇌가 어떻게 번뇌로 일어나는가를 알아 끊어가자

202 Granet, La Pensée, p.571, What is Taoism, Herrlee G. Creel, University of Chicago press, Chicago and London, p.15에서 재인용. 마르셀 그라네(Marcel Granet, 1884-1940)는 프랑스의 중국학자로 프랑스 고등사범학교에서 역사와 철학, 법 등을 공부하고 에밀 뒤르켐에서 사회학을, 에두아르 샤반느에서 중국학을 배웠다. 샤반느의 뒤를 이어 국립고등사범학교에서 '극동종교연구학부' 학과장이 되어 '극동의 종교'를 강의했다. 고대 중국의 사회와 종교 등에 관해 연구하고 강의를 했으며 소르본느에서 일반 학생을 대상으로 중국문명사를 강의했다. 주요 저서로는 『중국인의 종교』『중국 고대의 춤과 전설』『중국의 사상』『중국의 혼인범주와 친족관계』등과 고대 중국의 문화와 사회에 관한 연구서, 논문이 다수 있다.

는 것이리라. 그래서인지 초기불교에서부터 한결같이 강조하는 것은 구체적인 우리 삶의 모습이자 우리의 마음이다. 우리가 '고'의 현실에서 벗어나는데 필요한 것은 고의 원인과 그 구조이지, 경험되지 않는 절대적 대상을 세우는 일이 아니기 때문이다. 그런 까닭에 붓다는 우리가 경험적으로 알 수 없는 궁극적인 실재나 형이상학적 실체에 대한 질문에 '침묵'으로 답함으로써 그에 대한 집착을 버리도록 이끌었다.

그러면 우리에게 경험 가능하고, 경험으로서 확실성을 지니는 것은 무엇인가. 우선 들 수 있는 것이 '나'의 몸과 마음일 것이요, '나'가 보고 듣고 느끼는 대상세계일 것이다. 그러니 크게 보면 '나'와 '대상세계'이다. 이렇게 우리가 경험하는 현상계의 일체법, 즉 자아와 세계를 포함하는 모든 법을 붓다는 5온과 12처, 18계로 분류하는 삼과설(三科說)을 제시하였는데, 결론부터 말하면 5온, 12처, 18계가 모두 '마음'이라는 것이다.

〈오온(五蘊) : 마음으로 존재하는 '자아'〉

우리는 '나'를 어떻게 아는가. 거울이나 사진을 보면 '나'의 모습이 보이고, 그렇게 '나'의 모습을 안다. 거울이나 사진이 아니면 자신의 모습을 확인할 길이 없다. 그러나 그렇게 확인된 '나'가 진정한 나일까. 우리가 생각하는 '나'는 무엇을 가리키는 것일까.

붓다는 우리가 '나'라고 여기는 것을 '오온(五蘊)'이라 표현한다. '나'라는 것이 독립된 실체가 아님을 설하기 위한 것인데, 색수상행식(色受想行識)의 다섯 온(蘊)이 일시적으로 모여 이루어진다는 의미로 오온이라 하고, 또 실체가 아니라 인연에 따라 생기한 삶의 그림자라는 비유적 의미로 '오음(五陰)이라고도 한다. 오온은 12연기설에서는 명색(名色)에 해당하는 것인데, 명(名)은 이름 짓는 정신 행위를 가리키는 것으로 수상행식의 4온을 포함하는 개념이고, 색

(色)은 그대로 색온이다.

색(色)이란 빛깔과 모양을 가진 것을 가리키니, 우리가 몸이라 생각하는 것이다. 그리고 식(識)이란 마음을 가리키며, 수상행(受想行)은 마음이 대상과 접촉하여 느끼고 생각하고 행위하는 마음의 작용을 가리킨다. 그러니 색을 제외하면 나머지 네 부분은 모두 마음 혹은 마음의 작용을 가리킨다. 그런 면에서 오온 가운데 가장 많은 비중을 차지하는 것은 우리들의 생각, 곧 마음이다. 결국 우리가 '나'라고 여기는 것은 곧 마음이다.

그런데 참으로 흥미로운 것은, 장자 역시 자아의 '실체성'을 부정하면서 '자아'의 문제를 비중 있게 검토하고 있다는 점이다. 장자의 해체 전략의 궁극은 '자아'의 해체에 있는데, 장자가 집요하게 '시비' 문제와 '피아(彼我)' 문제, 그리고 '생사' 문제에 천착한 이유는 바로 여기에 있다. 장자의 자아 해체에서 '자아'란 경험적 실물로 존재하는 유기체를 지시하는 것이 아니다. 즉 '나'를 물리적으로 해체하거나 소멸시키는 것이 아니다. 유기체의 소멸은 죽음과 더불어 자연스럽게 찾아오는 자연의 한 과정일 뿐이다. 정작 장자가 해체를 권하는 것은 '자아가 실체라고 보는 의식', 그리고 그에 기초하여 형성된 강고한 자의식이다.

장자에 따르면 우리는 변화 유전하는 세계에 얽혀서 함께 변화하고 움직인다. 그래서 '나'라는 것 역시 독립적이고 고정적인 실체로 확정할 수 없다. 아무리 독립적인 자의식을 가지고 '자아'를 규정한다 해도 세계와 함께 움직이는 '자아'는 그 자체로 독립시키는 것도 고정시키는 것도 불가능하다. 몸도 변화하고 마음도 변화한다. 시간적으로만 변화하는 것이 아니라 공간적으로 변화하는 세계에 연속되어 있다. 그러니 어느 시점, 어느 지점에 경계를 그어 고정된 '나'라는 '자아'를 확정할 것인가.

장자는 연속적 관계망 속에서 '나'를 독립시킬 수 없음을 논하기 위해 인체의 비유를 들어 논한다. 장자에 따르면 우리 몸은 우주 자연과 같다. 하나의 연속적 전체를 이루고 있는 우리 몸은 모든 부분이 하나로 얽혀 있으면서 비로소 전체로 존재한다. 그 어느 하나도 분리하여 따로 떼어놓을 수 없다. 게다가 어느 장기나 기관이 주재자라고 볼 수 없다. 의식을 가진 '자아' 혹은 '마음'을 주재자로 상정한다 해도, 그 '마음'의 실체를 찾을 수 없다. 본디 독립된 것(私)이 없다. 이를 장자는 이렇게 말한다.

> 백 개의 뼈마디와 아홉 개의 구멍, 여섯 개의 장기가 모두 갖추어져 있지만 '나(吾)'는 그 어느 것과 친한 것인가. 그대는 그 모두를 좋아하는가. 아니면 사사로이 좋아하는 것이 있는가. (사사로이 좋아하는 것이 있다면) 모두가 신첩(臣妾)이 됨이 있는 것이다. 그 신첩은 족히 서로를 다스릴 수 있는가. 번갈아 가며 서로 군신(君臣)이 되는가. 참된 주인(眞君)은 있는 것인가.[203]

백 개의 뼈마디와 아홉 개의 구멍, 여섯 개의 장기는 우리 몸을 이루는 요소들이다. 그러나 이것들은 모두 연속되어 있기 때문에 엄밀하게 구별되지 않는 것들이다. '구별되지 않는 구별'에 의거했을 뿐이다. 우리는 어디에서 어디까지 정확히 코라고 할 수 있는가. 연결돼 있는 각 부위의 장기들은 정확히 어느 지점까지 끊어서 해당 장기로 규정할 것인가. 엄밀하게 보면 인식을 위한 편의상의 구별일 뿐, 따로 떼어 존재하게 할 수 없다. 연속적으로 덩어리져 있는 것이 우리 몸의 실상이다.

게다가 신체의 일부 어디를 집어서 주인인 '나'라고 할 것인가. 독립돼 있는 것은 존재하지 않는다. 마치 왕에게 딸린 신첩(臣妾)과 같다. 신첩들 가운데 누가 주인이 될 수 있는가. 그러면 우리 몸 자체가 몸의 주인인가. 몸이란 시

---

203 『장자』「제물론」百骸九竅 六藏賅而存焉 吾誰與爲親 汝皆說之乎 其有私焉 如是 皆有爲臣妾乎 其臣妾不足以相治乎 其遞相爲君臣乎 其有眞君存焉

간이 경과하면서 닳아 스러지는 덧없는 물화(物化) 과정의 물(物)에 불과하다. 마음이 주재하는가. '마음'이란 아무리 그 실체를 찾아도 찾을 수 없다. 게다가 '마음'은 결코 '마음'을 대상화할 수 없다. 그러면 다시 참된 주재자(眞君)가 따로 있는가 찾아보지만 그것을 알 수 없다. 설사 있다 하여도 볼 수 없고 확정할 수 없으며, 검증할 수도 없다.

그런데도 우리는 '나'를 알고 '나'가 생각하고 '나'가 살아간다. 나의 주장이 있고, 나의 소유가 있으며, 나의 욕망을 가진다. 우리가 알고 있는 '나'란 어떤 '나'인가. 그리고 우리는 어떤 경로로 '나'를 알 수 있는가.

'자아'가 무엇인가의 물음은 우리가 자의식을 가지고 자아에 관심을 지니는 한 부단히 제기되는 것이다. 그것은 삶의 주체인 우리가 자신을 어떻게 인식하느냐에 따라 삶의 존재방식이 달라지기 때문이다. 또 이 '자아'의 문제는 실상 모든 문제의 근원이 된다. 우리가 안고 있는 모든 문제의 핵심에는 '나'와 '내 것'과 관련된 문제가 얽혀 있기 때문이다.

그런데 '자아'란 무엇인가의 물음은 여타의 질문과 다른 성격을 갖고 있다. 묻는 주체도 '나'이고 물음의 대상 역시 '나'이기 때문이다. 일반적으로 묻는 행위에는 묻는 주체와 물음의 대상이 이분화되는 성격을 내포하고 있다. 그렇기 때문에 '자아'란 무엇인가의 질문은 필연적으로 '자아'를 두 개로 분리시켜야 한다.

그렇다면 묻는 자아를 지금 현재 '나'가 경험하고 의식하고 있는 '자아'라 한다면, 대상이 되는 자아란 어디에 있는 자아인가. 이것은 묻는 '자아'가 대상이 되는 '자아'를 다양한 자료를 토대로 반성 작용을 거쳐 일정한 이미지로 표상한 후, 그것을 인식이라는 작용을 통해 수용한 것이다. 따라서 그렇게 인식한 '자아'는 있는 그대로의 자아가 아니며, 인식된 자아 역시 실상의 자아라기보다는 개념화된 '자아'의 일부이다.

장자에 따르면 '자아'는 결코 '자아'를 있는 그대로 알 수 없다. 실상의 '자아'는 이분화가 불가능한 것이기 때문이다. 연속적인 세계에서 분리 불가능할 뿐 아니라, '나'의 마음에서도 분리할 수 없다. '나'란 별도의 실체로 존재하는 것이 아니라 '관계 속'에서 생성되었다는 것이 장자의 생각이다. 상대를 대상화하면서, '나'도 같이 생겨난다. 바로 이것이 생하므로 저것이 생한다는 연기의 이치이다. 장자는 이렇게 말한다.

> 상대(彼)가 없으면 '나'도 없고, '나'가 없으면 (상대로) 취할 것이 없다. 이는 실상에 가까운 것이다.[204]

말하자면 '자아'란 타자의 타자(the other of the other)로서 성립된다는 것이다. 타자성 없이는 '자아'가 성립할 근거가 없다. '자아'는 우리가 세계를 대상화하면서 시작된다. 존재의 실상에는 이분법이 존재하지 않는다. 다만 연속되어 있을 뿐이다. 그런데 우리의 의식이 세계를 인식의 범주 안에 들이기 위하여 이분(二分)하고, 마침내는 '자아'조차도 이분화 하여 인식한다. 이분(二分)하지 않고 대립적 경계를 세우지 않으면, '나'와 '세계(彼此)'는 경계 없이 연속되어 있을 뿐이다. 장자에 따르면 이것이 존재의 실상이다. 그런데 우리는 어째서 '나'를 세우지 않을 수 없는가. 그것은 바로 우리 마음에서 비롯한다고 장자는 말한다. 장자의 중심문제는 연관되어 세상을 만들어 나가는 우리의 '마음'이다. 앞으로 보겠지만, 장자의 담론은 마음의 영역에서 이루어진다.

요컨대 우리가 '실체'로 존재한다고 알고 있는 '자아'란 결국 우리 '마음'에 비쳐진 영상과 같은 것이고, 세계 역시 우리 '마음'에 의해 해석된 세계이다. 그러면 결국 중심적으로 따져 보아야 하는 것은 마음인데, 마음은 어떻게 보는가. 장자는 마음을 어떻게 보고 있는가.

---

204 『장자』「제물론」無彼無我 非我無所取 是亦近矣

장자는 마음도 실체가 아니라고 본다. 마음은 그 자체로 드러나지 않는다. 대상적으로는 파악되지 않으며 다만 무언가를 매개로 해서만 나타난다. 모든 것을 다 보면서도 자신은 보지 못하는 '눈'처럼 마음은 마음을 볼 수 없다. 거울이라는 매개를 통해서만 눈이 눈을 볼 수 있는 것처럼, 마음은 그 마음에 비친 세계를 통해서만이 자신을 볼 수 있다. 마치 영사기 안의 필름의 내용을 알기 위해선 그 영사막에 비친 모습을 통하는 것이 유일한 길인 것처럼, 우리는 우리의 마음이 투사되고 있는 반영매체, 즉 마음에 의해 해석된 '세계의 모습'을 통해 그 마음을 드러낸다. 장자는 그렇게 드러난 마음의 작용을 반성적으로 검토한다.

〈12처와 18계: 마음이 만들어 가는 세상〉

우리는 세계를 어떻게 아는가. 눈으로 보아 빛깔과 모양을 알고, 귀로 듣고 소리를 알며, 코로 맡아 냄새를 알고, 혀로 맛을 알며, 피부로 촉감을 알고, 그렇게 알게 되어 모아진 정보를 의식으로 헤아린다. 이른바 붓다가 말한 안이비설신의(眼耳鼻舌身意)의 여섯 가지 근(根)과 색성향미촉법(色聲香味觸法)의 여섯 가지 대상(境)이 만나면서 앎은 시작된다.

결국 세계에 대한 인식은 '6근'이 '6경'을 만나면서 이루어지는 것이다. 즉 시각을 담당하는 눈, 청각의 귀, 후각의 코, 미각의 혀, 촉각의 몸, 그리고 이를 종합하여 헤아리는 의식이 6근의 주관에 해당하고, 빛깔과 모양을 가진 색, 소리, 냄새, 맛, 촉 그리고 일체 존재가 6경의 객관에 해당한다. 이 6근과 6경을 합하여 12처(處)라 하는데, 열두 군데라는 의미에서 처(處)라고 표현한다.

6근이 6경을 만난 결과, 여섯 가지 앎이 이루어진다. 즉 눈으로 얻은 안식(眼識), 귀로 얻은 이식(耳識), 코로 얻은 비식(鼻識), 혀로 얻은 설식(舌識), 피부로 얻는 신식(身識), 뜻으로 헤아려 얻은 의식(意識)이다. 이를 육식(六識)이라 하는데, 12처와 6식을 합하여 18계라 한다. 12처를 연으로 하여 마음에 생긴 분별과 앎이 바로 육식인데, 이 육식이 성립하면서 마음에서 하나의 세계가 이루어진다는 의미에서 '계(界)'라 표현하여 18계(界)라 한다. 그러니 현상계의 일체법은 결국 오직 오온이 12처에 인연하여 18계(界)가 열린다는 것이니, 여섯 가지 식(識)만이 존재하는 것이 된다.

『아함경』에서 붓다는 이렇게 설한다.

눈이 색을 인연하여 안식이 생하여, 저 무상한 것이 있게 되니 마음에 인연하여 생긴 것이다.[205]

여기서 주목되는 것은 이렇게 생겨난 식(識)은 무상한 것이고, 마음에 인연하여 생긴 것이라는 점인데, 결국 현상계의 일체법 역시 마음의 문제로 귀결된다는 것이다. 세계는 그 자체로서가 아니라 우리의 6근에 수용되어 인식된 세계로만 존재하기 때문이다. 그러므로 마음을 떠나서 세계의 본질이 어떠한가를 묻는 것은 의미를 지니지 못한다. 그 존재의 본질이 무엇이라 해도, 그 존재는 우리에게 인식되고 해석된 것으로만 존재하기 때문이다.

그런데 이 18계(界)의 구조는 누구에게나 동일하게 있지만, 그 내용은 각기 다르게 이루어지고 나타난다. 보고 아는 것, 듣고 아는 것, 나아가 이를 종합하는 의식의 앎 등등도 모두 사람마다 다르다. 그런 의미에서 우리는 하나의 동일한 세계에 사는 것이 아니라, 실상에서 보면 중생의 수만큼 많은 세계에서 살고 있는지도 모른다. 그렇기 때문에 시비도, 미추도, 선악도, 진위도 중

---

205 『잡아함경』 제8권 제27 「이법경(二法經)」 眼色因緣 生眼識 彼無常有 爲心緣生

생마다 그 기준과 내용이 다르게 나타날 수밖에 없다. 어떤 의미에서 보면 진리는 사람 수 만큼 존재할지도 모른다. 또 그렇다면 나아가 깨달음의 길이나 수행 방법 역시 사람의 수 만큼 있으리라. 장자는 이를 인시(因是)라고 했는데, 누구나 '자신이 옳다'고 생각하는 데서 모든 행위가 시작된다는 것이다.

어떤 의미에서 보면, 우리가 세계에 던져진 존재가 아니라, 오히려 세계가 우리에게 던져진 것일지도 모른다. 이 세계는 각 개별자의 마음에 의해 인식되고 해석된 채로만 현현하는 그런 세계이기 때문이다. 이런 붓다의 초기 가르침을 유식의 논사들은 이 세계는 오직 식의 현현이라는 '유식무경(唯識無境)'으로 명료화하였다.

5

유식무경
唯識無境

경전에 묻혀 오랜 시간을 보내면서 화두처럼 뇌리를 떠나지 않는 생각 하나가 항시 마음에 머물러 있었다. 앞서 살펴본 바에 따라 언설로 표현된 일체는 세속제(世俗諦)에 해당하는 것이고, 그렇게 설해진 붓다의 일체 교설 역시 그런 의미에서 모두 방편설이었다는 점에 유념해본다면, 12연기나 사성제, 삼법인, '공' 사상, 그리고 나아가 복잡다단하게 전개되는 유식 사상의 교리는 무엇을 위한 방편이었을까, 하는 것이 그것이었다. 모든 언설이 우리 중생을 향하고 있음에 주목할 때, 그것은 우리에게 어떤 것을 요구하고 있는 것이 아닐까 하는 생각이 들었기 때문이다. 무엇을 요구하는 것일까. 언설에 매이지 않으면서도 그 언설을 통해 우리가 얻어야 하는 것이 무엇일까. 그리고 붓다를 비롯한 여러 선지식들은 중생들을 향하여 어떤 대가도 바라지 않으면서 왜 그토록 많은 노력을 기울인 것일까. 그러다가 붓다가 아난에게 남기신 최후의 말씀이 생각났다.

아난이여, 자신의 등불을 밝혀 자신에게 귀의하라, 다른 사람에게 귀의하지 말라. 법의 등불을 밝혀 법에 귀의하여 머물라. 다른 사람에게 귀의하지

말라.[206]

　이른바 자등명 법등명(自燈明 法燈明)이다. 등불이란 밝음을 일으켜 어둠을 몰아내는 작용을 하는 것이어서, '반야의 지혜'를 비유하는 말로 많이 쓰인다. 즉 무명의 어둠을 몰아내는 지혜의 등불을 가리키는데, 오직 스스로의 등불과 법의 등불에만 의지하고 그 어떤 다른 것에도 의지하지 말라고 한다. 그렇다면 붓다의 언어 교설과 여러 선지식의 가르침에 의거하는 것은 어떤 의미를 갖는 것일까. 바로 우리 자신의 등불을 밝히는 데 도움이 되는 자료로 사용하라는 것이 아닐까. 그 모든 교설이 방편이라면, 무언가 지시하고자 하는 것이 있을 터, 그 지시하는 바는 바로 법의 실상을 있는 그대로 보는 자신의 지혜의 등불을 밝히라는 것이 아닐까. 자신의 말에 집착하지 말라는 붓다의 가르침은 어떤 언설에도, 어떤 사람에게도, 심지어 스승(선지식)에게도 맹목적으로 추종하거나 매이지 말고, 늘 깨어 있는 정신으로 자신의 등불을 밝히는 것이 중요함을 말하는 것이 아닐까.

　그러면 중생들 각자가 자신의 등불을 밝히도록 서원하고 노력하는 붓다와 선지식들은 어떤 마음인가. 재가 신도 유마힐(維摩詰)이 오히려 출가 비구들과 여러 보살에게 교설하는 초기 대승경전인 『유마경(維摩經)』에서 유마 거사는 이렇게 말한다.

　유마힐이 말했다...... 법문이 하나 있으니, 이름하여 무진등(無盡燈)이라 한다. 그대들은 모두 배워야 하니, 무진등이란, 마치 하나의 등불이 백천의

---

206 『한역남전대장경』 중 『장부경전』 제16 『대반열반경』 제2 「송품(誦品)」 阿難 以自作洲
　自作依 勿歸依他人 以法爲洲 以法爲歸依而住 勿歸依他人 원문에는 섬(洲)으로
　되어 있는데, 팔리어 'dvipa'는 섬과 등불을 함께 의미한다고 한다. 또 다른 본에는 등불
　로 되어 있는데, 여기서는 의미를 명료히 하기 위해 등불로 번역했다.

등불을 밝혀 어둠을 모두 밝혀도 (자기 등불의) 밝음이 다하지 않는 것과 같다...... 한 보살이 백 천 중생을 열어주고 인도하여 아뇩다라삼먁삼보리 심을 발하게 해도 그 도의 뜻은 다하지 않으며, 법을 설한 바에 따라 저절로 일체 선법이 증익되니, 이를 이름하여 무진등이라 한다.[207]

참으로 탁월한 법문이 아닌가. 무진등의 등불처럼 세상에 나누어도 줄지 않는 것, 오히려 더 커지고 밝아지고 깊어지는 것은 바로 사랑(慈)이고, 법의 나눔이다. 자기 등불을 나누어도 등불은 어두워지지도 않고 수명이 짧아지지도 않는다. 사랑의 마음도 그러하며, 진리의 빛을 나눔 역시 그러하다. 그렇게 진리의 빛을 나누어 그것이 퍼져나갈 때 세상의 어둠이 줄어들고, 그리하여 더 밝아지는 것이 아닐까.

이렇게 멋진 법문을 남긴 유마힐이 어느 날 병이 들었다. 부처께서 신통으로 그것을 알고, 가섭과 수보리 등 10대 제자를 한 명씩 불러 병문안 갈 것을 명하자 제자들은 차례로 자신과 유마힐 사이에 있었던 일을 거론하며 그의 변재(辯才)를 당할 수 없어 병문안 갈 수 없다고 말한다. 그러자 다시 부처는 보살들을 불러 유마힐 병문안을 명하는데 보살들 역시 차례로 유마힐을 당할 수 없다며 사양한다. 마침내 지혜의 보살인 문수사리에게 명하자 그는 이렇게 말한다.

세존이시여, 저 뛰어난 자에게는 대응하기 어렵습니다. 실상에 깊이 통달하고, 법의 요체를 잘 설하며, 변재에 막힘이 없고, 지혜에 장애가 없습니

---

207 『유마힐경(維摩詰經)』 제4 「보살품」 維摩詰言...... 有法門名無盡燈 汝等當學 無盡燈者 譬如一燈 燃百千燈 冥者皆明 明終不盡 夫一菩薩開導 百千衆生 令發阿耨多羅三藐三菩提心 於其道意 亦不滅盡 隨所說法 而自增益 一切善法 是名無盡燈也

다. 일체 보살의 법식을 모두 알고, 제불의 비밀법장에 들지 못함이 없으며, 모든 마군을 항복시키고, 신통에서 노닐며, 그 지혜의 방편이 이미 법도를 얻었습니다. (그러나) 비록 그렇다 해도 마땅히 부처님의 성지를 받들어 그에게 문병 가겠습니다.[208]

그렇게 문수사리가 병문안 가기로 하자 모든 보살과 대제자들, 제석천, 범천, 사천왕등이 이 지혜가 뛰어난 두 사람이 만나면 필히 '묘법(妙法)'을 설하리라 생각하고는 팔천 보살과 오백 성문, 백천의 천인(天人)들이 따라나섰다. 그렇게 해서 유마 거사를 만난 문수사리가 '병은 어찌 참을 만한지, 병의 원인은 무엇인지, 어떻게 해야 나을 수 있는지'를 묻자 유마 거사는 이렇게 말한다.

일체중생이 병들었기 때문에 제가 병이 난 것입니다. 만일 일체중생의 병이 사라진다면 저의 병 역시 없어질 것입니다...... 이 병은 어디에서 일어나는가 하셨으니, 보살의 병이란 큰 연민에서 일어나는 것입니다.[209]

유마 거사의 병은 '중생이 아프니 나도 아프다'는 것이다. 문수사리는 인간적으로 몸의 병에 대해 물었는데, 유마 거사는 다른 차원에서 답을 한다. 왜 함께 아픈 것인가. 둘이 아니기 때문이요, 이어져 있기 때문이다. 우리도 깊이 이어져 있는 존재가 아프면 함께 아프고, 기뻐하면 함께 기뻐한다. 그야말로 둘이 아니기 때문이고, 이어져 있기 때문인데, 특히 아픈 일에서 더 깊이

---

208 『유마경』 제5 「문수사리 문질품(文殊師利 問疾品)」 世尊 彼上人者 難為詶對 深達實相 善說法要 辯才無滯 智慧無礙 一切菩薩 法式悉知 諸佛祕藏 無不得入 降伏衆魔 遊戲神通 其慧方便 皆已得度 雖然當承佛聖旨 詣彼問疾
209 『유마경』 제5 「문수사리 문질품」 以一切衆生病 是故我病 若一切衆生病滅 則我病滅...... 又言 是疾何所因起 菩薩病者 以大悲起

이어진다. 바로 연민(悲)이다. 하물며 우주 전체, 중생 전체와 이어져 있는 보살은 어떠하겠는가. 작은 이어짐에서 나오는 작은 사랑이 아니라 크게 이어지는 사랑일 것이니, 이것이 바로 부처의 마음이자 보살의 마음이요, 붓다가 세상에 출현한 이유가 아닐까.

이어서 문수사리가 주위를 둘러보니, 방은 텅 비어 있고, 곁에서 병을 시중들어 주는 사람도 없었다. 이를 의아히 여긴 문수사리가 이렇게 물었다.

거사여, 이방은 어쩌하여 텅 비어 있고, 시중드는 자도 없는 것입니까. 유마힐이 말했다. 모든 불국토가 다 비어 있기 때문입니다. 또 묻기를 무엇으로써 비어 있음을 삼습니까. 답하길, 비어 있기 때문에 비어 있습니다(以空空). 묻기를, 비어 있음은 무엇 때문에 비어 있는 것입니까. 답하길, 분별 없음으로 비어 있기 때문에 비어 있습니다. 또 묻기를, 비어 있음은 분별할 수 있습니까. 답하길, 분별 역시 비어 있습니다…… 또 묻기를, 모든 부처의 해탈은 어디에서 구해야 합니까. 답하길, 일체중생의 마음과 행동에서 구해야 합니다…… 또 (문수사리 그대가) 묻기를, 어째서 시중드는 이가 없는가 하셨는데, 일체 마군과 모든 외도가 나의 시자(侍者)입니다.[210]

텅 비어 있는 이유는 세계 자체의 실상은 '공'이기 때문이고, 그 비어 있음의 요체는 '분별없음'이요, 그렇게 분별하는 것 역시 비어 있으니, 결국 필경 공이라는 것이다. 그리고 시중드는 이가 없는 것에 대해 답한다. 시자(侍者)란 정신적 육체적으로 자신을 돕는 사람이다. 그런 의미에서 유마 거사에게는 마군(魔軍)과 외도 역시 자신을 돕는 이들이라는 것이다. 왜 그런가. 자신의 수

---

210 『유마경』 제5 「문수사리 문질품」 文殊師利言 居士 此室何以空 無侍者 維摩詰言 諸佛國土 亦復皆空 又問 以何爲空 答曰 以空空 又問 空何用空 答曰 以無分別空故空 又問 空可分別耶 答曰 分別亦空…… 又問 諸佛解脫 當於何求 答曰 當於一切衆生 心行中求 又仁所問 何無侍者 一切衆魔 及諸外道 皆吾侍也

행과 공부에 도움이 되기 때문이다. 우리는 얼마나 자신을 힘들게 하는 일이
나 사람들로 인해 많이 배우게 되는가. 그러니 수행에 뜻을 둔 이라면 고(苦)
의 사태로부터 도망하려 하지 않아야 한다. 우리는 '오도 가도 못하는 상황'
의 '고'에서 오래 머물고 오래 피 흘릴수록 더 많이 사유하고, 더 많이 배우게
된다. 그래서인가. 어느 시인은 이렇게 노래했다.

> 모든 상처는 꽃을
> 꽃의 빛깔을 닮았다
> ……
> 오래 피가 멎지 않던
> 상처일수록 꽃향기가 괸다
> ……
> 잘 익은 상처에선
> 꽃향기가 난다.
> – 복효근, 「상처에 대하여」

또 자신의 견해와 다른 뭇 견해(외도) 역시 자신의 공부에 도움이 된다고 한
다. 의문을 갖되 의문의 바닥까지 사무칠 때까지 참구하는 것은 다양하고 상
이한 견해들 속에서 성숙되고 분명해지기 때문이 아닐까. 그리고 그것이 바
로 다문(多聞)이 의미하는 바가 아닐까.

유마 거사 이야기를 이렇게 장황히 늘어놓는 연고는, 우리가 불법을 공부
할 때 교설을 어떻게 받아들여야 하며, 어떤 마음이 필요한가를 논하기 위해
서이다. 모든 교설은 자신의 등불을 밝히기 위한 자료이고, 우리가 마주하는
모든 괴로움은 공부 재료이며, 우리가 구하는 해탈은 마음에서의 해탈이고,
공이란 마음의 분별을 여의고, 분별을 여읜 것조차 여의는 것이며, 결국 우주
전체와 이어지는 보살의 마음을 향한 것임을 유념하기 위해서이다.

경문이나 논서의 교설을 보다 보면, 우리는 그것이 방편임을 안다고 하면서도 또 방편임을 잊고 교설의 언어에 자꾸 매이게 되는 경향이 있다. 앞으로 보겠지만, 심식(心識)에 대해 엄청나게 분별하고 분석하여 매우 난해하고 복잡한 교설을 방대하게 생산해낸 유식학의 교설 역시 방편설이다. 그러니 그 방편을 자기 등불을 밝히는데 도움이 되도록 잘 활용하는 것, 이것이 우리에게 필요한 자세가 아닐까. 언어를 통해 언어를 여의는 것처럼, 분별을 통해 분별을 여의는 것, 그렇게 하여 등불을 밝힌 밝은 마음은 '큰마음'으로 이어지고, 세계 전체와 이어져 있는 실상을 자각하는 보살의 마음을 향하는 것이 아닐까.

〈마음이 마음을 보다: 자심소현 자심소견(自心所現 自心所見)〉

유식(唯識)은 유식무경(唯識無境)의 줄임말이다. 유식은 오직 식(識)일 뿐이라는 의미요, 무경(無境)이란 대상 경계가 없다는 의미이니, 현상계는 나의 식이 펼쳐낸 것일 뿐, 객관적인 대상 경계가 없다는 것이다. 그런데 이 말은 쉽게 납득하기 어려운데, 공 사상에서 인연생기하는 것은 모두 공성(空性)으로 본다는 언명은 거듭 사유하고 사유하면 왜 그렇게 표현하는지의 이치를 받아들일 수 있지만, 바로 눈앞에 있는 대상이 '없는 것'이라고 한다면 쉬 받아들이기 어렵다. 바로 앞에 책상이 있고, 손에 잡히는 물건들이 있으며, 입에 들어가면 부드럽게 퍼지는 음식의 맛이 있고, 피부로 느껴지는 이 생생한 것들이 있으며, 나아가 가슴 에리게 하는 사랑의 감정을 일으키는 대상이 있다. 그러면 이것들은 무엇인가.

앞서의 논의에서 보면 눈앞에 펼쳐져 손에 잡히는 것들은 바로 가유(假有)라 할 수 있는데, 유식학에서는 이 가유를 그저 '공'으로 부정해버리는 것이 아니라 이 가유가 어떻게 해서 생겨나서, 어떻게 전개되는가를 탐구하였다.

그런 의미에서 중관학파의 공 사상이 세계의 실체성을 부정하는데 중점이 있다면, 유식에서는 드러난 세계를 설명하는 데 노력을 기울였다 하겠다.

'유식'이라는 용어가 처음 등장한 것은 유식학의 대표 경전인 『해심밀경』인데, 이는 논리적 분석적 추리에 의한 결론이 아니라 유가사들이 유가행(瑜伽行, 요가수행)을 하는 과정에서 자신이 체험한 직관을 바탕으로 이론화된 것이다. 그 내용은 『해심밀경』에 이렇게 서술된다.

자씨(미륵) 보살이 다시 부처께 아뢰어 말했다. 세존이시여, 모든 비발사나와 삼마지에서 나타나는 영상은, 그것이 이 마음과 다르다고 말해야 합니까, 다르지 않다고 말해야 합니까. 부처께서 자씨보살에게 고하셨다. 선남자여, 마땅히 다르지 않다고 해야 한다. 왜 그런가. 이 영상은 오직 식(識)이기 때문이다. 선남자여, 내가 설한 식(識)의 대상(所緣)은 오직 식이 나타난 것이기 때문이다.[211]

비발사나(위파사나)와 삼마지(삼매)는 요가 실천법 가운데 하나인데, 이후 '지관(止觀, samatha-vipasyana)'이라는 불교의 독자적인 수행법으로 정립되었다. 유가사들이 지관을 닦는 마음속에 나타난 갖가지 영상을 보며, 그것이 마음과 어떤 관계인가 부처께 묻자 식이 마음에 나타난 것이라고 답한 것이다. 그러니 유식이란 자신의 마음에 나타난 영상을 자신이 본다는 것인데, 이를 또 다른 유식 경전인 『능가경』에서는 '자심소현 자심소견(自心所現 自心所見)'이라고 했다. 눈앞의 대상은 '마음에 나타난 것을 마음이 본 것'이라는 의미이다.

인도 전통에서 요가 수행은 해탈에 도달하는 주요한 방법으로 행해지던 것

---

211 『해심밀경』제6「분별유가사품(分別瑜伽師品)」慈氏菩薩 復白佛言 世尊 諸毘鉢舍那
三摩地 所行影像 彼與此心 當言有異 當言無異 佛告慈氏菩薩曰 善男子 當言無
異 何以故 由彼影像 唯是識故 善男子 我說識所緣 唯識所現故

이었는데, 이는 불교에서 선정(禪定)으로 수용되었다. 붓다 역시 출가 수행과 정에서 알랄라 칼라마(Alara kalama)나 웃다카 라마풋다(Uddaka ramaputta)에게 이를 배운 적이 있으며, 정각을 이룬 후에도 제자들에게 선정을 닦을 것을 권하였다. 『아함경』에서 이렇게 설한다.

> 이때 세존께서 여러 비구에게 고하셨다. 항시 방편으로 선정을 닦아 익혀 안으로 그 마음을 고요히 가라앉혀야 한다. 왜 그런가. 방편으로 선정을 닦아 익혀 안으로 마음을 고요히 가라앉힌 후에 '있는 그대로' 관찰할 수 있기 때문이다.[212]

지(止)란 정념으로 들뜨고 산란된 마음을 가라앉혀 고요하게 하는 것이고, 관(觀)은 붓다의 가르침에 입각하여 자기 내면의 정신 구조와 현상계의 실상을 관찰하는 수행법인데, 그렇다면 선정 체험 중 마음(識)과 인식대상(境)이 다르지 않다는 자각을 일상적 경험 세계에도 적용할 수 있는 것인가. 이어서 『해심밀경』에서는 이렇게 설한다.

> 세존이시여, 만일 중생이 자성에 머물며 색 등에 반연하여 마음 작용(心所)으로 나타나는 영상은 이 마음과 다르지 않은 것입니까. 선남자여, 역시 다르지 않다. 다만 어리석은 범부들이 이런 영상들에 대해 전도된 생각으로 오직 식일 뿐임을 여실히 보지 못하고, 그릇된 알음알이를 짓는 것이다.[213]

---

212 『잡아함경』제3권 제7「수경(受經)」爾時世尊 告諸比丘 常當修習 方便禪思 內寂其心 所以者何 修習方便禪思 內寂其心已 如實觀察
213 『해심밀경』제3「분별유가사품」世尊 若諸有情 自性而住 緣色等心 所行影像 彼與此心亦無異耶 善男子 亦無有異 而諸愚夫 由顛倒覺 於諸影像 不能如實 唯是識作顛倒解

여기서 '자성에 머무는 영상'이란, '나'라는 의식을 지닌 일상적인 경험 세계에서 우리의 마음에 비친 사물에 대한 것들이고, 일상적으로 경험되는 사물 역시 외계에 실재하는 것이 아니라 다만 식(識)에 지나지 않는다는 것이다.

나가르주나의 공 사상이 눈앞에 어떤 사물이나 대상세계가 없다는 것을 의미하는 것이 아닌 것처럼, 유식(唯識)이라는 것 역시 눈앞에 현전하는 대상 경계를 부정하는 말이 아니다. 대상 경계는 '나'의 마음과 함께 현현한다는 의미이다. 즉 식(識)과 경(境)을 분리할 수 없다는 것인데, 유식은 경계에 대한 우리의 인식이 어떻게 이루어지는지 만을 설명하는 것이 아니라, 모든 대상 경계가 어떻게 존재하는지를 설명하는 데 초점을 둔다.

유식무경에서 무경(無境)이란 대상 경계인 법(法)이 객관적으로 존재하지 않는다는 것인데, 달리 표현하면 법무아(法無我)이다. 이 '법무아'의 의미에 대해 『유가사지론』에서는 이렇게 말한다.

> 모든 현상적 존재에 대해 '법무아'라고 말하는 것은 일체 언어로 표현하는 사물에 대해 언설 자성의 법 일체가 존재하지 않음을 말한다.[214]

대상에 대한 우리의 인식은 언어에 의해 이루어진다는 것이고, 그렇게 언어로 인식한 대로 대상이 존재하는 것이 아니며, 그렇기 때문에 언어로 표상화된 일체는 실체로서 존재하는 것이 아니라, 우리의 식이 언어의 형식을 빌려 사물을 인식하고 해석한 채로 그렇게만 존재한다는 것이다.[214]

사물은 말을 부여받으면서 우리에게 존재하는 것으로 인식된다. 지각 작용을 통해 인식된 것을 언어로 표상하고, 그렇게 표상된 것이 마음 밖에 있는

---

214 『유가사지론』 현장 역, 제46권 제15 「본지분중보살지(本地分中菩薩地)」 제17 「초지유가처보리분품(初持瑜伽處菩提分品)」 於諸法中 法無我性者 謂於一切言說事中 一切言說 自性諸法 都無所有

것이라고 추상화하여 외적 사물이라고 생각한다. 그러므로 인식대상은 식(識)에 의해 개념적으로 인식된 것이니, 오직 식(識)일 뿐이라는 것이고, 이 식과 별도로 객관적 경계가 없다는 것, 곧 무경(無境)이라는 것이다. 결국 유식무경(唯識無境)이다.

요컨대, 현상계는 오직 표상식(唯識)이며, 식에서 독립된 외적 대상은 존재하지 않는다는 것이고, 그렇기 때문에 중요한 것은 식과 식의 작용, 그리고 식의 표상을 넘어서는 수행이라는 것이다.

장자 역시 이런 견해에 그대로 부합하는 논의를 전개한다. 그 역시 세계를 객관적 실체로 보지 않는다. 그리고 유식의 논사들처럼 이 '세계'는 우리의 마음과 별도의 것이 아니라, 연관 속에서 현현하는 것이라고 보았다. 그는 이렇게 말한다.

> 세계는 나와 함께 일어나고(天地與我並生), 만물은 나와 하나로 연속되어 있다(萬物與我爲一). 이미 하나로 연속되어 있는데, 어떻게 그에 대해 말할 수 있는가.[215]

이 구절에는 우리가 결코 세상을 그 자체로 있는 그대로 인식할 수 없다는 장자의 생각이 들어 있다. 즉 세계는 객관적으로 존재하는 것이 아니라 우리의 마음에 해석된 모습으로 존재한다는 것이다. 장자에 따르면, '나'와 함께 생기(生起)하는 세계는 우리 마음과 연관되어 전개되는 세상을 지시한다. 말하자면 마음의 현현이요, 유식의 용어를 빌면 오직 '식'의 현현일 뿐이다. 왜 그런가. 장자에 따르면 세계와 나는 하나로 연속(爲一)되어 있기 때문이다. 연속되어 있기 때문에 대상화할 수 없고, 대상화가 불가능하기 때문에 대상적

---

215 『장자』「제물론」天地與我並生 而萬物與我爲一 旣已爲一矣 且得有言乎

으로 인식하는 것이 불가능하다. 그러니 언설로 표상할 수 없는 것이 본질이다. 그럼에도 언설로 표상하여 대상을 인식하고 있는 것은, 인식했다고 느낀 것일 뿐이다. 언설로 표상된 것은 대상 그 자체가 아니다.

칼이 칼 자신을 찌를 수 없고, 눈은 눈 자신을 볼 수 없는 것처럼, 이미 이어진 채로 유전하는 세계와 나는 서로 분리할 수 없고, 분리하여 대상화해야만 알 수 있는 대상화된 인식을 얻을 수 없다. 그러므로 세계(대상)란 우리의 앎(識)에 따라 다르게 나타난다.

장자는 이렇게 말한다.

옛사람은 앎이 지극한 데 이르렀다. 어디에 이른 것인가. 애초에 사물(物)이 있었던 적이 없다는 것이다. 이는 지극하고 완전하여 더할 것이 없다.[216]

최고의 앎의 상태에서 보면, 이 세상에는 대상으로 삼을 만한 독립적이고 고정된 실체가 없다(未始有物)고 한다. 나가르주나의 '공'에 부합되는 의미이며, 대상 경계가 없다는 의미의 무경(無境)에도 부합된다. '부처의 눈'으로 본 중생 세계의 실상이다. 그런데 연관에 의해 이루어질 뿐, 그 자체로 실체가 없는 세계가 우리의 식(識)에 들어와 언어의 옷을 입으면서 어떻게 존재하는 것으로 되는가를 이어서 이렇게 말한다.

그 다음은 사물(物)이 있다고 여기긴 하지만 아직 구분짓기(封)는 시작되지 않았다. 그 다음은 구분 짓기는 있었지만 아직 시비(是非)는 시작되지 않았

---

216 『장자』「제물론」古之人 其知有所至矣 惡乎至 有以爲未始有物者 至矣盡矣 不可以加矣

다. 시비가 드러난 것은 도(道)가 무너진 까닭이요, 도가 무너진 까닭은 인간의 애착(愛着)이 생겼기 때문이다.[217]

그 다음 차선의 앎의 상태에서 보면, 이 세상에 사물이 있긴 하지만 봉(封), 즉 구분이 없었다고 한다. 즉 사물이 있다고 여기긴 하지만 아직 봉은 시작되지 않았다는 것이다. '봉'이란 봉건 사회에서 군주가 신하에게 벼슬이나 관작(官爵)을 내리면서 그에 따르는 영지를 함께 하사하는 것을 이른다. 즉 일정한 크기의 영토를 지정하여, 그 안에서 나오는 소출의 관리 권한을 부여하는 것이다. 그러니 '봉'이라는 말에는 영토를 나누어 경계를 정한다는 뜻이 담겨 있는데, 여기에서는 변화하는 세상을 분절하고 고정하여 개념으로 범주를 정하는 언어의 기능을 비유적으로 이른다.

'사물이 있다고 여기는 것'은 눈앞에 펼쳐지는 사태를 언어로 표현할 수 있다는 것과 연관된다. 그러나 이때 언어 표현은 '구체적 사태'를 표현할 뿐 범주화된 추상적 개념으로까지 나아가지는 않았다. 예컨대 미국의 인디언 침략사를 다룬 영화 〈늑대와 춤을〉을 보면 영화에 등장하는 몇몇 인물들의 이름을 우리말로 옮겼을 때 '주먹 쥐고 일어서', '머릿속의 바람', '발로 차는 새', '늑대와 춤을' 등이 되는데, 흥미로운 것은 그 이름 속에는 '바람'이나 '새', '주먹', '늑대'를 뜻하는 독립적인 말이 들어 있지 않다는 것이다. 그냥 이름 전체가 하나의 낱말처럼 쓰인다. 즉 하나의 장면이나 사태를 표현하는 말이 있을 뿐, 개념화된 추상적 낱말은 없다는 것인데, 이런 예는 일본의 아이누족 언어나 북극해 연안의 이누이트족 언어에서도 발견된다.

아이누족 언어의 경우 '우는 앵무새', '말하는 앵무새', '잠자는 앵무새'라는

---

217 『장자』「제물론」其次以爲有物矣 而未始有封也 其次以爲有封焉 而未始有是非也 是非之彰也 道之所以虧也 道之所以虧 愛之所之成

단어는 있어도 '앵무새'라는 독립된 단어는 없으며, 이누이트족 언어의 경우에도 '수영하는 곰', '잠자는 곰', '사냥하는 곰'이라는 단어는 있지만 '곰'이라는 단어는 없다고 한다. '앵무새'나 '곰'이라는 단어가 성립하려면 추상화 과정을 통한 개념의 범주화가 이루어져야 한다. 예컨대 '꽃'이라는 단어의 경우 우리가 눈으로 직접 볼 수 있는 것은 구체적인 무궁화나 진달래, 국화, 장미 등인데 이들 속에서 공통점을 추출하여 '꽃'이라는 하나의 범주를 세운 것이다. 그러나 이 세상 어디에도 '꽃'이라는 것 자체가 따로 존재하지는 않는다.

또 그 다음 단계의 앎의 상태에서는, 봉(封)은 있지만 아직 시비는 시작되지 않았다고 한다. '봉'이 있다는 것은 개념화가 시작됨을 가리킨다. 실상 개념화는 세상을 우리 인식의 범주에 들이기 위해서는 불가피한 일이다. 예컨대 우리가 '돼지'를 먹으려면 통째로 먹을 수 없으니, 자르고 요리하여 먹기 좋게 만드는 과정이 필요한 것과 같다. 이를 불교에서는 단식(段食)이라고 하는데, '잘라 먹는다' '구분해서 이해한다'라는 뜻이다. 마찬가지로 우리는 연속된 세계를 통째로 인식할 수 없다. 분절하고 개념화하고 유형화하는 과정이 있어야 비로소 세계를 인식의 범주에 들일 수 있다. 하지만 돼지를 잘라서 요리했다고 해서 돼지 본연의 모습이 '잘린 채'가 아닌 것처럼, 세상 역시 언어로 구획 지었다 해도 세상 자체가 그렇게 구획되는 것은 아니다.

그런데 문제는 이렇게 개념화된 언어가 존재의 실상을 정확하게 담고 있지 못하며, 다만 인식의 편의상 개념화된 언어를 사용할 뿐인데, 이런 편의상의 개념이 있으면 그 개념에 해당하는 실체가 있는 양 여기게 된다는 데 있다. 예컨대 시간은 다만 흐름의 다른 표현일 뿐이지만, 우리가 봄, 여름, 가을, 겨울로 나누어 개념화하면서, 봄과 여름, 가을과 겨울이 실제로 있는 것처럼 인식하는 관념을 갖게 된다.

그래도 아직은 시비가 시작되지 않았는데, 이제 개념화에 가치 판단이 결부되면서 시비가 시작된다. 연속적 흐름을 '이것(是)' '저것(彼)'으로 구분하는데 그치지 않고 '이것'을 '옳은 것'으로 '저것'을 그른 것으로 판단하면서 시비가 시작된다. 그리고 이렇게 시비가 일어나는 이유는 도가 무너졌기 때문이라고 한다. 장자는 이 시비 문제에 매우 천착하며 논의를 전개하는데, 그는 이렇게 말한다.

> 사물(物)에는 저것 아닌 것이 없고, 사물(物)에는 이것 아닌 것이 없다. 스스로를 저것에서 본다면 (자타가) 보이지 않고, 자아를 세우면 (자타를) 인식하게 된다. 그러므로 말하기를 저것은 이것에서 나오고, 이것 역시 저것으로 인한다고 한다. 저것과 이것이 함께 일어난다(方生)는 설이다.[218]

모든 존재자는 '이것'의 입장에서 볼 때 '저것'이 아닌 것이 없고, '저것'의 입장에서 볼 때 '이것' 아닌 것이 없다는 것이다. '기준'으로 삼는 시각에 따라 객체이기도 하도 주체이기도 하다. 그런데 장자의 시각에서 보면 이 둘은 별개의 것이 아니다. '이것'을 정하지 않으면 '저것'을 정할 기준이 성립되지 않고, 역으로 '저것'을 지시하지 않으면 '이것'이 정해지지 않는다. 따라서 '나'라는 '이것'은 상대인 '저것'과의 관계에서 성립될 뿐 별도의 존립 근거를 갖지 않는다. 그런데 이쪽이란 어디를 가리키는가. 누군가를 향해 '이쪽으로 오라'고 할 때 이쪽이란 바로 '나'의 쪽을 가리킨다. 그런데 흥미로운 것은 장자가 '이것'과 '저것'의 대립적 성립을 설명하면서 '피차(彼此)'라 하지 않고 '피시(彼是)'라 한 것이다. 시(是)란 '이것'이라는 의미도 있지만 '옳다'는 의미로도 쓰인다. 즉 우리가 '이것' 혹은 '이쪽'이라는 의식을 가질 때는 이미 '나의 쪽'이 옳다는 판단을 전제하고 있음을 시사한다. 장자가 시비 문제에 포커

---

218 『장자』「제물론」 物無非彼 物無非是 自彼則不見 自知則知之 故曰彼出於是 是亦因彼 彼是方生之說也

스를 두고 있는 것은 시비가 바로 우리의 마음, 즉 고정된 자의식의 문제와 뿌리 깊게 연관되기 때문이다.

그런데 이렇게 시비가 일어난 까닭은 도가 무너졌기 때문이라고 한다. 도란 자연의 실상이니, '나'와 세계의 연속성을 의미할 것인데, 시비가 일어나는 것은 '나'를 세우면서 자아와 세계(타자 포함)의 연속성이 단절된 데서 비롯된다는 것이다.

그리고 나아가 도가 무너진 까닭은 애착 때문이라고 하는데, 세계와 자아의 연속성이 단절되면서. '나'에 속하는 것, 즉 아소(我所)가 일어난다. '나'와 '나의 것' '내가 잘하는 것' '나의 옳음' 등을 내세우게 되고, 나아가 그것에 집착하게 된다. 결국 문제는 '나'로 귀결되고, '나의 마음'으로 귀결되니, 유식의 용어를 빌면 '식(識)'으로 귀결된다.

요컨대, 장자에 따르면 고정된 실체로 존재하지 않기 때문에 세상을 보는 앎의 상태, 즉 시각에 따라 그만큼 현현한다. 본래 실체가 없는 세계이다. 오직 마음과 함께 생기했을 뿐이다.

만일 세상이 객관적 실체로 고정되어 존재한다면, 그것이 우리의 앎에 따라 다르게 나타나지 않을 것이다. 우리가 마주하고 있는 세계는 구체적 사태로, 그 세계와 연관을 맺고 있는 개별자의 수만큼 다양한 모습으로 존재한다. 장자에게서 '마음'이란 대단히 중요하고 또 중요한 핵심적 의미를 갖는다.

유식의 논사들은 마음(識)을 떠나 대상 경계(境)가 따로 존재한다는 생각을 법집(法執)으로 보고, 그 법집을 깨고 법공(法空)을 깨닫게 하기 위해 유식을 설했다고 한다. 소지장(所知障)을 멸하기 위한 것이다. 호법은 『성유식론』에서 이렇게 말한다.

마음(心)과 마음의 작용(心所) 이외에 별도의 경계가 있다는 허망한 집착을

버리게 하기 위해 오직 식(識)일 뿐이라고 설한다.[219]

무착 역시 『섭대승론』에서 이렇게 말한다.

이 모든 식에는 오직 식이 있을 뿐이요, 전혀 그 실제 대상이 없다. 무엇으로 비유할 수 있는가. 응당 꿈에 비유됨을 알아야 한다. 꿈속에는 도무지 실제인 것이 없이, 오직 식일 뿐이다. 비록 갖가지 색과 소리와 향과 맛과 촉감, 집과 숲과 토지와 산이 실제인 것처럼 나타나 보여도 이 가운데 실제인 것은 없다. 이런 비유로 응당 알아야 하니, 일체시 일체처가 모두 식일 뿐이다.[220]

우리가 보고 듣고 알게 된 육식(六識)의 작용을 통한 것은 모두 식이 나타난 것을 본 것일 뿐, 대상이 있는 것이 아니라는 것이다. 비유하자면 꿈과 같은 것이니, 일체시 일체처, 즉 모든 시공간에서 펼쳐지는 것으로 우리에게 보이는 것은 오직 '나'의 식이 그렇게 현현한 것이요, 그 현현한 것을 '나'가 본 것이라는 것이다. 그러면 이 식은 어디에 현현하고, 어떻게 현현하면서, 이 세상이라는 그림을 만들어내는가. 세친은 이를 식의 전변설(轉變說)로 설명한다.

---

219 『성유식론』제2권 爲遣妄執 心心所外 實有境故 說唯有識
220 『섭대승론』제3「소지상분」又此諸識 皆唯有識 都無義故 此中以何 爲喩顯示 應知
　　夢等 爲喩顯示 謂如夢中 都無其義 獨唯有識 雖種種色聲香味觸 舍林地山 似義
　　影現 而於此中 都無有義 由此喩顯 應隨了知 一切時處 皆唯有識

9장

유식 사상 (2)

唯識

1

알라야식 연기설: 심식설

心 識 說

1) 식전변설(識轉變說)

전변(轉變)이란 문자 그대로 '변화하는 것', '달라지는 것'이다. 본래는 인도의 여러 철학 유파(특히 상키아학파)에서 근본 물질에서 시작하여 우주가 전개된다는 의미로 사용했으며, 이후 부파불교(경량부)에서는 업감연기를 설명하기 위해 사용한 것인데, 세친이 이를 도입하여 유식 사상의 술어로 그 의미를 새롭게 형성하여 식전변설(識轉變說)을 정립했다. 곧 식이 '구르며 변화하는 것'을 의미한다.

즉 유식에서 논하는 식전변설은 눈앞에 펼쳐지는 모든 존재와 사태는 식의 활동에 의해 만들어진 것임을 주장하는 것인데, 유식의 시각에서 보면 인연생기하는 것은 모두 식 안에서 성립한 것이며, 그 식이 굴러다니며 펼쳐내는 것, 즉 전변일 뿐이라는 것이다. 말하자면 현상계가 식에서 출발했다는 것인데, 엄밀히 말하면 식에서 출발한 것이 아니라 그 현상 자체가 식의 달라진 모습, 즉 전변이라는 것이다.

이 개념은 세친의 『유식삼십송(唯識三十頌)』에서 처음 사용되었다. 『유식삼

『십송』은 『해심밀경』, 『섭대승론』, 『대승장엄경론』 등 주요 유식 저작에서 밝혀진 대체(大體)를 30개의 게송으로 정리한 것으로, 유식 사상의 전체적인 내용이 압축되어 있는데, 간략하지만 정교한 언어로 설하고 있다. 「제1송」에서 그는 이렇게 말한다.

가(假)로 말미암아 '아'와 '법'을 설한다.	由假說我法
갖가지 상이 펼쳐지는 것	有種種相轉
그것은 식이 전변한 것이며,	彼依識所變
이 능변식은 오직 세 종류이다.	此能變唯三

첫 구절에서는 일체가 모두 '공'이어서 '나'도 '세계'도 있는 것이 아니지만, 세간의 언어 습관에 의거하여 방편(假)으로 아와 법을 설하는 것임을 천명하고 있다. 말하자면 가유라고 해서 그저 '공이다, 그러니 아무것도 없고 아무 일도 없다'라는 언설로 넘기는 것이 아니라 그 가유가 어떻게 생겨나는 것인지 언어 방편에 의거하여 설해보겠다는 것이다.

그리하여 설한 첫 내용은 눈앞에 펼쳐지는 갖가지 상(相)들은 우리의 식이 굴러 펼쳐진 것인데, 그렇게 전변하는 식이라는 것이다. 그러면 식은 전변하여 어떻게 나타나는가. 「제17송」에서 세친은 이렇게 말한다.

이 모든 식이 전변하여	是諸識轉變
분별하는 것(견분) 분별되는 것(상분)이 된다.	分別所分別
견분과 상분 피차가 모두 실체가 없으므로	由此彼皆無
일체가 오직 識뿐이다.	故一切唯識

분별하는 놈은 즉 견분(見分)이요, 분별되는 것은 즉 상분(相分)이다. 유식학

에서 말하는 현상은 단지 인식대상이 아니라는 점이 여기서 분명히 드러난다. 견분은 곧 '보는 놈'이고 상분은 '보이는 놈'이다. 말하자면 보는 놈이나 보이는 놈이나 모두 식에 속하는 것이다. 이 두 가지는 동일한 것은 아니지만 별개의 것도 아니다. 견분이 상분을 일으키고 그 상분은 다시 견분을 형성하면서 서로에게 영향을 주며 증장된다.

　견분 ⇌ 상분

여기서 '분(分)'이란 역할, 부분이라는 의미이니 상분은 보이는 대상으로서의 식의 활동이고 견분은 보는 주체이다. 즉 마음에 비친 그림인 상분을 견분이 보는 것이다. 말하자면 우리 식(識)의 두 얼굴이다.[221] '보는 자'도 '보이는 것'도 모두 '나'의 마음이라는 것이다.

그런데 이렇게 전변하는 식, 즉 능변식(能變識)에는 세 가지가 있다고 세친은 말한다. 그러면 그 세 가지는 무엇을 가리키는가. 「제2송」의 첫 두 구절에서는 이렇게 말한다.

즉 이숙식(알라야식)과 사량식(말나식)과	謂異熟思量
요별경식(육식)이다.	及了別境識

221　이 두 마음의 작용, 즉 마음에 비친 상분을 견분이 보고, 무언가를 인식했다고 안다. 그렇게 알았다고 아는 마음, 즉 '나'가 이러한 견분으로 이러한 상분을 일으키는구나, 그래서 그 결과를 보니 '나'의 견분이 이러함을 알겠고, 상분이 이러함을 알겠구나, 하는 마음의 부분을 유식에서는 자증분이라고 한다. 그런데 후대 유식학에서 자증분의 작용을 확인하는 또 하나의 영역을 상정하여 그것을 증자증분이라고 칭했다. 그리하여 이른바 사분설(四分說)이 확립되었다. 이 사분설에 따르면 견분은 상분을 알고, 자증분은 견분 및 증자증분을 알며, 증자증분은 자증분을 안다고 한다.

능변이란 변할 수 있는 것, 즉 전변할 수 있는 식이라는 의미이다. '식'의 작용에 중점을 두어 칭한 것인데, 첫째가 이숙식, 즉 알라야식이요, 둘째가 사량식, 즉 말나식이다. 그리고 세 번째는 요별경식이라 칭해지는 안이비설신의의 6식(識)이다.

그러니 6식에 말나식과 알라야식을 합하면 모두 8식이 된다. 그리하여 유식에서는 종래의 6식설에 말나식과 알라야식을 더하여 정교한 8식설을 주창하는데, 우리의 식이 표층에서 심층에 걸쳐 8가지의 중첩적 구조를 가지고 있다고 본 것이다. 즉 기존의 6식에 윤회의 주체인 저장식으로 알라야식, 번뇌와 아집의 주체인 말나식을 더하여 '8식설'을 정립한 것이다.

알라야식과 말나식의 식체(識體)는 유식 사상에서 처음 발견한 것이 아니라 종래 부파의 이론과 초기불교의 심의식(心意識) 개념을 확대하고 분석하여 종합한 것이다. 안이비설신의의 6식은 표층식에 해당하고, 제7 말나식과 제8 알라야식은 심층식에 속한다. 세친은 세 가지 가운데 첫 번째 능변식인 알라야식에서 시작한다.

2) 제8 알라야식

붓다의 가르침은 인간의 실존적 삶을 논하기 때문에 일상을 떠나지 않는다. 그리고 우리의 일상은 신구의(身口意) 삼업에 의해 이루어지고, 그런 업력에 의해 윤회하는 중생의 세계가 펼쳐진다는 것이 붓다의 기본 교설이다. 그런데 그러한 업의 습기가 어디에 보존되어 있다가 어떻게 과보를 발생시키고 생사윤회를 가능하게 하는가의 문제, 즉 업력의 보존 장소와 윤회의 주체 문제는 오랜 시간 논쟁되고 있었다.

이 문제에 대해 각 부파는 여러 가지 이론으로 답하여 알라야식설의 선구적인 역할을 했지만 그 내용에 불합리하고 불충분한 점이 많았다. 그래서 유식의 논사들은 그 가운데 종자설을 받아들여 그 의미를 새롭게 하고, 종자를 담지하는 알라야식설을 창안함으로써 미해결의 난제를 합리적이고도 간결하게 해결하였다.

'알라야식'이란 유가행파에서 처음으로 만들어진 술어이지만, 『섭대승론』에 따르면 '알라야'라는 말이 『증일아함경』에서 사용되었다고 한다. 무착은 이렇게 말한다.

> 또 이 식에 대해 성문승에게 다른 이름으로 일찍이 여래께서 드러내셨으니, 『증일아함경』에 이르길, 세간에서는 알라야를 좋아하고, 알라야를 갈애하고, 알라야를 익히며, 알라야에 집착한다고 했다.[222]

이 부분은 한역 『증일아함경』에는 보존되어 있지 않은데, 아함이 200여 년 구전으로 전승되다가 문자화되었기 때문에 부파마다 조금씩 상이한 내용으로 경전이 성립되었는데, 중국에서 한역할 당시 저본으로 삼은 경전에 이 구절이 없었기 때문인 듯하다. 그러나 무착이 근거로 한 『율장』의 다른 부파의 판본에는 이 구절이 있는데, '알라야식설'이 초기 경전에 근거를 두고 있음을 무착은 이렇게 밝힌 것 같다. 처음으로 알라야식을 설한 경전은 『해심밀경』인데, 이 식이 알라야식으로 불리는 이유를 이렇게 설한다.

> 또 알라야식이라 이름하니 왜 그런가. 이 식으로 말미암아 몸에 섭수되어 저장되어 숨겨져 안위를 함께 한다는 의미가 있기 때문이다.[223]

---

222 『섭대승론』 무착 저, 진제 역, 제1「중명품(衆名品)」復次 此識於聲聞乘 由別名 如來 曾顯 如增一阿含經言 於世間 喜樂阿梨耶 愛阿黎耶 習阿黎耶 著阿黎耶 爲滅阿 黎耶 阿賴耶 如來說正法 世間樂聽 故屬耳

223 『해심밀경』 제3「심의식상품(心意識相品)」亦名阿賴耶識 何以故 由此識 於身攝受藏 隱 同安危義

알라야식이 신체 속에 내재하고, 잠재해 있기 때문에 알라야식으로 불린다는 것이다. '알라야'란 '저장하다'의 의미를 지니는데, 이때 저장이란 두 가지 의미를 지닌다. 즉 '저장하다'의 의미와 '저장되다'의 의미이다. 그리하여 '어떤 것을 저장하므로 알라야식이다'라는 의미에서 보면 알라야식은 능장(能藏), 즉 저장의 주체가 되고 '어떤 장소에 저장되므로 알라야식이다'라는 의미에서 보면 소장(所藏), 즉 저장되는 장소가 된다.

'어떤 것을 저장하는 창고'라는 의미의 알라야식은 그 안에 모든 법(法)을 습기(종자)의 형태로 저장한다는 것인데, 습기란 과거 업의 인상(印象)이다. 신체에 잠재하는 근원식을 발견한 유가사들은 그것이 마치 종자를 저장하는 그릇 혹은 창고 같은 것으로 이해하고, 그런 의미를 갖는 '알라야'를 붙여서 알라야식이라 명명한 것으로 보인다. 세친은 『유식삼십송』「제2송」 뒤의 두 구절에서 이렇게 말한다.

첫 번째 능변식은 알라야식이니,　　　　　　　初阿賴耶識
이숙식이며, 일체 종자식이다.　　　　　　　　異熟一切種

'첫 번째'라는 말은 알라야식이 으뜸가는 식의 체이며, 근본식임을 표명한 것이다. 현상계는 오직 표상식으로 존재할 뿐, 외적 대상이 실재하지 않는다는 유식 이론을 뒷받침하는 것이 유가사(瑜伽師, 요가수행자)들의 체험에서 나온 알라야식(ālaya vijñāna)의 발견이다. 알라야식은 일체 우리 행위의 결과가 종자로서 저장된 식이라는 의미에서 저장식이라고 하고, 줄여서 장식(藏識)이라고 하며, 집지식(執持識, 아다나식)이라고도 하고 이숙식(異熟識)이라고도 한다. 또 모든 업종자를 저장하고 있다고 하여 일체종자식이라고 하며, 한역으로 음사하여 아뢰야식(阿賴耶識)이라고도 한다.

유가사들은 선정의 관행(觀行) 중 의식이 그 작용을 멈춘 멸진정(滅盡定)의 상태에서도 미세하게 작용하는 심층의 식(識)의 흐름에 주목하여, 그 식을 알라야식이라 칭하고, 이 식이 표층의 6식을 발생케 하는 근원적인 식이며, 부파불교 이래 추구되던 윤회의 주체가 바로 이것이라고 보았다. 즉 유가사들은 어떤 현상적 사건의 전개나 우리가 의식 작용을 일으키는 이면에 보다 근원적인 것이 있음을 수행을 통해 체험한 것이다. 『해심밀경』에서 이렇게 설한다.

그대는 잘 들으라. 내가 그대를 위해 심의식의 비밀한 뜻을 설하리라. 광혜여, 마땅히 알아야 하니, 육취에서 나고 죽으며, 저 유정들은 유정의 무리에 떨어지면서 혹 난생하고 혹 태생하고, 혹 습생하고, 혹 화생하여 몸을 나누어 생기한다. 그 가운데 최초에 일체 종자의 심식이 성숙하고 전개되며 화합하여 증장하고 광대해지니...... 광혜여, 이 식을 아다나식(執持識)이라 이름한다. 왜냐하면 이 식으로 말미암아 몸에 (감각이나 인상에) 따라서 집지(執持)하기 때문이다. 또 알라야식이라고 이름하니, 왜냐하면 이 식으로 말미암아 몸에 섭수하여 숨겨 저장하고 안위를 함께 하기 때문이다. 또 심이라고 이름하니, 왜냐하면 이 식으로 말미암아 색과 소리와 냄새, 맛, 감촉 등을 집적하여 자라게 하기 때문이다. 광혜여, 아다나식에 의지하고 건립하기 때문에 육식의 몸이 활동하니. 이른바 안식, 이식, 비식, 설식, 신식, 의식이다.[224]

'아다나식'은 알라야식의 다른 이름이다. 먼저, 우리가 육도를 윤회하여 갖

---

224 『해심밀경』 제3 「심의식상품」 汝應諦聽 吾當爲汝 說心意識 祕密之義 廣慧當知 於六趣生死 彼彼有情 墮彼彼有情衆中 或在卵生 或在胎生 或在濕生 或在化生 身分生起 於中最初 一切種子 心識成熟 展轉和合 增長廣大...... 廣慧 此識亦名 阿陀那識.何以故 由此識 於身隨逐 執持故 亦名阿賴耶識 何以故 由此識 於身攝受藏隱 同安危義故 亦名爲心 何以故 由此識 色聲香味觸等 積集滋長故 廣慧 阿陀那識爲依止 爲建立故 六識身轉 謂眼識耳鼻舌身意識

가지 모습으로 태어나는 것도 이 아다나식 때문이라는 것인데, '보존하여 유지한다'는 의미에서 집지식, 즉 아다나식이라 한다. 그러니 우리가 세상에 나올 때 가지고 나오는 것이 바로 이 집지식이다. 그리고 세상에 나와 이런저런 행위를 하며 성숙시키고 변화시키는 것이 이숙식(異熟識)인데, 그것이 다시 알라야식에 저장된다는 것이다. 아다나(ādaāna)란 '붙잡다'는 의미이다. 알라야식에 저장된 종자를 붙잡아 유지되게 한다는 의미이다.

그리고 이 식에 의지하여 안이비설신의의 6식이 건립되고 작용하여, 우리 몸이 활동한다고 하는데, 이때 6식이 알라야식에 의지한다는 것은 어떤 의미인가. 눈으로 보고, 귀로 듣고, 코로 맡고, 혀로 맛보고, 피부로 느끼고, 의식으로 헤아리는 것이 단지 표층에서만 이루어지는 것이 아니라, 무의식의 영역에 속하는 심층의 알라야식의 작용을 받아서 이루어진다는 것이다. 이른바 알라야식 종자의 현행(現行)이다.

3) 종자설(種子說)

'부처의 눈'으로 보면 우리는 누구나 본질적으로 법성, 즉 불성을 지닌 존재이며, 현실적으로는 8식과 8식의 마음 작용(心所)이라는 역동적인 정신구조를 가진 존재이다. 그런데 모든 개별자는 신체적 조건의 차이는 물론, 인지능력, 정서, 성격 등 정신 기능 면에서 서로 차이를 보이며, 타고난 분위기(하이데거는 이를 존재론적 무드(ontological mood)라고 했다)도 다르다.

그러면 무엇이 그런 개인의 차이를 만드는가. 무엇이 정신 현상의 작용 원인으로 역할 하는가. 이 문제에 대해 유식학에서는 종자설로 해명한다. 즉 우리 중생은 숙세의 삶에서 지각하고, 판단 사유하며, 갖가지 감정을 일으키고 행위하면서 선과 악, 그리고 무기의 업(業)을 짓는데, 이러한 정신적 육체적 행위의 결과가 알라야식 속에 습기(종자)의 형태로 저장되어 있다가, 삶이 전개되면서 현행된다는 것이다. 이 종자는 특수한 정신적 힘, 혹은 에너지인데, 이것이 6식을 작용하게 하여 행위로 이끈다는 것이다.

알라야식의 종자가 구체적인 삶의 모습으로 연(緣)을 만나 전개되는 것을 종자생현행(種子生現行)이라 하고, 삶의 행위가 다시 업종자가 되어 알라야식에 저장되는 것을 현행훈종자(現行熏種子)라고 한다.

그러면 생각해보자. 동일한 대상을 보아도 사람마다 얼마나 서로 다르게 보며, 같은 음악을 들어도 그 호오의 스펙트럼이 얼마나 넓은가. 나아가 저마다 입맛도 다르고, 좋아하는 촉감도 다르며, 그것을 종합하여 내리는 분별, 판단의 의식 작용은 더더욱 다르다. 그런데 이것이 시력이나 청력 등의 차이에서 비롯하는 것이 아니라, 바로 저마다 숙세의 업 종자가 저장되어 잠재해 있는 알라야식의 작용에 의해 그렇게 이루어진다는 것이다. 이를 유식의 또 다른 경전 『능가경』에서는 이렇게 설한다.

무명에서 행에 이르기까지, 또 오음과 18계와 6입(六入) 등 일체 모든 법, 그리고 삼계에서 태어나는 것이 모두 다르다. 좋은 형상을 하는 것과 언어의 오고 감, 수승한 지혜의 모양도 다르다. 한 가지 상의 경계인데, 상에서 취하는 것이 상, 중, 하의 차별을 두어 승상(勝相), 염상(染相), 정상(淨相), 그리고 선(善)과 불선(不善)의 상을 보게 된다.[225]

---

225 『능가경』제1「청불품」無明及行 陰界入等 一切諸法 三界所生 皆有差別 現樂形相 言語去來 勝智異相 一相境界 而取于相 見下中上 勝相染淨 善不善相

이 세상에는 동일한 것은 하나도 없다고 한다. 그리하여 A=A 라는 동일률 (tautology)이 성립되지 않는다는 것인데, 사람이든 사물이든 정확히 같은 것은 이 세계에 존재하지 않기 때문이다. 마찬가지로 우리 중생 역시 타고난 모습 부터 시작하여 자신의 식에 의해 펼쳐내는 세계(18계)에 이르기까지 모두 다 르며, 언어의 결도 다르고, 지혜도 다르다는 것인데, 이것이 바로 알라야식 의 업 종자가 연을 만나 펼쳐지는 것이 다르기 때문이라는 것이다. 게다가 한 가지 상(相)을 하고 있는 경계를 보아도 그 선악과 미추, 시비, 이해 등을 보는 것이 중생마다 모두 다른 것도 바로 이것에서 근원한다는 것이다. 이 근원이 되는 것이 바로 '종자'로서의 알라야식인 일체종자식인데, 『섭대승론』에서 무착은 이렇게 말한다.

> 알라야식의 체상(體相)을 간략히 설해보면 이는 과보식이요, 일체종자식이
> 다. 이 식으로 말미암아 모든 삼계의 몸과 일체 육도의 사생을 모두 포섭하
> 여 다한다.[226]

우리가 세상에 나올 때 가지고 나온 것, 즉 집지식(아다나식)은 종자에서 비 롯한 것이며, 이 종자는 어디에서 누가 결정해서 준 것이 아니라 저마다 숙세 에 행한 바의 업이 '종자'로 저장되어 있다가 나온 것이니, 현재 자신이 받은 것, 누리고 있는 것, 겪고 있는 것 모두가 결국은 자업자득으로 받은 과보식 이라는 것이다.

하지만 유식학에 따르면 과보는 과보에서 끝나지 않는다. 알라야식의 또

---

226 『섭대승론』진제 역, 제2「상품(相品)」若略說阿黎耶識體相 是果報識 是一切種子 由 此識攝一切三界身 一切六道四生 皆盡

다른 이름인 이숙식(異熟識)은 우리가 삶을 영위하면서 이 식을 성숙시키고 변화시킬 수 있음을 보여주면서 새로운 가능성을 열어준다. 이렇게 성숙된 식이 다시 알라야식에 훈습되어 종자로 저장되어 있다가 다시 현행(現行)함으로써 새로운 차원을 기약할 수 있게 하기 때문이다.

무착은 『섭대승론』에서 종자를 세 가지로 분류하는데, 그것은 명언훈습(名言熏習) 종자와 아견(我見)훈습 종자, 유지(有支)훈습 종자이다.[227] 명언 종자는 언어활동을 통한 것인데, 단지 말하는 행위만을 가리키는 것이 아니라, 개념을 구성하고, 그것을 구사하여 인식하는 전체 과정이 여기에 해당한다. 아견 종자는 자타를 구분하여 '나'를 세우는 종자이며, 유지 종자는 업에 따라 중생이 계속 생사 윤회하게 만드는 종자이다.

4) 알라야식 연기

그러면 보이지도 않고, 의식되지도 않는 이 알라야식의 존재를 우리는 어떻게 알 수 있는가. 한번 생각해 볼 일이다. 우리는 얼마만큼이나 자신의 마음을 '마음대로' 할 수 있는가. '나'는 이렇게 하고 싶고 해야 하는데, 마음이 자꾸 반대 방향으로 향하는 것을 경험한 적이 없는가. 어떤 사람을 생각하고 싶지 않은데 더욱더 생각나는 경우를 마주한 적이 없는가. 어떤 일에 거리를 두고 냉정하려 하지만, 자꾸 그 일로 마음이 끌려가는 것을 경험한 적이 없는가. 선의로 다가가고자 한 언행이 도리어 불화의 씨앗이 되어 돌아오는 일을 경험한 적이 없는가. 그리고 아무런 이해관계도 없는 어떤 이를 보면서 공연히 호오(好惡)의 감정을 일으킨 적은 없는가. 아무 일도 일어나지 않았는데, 공

---

227 『섭대승론』현장 역, 제3「소지상분」若身身者 受者識 彼所受識 彼能受識 世識 數識 處識 言說識 此由名言熏習種子 若自他差別識 此由我見熏習種子 若善趣惡趣 死生識 此由有支熏習種子 由此諸識 一切界趣 雜染所攝

연히 가슴을 짓누르는 어떤 부담을 느낀 적은 없는가.

부모 형제와 좋은 관계를 유지하고, 주변의 사람들과 행복하게 지내고 싶지 않은 이가 얼마나 있을까. 그런데 어째서 좋은 관계보다는 경쟁과 갈등의 관계가 더 많은 것일까. 그 누군가를 예쁘게 보고자 노력해서 그 사람이 예쁘게 보이는 경우가 얼마나 될까. 취향이 달라서인가. 취향은 어째서 제각기 다른 것일까. 그리고 또 어째서 오랜 세월 동서양의 문학 작품에서는 '사랑에 빠지다'는 표현을 쓰는 것일까. 스스로 빠지고자 의도해서 빠지는 것일까. 그것은 또 피하고 싶다고 해서 피해지는 것일까.

결국 이 모든 것은 우리의 '의식'에서 하는 일이 아니라 더 깊은 곳에서 일어나는 것이 아닐까. 마치 깊이 흐르는 지하의 강물이 지표면의 약한 부분(緣)을 만나 세차게 솟구치는 간헐천(間歇川)처럼 말이다. 우리가 6식으로 알 수 있는 것은 지표면의 물줄기일 뿐이지만, 그 물줄기는 저 깊고 깊은 강물의 힘에 의해 솟구치는 것이지 않은가.

요컨대 우리 마음 깊은 곳에서는 이렇게 불가해하고, 불가항력적인 일들이 일어나 '마음을 마음대로' 하지 못하게 만드는데, 이에 대해 『능가경』에서 이렇게 말한다.

> 큰바다의 물결이 움직여 요동치는 것은 분별하면서, 어찌하여 알라야식이 구르는 것은 알지 못하는가.[228]

그것은 바로 알라야식이 구르면 이에 의지하여 나머지 전식(轉識 나머지 7가지 식이 작용하는 것)이 일어나기 때문이라는 것이다. 전식과 알라야식의 관계는 파

---

228 『능가경』 제2권 제3 「집일체불법품(集一切佛法品)」 大海波浪動 鼓躍可分別 阿梨耶識 轉 何故不覺知

도와 바다의 관계에 비유되는데, 물결이 바다를 떠나 독립할 수 없듯이 전식은 그 생기(生起)의 원인이 되는 근본식에 의지한다는 것이다. 그런데 그 의지처인 알라야식의 작용은 무의식의 영역에 속하는 심층에서 일어나는 일이기 때문에 의식의 영역에서는 알기 어렵다. 그러면 이 알라야식의 물결은 왜 고요히 있지 못하고 끊임없이 요동치는가. 『능가경』에서는 이렇게 설한다.

> 대해의 물결이 바람의 인연으로 생겨나 눈앞에서 춤추듯 일어나며 끊이지 않는 것처럼, 알라야식 역시 항시 바람 경계에 의해 일어나 갖가지 물결의 식(識)이 춤추며 생겨나 끊이지 않는다.[229]

마치 물결이 바람을 만나 요동치는 것처럼, 우리의 알라야식 역시 경계를 만나 전식(轉識)의 물결이 일어나고 요동친다는 것이다. 말하자면 경계라는 '인연'을 만나면서 작용한다는 것인데, 바닷물이 바람을 만나 출렁이는 것이 그 자체로 자연인 것처럼, 알라야식의 물결이 경계를 만나 출렁이는 것 역시 자연이다. 자연은 자연일 뿐이다. 이를 무부무기(無覆無記)라고 하는데, 「제3송」에서 세친은 이렇게 말한다.

알라야식은 덮임도 없고 선악도 없으니	是無覆無記
촉등 (오변행심소)도 또한 그러하다.	觸等亦如是
항시 구르는 것이 거센 물결과 같으니	恒轉如瀑流
아라한의 자리에서 (이것이) 멸한다.	阿羅漢位捨

무부무기는 알라야식의 체(體)를 설명하는 표현이다. 알라야식 자체는 번뇌

---

229 『능가경』제18 「총품」 如大海波浪 從風因緣生 能起舞現前 而無有斷絶

에 물들지도 않고, 선악으로 기별되지도 않는다는 것이다. 즉 그 자체로는 중립적이다. 그리고 그것이 상속되는 것을 거센 물결에 비유하는데, 이는 상속의 인과가 항시 연기의 이치에 어긋남 없이 이루어짐을 말한다. '항(恒)'이란 끊어지지 않음을 의미하니 곧 이 알라야식이 무시(無始) 이래 끊임없이 이어져 삼계, 육취, 사생의 근본이 되며, 그렇게 유전하며 행위한 것을 업종자로 저장 유지하여 잃어버리는 일이 없다는 것이다.

또 이 알라야식의 다섯 가지 심소(心所, 마음의 작용)인 오변행심소(五遍行心所) 역시 무부무기라고 한다. 즉 육근이 육경을 만나 육식을 이루는 것인 촉(觸), 접촉으로 인해 어떤 자각이 일어나는 반응인 작의(作意), 이 반응에서 느끼는 것인 수(受), 느낀 바를 생각하는 것인 상(想), 그리고 생각해 본 결과를 여러 입장에서 헤아려 보는 것인 사(思)가 모두 번뇌에 덮여 있지 않으며, 선악으로 나뉘지 않는다는 것이다. 말하자면 생긴 것 자체는 중립이요, 아무 죄도 없다는 것이다. 자연이다. 다만 '생긴 것'을 부리며 내세울 때 우리는 업과 죄를 보태게 된다.

이 알라야식은 아공(我空) 관을 닦아 아라한의 지위에 이르면 분별 집착이 끊어져, '아'에 집착하지 않으므로 아애집장(我愛執藏)이 제거되어 버려진다(捨)는 것인데, 이는 알라야식이라는 명칭을 버린다는 의미일 뿐, 식의 체마저 없어진다는 의미는 아니라고 한다.

그러면 번뇌에 덮여 있지도, 선악으로 기별되지도 않는 중립적인 알라야식에 전식의 물결을 일으키는 경계는 어떤 경로로 우리를 속박하는 것일까. 『능가경』에서 이렇게 말한다.

경계는 속박의 원인이 아니요, 경계를 따르는 것이 속박이다. 지혜에 의지하여 번뇌를 끊는 것은 수행자의 날카로운 검이다.[230]

경계 자체가 우리를 속박하는 것이 아니라, 그 경계가 마음에 비친 영상임을 잊고, 실제로 오인하면서 그에 따르는 순간 경계에 속박된다는 것이다. 즉 보이는 상, 즉 상분에 속박된다는 것인데, 이를 『해심밀경』에서는 상박(相縛)이라고 한다. 결국, 경계에 묶인 것이 아니라 자신의 식이 그려낸 그림에 묶이는 것이다. 『해심밀경』에서는 이렇게 설한다.

이른바 두 가지 결박에서 벗어남을 여실히 알아야 한다. 이른바 상박(相縛)과 추중박(麤重縛)이다.[231]

우리는 두 가지 결박에서 벗어나야 한다고 한다. 상박이란 자신의 식이 펼쳐져 '보이는 것'에 결박되는 것이고, 추중박이란 업의 속박(알라야식 업종자)인데, 그것이 거칠고 무겁게 결박하고 있기 때문에 '거칠 추(麤)'를 사용한 듯하다. 결국, 우리를 속박하는 것은 이 두 가지인데, 흥미로운 것은 두 가지 모두 '자신의 식'에서 비롯된다는 점이다. 전자는 '나'가 그려놓은 그림에 매이는 것이요, 후자는 '나'가 숙세에 지은 업의 과보에 매이는 것인데, 그렇게 매인 결과 일어나는 것이 우리의 번뇌라는 것이다.

그런 의미에서 번뇌는 모두 '자신의 식'에서 비롯된 것임을 아는 것이 필요하다. 그러면 어찌해야 하는가. 수행이 필요하고, 수행하는 이에게는 날카로운 칼날이 필요하다고 한다. 즉 지혜의 칼날이다.

유식학의 복잡하고 정교한 이론은 결국 이 지혜의 검을 마련하기 위한 것이고, 이 지혜의 검은 번뇌장과 소지장을 멸하고 열반과 보리를 얻기 위한 것이며, 궁극적으로는 '실상을 있는 그대로' 보는 '부처의 눈'을 얻기 위한 방편

---

230 『능가경』 제18 「총품」 境界非縛因 因境界是縛 依智斷煩惱 修行者利劍
231 『해심밀경』 현장 역, 제6 「분별유가품(分別瑜伽品)」 謂如實知出二種縛 所謂相縛及麤重縛

이리라. 그러니 이 방편들을 '자신의 등불'을 밝히기 위해 제대로 활용하는 것, 그것이 바로 수행의 길이 되는 것이 아닐까. 수행을 통해 알라야식이 전식득지하면 대원경지(大圓鏡智)된다. 거울같이 마음을 쓰는 지혜를 얻는다는 것이다.

그러면 번뇌에 덮여 있지도 않고 선악으로 기별되지도 않는 이 알라야식이 어떻게 해서 번뇌로 덮이게 되는가. 이제 이 문제를 살펴볼 차례이다.

2

제7 말나식: 사량하는 마음

불교의 사상은 시대적 요청에 따라 발전하면서 논리적으로 더욱 치밀해지고 그 용어가 다양화되었지만, 모두 초기 불교 붓다의 교설에 근거한다. 그리고 붓다 가르침의 목적은 한마디로 하면 고(苦)로부터 벗어나는 것이다. 그리고 '고'로부터 벗어나기 위해서는 고의 근원을 규명해야 하는데, 붓다는 실존적인 면에서 12연기를 통해 인간 실존의 '고'의 원인이 무명(無明)임을 밝혔고, 실천적 면에서 사성제를 통해 그 괴로움의 근원이 탐욕임을 밝혀내었다.

그렇다면 탐욕과 무명의 근원이 되는 것은 무엇인가. 탐욕의 원인이 되는 것은 곧 '나'에 집착하는 '아집(我執)'과 대상에 집착하는 '법집(法執)'이다. 아집에서 번뇌장(煩惱障)이 생기고 법집에서 소지장(所知障)이 일어난다. 그러므로 수행에서 문제가 되는 것은 이 두 가지 집착이며, 그 중에서도 크게 장애가 되는 것은 아집이다. 그러면 근원적인 번뇌로서 아집의 근원은 무엇인가.

이 문제는 부파불교 이래 부단히 논쟁되어 왔는데, 마침내 유식의 논사들은 아집의 근원을 규명하는 과정에서, 제6식인 의식 밑에 있는 심층적인 아집의 근원으로서 말나식을 발견했고, 세친은 그것을 제7식으로 설정했으며, 아집의 번뇌장과 법집의 소지장 모두 이 말나식으로부터 일어나는 것으로 보았다. '말나'란 산스크리트어로 마나스(manas)를 음사한 것인데, '생각하다'라는 의미의 동사, 만(man)에서 파생되었다고 한다. 보통 의식을 의미하여 '의(意)'라고 번역되지만 그럴 경우 제6식인 의식과 혼동되므로, 말나식으로 음역했다고 한다. 말나식은 『해심밀경』이나 『섭대승론』 등에서는 언급되지 않은 것으로 알라야식을 발견한 후 유식학파에 의해 점차 다듬어진 것인데, 그것은 두 가지 점을 배경으로 하였다고 한다.

첫 번째 배경이 된 것은 유식의 논사들이 마음을 관찰하면서 의식 밑에서 활동하는 자아의식을 상정하지 않으면 설명할 수 없는 많은 현상이 있음을 체험한 것이다. 그리하여 무명(無明)에서 비롯된 자의식, 즉 아견과 아만(我慢), 아애(我愛), 아치(我痴) 등을 작용케 하는 근원으로 심층의 말나식을 발견한 것인데, 이렇게 의식 밑에서 활동하는 말나식의 자아 집착 작용이 탐욕을 일으키는 근원이라 본 것이다. 그리고 다른 하나는 안이비설신의 다섯 기관, 즉 5근에서 5식이 발생하는 것처럼, 발생학적 측면에서 볼 때 제 6식의 의(意) 역시 의식이 생겨나게 하는 기관, 즉 의근(意根)이 존재해야 한다는 문제의식이다. 안이비설신의 전오식(前五識)의 기관은 물질적이고 육체적이지만, 의식의 기관인 의근은 무색근(無色根)의 비물질적인 것이므로, 이는 마음의 심층에 존재하는 것이라 본 것이다. 세친은 『유식삼십송』 「제5송」에서 이렇게 말한다.

다음으로 두 번째 능변식이니   次第二能變
이 식은 말나식이라 한다.   是識名末那
(말나식은) 저 (알라야식)에 의지하여 구르며 그것에 반연하여   依彼轉緣彼
사량하는 것을 성상으로 삼는다.   思量爲性相

첫 번째 능변식이 알라야식인데, 두 번째 능변식이 말나식이라는 것이다. '두 번째'라 한 것은 6식의 물결을 일으킴에 두 번째로 주요하게 작용하는 것의 의미이다. 알라야식에 의지한다는 것은 알라야식의 세 가지 종자 가운데

'아견', 즉 자아 종자에 의지하여 작용한다는 것이고, 그것(알라야식)에 반연하여 사량한다는 것은 알라야식의 견분(보는 놈)에 달라붙어 그것을 '나'로 생각하며, 나아가 '나'를 중심으로 생각하고 헤아리는 것을 본성으로 한다는 것이다.

다시 말해 말나식은 알라야식을 근거로 생기하며 알라야식 가운데 자아(아견) 종자가 전변하여 성립한 식으로, 알라야식의 견분을 자아로 잘못 생각하고, 자의식을 일으켜 집착하는데 이것은 무의식 속에서 저절로 일어나 계속 활동하는 것이다. 그 특징은 사량(思量) 즉, '항상 살피고 헤아리는 것'인데, 항상 살피고 헤아린다는 것은 생사윤회를 계속 하는 한, 끝없이 알라야식의 견분을 '자아'라고 생각하며 집착하여 '나'를 중심으로 사량한다는 것이다.

우리가 늘 경험하는 일 가운데 하나가, 어떤 동일한 대상이나 사태에 대해 저마다 그 내용을 다르게 표출한다는 것이다. 그 까닭은 어떤 대상 혹은 사태를 볼 때, 우리는 기억된 경험을 자신의 사고 작용을 통해 끌어냈기 때문이다. 자신의 기억이 어떤 객관적 사실을 바탕으로 한 것이라 해도, 형성된 기억이 표층의식, 즉 의식의 내용으로 떠오를 때에는 필연적으로 자신의 사고 작용을 거치기 때문에 이미 주관적 사실이 되어 버린다.

그런 의미에서 우리가 무엇을 생각한다는 것은 기억돼있는 정보를 인출하여 떠올리는 작용이다. 이것은 의식하지 못할 뿐, 처음 마주하는 사실을 대할 때도 그러하다. 예컨대, 처음 보는 '과일'을 보면 그 자체로 인식하지 못한다. 저장되어 있는 정보가 없기 때문이다. 그래서 그 비슷한 정보에 의지하여 그것을 다시 인식한 후, 새로이 이름을 짓는다.

여여(如如), 즉 '있는 그대로' 사물을 알 수 없다는 것은 바로 이런 과정을 통해 우리가 대상을 인식하기 때문이다. 언어지식에 의한 분별이 적을수록 대상 본래의 모습은 덜 왜곡되는데, 명언종자로 알라야식에 저장된 숙세에 걸친 기억이 사물을 보는 우리의 눈을 많은 부분 지배하기 때문이다. (어린아이일

수록 사실대로 본다는 것이 이런 이유일 것이다.)

하지만 우리는 사물에 언어의 손길을 대지 않고는 인식의 범주에 넣기 어렵다. 그러나 그렇게 언어로 이름 짓는 순간 우리는 사물을 이름으로 볼 뿐 있는 그대로 보지 못한다. 이런 심정을 어떤 시인은 이렇게 노래했다.

오렌지는 여기 있는 이대로의 오렌지다.
더도 덜도 아닌 오렌지다.
……
마음만 낸다면 나도
오렌지의 포들한 껍질을 벗길 수 있다.
……
그러나 오렌지에 아무도 손을 댈 순 없다.
대는 순간
오렌지는 이미 오렌지가 아니고 만다.
……
– 신동집, 「오렌지」

이런 맥락에서 우리는 이전 경험을 보관하는 마음(알라야식)과 지금 경험하고 인식하는 마음(6식)과는 별도로 작용하는 '생각하고 헤아리는 마음'을 따로 고려할 필요가 있다. 대상을 '있는 그대로' 보지 못하게 하는 것이 바로 이 '생각하는 마음'이기 때문이다. 기억이란 경험이 남긴 잠재인상으로의 습기(習氣)이고, 습기의 다른 이름은 종자이다. 세친은 이렇게 말한다.

식은 자신의 종자로부터 생겨나 대상 경계와 닮은 모습으로 전변한다.[232]

---

232 『유식이십론(唯識二十論)』 현장 역, 識從自種生 似境相而轉

우리가 지금 보고 있는 대상이 실상 우리가 기억하고 있던 어떤 것과 닮은 표상식일 뿐이라는 것이다. 이렇게 기존의 기억과 닮은 것으로 대상을 생각하는 마음의 작용을 사량(思量)이라고 칭하는데, 이 사량식인 말나식은 알라야식의 종자에 의지하고 있다는 것이다.

그런데 말나식의 사량은 늘 '나'를 중심으로 이루어지고, 이렇게 자기중심적인 생각은 항상 번뇌를 수반한다. 번뇌는 다른 표현으로 염오(染汚, 물들다는 의미)라 하기 때문에 말나식을 염오식이라고 하는데, 이 염오된 마음이 바로 '고(苦)'를 일으킨다. 세친은 「제6송」에서 이렇게 말한다.

(말나식은) 항시 네 가지 번뇌와 함께 하니	四煩惱常俱
즉 아치, 아견	謂我痴我見
아만, 아애이다.	幷我慢我愛
촉등 (오변행심소)과도 함께 한다.	及與觸等俱

'나'를 세우는 마음인 말나식에는 언제나 아치, 아견, 아만, 아애의 네 가지 번뇌가 수반된다고 한다. 첫 번째 아치(我痴)는 '무아'의 이치를 모르는 것으로, 무명(無明)이라고도 한다. 즉 무시 이래 무명에서 비롯된 번뇌의 업이 구르며 생성한 색신을 '나'라고 착각하는 것인데, 초기 불교 이래 무명은 사성제와 연기의 이치에 무지한 것으로 생각해왔으나, 유식학파에서는 이러한 입장에 서면서도 무명 속에서 가장 근원적인 것이 무엇인가를 발견했는데, 이것이 곧 아치이다. 세친은 무명 대신에 아치라고 표현했다.

아견(我見)은 '나'가 존재한다고 보는 견해이다. 오온(五蘊)에 집착하여 그것을 '나(我)'로 삼고 '내 것(我所)'으로 삼는 것이다. 찰나생 찰나멸하는 알라야식의 작용을 고성된 '나'로 여긴다.

아만(我慢)은 아견에 의해 설정된 '나'를 의지처로 삼아, '나는 ○○이다',

'나는 어떠어떠한 사람이다'라고 교만하게 뽐내는 마음 작용이다. 자아로 대상화된 알라야식의 견분에 근거하여 자아를 높이 내세우는 마음이다.

아애(我愛)는 자아에 대한 애착심이다. 아애는 갖가지 고뇌를 발생시키는 원인이며, '나'의 소멸인 죽음에 대한 공포를 부추기는 근본 원인이다. 아애를 소멸하지 않는 한 고(苦)로부터 벗어날 수 없다.

또 이 말나식의 다섯 가지 심소(마음의 작용)인 5변행심소(五遍行心所) 역시 이 네 가지 번뇌가 수반된다. 즉 6근이 6경을 만나 육식을 이루는 촉(觸)과 접촉으로 일어나는 자각의 반응인 작의(作意), 이 반응에서 느끼는 수(受), 느낀 바를 생각하는 상(想)이 일어날 때 아치와 아만, 아견과 아애의 네 가지 번뇌가 함께 따른다는 것이다. 그래서 알라야식이 무부무기인 반면, 말나식은 유부무기(有覆無記)라고 하는데, 선악으로 기별되지는 않지만, 번뇌에는 덮여 있다는 것이다. 세친은 「제7송」에서 이렇게 말한다.

(말나식은) 번뇌에 덮여 있으나, 선악으로 기별되지 않는다.	有覆無記攝
태어나는 바에 따라 매이니	隨所生所繫
아라한, 멸진정,	阿羅漢滅定
출세도에서 없어진다.	出世道無有

'덮여 있다'는 것은 번뇌로 덮여 삶을 '고'로 이끈다는 것이다. 말나식은 4번뇌에 물들어, 그 업식의 발현된 바에 '나'를 세우고 '나'를 위하고, '나'를 중심으로 사량하고, 자기 중심적 번뇌를 조장하여 6식을 물들이기 때문에 염오식(染汚識)이 된다.

그런데 말나식이 선악으로 기별되지 않는 무기(無記)인 이유는 말나식이 염오되어 번뇌를 일으키는 자리이긴 하지만, 그러한 성질만 가지고 있을 뿐 행동으로 이어지지 않기 때문이다. 말나식의 사량이 말과 행위로 표출되는 것은 6식을 통해서만 가능할 뿐, 그 자체로 선악을 짓지 않기 때문에 번뇌에 덮여 있으나 선악으로 기별되지 않는다고 한 것이다.

'태어나는 곳에 따라 매인다'는 것은 말나식은 스스로 태어날 수 없고, 제8 알라야식의 이숙과(異熟果)에 의지하여 태어나기 때문에 '태어나는 곳(所生)'이라 표현하고, '얽매인다(所繫)'는 것은 인간계에 태어나면 인간계에 매이고, 축생계에 태어나면 축생계에 매이며, 천계에 태어나면 천계에 매인다는 의미이다.

아라한의 지위와 멸진정, 그리고 출세도에서 말나식의 작용이 없어진다고 하는데, 아라한은 아공관(我空觀)을 닦아 무아의 이치를 증득했기 때문에 아집의 작용이 일어나지 않으므로, 아라한의 지위에서 없어진다는 것이다. 그리고 마음(의식)의 작용이 없어진 멸진정(滅盡定)에서 마음이 적정(寂靜)해져 아집이 일어나지 않는다고 한다. 그러나 알라야식에 저장된 종자가 완전히 멸한 것이 아니라 단지 복단(伏斷)되어 있기 때문에, 언제라도 다시 탐애 등의 번뇌를 일으킬 수 있다고 한다. 말하자면 현행(現行)은 멸했지만 종자는 멸한 것이 아니라는 것이다. 복단이란 '억눌러 제지한다'는 뜻이다. 출세도란 세간의 이름과 이해(名利)를 넘어서 진제(眞諦)만을 추구하는 길을 가리키니 불도 수행에 매진하는 길을 말하는데, 이 길에서 '나'를 버린다는 의미이리라. 그러면 '나'를 버린다는 것은 어떤 의미인가. 그 의미를 『능가경』에서는 이렇게 설한다.

> 오음(伍陰)에는 '나'도 없고 '타인'도 업고 '중생'도 없으니, 생겨나는 것은 곧 모두 식이 생겨남이요, 멸하는 것도 곧 모두 식의 멸함이다.[233]

'나'를 버리라는 것은 물리적으로 자신을 죽이라는 것도 아니요, 매사에 자

---

233 『능가경』제18「총품」五陰中無我 及無人衆生 生卽諸識生 滅卽諸識滅

의식을 누르라는 것도 아니라, '오음'이 '나'라고 여기는 착각에서 벗어나라는 것이다. 곧 '무아'의 이치를 알라는 것인데, 즉 '나'도 '남'도 '중생'도 실체로 존재하는 것이 아니라 다만 식이 그렇게 펼쳐냈다가 다시 거두어들이는 것, 즉 식의 생멸일 뿐임을 알라는 것이다. 이를 유식성의 깨달음이라고 하는데, 수행을 통해 말나식이 전식득지(轉識得智)하면 평등성지(平等性智)를 얻는다.

〈두 가지 심층식 : 무기(無記)의 의미〉

우리 의식에서는 감지되지 않는 심층식. 즉 제7 말나식과 제8 알라야식은 직접적인 인식기관이 아니다. 인식을 직접 담당하지 않으면서, 나머지 여섯 식(識)의 인식을 성립시키는 근원이 될 뿐이다. 그런데 이 알라야식의 종자가 현행되면서 우리 삶의 업두루마리가 펼쳐진다는 것, 곧 알라야식 종자설과 연기설을 보면 얼핏 운명론처럼 느껴질 때가 있다. 이미 정해진 것이 펼쳐져 어쩔 수 없다고 보는 데서 그렇게 생각되는 것인데, 과연 그러한가.

이렇게 생각한다고 가정해보자. 현생의 '나'의 삶을 이끄는 것은 전생에 '나'가 지은 선업과 악업이다. 이것이 가능한 이유는 전생의 업이 사라지지 않고, 알라야식에 종자로 저장되어 있다가 연(緣)을 만나 펼쳐지기 때문이다. 사라지지 않고 저장되는 전생의 업은 씨앗과 같다. 알라야식이란 이 씨앗에 상당하는 업력의 덩어리이다. 그러므로 전생의 선업을 보존한 종자가 현행되면서 행복의 과보를 낳고, 악업의 종자는 불행의 과보를 낳는다. 결국 알라야식은 전생의 업력을 담고 있으며, 그 업에 걸맞게 현행되며 과보를 낳는 윤회의 주체이다.

이런 생각은 일견 타당해 보이지만, 자칫하면 업보 윤회설을 운명론으로 받아들이게 된다. 현생의 과보는 이미 알라야식에 의해 결정되어 있다는 생각에 빠지기 때문이다. 그렇다면 이것은 잘못된 이해일 것인데, 이러한 오해는 어디에서 비롯되는 것인가. 그것은 바로 알라야식이 전생의 선업과 악업의 성질을 그대로 저장한다고 생각하는데서 일어나는 것이다.

유식학에 따르면 알라야식은 윤회의 원인이긴 하지만 선악으로 기별되지 않는 무기(無記)이며, 과보를 직접 생성하는 주체가 아니다. 말하자면 심층식인 알라야식과 말나식은 무기(無記)로 업을 발동하지 않는다. 알라야식을 윤회의 주체로 표현하는 것은 알라야식이 마치 종자와 같은 역할을 함을 뜻할 뿐이다.

알라야식이 실제로 의미하는 것은 과거 업이 남긴 힘, 즉 습기이다. 숙세의 업을 담지하고 있는 알라야식은 의식으로 떠오르지 않은 과거의 기억이며, 과거 행위의 업이다. 현생에서도 과거의 경험을 모두 기억에 올릴 수 없는데 하물며 숙세의 것이겠는가. 하여간 그 기억의 내용이 현재와 미래의 삶에 영향을 주는 것은 사실이지만, 그렇게 영향을 주는 것은 잠재한 기억 자체가 아니다. 기억은 의식 표면에 떠오를 때만 현생에서 업으로 작용할 수 있다. 알라야식의 습기(種子)는 의식이 작용하는 바탕이 될 뿐, 업을 발동하는 주체는 의식을 포함한 6식 전체이다. 제 6식인 의식이 중요한 이유가 바로 여기에 있다. 의식의 힘으로 우리는 우리의 식을 이숙(異熟)해 갈 수 있고, 그렇게 이숙된 것은 알라야식에 이숙식으로 저장될 것이기 때문이다.

유식학에 따르면, 알라야식에 저장된 업종자는 새로운 출생으로 그 과보를 드러낸다고 한다. 만일 숙세의 선업으로 말미암아 이런저런 유리한 조건과 일을 만났다면, 그것으로 선업의 과보를 받아 청산된 것일 수 있다. 반대로 숙세의 악업으로 현생에 매우 불리한 조건으로 태어나 여러 가지 어려운 일을 겪었고 겪고 있다면, 그 역시 전생의 악업은 이미 그 대가를 치른 셈이 될 수도 있다.

그러나 무엇을 유리한 조건이라 하고 불리한 조건이라 하겠는가. 누군가는 부유한 집안에 태어나지 못한 것을 원망할 수 있지만, 다른 누군가는 부잣집에 태어나지 않은 것을 다행으로 여길 수도 있다. 전자는 악업의 과보로 보고 후자는 선업의 과보로 보는 것이니, 과보의 선악은 받아들이는 이의 판단에 따라 달라질 수 있다. 결국 선악업이라는 판단 역시 받는 이의 '식'의 전변에 의한 것이 아닐까. 하여간 중요한 것은 과보식 자체가 아니라 그것을 우리가 어떻게 받아들이고 대응하느냐이다.

닥칠 일은 닥치게 마련이고, 우리를 기다리는 인연사는 피할 수 없다. 그렇기 때문에 우리의 수행에서 중요한 것은 업 두루마리의 전개에 매이는 것이 아니라, 그것을 관(觀)하여 업 두루마리의 전개는 다만 업의 그림자일 뿐임을 알아 그 공성(空性)을 보는 것이다. 그렇게 할 때, 달마 조사의 가르침대로 '봉고불우(逢苦不憂)'하고 '체원진도(體怨進道)'하는 것, 즉 괴로움을 만나도 그것이 꿈같은 것임을 알아 번뇌를 일으키지 않고, 하나하나 몸으로 겪어가며 도를 향해 나아갈 수 있는 것이 아닐까.

3
제6식: 인식을 주도하는 마음

'부처의 눈'으로 보면 우리 중생 모두는 법성(불성)을 지닌, 그 자체로 부처인 존재인데, 우리는 어째서 바른 깨달음을 얻지 못하고 오음을 '나'로 여기며, '나'를 내세우면서 탐진치가 악순환하는 어리석은 삶을 전개하고 있는 것일까.

유식학에 따르면 그것은 바로 '말나식'에서 연유한다. 말나식의 작용이 알라야식의 견분을 '나'로 인식하여 아집을 수반함으로써 6식의 인식작용을 물들여 업을 발동시키고 번뇌를 일으키기 때문이라는 것이다.

하지만 알라야식과 말나식은 선도 악도 아닌 무기를 본성으로 하고 있기 때문에 선악의 업을 발동시키지 않는다. 결국 선악의 업을 낳는 것은 바로 우리의 제6식인 의식이고, 그 중에서도 자신의 의지(意)이다. 그렇기 때문에 어떤 의미에서 제6식인 의식은 우리의 공부에서 가장 중요한 의미를 지닌다. 『유마경(維摩經)』에서는 이렇게 설한다.

눈과 대상은 둘이지만, 만일 눈의 성품이 대상에 대해 탐내지 않고, 성내지 않으며, 어리석지 않음을 알면, 이를 이름하여 적멸이라고 한다. 이같이 귀와 소리, 코와 향, 혀와 맛, 몸과 감촉, 뜻과 법도 두 가지이지만, 만일 의

(意)가 법에 대해 탐내지 않고 성내지 않으며 어리석지 않음을 알면, 이를 이름하여 적멸이라고 하며, 그 가운데 편안히 머무는 것, 이것이 불이(不二) 법문에 드는 것이다.[234]

불이법문은 일반적으로 『유마경』의 종지(宗旨)로 일컬어지는 것인데, 마음과 대상이 둘이 아니라는 것이 핵심이다. 연속되어 일어난다는 것이 그것이요, 그 자체로 이어졌다는 것이다. 그런데 대상 경계를 대상화하여 소유하고자 탐내고, 그 소유가 마음대로 되지 않으면 성내고, 성이 나면 곧 어리석어지는 것이 우리의 마음이다. 그러므로 불이법문에 드는 것, 즉 이어진 실상에 가까워지는 것은 곧 대상에 탐진치를 내지 않는 것이고, 결국 그것이 바로 경계가 없다(無境)는 의미라는 것이다. 그리하여 경계에 매이지 않는 마음이 될 때, 적멸(寂滅)이라는 마음의 평화를 얻고 거기에 머무는 것이 곧 불이법문의 요체라는 것이다. 그러면 어떻게 불이법문에 들어가는가. 『유마경』에서 이어서 이렇게 설한다.

이때 유마힐이 여러 보살에게 말했다. 어진 자들이여, 보살은 어떻게 불이법문에 들어가는 것입니까. 각기 좋아하는 바대로 설해주십시오. 회중에 법자재보살이라는 이름의 보살이 말했다. 어진 자들이여, 생멸은 두 가지이나 법에는 본래 생겨남이 없으니 지금 멸함도 없습니다. 이 무생법인(無生法忍)을 얻는 것, 이것이 불이법문에 드는 것입니다. 덕수보살이 말했다. '나'와 '내 것'은 두 가지이지만 '나'가 있음으로 인해 곧 '내 것'이 있는 것이니, 만일 '나'가 없다면 곧 '내 것'도 없습니다. 이것이 불이법문에 드는

---

234 『유마경』 제9 「입불이법문품(入不二法門品)」 眼色為二 若知眼性於色 不貪不恚不癡 是名寂滅 如是 耳聲鼻香 舌味身觸 意法為二 若知意性於法 不貪不恚不癡 是名 寂滅 安住其中 是為入不二法門

것입니다.[235]

이 두 보살이 이렇게 자신의 견해를 낸 후, 이어서 계속 31명의 보살이 차례로 자신의 견해를 피력한다. 그러고 나서 여러 보살이 문수사리에게 그의 견해를 물으니, 문수보살은 이렇게 말한다.

문수사리가 말했다. 제 생각에 일체법은 말도 없고, 설도 없고, 보임도 없고 앎도 없습니다. 모든 문답을 떠나는 것, 이것이 불이법문에 드는 것입니다. 그러고 나서 문수보살이 유마힐에게 물었다. 저희들은 각기 자신의 생각을 말했습니다. 어진 자여, 보살이 불이법문에 드는 것은 마땅히 어떠해야 합니까. 그러자 유마힐은 묵연히 말이 없었다.[236]

이른바 유마거사의 '침묵'이다. 장자의 말대로, '이미 하나로 이어졌는데, 어떻게 그것을 말로 할 수 있는가'라고 한 것과 같은 맥락이다. 그 언명을 실천으로 보이기 위해 '침묵'한 것인데, 이 경우는 침묵도 하나의 언어요 방편이 된다. 침묵으로 답한 것이기 때문이다.

하여간, 불이법문에서 중요한 것은 '나의 마음'과 '대상 경계'는 실상 이미 이어져 있다는 것인데, 이것을 대상화하여 탐욕과 성냄과 어리석음으로 집착하면서 번뇌가 일어난다는 것이다. 그러면 대상을 보고 탐을 내거나, 소리를 듣고 성을 내는 것은 무엇일까. 눈이 탐을 내고 귀가 성을 내는 것일까. 탐진

---

235 『유마경』 제9 「입불이법문품」 爾時 維摩詰 謂衆菩薩言 諸仁者 云何菩薩 入不二法門 各隨所樂 說之 會中有菩薩 名法自在 說言 諸仁者 生滅為二 法本不生 今則無滅 得此無生法忍 是為入不二法門 德守菩薩曰 我我所為二 因有我故 便有我所 若無有我 則無我所 是為入不二法門

236 『유마경』 제9 「입불이법문품」 文殊師利曰 如我意者。於一切法 無言無說 無示 無識 離諸問答 是為入不二法門 於是文殊師利 問維摩詰 我等各自說已 仁者當說 何等是菩薩 入不二法門 時維摩詰 默然無言

치를 내는 것이 감각기관이 아니라면 무엇인가.

그것은 바로 감각된 내용을 종합하여 헤아리는 우리의 의식, 즉 제 6식이다. 실제로 우리 마음 작용에서 우리가 감지할 수 있고, 또 쓸 수 있는 것은 오직 제 6식뿐이다. 이 의식이 마음에 비친 영상을 보고 생각하고 분별하고 판단하고 예상한다. 세친은 『유식삼십송』「제8송」에서 이렇게 말한다.

다음 세 번째 능변식은	次第三能變
여섯 종류로 차별되니,	差別有六種
경계를 요별하는 것을 본성으로 삼는다.	了境爲性相
선과 불선, 선도 아니고 불선도 아닌 것을 함께 한다.	善不善俱非

세 번째 능변식은 6식, 즉 안식, 이식, 비식, 설식, 신식, 의식이다. 각기 차별적으로 기능하며 독립적이기 때문에 6가지로 차별된다고 했다. 예컨대 눈은 빛깔과 모습은 보지만 소리를 듣지 못하고, 귀는 소리만 들을 뿐 색과 상은 구별하지 못하는 것처럼 각기 색성향미촉법에 상응하여 경계를 요별, 즉 구별하여 이해하고, 제6 의식은 이를 종합하여 '나'를 중심으로 시비, 선악, 이해, 행동의 방향 등을 헤아리므로 6식을 요별경식(了別境識)이라고 한다.

이 6식이 작용함에 알라야식에 저장된 업종자가 작용하고, 그 가운데 말나식의 업식에 따라 색성향미촉법을 다르게 요별하는데, 우리는 '있는 그대로' 보고 느낀다고 생각하지만 실상 자신의 업식에 따라 보고 느끼는 것이고, 그리하여 선, 불선, 선도 아니고 불선도 아닌 것 등이 각자의 업식에 따라 다르게 판단되는 것이다. 그러면 선과 악, 그리고 무기(無記)로 구별되는 의식의 작용은 어디에서 시작되는 것인가.[237]

저 허공과 토끼의 뿔, 석녀의 아이 같은 것은 '있는 것'이 아니지만 '말'은 있다. 이렇게 (일체는 말로) 허망하게 분별한 것이다.[238]

관찰한 것은 오직 자신의 마음이 나타난 것인데, 허망하게 (있는 것으로) 인식하여 대상경계를 보는 것일 뿐 실상 대상경계는 없다. 오직 이름과 글자로 분별한 마음이 나타난 것이다.[239]

의식의 작용은 '분별'에서 시작된다고 한다. 그리고 그 분별은 알라야식의 명언(名言) 종자에 힘입어 언어를 통해 이루어지는 것인데, 이때 언어로 인식된 것은 바로 자기의 마음이 펼쳐낸 그림을 보고 '있는 것'으로 알고 분별한다는 것이다. 그러면 어떤 것이 선악이 되고, 또 무기가 되는가.

의식의 모든 작용이 대상을 '있는 것'으로 보고 요별하는 것이긴 하지만, 가치가 개입되지 않은 분별은 그 자체로 중립적이다. 이런 분별은 무기에 해당한다. 선악과 연관된 것은 말나식의 작용에 힘입어 일으키는 '나'를 중심으로 한 분별이다. 나아가 이런 분별이 어떤 의도나 의지를 지니고 행위로 이어질 때 그것이 선악의 업을 낳는다. 『능가경』에서 이렇게 설한다.

대혜여, 나의 설은 저 외도의 법과 같지 않다. 왜 그런가...... 여실히 자신의 마음이 나타난 것임을 알기 때문이요, 자심을 분별하여 보지 않기 때문

---

237 육식은 선, 불선, 무기 세 가지로 나뉜다. 일반적으로 육식이 선의 심작용, 즉 믿음(信), 제부끄러움(慙), 남부끄러움(愧), 탐욕없음(無貪), 성내지 않음(無瞋), 어리석지 않음(無癡), 부지런함(勤), 경안함(輕安), 방일하지 않음(不放逸), 베풂(行捨), 해치지 않음(不害)과 함께 할 때 선이 되고, 불선의 심작용, 제부끄러움이 없음(無慙), 남부끄러움이 없음(無愧), 성냄(瞋), 분노(忿), 한(恨), 번뇌(覆), 고뇌(惱), 질투(嫉), 인색함(慳), 해침(害)과 함께 작용할 때 불선이 된다고 본다. 그리고 양쪽 어느 것도 수반하지 않을 때 무기이다.
238 『능가경』제3「집일체불법품」如虛空兎角 及與石女兒 無而有言說 如是妄分別
239 『능가경』제3「집일체불법품」言觀察者 惟自心見 虛妄覺知 以見外塵 無有實物 惟是名字 分別心見

이다.[240]

부처의 설은 외도의 법과 다르다고 한다. 불교에서는 불법 이외의 교설을
외도(外道)라 칭하는데, 붓다 당시 큰 세력을 형성했던 여섯 유파를 육사외도
(六師外道)라 한다. 이들 역시 각 유파마다 상이한 주장을 다양하게 펼쳤지만,
지배적인 사상은 이 세계의 모든 현상은 그 본체인 브라흐만에서 나온 것이
고, 그 브라흐만이 다시 우주 속으로 들어가 인간 내면의 아트만이 된다는 범
아일여(梵我一如) 사상이었다.

그런데 부처의 교설은 이와 다르다는 것이다. 눈앞에 펼쳐진 세상이 브라
흐만에서 나온 것이 아니라 오직 자기 마음이 나타난 것이며, 그것을 알기 때
문에 '보이는 것'을 실체로 보고 분별하지 않는다는 것이다. 그러면 이 분별
은 '무엇'이 '어떤 과정'을 통해 하는 것인가. 『능가경』에서는 이렇게 설한다.

마음의 자성은 청정한 것인데, 의(意) 등이 인연이 되어 그것이 갖가지 업
을 능히 짓는 것이다.[241]

마음의 자성은 청정하다고 한다. 자성청정심(自性淸淨心)이라고 할 때의 마
음이란 식(識)과는 다른 의미로 사용된 것으로, 식의 전변(轉變)을 영사막처
럼 비추는 작용을 하는 '부처의 눈'에 비친 마음의 실상이다. 거울처럼 비추
는 작용만을 하는 마음은 그 자체로 어떤 분별도 하지 않고, 그렇게 '분별하
지 않는 마음'의 실상을 청정하다고 표현한다. 말하자면 마음이라는 영사막
에 상분이 비친 것을 견분이 보는 과정에서, 말나식이 그 견분을 '나'로 여기

240 『능가경』 제5 「로가야타품(盧迦耶陀品)」 大慧 我說不同 彼外道法 何以故…… 以如實
　　 知 自心見故 不生自心 分別見故
241 『능가경』 제18 「총품」 心自性淸淨 意等是因緣 彼能作諸

고 '나'의 의식(意)이 그 상분을 보고 당부당(當不當) 호불호(好不好) 이불리(利不利) 등등의 념(念, 있지 않은 것을 있다고 여기고 짓기 때문에 망념이라고 한다)을 지어 분별하면서 업을 짓기 시작한다는 것이다.

장자는 이렇게 념을 짓는 마음(의식)을 성심(成心)이라고 한다. 장자는 연속적인 세계의 실상을 이탈하여 자아를 세우는 마음을 성심이라 표현하는데, 성심의 문제는 '없는 것(실체 없음)'을 '있다(실체)'고 생각하고, 그것을 토대로 하여 허상에 불과한 온갖 문제를 야기한다는 데 있다.

'보는 나'를 세우지 않으면 선악도 시비도 성립할 수 없다. 바로 이 '보는 나'를 세우는 마음이 성심인데, 이 성심은 사물을 자기를 중심으로 대상적으로 보게 한다. 장자는 그렇게 자기중심적으로 '나'와 '대상'을 이분법적으로 구분하는 편견을 해체할 것을 권하는데, 그 첫 번째로 드는 것이 앞서 살펴본, 바로 '이것'과 '저것'을 나누는 「피시(彼是)」이다.

우리는 '이것'을 '이것'이라 믿고, '저것'을 '저것'이라 믿지만 실상에서 보면 '이것'이 '이것'이 아니고 '저것'이 '저것'이 아니라는 것이다. 즉 '이것'과 '저것'이 절대적 근거를 가지고 고정된 것이 아니라 시각에 따라 정해지는 것이고, 또 동시적인 사태로 생기한다는 것이다. 그런데 흥미로운 것은 '이것'과 '저것'이 대립적으로 생기함을 설명하면서 장자는 피차(彼此)를 사용하지 않고 '피시(彼是)'를 사용했다는 점이다.

우리가 누군가를 향해 '이쪽으로 와!'라고 했을 때, 이쪽이란 어느 쪽인가. 바로 '나'의 쪽이다. 때문에 우리가 이것(是) 혹은 '이쪽'이라는 의식을 가질 때 이미 '나의 쪽'이 옳다(是)는 판단을 전제하거나 결론 내릴 의도를 갖고 있음을 시사(示唆)하는 것이다. 시(是)는 '이것'이라는 의미도 있지만 '옳다'는 의미로도 쓰인다. 즉 시비 판단의 계기가 이미 전제되어 있는 것이다. 장자는 이렇게 말한다.

사물에는 저것 아닌 것이 없고, 사물에는 이것 아닌 것이 없다. 스스로를 저것으로 본다면 (자타가) 보이지 않고, 자아를 세우면 (자타를) 인식하게 된다. 그러므로 말하길, 저것은 이것에서 나오고, 이것 역시 저것으로 인한다고 하니, 피시(彼是) 방생의 설이다.[242]

'이것'의 입장에서 보면 '저것' 아닌 것이 없고, '저것'의 입장에서 보면 '이것' 아닌 것이 없다. 즉 '나'의 입장에서 볼 때 '남'이 아닌 것이 없고, '상대'의 입장에서 그 '상대'를 보면 '나' 아닌 것이 없다는 것이다. 기준이 되는 시각에 따라 '이것'이 되기도 하고, '저것'이 되기도 한다. 때문에 이 둘은 별개의 것이 아니다. 따라서 '나'라는 '이것'은 상대의 '저것'과의 관계에서 성립될 뿐 별도의 존립 근거를 갖지 않는다. 즉 '나'는 독립된 존재가 아니라 상대방의 입장에서 본 상대(自彼), 즉 타자의 타자(the other of the other)이다.

자신을 상대편의 상대편, 즉 타자의 타자로 인식한다면 '자아'는 독립적으로 드러나지 않는다(自彼則不見). 스스로 '자아'를 세우면서 '이쪽'이 세워지고, 자타가 분리된 것으로 인식된다(自知則知之). '보는 나'를 세우면서 '보이는 대상'이 생기하는 것이다. 그런 까닭에 '이것'과 '저것'은 동시적으로 생기하는 것(binary opposition)이며, 그 어느 것도 상대를 환원시킬 만한 중심이 될 수 없고, 우열을 나눌 수 없다. 그것을 장자는 '피시방생의 설'이라고 이름한다.

나아가 '이것'과 '저것'을 분별하는 마음은 필연적으로 '이쪽' 즉 '나'의 옳음을 주장하는 시비의 마음으로 이어진다. 장자가 시비 문제에 중점을 두고 있는 것은 시비 문제가 바로 우리의 마음, 즉 고정된 자의식의 문제와 뿌리 깊게 연관되기 때문이다. 장자는 이렇게 말한다.

---

242 『장자』「제물론」物無非彼 物無非是 自彼則不見 自知則知之 故曰彼出於是 是亦因彼 彼是方生之說也

바야흐로 생(生)이 있으니, 바야흐로 죽음이 있고, 바야흐로 죽음이 있으니 바야흐로 삶이 있다. 바야흐로 가(可)함이 있으니, 바야흐로 불가(不可)함이 있고 바야흐로 불가(不可)함이 있으니 바야흐로 가(可)함이 있다. 시(是)로 인하여 비(非)가 있고, 비(非)로 인하여 시(是)가 있다.[243]

'이것'과 '저것'만이 동시적 사태로 생기는 것이 아니라, 생사와 가불가(可不可), 시비 등 이분법적 짝을 갖는 것은 모두 그러하다는 것이다. 상대를 전제로 해야만 성립하는 관계적인 것이다. 이 중에서도 '나'를 중심으로 한 '분별'의 정점은 '시비'에 있다. 그런데 이 시비의 근원은 바깥의 다른 데 있는 것이 아니다. 성심이 시비의 근원이 된다. 장자는 성심이 없는데도 시비가 생기는 것은 불가능하다고 한다.

자신의 성심을 따라 스승으로 삼는다면, 누군들 스승이 없겠는가…… 성심이 없는데도 시비가 있다는 것은 오늘 월(越)나라로 간 자가 어제 도착했다는 것과 같다. 이는 없는 것을 있다고 여긴 것이다. 없는 것을 있다고 여긴다면 비록 신우(神禹)가 있어도 어쩌지 못할 것인데, 내가 어찌하겠는가.

'나'를 중심으로 분별하여 지은 마음이 곧 성심(成心)이다. 이를 스승처럼 받들며 따른다는 것은 곧 '옳다'고 여기는 것이고, 누구인들 스승이 없겠느냐는 것은 누구나 자신의 성심이 옳다고 여긴다는 것이다. 의식하지 못해도, 우리는 모두 각각의 입장에서 자신이 옳다고 여기는데, 바로 여기에서부터 시비가 일어난다. 그러니 마음으로 짓지 않았는데도 시비가 있다는 것은 있을 수 없는 일이다. 마치 월나라에 오늘 간 자가 어제 도착했다고 하는 것과 같

---

243 『장자』 「제물론」 方生方死 方死方生 方可方不可 方不可方可 因是因非 因非因是

이 어불성설(語不成說)이다. 없는 것을 있다고 강변하는 것과 같다. 장자는 이 것을 안타까워한다.

〈'일어나는 분별'과 '일으키는 분별'〉

그러면 우리는 '분별'을 하지 않을 수 있는가. 저 심층의 알라야식과 말나 식의 작용에 힘입어 물결같이 일어나는 의식의 분별을 어찌해야 하는가. 자 연으로 '일어나는' 분별은 업의 자연스러운 전개가 아닌가. 그러나 마음에 '분심(憤心)'이 나는 것과 분심(憤心)을 내는 것이 다르고, 탐심이 나는 것과 그 탐심을 밖으로 내는 것이 다르며, 어리석은 생각이 나는 것과 그 어리석은 생 각을 표출하여 행동하는 것은 다르지 않을까.

그런 의미에서 우리는 '분별'을 두 가지로 구분해서 볼 필요가 있다. 그 두 가지는 자동사적으로 '일어나는 분별'과 타동사적으로 ('나'가) '일으키는 분 별'이다. '일어나는 분별'은 심층식의 영향을 받아 일어나는 의식의 분별이 요, '일으키는 분별'은 마음에 비친 식의 그림자를 보고 의식이 다시 념(念)을 지어 분별하는 것이다. 전자는 자연이지만 후자는 (선악의) 업을 짓는 분별이 된다. 그런데 『능가경』에서 능가왕은 이런 말을 한다.

불법의 진실한 체(體)는 있는 것도 아니고, 없는 것도 아니다. 법의 상(相) 은 항시 그러한데, 다만 자신의 마음이 분별한다. 만일 사물을 실체로 본다 면 그 사람은 부처를 보지 못할 것이오, 분별하는 마음에 머물지 않아도 역 시 부처를 보지 못할 것이다...... 그때 허공과 자기 몸속에서 묘한 소리가

---

244 『장자』「제물론」夫隨其成心而師之 誰獨且無師乎...... 未成乎心 而有是非 是今日 適越 而昔至也 是以無有爲有 無有爲有 雖有神禹 且不能知 吾獨且奈何哉

나며 이렇게 말했다. 훌륭하도다. 훌륭하도다. 능가왕이여, 모든 수행자는
마땅히 그대의 수행과 같아야 한다.[245]

이 경문에서 능가왕의 말은 두 가지이다. 대상경계를 실체로 본다면 '부처
의 눈'을 얻지 못할 것이요, 분별하지 않으려 하면 역시 '부처의 눈'을 얻지
못하리라는 것이다. 이 말에 대해 부처는 훌륭하다고 칭찬하며 마땅히 그렇
게 수행해야 한다고 하고 나서, 능가왕이 무생법인(無生法忍)을 얻을 때가 왔
음을 밝게 아시고 몸을 드러내어 법을 설하는 경문이 그 뒤로 이어진다.

먼저 첫 번째, 연기하는 존재의 실상은 유무를 넘어선 공성(空性)이고, 그러
므로 눈앞의 대상경계를 실체로 보면 부처를 보지 못한다는 말은 앞서 줄곧
우리가 논해 온 바, 이해가 어렵지 않다. 그런데 두 번째, 분별하는 마음에 머
물지 않으면 그 역시 부처를 볼 수 없다는 것은 무슨 의미일까. 오히려 이름
짓고 평가하고 판단하며 분별하는 마음이 '부처의 눈'을 가리는 것이 아닌가.
그런데 경문의 앞뒤에는 이에 관한 부연 문장이 없었다. 그래서 이 부분에서
오랜 시간 참구해야 했다.

그러면서 대략 두 가지 의미가 아닐까 생각되었다. 첫 번째는, 심층의 업종
자로 인해 일어나는 업의 그림자로서의 분별은 자연이며, 그렇기 때문에 그
것은 버릴 수도 피할 수도 없는 것이라는 의미일 것이다. 그것은 마치 거울에
비친 사과와 같은 것이다. 거울에 비친 사과는 실체가 아니어서 잡을 수도 먹
을 수도 없지만, 그렇다고 떼어내는 것도 가능하지 않다. 그러니 일어나는 분
별을 그대로 관(觀)하며 그 공성을 볼 뿐, 그 일어나는 분별에 다시 분별을 일
으켜 업을 보태지 말라는 것이 아닐까. 어떤 의미에서 보면 '분별하지 않으려

245 『능가경』제1「청불품」佛法眞實體 非有亦非無 法相恒如是 唯自心分別 如見物爲
實 彼人不見佛 不住分別心 亦不能見佛…… 聞虛空中 及自身中 出於妙聲 而作是
言 善哉善哉 楞伽王 諸修行者 悉應如汝 之所修學

는 분별'은 가장 큰 분별일지도 모른다. 그런 면에서, 우리를 번뇌로 이끄는 것은 '일어나는 분별'이 아니라 '일으키는 분별'이다. 실상 사태 자체보다 사태에 대해 우리가 일으키는 분별과 해석이 우리를 더 고뇌케 하지 않던가.

그리고 다른 하나는 그럼에도 불구하고 업식의 '분별'에 매이지 않고, 그 업식을 닦아나가는 이숙(異熟)의 수행을 위해서는 또 다른 차원의 분별이 필요함을 의미할 것이다. 말하자면 심층식의 작용으로 일어나는 수동적인 물결이 아니라, 그 심층식과 의식의 관계를 밝게 보는 능동적인 물결로서 '의식'의 성찰과 의지 작용을 강조하기 위한 것이 아닐까. 앞으로 보겠지만 『대승기신론』에서는 이를 '의(意)'의 힘이라고 한다.

자연적으로 일어나는 분별은 그 자체로 문제되지 않는다. 그러나 그 분별에 매여서 새로이 업을 지을 때 문제가 된다. 장자는 이를 '붕새와 메추라기의 이야기'에서 논하는데 앞서 「소요유」의 첫 이야기에서 북명의 곤어가 붕새로 변신하여 구만리 창공을 올라 남명을 향해 비행할 때, 이를 본 메추라기가 무엇 때문에 저런 수고를 하는지 모르겠다고 비웃는 것에서 시작한다.

매미와 메추라기가 붕새를 보고 비웃으며 말했다. "우리는 힘껏 날아올라도 느릅나무나 다목 나무 가지에 머문다. 때로 거기에도 못 가서 땅바닥에 떨어져 부딪히기도 한다. 그런데 저 붕새는 뭐 하러 구만리를 올라가서 남쪽으로 가려하는가." 교외로 소풍가는 사람은 세끼 먹고 돌아와도 여전히 배가 부르지만, 백 리를 가는 자는 하루 동안 식량을 찧어 준비해야 하고, 천리를 가는 자는 석 달 동안의 양식을 모아야 한다. 그러니, 저 두 작은 새가 어찌 알겠는가.
소지(小知)는 대지(大知)에 미치지 못하고, 소년(小年)은 대년(大年)에 미치지 못한다. 무엇으로 그러함을 아는가. 하루살이는 그믐과 초하루를 알지 못하고, 매미는 봄과 가을을 알지 못한다. 이것들은 소년(小年)이다. 초나라 남쪽에 명령이라는 것은 오백 년을 봄으로 삼고, 오백 년을 가을로 삼는다. 먼 옛날 대춘이라는 것은 팔천 년을 봄으로 삼고, 팔천 년을 가을로 삼는다. 그런데 팽조는 특별히 오래 산 것으로 소문나 있으며, 사람들은 이를 부러워하여 짝하고자 한다. 역시 슬프지 않은가?[246]

메추라기는 대붕을 비웃는다. 그들은 자신의 경험에 비추어보며 대붕의 구만리 비행을 믿지 못하고 의심한다. 그들의 경험 세계에서 볼 때 붕새의 비행은 터무니없다. 여정에 따라 식량을 준비해야 하는 것처럼 메추라기의 여정은 대붕과 같은 여정이 필요하지 않으며, 가능하지도 않다. 그렇기 때문에 그런 여정 자체를 이해할 수 없다. 그러나 필요하지 않고 이해할 수 없는 것이 상대를 비웃을 이유가 되는 것은 아니다.

소지(小知)와 대지(大知), 소년(小年)과 대년(大年)은 차이가 있다. 그런데 장자에 따르면, 이 소지와 소년이 대지와 대년을 부러워할 필요가 없고, 역으로 대지와 대년이 소지와 소년을 경멸할 이유가 없다. 하루살이가 회삭(晦朔)을 모르고 매미가 춘추(春秋)를 모르는 것은 당연하다. 여기까지는 자연으로서의 분별이다. 즉 무기(無記)이다.

그렇기 때문에 붕새는 메추라기의 낮고 짧은 비행을 경시할 이유가 없고, 메추라기 역시 대붕의 비행을 쓸모없는 것이라고 비난할 이유가 없다. 개별자 간의 차이는 차이일 뿐이다. 그 차이가 차별적인 서열이나 가치로 전화하는 것은 '일어난 분별'에 다시 성심을 지어 분별을 일으키는 것이다. 이 지점부터 업을 짓는 분별이 시작된다.

모든 존재자는 각기의 수명과 지(知)에 맞는 이해를 할 뿐, 다른 존재자의 그것을 따를 필요도 없고, 따를 수도 없다. 우열(優劣)이든 대소(大小)든 서로

---

246 『장자』「소요유」 蜩與學鳩笑之曰 我決起而飛 槍〔搶〕楡枋 時則不至 而控於地而已矣 奚以之九萬里而南爲 適莽蒼者 三餐而反 腹猶果然 適百里者 宿舂糧 適千里者 三月聚糧 之 二蟲又何知

의존하여 형성된 상대적 개념일 뿐이다. 장자가 대소(大小)를 대비하여 논하는 것은 그 존재자의 우열을 논하기 위한 것이 아니라 자기와 타자 사이의 현격한 차이가 있음을 자각하지 못하고, 자기중심적으로 사태를 해석하고 단정하는 지적 용렬함 혹은 교만함을 깨우치기 위한 것이다. 대지와 소지는 모두 상대적인 영역에 속하는 지적 인식 능력이다. 대지와 소지의 분별과 우열이 해체된 곳에서 진지(眞知)가 드러난다. 그러나 진지(眞知) 조차도 실체가 아니다.

 하여간 우리 각자가 자신의 자리에서 세계를 이해하고 관점을 갖는 것은 불가피한 일이다. 업식에 따라 각각의 관점과 시각을 갖는 것 자체는 문제 되지 않는다. 장자 역시 문제 삼지 않는다. 오히려 장자가 문제 삼는 것은 개별자의 성심을 타자에게 적용하려 하거나, 그것으로 타자를 판단하거나 강제하는 것이다. 거기에서 각 개별자의 성심(분별)은 긴장관계에 놓이게 되고 갈등하면서 시비하는 상황을 유발한다. 시비는 피차를 구분하는 분별의 성심에서 오는 필연적 결과이다. '나'를 세우지 않고 대상을 가르지 않는 한 일어날 수 없는 것이 시비이다. 장자는 바로 그것을 문제 삼는다. 거기서 더욱 문제가 되는 것은 개별자의 성심을 진리라고 간주하여 그것을 보편화하려는 욕망을 가지는 것이다. 그래서 장자는 '자신의 성심을 스승(진리의 기준)으로 삼는다면 그 누군들 스승이 없겠느냐'고 말한다. 그렇다면 인간의 시비는 피할 수 없는 것인가.
 장자에 따르면 세계에 대한 가장 현명한 태도는 실상을 따르는 것이고, 존재의 실상에서 보면, 시비가 시비인 채로 시비가 되지 않는다고 한다. 그것을 화시비(和是非)와 양행(兩行)으로 표현하는데, 그는 이렇게 말한다.

 장오자(長梧子)가 말했다. "만일 내가 자네와 더불어 논변을 한다고 하자.

자네가 나를 이기고 내가 자네를 이기지 못한다면, 그대가 과연 옳은 것이고, 내가 과연 그른 것인가. 내가 그대를 이기고 그대가 나를 이기지 못한다면 내가 과연 옳은 것이고, 그대가 과연 옳지 않은 것인가. 그 일부는 옳고 그 일부는 그른 것인가. 모두 옳고 모두 그른 것인가...... 우리는 누구로 하여금 그것을 바르게 판단케 할 수 있는가. 그대와 의견이 같은 자로 하여금 판단하게 한다면 이미 그대와 같을 것이다. 나와 의견이 같은 자로 하여금 판단하게 한다면 이미 나와 의견이 같은 터이니, 어찌 능히 바르게 판단하겠는가. 나나 그대와 다른 자로 하여금 판단하게 한다면, 이미 나나 그대와 의견이 다른데 어떻게 능히 바르게 판단하겠는가. 나나 그대와 의견이 같은 자로 하여금 판단하게 한다면 이미 나나 그대나 의견이 같은데 어떻게 능히 바르게 판단할 수 있겠는가. 나나 그대나 다른 사람(제3자)이나 모두 서로 알 수 없으니, 상대에게 의지하겠는가. (自正에 맡길 뿐이다.)"[247]

불가피하게 시비를 가려야 하는 상황이라고 하자. 그 시비를 누가 결정할 수 있는가. 논쟁에서 이겼다고 해서 옳다고 할 수 있는가. 또 졌다고 해서 그르다고 할 수 있는가. 부분적으로 옳거나 그르다고 할 수 있는가. 시비는 확정할 수 없다. 시비를 가를 수 있는 절대적 자격을 갖춘 존재자는 어디에도 존재하지 않는다. 한 개별자는 자기의 시각에서 상황과 연관(曼衍)에 따라 자신의 시비를 선택하고 주장하게 마련이다. 시비를 가르기 위한 논쟁을 통해 상정(相正 상대를 바로잡는 것)하는 것은 원천적으로 불가능하다.

그러면 누가 옳은가. 아무도 옳지 않다. 그러면 누가 그른가. 아무도 그르

---

247 『장자』「제물론」既使我與若辯矣 若勝我 我不若勝 若果是也 我果非也邪 我勝若 若
不吾勝 我果是也 而果非也邪 其或是也 其或非也邪 其俱是也 其俱非也邪...... 吾
誰使正之 使同乎若者正之 旣與若同矣 惡能正之 使同乎我者正之 旣同乎我矣 惡
能正之 使異乎我與若者正之 旣異乎我與若矣 惡能正之 同乎我與若者正之 同乎
我與若矣 惡能正之 則我與若與人 俱不能相知也 而待彼也邪

지 않다. 각각이 각각의 방식으로 옳을 뿐이라는 것이다. 이를 장자는 인시(因是, 자기의 옳음에서 말미암는다는 것)라고 하는데, 각 개별자들이 서로 다른 것도 그 자체로 자연이고, 자연이므로 다른 것 자체를 그대로 두고 각자의 옳은 것(自正)에 맡기는 것이 가장 실상에 가깝고 현실적인 대안이라는 것이다.

장자는 시비를 중단시키거나 소멸시킨다고 표현하지 않는다. 시비를 화(和)한다고 한다. 단(斷)도 멸(滅)도 아닌, 즉 시비의 부정도 시비의 긍정도 아닌 화(和)이다. 화(和)한다는 것은 시비를 잠재워버리거나 잘라버리는 것이 아니라 서로 조화시켜 스스로 풀어지도록 하는 것, 즉 해소되도록 하는 것이다. 화시비는 시비하지만 시비가 없는 것, 시비가 없으면서 각각의 시비가 모두 인정되는 것이다. 이를 양행(兩行)이라고 하는데, 장자는 이렇게 말한다.

저공(狙公)이 도토리를 주며 말하기를, 아침에 세 개 주고 저녁에 네 개 주겠다 하니 원숭이들이 모두 성을 냈다. 다시 말하길, 그러면 아침에 네 개 주고 저녁에 세 개 주겠다 하니 원숭이들이 모두 기뻐했다. 명실(名實)은 변한 것이 없는데 기뻐했다 성냈다 하니, 역시 인시(因是)이다. 이런 까닭에 성인은 시비(是非)를 화(和)하고 천균(天鈞)에서 쉰다. 이것을 일러 양행(兩行)이라고 한다.[248]

이른바 조삼모사(朝三暮四) 이야기이다. 우리의 정신을 수고롭게 하는 분별지(分別智)는 어떻게 사용해도 존재의 실상을 볼 수 없다. 그것에 의지해 희비하는 것은 그야말로 원숭이 꼴이다. 원숭이들은 실상이 달라진 것도 없는데 스스로 화내고 웃는다. 조삼모사이든 조사모삼이든 차지하는 도토리 양에는 변함이 없지만 당장의 눈앞의 계산에 속아 기뻐하고 성낸다. 모든 존재자는 자신이 옳다고 여기는 대로 산다. 이것이 인시(因是)이다. 그러므로 화시비를 위해서는 도추(道樞)에 서고 하늘의 저울, 즉 자연의 균형(天鈞)에 맡기는 것이 필요하다(도추에 대해 뒤에서 자세히 논할 것이다). 시비를 나누지 않고 자연의 조화에 맡기고 분별적 지성을 쉬게 하는 것이 필요하다는 것이다.

결국 장자는 성심(成心)을 해체하고 허심으로 전회하는 것, 즉 자아를 해체하는 것(無我)을 최종 관심사로 삼는다. 허심은 마음의 실상을 회복하는 것이고, 마음의 실상은 다만 '비추는 작용'만을 하는 거울같은 것이다.

〈의(意)의 힘〉

그러면 우리가 쓸 수 있는 것은 심층식이 아니라 의식일 뿐이고, 의식의 요별작용, 즉 분별작용은 피할 수 없는데, 우리는 어떻게 허심으로의 전회를 이룰 수 있는 것이고, 업식을 이숙시키는 수행을 통해 아집과 법집을 파하여 '부처의 눈'을 얻을 수 있는가. 『대승기신론』에서 이렇게 말한다.

> 일체법은 불가설(不可說)이요, 불가념(不可念)이기 때문에 이름하여 진여(眞如)라 함을 마땅히 알아야 한다. 묻기를, 만일 이와 같다면(말로 할 수 없고, 생각으로 헤아릴 수 없다면) 중생들은 어떻게 수순하여 진여에 들어갈 수 있는가.[249]

진여란 여래(如來) 혹은 여거(如去)라고 표현되는 존재의 실상이요, '부처의 눈'이 열리면서 현현하는 세계의 모습이다. 존재의 실상을 언어로 표현할 수 없다는 것은 앞서 충분히 논의한 바 있는데, 이에 더하여 념(念)할 수 없다고

---

248 『장자』「제물론」 狙公賦芧曰 朝三而暮四 衆狙皆怒 曰然則 朝四而暮三 衆狙皆悅 名實未虧 而喜怒爲用 亦因是也 是以聖人 和之以是非 而休乎天鈞 是之謂兩行
249 『대승기신론』當知一切法 不可說不可念故 名爲眞如 問曰 若如是義者 諸衆生等 云何隨順 而能得入

한다. 념이란 의식으로 헤아려 분별하는 마음을 짓는 것이니, 장자식으로 말하면 성심이다. 오직 연기법에 따라 변화하고 있는 것이 존재의 실상인 도(道)이고, 이를 공(空)이라 표현한 것인데, 이를 '있는 것'으로 보고 그것에 분별을 내는 것이 곧 념(念)이니, 말로 하고 의식으로 분별을 지을 때 바로 없는 것을 있다고 보는 망념(妄念)이 되어버린다는 것이다.

바로 이런 점에 대해 언설과 사유를 넘어서는 어떤 초월적 경지를 표현한다고 해석하기도 하지만, 그것은 온당치 않다. 이름 지을 수 있을 만큼 고정된 불변의 실체가 아님을 표현한 것일 뿐이요, 눈에 보이는 유전하는 존재 현상 바깥에 무언가가 따로 존재하는 것이 아님을 표현한 것이다.

그렇다면 말로도 할 수 없고, 의식으로 헤아릴 수도 없다면 우리는 어떻게 해야 하는가. 우리가 볼 수 있고 쓸 수 있는 것은 오직 '의식' 뿐 아닌가. 우리의 마음을 꽁꽁 묶어버리는 것이 아닌가. 그런데 바로 다음 구절에서 우리의 마음을 대변해주는 물음을 던져준다. 말로 할 수도 없고 의식으로 헤아릴 수도 없다면, 중생들은 어떻게 진여에 이를 수 있는 것인가. 이어지는 문장에서 마명(馬鳴)은 이렇게 말한다.

답하길, 일체법을 말로 한다 해도 말할 수 있는 주체(能)도 없고 말한 만한 대상(所)도 없으며, 비록 헤아린다 해도 헤아리는 주체(能)도 없고 헤아릴 만한 대상도 없음을 안다면, 이를 수순한다고 이름한다.[250]

비록 탐진치가 있어도, 짓는 자가 있지 않다.[251]

---

250 『대승기신론』答曰 若知一切法 雖說 無有能說可說 雖念 亦無能念可念 是名隨順
251 『능가경』 제4 「불심품」 雖有貪瞋痴 而無有作者

설사 세상에 대해, 즉 내 마음에 비친 그림자에 대해 이렇게 저렇게 분별하고 언설로 표현한다 해도 그것을 말하는 '나'와 '대상', 말하자면 주체와 객체(能所)가 없음을 알라는 것이다. 생각할 수 있는 자도 없고 생각할 대상도 없다는 것은 곧 주재자 없음의 표현이다. 무수하게 다양한 존재자들의 인연사가 펼쳐지지만 그것을 주재하는 자도 없고, 설사 있다 해도 알 수가 없다. 그러니 탐진치가 있어도 탐진치를 짓는 자가 없다. 마치 바람소리는 있어도 '바람'의 소리는 없는 것처럼, 명사적 실체가 없다. '나'도 '대상'도 실체가 아니다. 오직 구체적 사태로서 마음에 비친 상(相)으로만 현현하는 것만 보일 뿐이다. 그리고 또 이어서 이렇게 말한다.

> 무명(無明)의 상은 깨달음의 성품을 여의지 않으니, 무너뜨릴 수 있는 것도 아니지만 무너뜨릴 수 없는 것도 아니다.[252]

말하자면 마음에 비친 업의 그림자는 마음의 성품에 비친 것이므로 그 성품 자체에서 떼어낼 수 없다는 것이다. 거울에 비친 영상을 무슨 수로 없애버릴 것인가. 사실 번뇌를 없애고 싶다고 없앨 수 있다면 중생이 무엇 때문에 고뇌하고 수행하겠는가. 그렇게 없앨 수 없는 것이지만, 없앨 수 없는 것도 아니라고 한다. 그 번뇌가 일어나는 마음의 당처, 즉 무엇을 자신이 번뇌라고 이름했는지, 왜 번뇌라고 느끼는지를 보면서, 그것이 다만 업식이 인연에 따라 일어나는 것임, 즉 공성을 보면서 그 무명의 상을 없앨 수 있다는 것이다. 오는 대로 맞이하고 가는 대로 보내지만 거울 자체에는 아무일도 일어나지 않는 것처럼, 그렇게 할 때 번뇌에 물들지 않을 수 있다는 것이다. 그러면 이렇게 마음을 거울같이 쓸 수 있는 것은 의식의 어떤 부분이 하는 일일까. 그

---

252 『대승기신론』無明之相 不離覺性 非可壞 非不可壞

런데 흥미롭게도 『대승기신론』에서 이에 대한 단서를 이렇게 내보여 준다.

　　마치 대해의 물이 바람에 파도칠 때 물의 상(相)과 바람의 상(相)이 서로 버릴 수도 떠날 수도 없는 것과 같다. 물 자체는 움직이는 성품이 아니어서 바람이 없어지면 움직이는 상도 없어지지만 습한 성품은 무너지지 않는다. 이같이 중생의 자성은 청정한 마음이어서　마음과 무명은 모두 형상이 없지만 서로 버릴 수도 여읠 수도 없는 것이다. 마음은 움직이는 성품이 아니어서 무명이 멸하면 상속도 멸하지만, 지혜의 성품은 무너지지 않는다.[253]

　아무리 마음이 무명이라는 바람에 파도쳐도, 그 지혜의 성품은 파괴되지 않음을 비유를 통해 말하고 있다. 지혜의 성품이란 바로 자성 청정심이요, 청정이란 곧 분별없음이니, 곧 분별하면서 분별하지 않는 큰 지혜를 가리키리라. 즉 마음의 비친 영상을 보면서 그것에 매이지 않는 밝은 지혜를 말하는데, 그 자체가 우리 마음에 성품으로 내재해 있다는 것이다. 밝은 지혜의 성품이란 바로 분별없는 청정한 마음을 가리키는 것이다. 그러니 이것이 바로 '부처의 눈'으로 볼 때 나타난다는 중생의 불성이 아니겠는가. 그래서 '부처의 눈'을 덮고 있는 분별이라는 중생지견을 걷어낼 때, 부처의 눈이 열린다고 하는 것이 아닐까.

　하여간 우리에게 내재해 있다는 이 지혜의 성품은 끊임없이 우리의 '무명'을 자극하며 훈습한다고 하는데, 『대승기신론』에서 이렇게 말한다.

　무엇을 일러 훈습에 의해 정법(淨法)이 일어남을 끊어지지 않게 한다고 하

253　『대승기신론』如大海水 因風波動 水相風相 不相捨離 而水非動性 若風止滅 動相 則滅 濕性不壞故 如是衆生 自性清淨心 心與無明 俱無形相 不相捨離 而心非動 性 若無明滅 相續則滅 智性不壞故

는가. 이른바 진여법이 있기 때문이니, 그것이 능히 무명을 훈습한다. 훈습의 힘이 있기 때문에 망심으로 하여금 생사고락을 싫어하고 열반을 구하게 한다.[254]

마치 향기가 옷에 배는 작용을 하는 것처럼, 지혜 성품의 훈습 작용에 의해 무지의 마음을 깨달음으로 향하게 하고 그것을 부단히 이어지게 한다는 것이다. 즉 모든 중생에게 갖추어져 있는 '성품 그대로의 모습'인 자성, 달리 표현하면 불성의 작용이 무명에 지혜의 향기를 배게 하여 우리의 헛된 망상을 깨게 하고, 우리의 망심(妄心)이 생사고락을 떠나 열반을 구하게 한다는 것이다. 그런데 더 흥미로운 것은 늘 없는 것을 있다고 보는 우리의 망심(妄心)을 진여가 훈습한다고 하는데,『대승기신론』에서는 제6식을 의(意)와 의식(意識)으로 나누면서 이렇게 말한다.

생하고 멸하는 인연이란 중생의 마음에 의지하여 의(意)와 의식(意識)이 구르는 것이다.[255]

망심 훈습에는 두 가지가 있다. 첫째는 분별사식 훈습이니, 범부, 성문, 연각이 생사의 고를 싫어하고, 힘이 미치는 바에 따라 점차 무상의 도를 향하여 나아가는 것이다. 두 번째는 의(意) 훈습이니, 모든 보살이 발심하여 용맹하게 열반을 향해 빠르게 나아가는 것이다.[256]

---

254 『대승기신론』云何熏習 起淨法 不斷 所謂 以有眞如法故 能熏習無明 以熏習因緣 力故 則令妄心 厭生死苦樂 求涅槃

255 『대승기신론』生滅因緣者 所謂衆生依心 意意識轉故

256 『대승기신론』妄心熏習 義有二種 云何爲二 一者分別事識熏習 依諸凡夫二乘人等 厭生死苦 隨力所能 以漸趣向 無上道故 二者意熏習 謂諸菩薩發心 勇猛速趣 涅槃故

우리의 의식, 즉 망심은 의(意)와 의식(意識)으로 나뉜다고 한다. 분별사식은 의식을 다르게 부른 것인데 마음에 인식되는 사물을 실재한다고 분별하여 보는 식이다. 그러나 발심하여 생사의 고를 싫어하는 마음의 힘, 즉 작의력(作意力)인 의지의 힘에 의해 무상도(無上道)에 나아가는 것을 목표로 한다. 의(意)는 청정한 진여의 작용이 훈습된 것이다. 유식무경을 깨달은 마음이며, 의의 발심은 용맹하고 강력하여 빠르게 나아간다고 한다. 유식의 이치를 알아 알라야식의 본질을 알고 있기 때문에 분별사식에 머물지 않고, 깨달음을 향해 나아간다는 것이다.

요컨대 우리가 쓸 수 있는 것은 의식뿐이고, 의식의 기본 작용은 요별이며, 말나식의 인도를 받아 '나'를 중심으로 한 분별을 일으키면서 우리를 번뇌로 이끌지만, 다른 한편으로 의식은 자성의 청정한 지혜의 훈습으로 우리를 깨달음으로 이끄는 힘을 지닌 것이기도 하다. 그러니 이 의(意)를 어떻게 쓰는가가 우리의 공부를 결정한다. 제6식은 전식득지하여 묘관찰지(妙觀察智)를 얻으며, 전오식(前五識)은 성소작지(成所作智)를 얻는다.

장자 역시 우리가 개별적이고 폐쇄적인 성심(成心) 속에 갇혀 있다면 어떻게 여기에서 벗어나는 것이 가능할까에 대해 말한다. 마음은 우리를 성심 안에 가두기도 하지만, 다른 한편으로는 자기를 넘어서 성찰할 수 있는 위력을 지니고 있다. 바로 여기에 철학하는 의미가 있다. 장자는 「덕충부」에서 이렇게 말한다.

그 지(知)로써 심(心)을 얻고, 심(心)으로써 상심(常心)을 얻는다.[257]

상심(常心)이란 말 그대로 한결 같은 마음, 평상(平常)한 마음, 일렁이지 않는 마음, 마음 밖에 외물(外物)을 따로 소유하거나 장악하려고 구하지 않는 마음, 외부의 상황에 따라 옮겨 다니지 않는 마음, 조작하지 않는 마음, 그저 거울

같이 고요할 뿐인 마음이다. 그런데 그런 마음을 얻는 것은 심(心)의 작용이라 하니, 아마도 의(意)에 해당하는 것일 것이요, 그 마음을 얻게 하는 것이 지(知)라 하니, 실상을 밝게 보려는 지혜를 의미하리라.

이제 밝은 눈으로 파노라마처럼 펼쳐지는 이 세상의 존재들은 마음에 따라 어떻게 그 존재 양상이 현현하는지, 그리고 어떻게 우리의 8식을 전식득지하여 '부처의 눈'을 열어가는지에 대해 보아야 할 차례이다. 유식의 논사들은 이를 무엇으로 해명하는가. '삼성설'과 '전식득지'설이 바로 그것이다.

---

257 『장자』「덕충부」以其知得其心 以其心得其常心

10장
유식 사상 (3)
唯識

1

존재의 세 가지 양식과 그 무자성:
無自性
삼성설과 삼무성설

알라야식 심식설과 더불어 유식 사상의 두 번째 기둥은 삼성설(三性說)이다. 유식의 논사들은 존재의 양식을 세 가지로 설명하는데, 변계소집성(遍計所執性)과 의타기성(依他起性), 그리고 원성실성(圓成實性)이다. 나가르주나의 '이제설(二諦說)'에 근거해보면, 변계소집성과 의타기성은 세속제에 해당하고, 원성실성은 승의제, 즉 진제에 해당한다.

이 '삼성설'이 최초로 등장하는 경전은 『해심밀경』인데, 세 가지 존재의 성품을 이렇게 설한다.

"그대는 잘 들으라. 내 그대를 위해 제법의 상(相)을 설하리라. 이른바 모든 법의 상에는 대략 세 가지가 있다. 무엇 세 가지인가. 첫째는 변계소집 상이요, 둘째는 의타기상이요, 셋째는 원성실상이다."258

---

258 『해심밀경』 제4 「일체법상품(一切法相品)」 汝應諦聽 吾當為汝 說諸法相 謂諸法相 略有三種 何等為三 一者遍計所執相 二者依他起相 三者圓成實相

『해심밀경』에 따르면, 변계소집상은 이름과 말(名言)에 의해 세워진 것인데, 명언에 의해 세워진 것이란 의미는 사물이 실제로 존재하지 않는다는 것이다. 이렇게 명칭에 의해 인식된 것을 마음과 별도의 존재물이라고 생각하는 것이 변계소집상이다. 주객이 분리된 형태로 나타난다. 의타기상이란 여러 인과 연에 의해 생긴 현상적 존재이며, 원성실상이란 '있는 그대로'의 참된 실재로 진여(眞如)라 칭한다. 우리의 마음은 정(情)적으로든 지(知)적으로든 업력에 물들어 있어 존재를 있는 그대로 볼 수 없는데, 이 염오(染汚)의 상태를 수행을 통해 제거해 나가면서 열린 눈으로 보는 세계의 참모습이 바로 진여이다.

그런데 이 세 가지 존재 형태는 각기 별도의 자성을 지니고 존재하는 것이 아니라 우리의 식에 따라 현현하는 존재의 세 가지 양상이다. 즉 식(識)의 관련 방식에 따라 존재 형태가 드러나는 것일 뿐, 세 종류가 병렬적으로 존재하는 것은 아니다.

삼성설은 어떤 의미에서 나가르주나의 중도 사상을 이론적으로 해명하기 위한 것인데, 그는 모든 존재 배후에 변하지 않는 실체가 있다는 '설일체유부'의 학설을 비판하며, 모든 현상적 존재는 인연생기일 뿐 무자성(無自性)의 공(空)임을 밝히고, 이를 '꿈' '환' '허공꽃' 등으로 표현했다.

하지만 모든 것이 헛것(幻)이고, 우리의 마음이 '환(幻)을 친 것'이라고 해도, 우리는 현상적으로 보고 듣고 만지며 실물로 감지한다. 현상에서는 엄연한 실물로 존재한다. 유식의 논사들은 현상적으로 보이는 존재 자체의 성격을 규명함으로써 이런 의문에 답을 제시하고자 했다.

그리하여 존재란 무엇인가의 문제를 중심으로 존재의 세 가지 특성을 설명하는데, 이것은 존재가 우리에게 인식되는 세 가지 방식인 동시에, 우리가 존재를 인식하는 세 가지 방식이기도 하다. 그리하여 결국 세 종류의 존재형태가 그 어느 것도 그 본질로서의 자성을 지닌 것이 아닌 무자성이라는 '삼무성설(三無性說)'을 설함으로써 다시 공성(空性)을 천명하고 있는데, 이 '삼성설'과

'삼무성설'은 유식학의 실천 수행과 연관된 중요한 교설이다.

1) 변계소집성(遍計所執性)

대체로 우리는 자신의 눈으로 직접 보고, 귀로 직접 들은 것을 사실이라 믿는다. '안이비설신'이라는 오감으로 대상을 파악하는 것, 이것이 직접 지각이기 때문이다. 이를 불교에서는 현량(現量)이라 하는데, 문제는 우리가 직접 지각한 것이라 믿는 것이 실상은 직접 지각이 아니라는 데 있다. 어째서 그런가.

예컨대, 어떤 이가 어딘가에서 매우 독특한 모양의 꽃을 보았다고 하자. 그는 그꽃의 이름을 정확히는 알지 못했지만, 기억에 저장된 정보에 근거하여 국화라고 생각했다. 그래서 자신이 보고 느낀 것을 사람들에게 말하며 '국화'인 것 같다고 했다. 그러면 이 말을 들은 사람들은 어떤 '국화'를 연상할까. 아마도 제 각기 알고 있는 '국화'를 떠올렸을 것이다. 그런데 그렇게 떠올린 '국화'는 말한 이가 직접 본 '그 꽃'에 얼마나 근접해 있을까.

다른 이에게 자신이 본 것을 말하기 전, 그 사람이 직접 지각한 모습을 자상(自相)이라 한다. 그리고 자신이 본 것을 전한 말을 듣고 사람들이 떠올린 모습은 공상(共相)이라 하는데, 공상이란 어떤 대상에 대해 공통적으로 인식하고 있는 상(相)을 가리킨다.

그리고 이 과정에서 어떤 말을 듣고 그 말이 가리키는 대상의 모습을 추리를 통해 떠올리며 인식하는 것을 비량(比量)이라고 하는데, 비량을 통한 인식은 대상 자체가 아니라 공상(共相)으로서의 관념이거나 이미지이다. '나'는 직접 목격한 사실을 전하지만, 듣는 이는 추리를 통해 인식한다. 때문에 실상 우리가 직접 지각한 사실이라고 말하는 것은 결국 대부분 비량(比量)에 의한 것이요, 추리와 분별에 의해 형성된 공상(共相)이다.

유식학에 따르면 전오식이 대상을 인식하는 방법은 직접 지각이고, 제6식인 의식이 인식하는 방법은 추리이다. 그런데 '안이비설신'의 전오식은 직접 대상을 지각한다 해도 말을 일으킬 수 없다. 우리가 말을 통해 무언가를 알아차린다면, 그렇게 형성된 앎은 의식의 작용인 추리와 분별을 통해 얻은 것이다. 그렇기 때문에 우리는 어떻게 알아도 직접 지각한 것이 아니다. 어떤 대상을 직접 대면한다 해도, 그것을 인식의 범주에 넣고 묘사하기 위해서는 언어를 동원할 수밖에 없고, 개념이나 말에 의한 인식은 직접지각을 넘어선 추리의 영역에 속하기 때문이다.

그런데 문제는 의식의 추리활동인 비량이 반드시 언어를 통해 이루어지며, 언어를 통해 이루어지는 인식은 공상(共相)이라는 데에 있다. 게다가 이 공상(共相) 역시 정확히 같은 상(相)이 아니다. 저마다 다르게 공상을 세우지만, 이를 알아차리기 어렵다. 다른 이의 공상도 자신의 그것과 같을 것이라 생각하기 때문이다.

우리가 빈번하게 경험하는 갈등 가운데 하나는 상대가 진심을 알아주지 못한다고 보는 데서 비롯된다. 서로 오해라고 주장하는 것인데, 상대가 아는 것을 오해라 하고, 나의 이해가 오해일 수 있다는 점은 고려하지 않는다. 이는 서로의 지식이 각각의 공상으로 형성되어 있고, 공상에 의해 사태나 사물을 인식하는 데서 기인한다. 공상은 우리가 대상을 인식하는데 편리한 공통분모로서의 개념 언어일 뿐, 대상 자체의 실상을 나타내는 것이 아니다.

일단 말로 표현되면 공상(共相)이 되어버린다. 대상의 '있는 그대로의 모습'인 자상(自相)은 말로 표현될 때 공상(共相)에 의해 인식되어 버리기 때문에, 언어로는 대상의 '있는 그대로의 모습'을 전할 수 없다. 이를 노자는 '도를 말로 하면 이미 도가 아니다(道可道非常道)'라고 표현했다. '실상'에서 멀어져 버리고 만다는 것이다. 결국 감관으로 경험한 것을 자료로 하여, 언어와 개념을 통해 이루어지는 우리의 사유는 모두 직접적인 인식이 아니라 간접 추리이기 때문에 '실상'과 거리가 멀다. 그런 의미에서 존재의 실상은 궁극적으로 언어도단(言語道斷)이다. 그러나 또 언어를 통하지 않고는 '우리가 지각하고 있는 것이 실상이 아니다'라는 것을 전할 도리가 없다.

바로 이런 면에 주안하여, 우리는 공(空)이나 유식(唯識)을 볼 필요가 있다. 앞서 살펴본 알라야식이나 말나식, 의식 등에 대한 논의를 보다 보면, 마치 알라야식이니 말나식이니 하는 것들이 실체로 있는 것처럼 느껴질 때가 있다. 명심하고 또 명심할 것은 이 역시 언어로 표현된 방편이라는 점이요, 나아가 방편을 통해 우리가 인식한 것은 자상(自相)이 아니라 저마다 다르게 인식한 공상(共相)이라는 점이다.

무언가 언어로 표현된 어떤 것이 실제로 있다고 의식이 인식하는 것, 이것을 유식학에서는 변계소집성(遍計所執性)이라고 한다. 그러니 만일 '알라야식'이나 말나식 등이 실체로 있다고 보고 집착하게 되면, 그 역시 변계소집성이된다. '변계(遍計)'란 '두루 헤아린다'는 뜻이고, 소집(所執)은 그렇게 헤아린 것을 실제 있는 것으로 보고 집착하는 것이다. 산스크리트어 파리칼피타 스와바와(parikalpita-svabhāva)를 한역한 것이다. '두루 분별하다'는 의미의 파리칼피타(parikalpita)는 수동을 표현하는 과거분사이므로, 소(所)를 붙여 번역하였다고 하는데, 직역하면 '보편적 분별에 의해 분별된 것'이라고 한다. 스와바와(svabhāva)는 고유의 성질을 의미하는 말로, 자성으로 한역되었다.

일반적으로 '사랑'에 빠진 사람의 말을 들으면 그 상대는 세상에 둘도 없는 미남이거나 미인인 경우가 많다. 그래서 흔히 말하길, 북어껍질이 씌웠다고 한다. 그런데 막상 그 말을 들은 이가 상대를 보고 나면 한숨을 내리 쉴 때가 많다. 『해심밀경』에서는 이 북어껍질이 씌인 눈을 '눈병으로 백태가 낀 눈'에 비유하며 변계소집성을 이렇게 설한다.

무엇을 일러 제법의 변계소집상이라 하는가. 일체법을 가명안립(假名安立)하여 자성을 차별하고, 나아가 그에 따라 언설을 일으킨 것을 이른다......

선남자여, 마치 눈병 난 사람에게 눈을 어지럽게 하는 백태가 끼는 병이 있는 것처럼, 변계소집상 역시 그러함을 마땅히 알아야 한다.[259]

변계소집성은 인과 연에 따라 부단히 변화하는 현상세계를 실체로 고정하여 언어로 구별하고, 그것에 대해 이런저런 분별과 판단을 일으키며 집착하는 견해, 또는 그런 집착으로 인해 나타나는 모습을 가리킨다. 그런데 그것은 마치 사랑에 빠진 이가 눈이 머는 것과 같고, 눈병 걸린 환자가 백태 때문에 비문(飛蚊)을 보며 어지러워하는 것과 같다는 것이다. 있지도 않은 것을 있는 것처럼 보기 때문인데, 그래서 이를 허망분별이라고 한다. 무착은 이렇게 말한다.

자상은 실제로 없는 것인데, 오직 두루 헤아려 집착하여 얻은 것이므로, 변계소집이라 이름하여 설한다...... 상(相)과 이름(名)이 상응한다고 보기 때문에 변계소집상을 (보고) 안다고 하는 것이다.[260]

그런데 실제하지도 않는 것을 헤아리고 분별하여 있다고 보는 변계소집성이 일어나는 이유는 무엇인가. 눈앞의 보이는 대상과 그 대상의 이름(名)이 서로 상응한다고 보기 때문이라고 한다. 즉 '사과'라는 이름이 있으니, 그에 해당하는 눈앞의 사과가 실제로 있는 것이라고 인식하는 데서 비롯된다는 것이다. 그러면 이렇게 변계소집성을 일으키는 것은 무엇인가. 무착은 이렇게 말한다.

---

259 『해심밀경』 현장 역, 제4「일체법상품」云何諸法 遍計所執相 謂一切法 名假安立 自性差別 乃至為令 隨起言說...... 善男子 如眩瞖人眼中 所有眩瞖過患 遍計所執相 當知亦爾
260 『섭대승론』 제3「소지상분」自相實無 唯有遍計 所執可得 是故說名遍計所執...... 相名相應 以為緣故 遍計所執相 而可了知

마땅히 알아야 하니, 의식이 바로 두루 헤아려 분별(遍計所執)한다. 왜 그런
가. 이 의식이 명언훈습 종자를 사용함으로 말미암아, 일체식이 명언훈습
종자를 사용한다.[261]

말하자면 우리 의식의 분별이 변계소집성을 일으킨다는 것인데, 그것은 알
라야식의 세 가지 종자, 즉 명언종자, 자아종자, 유지종자 가운데 명언종자를
쓰기 때문이고, 그로 인하여 8식 전체가 명언종자를 사용하게 된다는 것이
다. 다시 말해 의식을 비롯한 우리의 식은 이 언어에서 벗어나기 어렵고, 이
언어로 인해 실상을 있는 그대로 보지 못하는 장애를 일으킨다. 이것이 바로
'언어' 문제에 우리가 깊이 성찰해야 하는 이유인데, 『섭대승론』에서 무착은
이를 뱀과 삼줄의 비유로 이렇게 설명한다.

마치 어두운 곳에서, 삼끈이 뱀과 비슷하게 보이는 것과 같다. 비유컨대 삼
끈을 뱀으로 보는 것은 진실이 아니다. (뱀이) 없기 때문이다.[262]

무명(無明)의 어둠 속에 있는 우리에게 생생하게 보이고 느껴지는 것들도
저 삼끈과 뱀처럼 가짜일 수 있다고 말하는 것이다. 그런데 이런 사실을 인정
하면서도, 우리가 마주하는 모든 것이 가짜일 수 있다는 데에는 쉽게 수긍되
지 않는다. 그 이유는 직접 감각으로 확인한 경험이기 때문이다. 그러면 과연
경험은 진짜와 가짜를 판별하는 믿을 만한 수단이 될 수 있을까. 실제로 경험
에 의존하여 대상을 판별하는 우리의 습(習)이 우리를 계속 착각 속에 빠뜨리

---

261 『섭대승론』 제3 「소지상분」 當知意識 是能遍計 有分別故 所以者何 由此意識 用自
    名言 熏習爲種子 及用一切識 名言熏習爲種子

는 것은 아닌가.

그러면 어째서 삼끈을 보고 '뱀'이라 생각한 것일까. 한번 상황 속으로 들어가 보자. 어두컴컴한 곳에서 눈앞에 얼씬거리는 어떤 것을 보았다. 그것이 무엇인지 파악하기 위해 과거의 경험을 더듬어 눈에 보이는 것과 유사한 이름들 가운데 제일 먼저 떠오르는 하나를 선택했다. 그리하여 그것을 뱀이라고 인식한다. 그런데 가까이 가서 자세히 보니 그 이름이 잘못 선택되었음을 알게 되었다. 그리하여 다시 기억을 더듬어 유사한 이름을 찾아보았다. 그래서 마침내 삼끈이라는 이름을 찾아내고, 그 이름을 선택하여 삼끈이라고 인식하게 되었다.

이렇게 우리는 경험에 의존하여 대상을 본다. 만일 뱀을 본 경험이 없는 사람에게라면, 삼끈이 뱀으로 보일 수 없다. 마찬가지로 착각을 정정하는 것 역시 경험에 의해 이루어진다. 삼끈을 본 경험이 있어야 뱀처럼 보였던 것이 삼끈이라고 판단할 수 있다. 이조차 본 적이 없다면, 눈앞의 삼끈이 경험 속의 다른 물건으로 보이거나, 새로운 이름으로 불리게 될 것이다.

무착이 뱀과 삼끈의 비유를 들어 말하고자 하는 것은 우리가 사실로 인식했다고 믿는 것이 착각이라는 것이다. 우리는 엄연히 존재하는 실체라고 알고 있지만, 실상 그것은 존재의 진상이 아니라 개념을 통해 형성된 언어적 분별이다.

결국 어떤 대상에 대한 우리의 인식은 그 자체를 직접 파악한 것이 아니라 이름으로 분별하여 이루어진 것이다. 이미 마음에 그려놓은 어떤 형상의 이름을 눈앞의 대상과 일치시키고, 그렇게 떠올린 이름을 사실이라 믿는 것이다. 이런 습(習)에서 비롯된 것이 바로 변계소집성이다. 『섭대승론』에서 무착은 이렇게 말한다.

---

262 『섭대승론』 제3 「소지상분」 如闇中繩 顯現似蛇 譬如繩上 蛇非眞實 以無有故

무엇을 일러 변계소집성이 두루 헤아린다 하는가...... 이름에 반연하여 경계라 하고, 다른 것에 의지해 일어나는 것에서 그 모양과 형태를 취하며, 견해와 집착으로 말미암아 말을 일으키고, 보고 들은 것 등으로 말미암아 4종의 언설을 일으키며, '실제가 없는 것'에서 '있는 것'으로 증익한다. [263]

우리에게는 눈앞의 확실한 사실로 존재하는 것처럼 보이는 대상도 대상 그 자체가 아니라 그것에 부여된 이름, 즉 가명안립(假名安立)을 통해 인식한다는 것이다. 인연생기하며 변화하는 것에서 모양과 형태를 고정하여 그렇게 언어 개념을 세우고, 견해와 집착을 내며 견문각지(見聞覺知)에 의지한 네 가지 언설을 일으키며, '없는 것'을 '있는 것'으로 키워낸다는 것이다. 결국 이런 이름(개념)들이 우리의 지식을 형성하고, 지식이 경험을 형성한다. 그런 의미에서 경험이란 곧 기억에 저장되어 있는 이름들의 집합이다. 때문에 실제가 아니라 환(幻)이다. 『해심밀경』에서는 매우 흥미로운 비유를 들어 이를 이렇게 설한다.

선남자여, 비유컨대, 솜씨 좋은 마술사(幻師)나 그의 제자가 네거리에서 기왓장이나 풀잎, 나무 등을 쌓아놓고, 갖가지 마술로 환상을 일으켜 코끼리, 말, 수레, 보병, 마니, 진주, 유리, 나패, 벽옥, 산호 등 갖가지 재물과 곡식 창고 등의 모습을 만들어 낸 것을 보고...... 지금 보이는 것은 실제로 코끼리의 몸이요, 말의 몸과 수레, 보병, 마니, 진주, 유리, 나패, 벽옥, 산호, 갖가지 재물과 곡식 창고가 실제로 있는 것이다 라고 생각하는 것과 같다. [264]

---

263 『섭대승론』제3「소지상분」云何遍計 能遍計度...... 謂緣名爲境 於依他起自性中 取彼相貌 由見執著 由尋起語 由見聞等 四種言說 而起言說 於無義中 增益爲有

우리가 보고 있는 세계는 환사(幻師)가 지어놓은 가짜 세계이다. 이것을 보고 우리는 진짜라고 착각하며 살고 있다. 그러면 그 솜씨 좋은 환사는 누구인가. 바로 우리 마음이라는 것이다. 오직 식(識)의 현현일 뿐이다.

이를 상무자성성(相無自性性)이라 하는데, 눈에 보이는 사물의 상(相)에는 자성이 없다는 것이다. 세 가지 무자성, 즉 삼무성설(三無性說)의 첫 번째이다. 『해심밀경』에서 이렇게 말한다.

선남자여, 무엇을 일러, 상무자성성이라 하는가. 말하자면 제법은 변계소집상이라는 것이다. 왜 그런가. 이것은 가명을 세워 상(相)이라 한 것이지, 자상을 세워 상이라 한 것이 아니기 때문이다. 그러므로 이름하여 상에 자성의 성품이 없다고 설한 것이다…… 선남자여, 비유컨대 허공꽃과 같으니, 상의 자성 없는 성품 역시 그러함을 알아야 한다.[265]

상(相)무자성성은 변계소집성의 존재성 부정이다. 변계소집성은 의식의 분별(識)에 의해 언어로 가설된 것이므로 허공꽃처럼 실제성이 없다는 것이다. 이렇게 유식학에서는 존재의 양식을 정밀하게 따진 후에 다시 무자성성을 논함으로써 중관사상의 '공' 사상을 재천명한다. 이를 세친은 『유식삼십송』「제20송」에서 이렇게 간략하게 말한다.

여러 가지로 두루 헤아리는 마음으로 말미암아　　　由彼彼遍計

264　『해심밀경』제2「승의제상품(勝義諦相品)」善男子 如善幻師 或彼弟子 住四衢道 積集瓦礫 草葉木等 現作種種 幻化事業 所謂 象身馬身 車身步身 末尼真珠 琉璃螺貝 璧玉珊瑚 種種財穀 庫藏等身…… 此所見者 實有象身 實有馬身 車身步身 末尼真珠 琉璃螺貝 璧玉珊瑚 種種財穀庫藏等身

265　『해심밀경』제4「일체법상품」善男子 云何諸法 相無自性性 謂諸法遍計所執相 何以故 此由假名 安立為相 非由自相 安立為相 是故說名 相無自性性…… 善男子 譬如空花 相無自性性 當知亦爾

갖가지 사물을 두루 혜아린다.	遍計種種物
이 변계소집한 것에는	此遍計所執
자성이 있지 않다.	自性無所有

2) 의타기성(依他起性)

일체법이 공이며, 무자성이라고 간주되는 이유는 두 가지이다. 하나는 우리가 있다고 생각하는 모든 존재는 언어로 표현되는 것이지만, 그 언어에 대응하는 대상이 실체로 존재하지 않는다는 점이다. 그리고 다른 하나는 모든 존재가 연기의 이치에 의해 성립하고 있다는 점이다.

언어를 통해 갖추어 드러낸 것을 가설(假設)이라 하는데, 언어로 가설하기 위해서는 반드시 무언가에 의거하지 않으면 안 된다. 즉 가설된 것과 가설의 근거가 되는 것으로 구별된다. 물론 가설의 근거가 되는 사건이나 사물이 실체로 존재하는 것은 아니지만, 무언가의 사물이나 사건이 없다면 언어를 세울 수 없다. 따라서 언어로 가설된 것과 가설의 근거가 되는 것은 존재론적 입장에서 명확히 구별된다.

언어로 가설되어 세워진 것, 즉 명언소립(名言所立)이 변계소집성이라면, 가설의 근거가 되는 것은 여러 인연에 의해 생겨난 것, 즉 중연소생(重緣所生)이 '의타기성'이다. 『해심밀경』에서 이렇게 설한다.

무엇을 일러 제법의 의타기성이라 하는가. 즉 일체법은 인연으로 생기하는 자성이니, 곧 이것이 있으므로 저것이 있고, 이것이 생기므로 저것이 생긴다는 것이다. 무명이 행을 반연하는 것에서, 나아가 큰 괴로움의 무더기를 불러 모으는 것까지를 이른다.[266]

이른바 연기법이다. 붓다가 이를 깨달아 무상정등각을 얻었다는 바로 그것이다. '의타기(依他起)'란 타자의 힘에 의지하여 생겨난다는 의미로, 일체법이 인연 생기임을 밝히는 것이다. 여기에는 '일체법이 공하다'는 의미가 내포되어 있다. 이 의타기성에서 '언어 분별'에 의거하여 대상세계가 있다고 집착하면 변계소집성으로 나아가게 되고, '공성(空性)'을 자각하여 변계소집성을 떠나게 되면 원성실성으로 나아가게 된다. 앞으로 살펴보겠지만, 이런 의타기성의 성격을 무착은 이분(二分)이라고 표현했다.

이 연기법(의타기성)은 나가르주나의 '이제(二諦)'의 분류에 근거하여 따져보면 세속제에 해당한다. 말하자면 유위법이라는 것이다. 유식의 논사들은 세속제를 변계소집성과 의타기성의 두 가지로 나누어 분석함으로써 그 의미를 더욱 분명히 하고 있다. 『섭대승론』에서 무착은 이렇게 말한다.

> 의타기성은 실상 오직 식(識)이 대상처럼 유사하게 나타나게 하는 의지처이다...... 훈습으로부터 생긴 훈습종자가 다른 연(緣)에 의지하여 일어나므로 의타기라 이름한다...... 변계소집성은 실제로 있지 않은 것인데, 의타기에 의지하여 있는 것처럼 현현하는 것이다.[267]

의타기성이란 인연생기하는 세계의 상을 가리킨다. 그런데 여기서 '의존하여 일어난다'는 훈습종자는 무엇을 가리키는 것일까. 그것은 바로 우리의 식(識), 즉 8식의 작용을 말한다. 식의 활동을 통해 온갖 현상이 드러난다. 그리고 그것에 언어를 통한 개념화가 진행된다. 그런 개념은 우리 일상의 의식을

---

266 『해심밀경』 제4 「일체법상품」 云何諸法 依他起相 謂一切法 緣生自性 則此有故彼有 此生故彼生 謂無明緣行 乃至招集 純大苦蘊

267 『섭대승론』 제3 「소지상분」 若依他起自性 實唯有識 似義顯現 之所依止...... 從自熏習 熏子所生 依他緣起 故名依他起...... 若遍計所執自性 依依他起 實無所有 似義顯現

통해 전개되는데, 그런 일상에서 일정한 착각이 발생한다. 즉 식을 통해 개념화되고 추상화된 사실을 실재한다고 믿는 상황이 발생하는 것이다. 이것이 곧 '변계소집성'이요 '분별된 존재성'이다.

의타기성은 산스크리트어 파라탄트라 스와바와(paratantra-svabhāva)를 한역한 것인데, '다른 것에 의존하는 것'이라는 의미라고 한다. 즉 의타기성은 모든 것이 타자와의 관계, 곧 인과 연에 의해 성립된다고 보는 견해, 혹은 그렇게 성립한 모습을 칭하는데, 인과 연에 의해 생긴 것은 현상적 존재, 곧 유위법을 가리킨다. 현상적으로 존재하는 것을 모두 식(識)으로 환원하는 유식학의 입장에서 보면, 유위법은 곧 식(識)에 해당한다. 『섭대승론』에서 무착은 이렇게 말한다.

> 의타기상이란 무엇인가. 알라야식을 종자로 하여, 허망한 분별에 포섭되는 모든 식이다. [268]

말하자면 여러 가지 인과 연으로 생기한 마음과 마음의 작용, 즉 상분과 견분, 유루(有漏 번뇌), 무루(無漏 지혜)가 모두 의타기성이라는 것이다. 예컨대, '눈앞에 있는 책을 본다'는 사건은, 눈이라는 근(根)과 책이라는 대상(境), 보는 주체(識) 등 여러 요소가 인과 연이 되어 일어나는 일이라는 것이다.

그런데 이렇게 인과 연이 결합하여 이루어진 것은 인연이 유지되는 동안만 그 모습이 유지된다. 그 인연이 해소되면 그 모습 역시 소멸한다. 말하자면 인과 연이라는 조건에 의해 성립되어 환(幻)처럼 일시적으로 모습을 지니는 것이 의타기성이다.

---

268 『섭대승론』 제3 「소지상분」 此中何者 依他起相 謂阿賴耶識爲種子 虛妄分別 所攝 諸識

앞의 삼끈과 뱀 이야기를 다시 되새겨 보자. 먼저 뱀이라고 보고 기겁한 것은 실제 뱀이 없는데 착각해서 뱀이 있다고 여겼기 때문이다. 이때 뱀은 '변계소집성'의 존재이다. 자세히 보니 그것은 삼을 꼬아 만든 삼끈이었다. 이 삼으로 만든 삼끈은 분명한 형태를 가지고 존재하고 있는 것으로 보인다. 그러나 이 삼끈 역시 별도의 실체가 있는 것이 아니다. 몇줄의 삼을 꼬아놓은 것에 지나지 않는다. 꼬인 삼끈을 풀어버리면 삼끈은 소멸된다. 별도의 실체 없이 인과 연의 조건에 따라 존재하기 때문에 의타기성이다. 특정한 형태로 삼을 꼬아놓은 것에 삼끈이라는 이름을 붙인 것에 불과하기 때문이다. 의타기성의 이런 환(幻)같은 성품을 『해심밀경』에서 이렇게 설한다.

> 무엇을 일러 제법의 생(生)무자성성이라 하는가. 말하자면 모든 법이 다른 것에 의지하여 일어나는 상이니…… 비유컨대 환(幻)으로 생긴 이미지(像)처럼, 생겨남(生)의 자성없는 성품 역시 이와 같음을 마땅히 알아야 한다.[269]

생겨났어도 생겨난 것이 아닌 것, 이른바 생무자성성(生無自性性)이다. 의타기성의 존재성 부정이다. 생기(生起)는 있지만, 실체의 생기가 아니라 연생(緣生)이므로 가(假)일 뿐이고, 그런 의미에서 환상(幻像) 같은 것이다. 의타기란 구체적으로는 우리 8식의 분별인데, 8식의 분별 역시 여러 인연으로 생기한 것으로, 스스로 일어난 것이 아니다. 과거의 업종자와 현재의 여러 인연에 의해 일어난 것이므로, 자기 마음을 자기 마음대로 일으킬 수 없는 것이다. 그러니 생겨나도 생겨난 것이 아니다. 세친은 『유식삼십송』「제21송」에서 이렇

---

269 『해심밀경』제4 「일체법상품」 云何諸法 生無自性性 謂諸法依他起相…… 譬如幻像 生無自性性 當知亦爾

게 말한다.

다른 것에 의존하여 일어나는 자성(의타기성)은　　依他起自性

연을 분별하여 생하는 것이요,　　　　　　　　分別緣所生

원성실성은 거기(의타기성)에서　　　　　　　圓成實於彼

항시 앞의 성품(변계소집성)을 멀리 여의는 것이다.　常遠離前性

3) 원성실성(圓成實性)

원성실성은 산스크리트어 파리니스판나 스와바와(pariniṣpanna-svabhāva)의 한역으로, '이미 완전하게 성취되어 있는 것'이라는 뜻이라고 한다. 판나(~panna)는 과거완료를 표시하는 말이므로, '이미 완성되어 있다'는 것이 본래 의미라고 하는데, 지금은 미완성이지만 앞으로 완성될 것이라는 의미가 아니라, 무시 이래 완성되어 있다는 뜻이다. 즉 '부처의 눈'이 열렸을 때 나타나는 세계의 실상이다. 여기서 앞서 인용했던 『아함경』의 내용을 다시 눈여겨볼 필요가 있다.

부처가 세상에 출현하건 혹은 세상에 출현하지 않건 이 법은 항상 머무르니, 법이 머무르는 곳을 법계라고 한다. 저 여래께서 (그 법을) 스스로 깨닫고 알아 등정각(等正覺)을 이루어 사람들을 위해 연설하시고, 열어 보여 나타내신 것이다.[270]

여기서 이 법이란 곧 연기법이니, 세 가지 존재 양식 가운데 의타기성에 해

---

270 『잡아함경』 제1권 제14 「인연경」 若佛出世 若未出世 此法常住 法住法界 彼如來自
　　覺知成等正覺 爲人演說 開示顯發

당되며, 붓다가 출세(出世)하건 하지 않건 항상 완성된 채로 있던 무시 이래의 법이고, 붓다는 그 법을 스스로 깨닫고 등정각을 이루었다는 것이다.

유식학에서 '진여(眞如)'라고 칭하는 '있는 그대로'의 세계의 실상이다. 그 실상, 즉 원성실성은 모든 법에 두루하고(圓), 이미 완전하게 성취되어 있으며(成), 허망한 법이 아니라 실다운 것(實)이니, 달리 표현하면 법성(法性)을 가리킨다.

그렇다면 원성실성은 의타기성과의 관계에서 살펴봐야 할 것이다. 그런데 위 인용문에서 세친의 말에 따르면, 의타기성에서 변계소집성의 상(相)을 멀리 여읠 때 나타나는 존재의 모습이라고 한다. 이에 대해 무착은 『섭대승론』에서 이렇게 말한다.

원성실자성은 (의타기성에서) 이 변계소집성의 상이 영원히 없어지는 것이다...... 변함이 없고 본성이 달라지지 않으므로 이름하여 원성실이라 한다. 또 청정하게 반연하는 성품이므로 일체선법이며, 최상승의 성품이다. 최상승의 뜻에서 말미암기 때문에 이름하여 원성실이라 한다.[271]

말하자면 최상승의 승의(勝義)인 원성실성, 즉 진여는 어딘가에 별도로 있는 것을 구하는 것도 아니요, 더하는 공부를 통해 얻어지는 것이 아니라는 것이다. 바로 연기법의 실상을 그대로 보고, 언어 분별에 매이는 변계소집성을 여의는 것에서 드러나는 것이 원성실성이다. 마치 '부처의 눈'이 별도로 있어서 구하는 것이 아니라 변계소집성으로 대표되는 '중생지견'을 걸어낼 때 드러나는 것처럼 말이다. 노자의 말대로 '위도일손(爲道日損)', 즉 실상의 도에 근접하게 하는 것은 나날이 덜어내는 마이너스 공부, 즉 해체공부이다. 세친은

---

271 『섭대승론』제3「소지상분」若圓成實自性 是遍計所執 永無有相...... 由無變異性故 名圓成實 又由淸淨所緣性故 一切善法 最勝性故 由最勝義 名圓成實

『유식삼십송』「제22송」에서 이렇게 말한다.

> 그러므로 이것(원성실성)은 의타기성과   故此與依他
> 다른 것도 아니고, 다르지 않은 것도 아니다.   非異非不異
> 무상등의 성품과 같으니,   如無常等性
> 저것(의타기성)에 이것(원성실성)이 나타나지 않는 것이 아니다.
>
>   非不見此彼

　의타기성에서 변계소집성을 여읜 것이 원성실성이다. 그러므로 원성실과 의타기는 다른 것이 아니고, 또 다르지 않은 것도 아니라고 한다. 무슨 의미인가. 현상계의 모든 법은 인연소생의 의타기성인데, 그것이 계탁(計度)하는 번뇌의 구름에 가려있을 때 변계소집성이 되어 버리니 같은 것이 아니라는 것이다. 그러나 그 번뇌의 구름이 소멸될 때 드러나는, 즉 집착 없는 의타기성의 세계 모습 그대로 원성실성이니 다른 것도 아니라는 것이다. 말하자면 원성실성은 의타기적으로 연기하는 상에서 변계소집성을 여의고 공성(空性)을 깨달았을 때 현현하는 모습이다.

　'무상(無常)' 등의 성품은 '무상'과 '무아' 등을 가리킨다. 즉 연기하는 세계를 제행무상으로 표현하고, 인연 따라 가유로 존재하는 제법의 자성 없음을 '무아'로 표현하는 것과 같다는 것이다. 즉 연기하는 성품인 의타기성에서 무상과 무아라는 공성을 보는 것처럼, 연기하는 것 속에서 원성실을 본다는 것이다. 무착은 『섭대승론』에서 이를 이렇게 말한다.

　아비달마 대승경에서 부처는 법에 세 가지 종류가 있음을 설하셨다. 첫째는 잡염분이요, 둘째는 청정분, 셋째는 이분(二分, 두 가지가 함께 있는 것)이다...... 의타기성 가운데 변계소집자성이 곧 잡염분이요, 원성실 자성은

청정분이요, 의타기자성은 '이분'이다.[272]

말하자면 변계소집성이나 원성실성이 따로 있는 것이 아니라, 의타기성 가운데 잡염(雜染)된 부분을 변계소집성이라 하고, 청정분 즉 무분별의 부분을 원성실성이라 한다는 것이며, 그렇기 때문에 의타기성을 '이분(二分)'이라 칭한다는 것이다.

인연생기의 세계(의타기성) =
잡염분(변계소집성) + 청정분(원성실성)

말하자면 우리는 인연생기하는 하나의 사건이나 사물에서 세 가지 양태를 만날 수 있다는 것이다. 그러나 이는 한꺼번에 세 가지를 본다는 것이 아니라 자신의 식에 따라 다르게 보는 것이다. 잡염의 분별 단계에 있을 때 원성실성을 보는 것은 불가능하고, 또 원성실성을 체득한 사람이라면 분별의 잡염이 일어나지 않는다. 사물의 세 가지 양태는 우리 식(識)의 수행 정도에 따라 다르게 나타난다.

그러면 무분별지에 의해 드러나는 원성실성은 어떤 모습으로 형용되는가. 『해심밀경』에서는 이를 수정구슬의 비유로 설명한다. 요약하자면 수정구슬에 청색 천이 깔리면 청색 마니 구슬처럼 비춰주고, 붉은 천이 깔리면 호박마

---

272 『섭대승론』 제3 「소지상분」 阿毗達摩大乘經中 薄伽梵說 法有三種 一雜染分 二清淨分 三彼二分...... 於依他起自性中 遍計所執自性 是雜染分 圓成實自性 是清淨分 卽依他起 是彼二分

니 구슬처럼 비춰주며, 초록 천이 깔리면 초록 마니구슬처럼 비춰준다. 수정 구슬은 다만 다가오는 인연에 따라 '있는 그대로' 평등하게 비춰줄 뿐이다. 어떻게 비추어도 수정구슬 자체는 물들지도 달라지지도 않는다.[273]

> 무엇을 일러 제법의 원성실상이라 하는가. 말하자면 일체법의 평등한 진여 (그 자체의 모습)이다.[274]

원성실성이란 '있는 그대로'의 실상, 즉 진여를 말한다고 한다. 진여는 산스크리트어 타타타(tathatā)를 한역한 것인데, '그와 같이'라는 부사 타타(tathā)에 명사형 접미어 타(-tā)를 붙인 것으로 '그와 같이 있는 것'이라는 의미이다.

따라서 변계소집의 분별을 여읜 눈에 나타나는 것이 진여의 원성실성이요, '분별없는 눈'이란 차별없이 대상을 있는 그대로 비추는 '눈'이며, 그 눈은 삼라만상의 '법성'을 평등하게 비추는 눈이다. 청색이든 적색이든 녹색이든 오는 대로 비춰주며, 그 비춘 바를 평등하게 나투어주는 그런 성품이다. 그런 의미에서 원성실성은 '보는 눈'이 아니라 '비추는 눈'이며, 그 눈에서 현현한

---

273 『해심밀경』제4「일체법상품」若諸菩薩 如實了知 圓成實相 即能如實 了知一切 清淨相法 善男子 若諸菩薩 能於依他起相上 如實了知 無相之法 即能斷滅 雜染相法 若能斷滅 雜染相法 即能證得 清淨相法 善男子 譬如清淨 頗胝迦寶 若與青染色合 則似帝青大青 末尼寶像 由邪執取 帝青大青 末尼寶故 惑亂有情 若與赤染色合 則似琥珀末尼寶像 由邪執取 琥珀末尼寶 故惑亂有情 若與綠染色合 則似末羅羯多 末尼寶像 由邪執取 末羅羯多 末尼寶故 惑亂有情 若與黃染色合 則似金像 由邪執取 真金像故 惑亂有情 선남자여, 비유컨대 맑은 파지가보(수정구슬)가 청색 물감에 합해지면 제청 대청의 마니보주의 모습과 비슷해진다. 그런데 이것을 실제로 제청 대청의 마니보주라고 삿되게 집착하여 유정을 미혹하게 하는 것과 같다. (또) 적색의 염료와 합해지면 호박마니주의 모습과 비슷해지는 것을 실제로 호박마니보주라고 삿되게 집착하여 유정을 미혹하게 하는 것과 같으며 녹색의 염료와 결합하면 말라갈다 마니보주의 모습과 비슷해질 뿐인데 실제로 말라갈다의 마니보주라고 삿되게 집착하여 유정을 미혹하게 함과 같다. 또 황색의 염료와 결합하면 금의 모습과 비슷하게 될 뿐인데 실제로 금의 모습이라고 삿되게 집착하여 유정을 미혹하게 하는 것과 같다.
274 『해심밀경』제4「일체법상품」云何諸法圓成實相 謂一切法平等真如

존재의 상(相)이다. 다만 보는 주체를 세워, 보이는 대상을 이름지어, 푸른 색이 비치면 푸른 보석이라 생각하고, 붉은색이 비치면 호박색 보석이라 생각할 때 변계소집성에 떨어진다. 어떤 보석의 상(相)도 실제가 아님을 깨닫는 것, 즉 무상(無相)임을 아는 것이 중요하다. 이어서 『해심밀경』에서는 이렇게 설한다.

> 만일 모든 보살이 원성실상을 있는 그대로 깨닫는다면, 곧 분별을 가하지 않은 상(相)의 법을 여실히 알 것이다. 선남자여, 만일 모든 보살이 의타기 상 위에서 무상(無相)의 법을 있는 그대로 안다면, 곧 잡염된 상의 법을 단멸할 것이요, 잡염된 상의 법을 단멸한다면, 곧 분별을 가하지 않는 청정상의 법(의 실상)을 증득할 수 있을 것이다.[275]

요컨대 원성실성은 변계소집성의 잡염된 상을 단멸하는 것, 즉 대상에 대한 분별과 집착을 멸하는 것이요, 변계소집의 '분별이 가해지지 않은 채' 있는 그대로 나타난 존재의 실상이니, 진공묘유(眞空妙有)의 경계이다. 그리고 이 분별의 잡염상은 무상(無相)을 여실히 깨달을 때 단멸된다고 하는데, 바로 이 지점은 우리 수행에서 아주 중요한 길을 보여준다. 왜 그런가.

무언가에 대해 우리가 어떤 상(相)을 취한다 해도 그것은 언어로 가설된 상(相)에 지나지 않는다. 말하자면 부처니, 해탈이니, 열반이니, 진여니, 보리(菩提)니, 알라야식이니 하는 것 역시 언어로 가설된 상(相)일 뿐이다. 마찬가지로 원성실성이라고 말하는 것 역시 하나의 상(相)이다. 궁극적으로는 그 상(相)도 멸해야 한다. 이를 승의무자성(勝義無自性)이라 하는데, 원성실성의 존재성 부

---

275 『해심밀경』 제4「일체법상품」 若諸菩薩 如實了知 圓成實相 即能如實 了知一切 清淨相法 善男子 若諸菩薩 能於依他起相上 如實了知 無相之法 即能斷滅 雜染相法 若能斷滅 雜染相法 即能證得 清淨相法

정이다. 무상(無相)을 종지(宗旨)로 하는 『금강경』에서 이렇게 설한다.

> 만일 법의 상을 취한다면 곧 아상, 인상, 중생상, 수자상에 집착하게 되니, 왜 그런가. 만일 비법의 상을 취한다면 곧 아상 인상 중생상, 수자상에 집착하게 되기 때문이다. 그러므로 법이라는 상도 취하지 않아야 하고, 비법이라는 상도 취하지 말아야 한다. 이런 까닭에 여래는 항시 설하길, 그대 비구들이여, 나의 설법을 뗏목같이 여기라고 하셨으니, 법의 상도 버려야 하거늘 하물며 비법의 상이겠는가.[276]

어떤 대상에 대해 상(相)을 취하는 것은, 이미 취하는 '나'와 취해지는 대상이 설정되어 주객이 이분화된 것이다. 그러니 이미 '나'라는 상, 즉 아상(我相)'을 세운 것이요, 대상이라는 상, 즉 인상(人相)을 세운 것이다. 상은 크게 보면 이 두 가지이다. 중생상은 보살을 대상으로 '중생을 구제하겠다'라는 상을 세움에서 나온 말이니 인상에 해당하고, 수자상이란 인도 전통철학에 윤회를 거듭하며 지속되는 '나의 목숨(jīva-saṃjñā)'이라는 관념을 칭하는 것이니 아상에 속한다. 그러니 언어로 설해진 어떤 '상'에도 매이지 않아야 한다. 부처라는 말에도, 보리라는 말에도 상을 일으키지 않아야 한다. '나의 설법을 뗏목과 같이 여기라'고 한 여래의 설은 바로 그것을 다시 환기시킨다. 설해진 모든 언설은 뗏목, 즉 강을 건너기 위한 방편일 뿐이다. 방편에 머물러 있으면 강언덕에 올라설 수 없다. 궁극적으로는 방편을 버리고 떠나야 한다. 매이거나 휘둘려서는 안 된다. 존재의 실상을 보이려는 방편인 법(法)의 상(相)도 버려야 하는데, 하물며 법이 아닌 것은 더 말할 것이 있겠는가.

---

276 『금강경』 제6분 「정신희유분(正信希有分)」 若取法相 卽著我人衆生壽者 何以故 若取非法相 卽著我人衆生壽者 是故不應取法 不應取非法 以是義故 如來常說 汝等比丘 知我說法 如筏喩者 法相應捨何況非法

4) 삼무성설(三無性說)

유식의 논사들은 이렇게 세 가지 존재 양식에 대한 설을 통해, 속제와 진제의 의미를 보다 상세하게 규명했는데, 나아가 무착은 이 「삼성설」이 모든 부처의 밀의(密意), 즉 깊은 뜻을 명쾌하게 해명하였다고 보았다. 그런데, 무착의 이 말을 들으면서, 나 역시 오랫동안 묵혀 두었던 의문이 풀리는 듯싶었다. 그 의문은 이런 것이었다.

변계소집성에 매여 있는 중생지견에서 보이는 세상과 부처지견에서 열리는 세상은 다를 것이다. 중생지견에서 보면, 이 세상은 늘 항상할 것 같고(그래서 소유하고자 한다), 즐거운 일이 많으며(향락을 좋아한다), '나'라는 것이 분명히 있고(무엇이든 '나'를 중심으로 판단한다), 이 몸은 '청정한 곳'이다. 이를 일컬어 '상락아정(常樂我淨)'이라고 하는데, 불법에서는 중생의 상락아정을 대표적인 네 가지 전도몽상(顚倒夢想)이라고 한다. 뒤바뀐 헛된 생각이라는 의미이다. 그래서 이 전도몽상을 여의는 것을 수행의 중요한 공부로 삼는다. 『아함경』에서 붓다는 이렇게 설한다.

그대들은 마땅히 청정하다는 생각을 버리고, 부정(不淨)하다는 생각을 사유하고, 항상하다는 생각을 버리고 무상하다는 생각을 사유하며, '나'라는 생각을 버리고, '무아'라는 생각을 사유하며, 즐겁다는 생각을 버리고 즐거울 수 없다는 생각을 사유하라.[277]

---

277 『증일아함경』제42권 46「결금품(結禁品)」汝今當捨 淨想思惟 不淨想 捨有常想 思惟 無常想 捨有我想 思惟無我想 捨可樂想 思惟不可樂想

세상이 영원할 것 같다는 생각을 버리고 무상(無常)함을 알아야 한다. 그리고 세상은 즐거운 곳(樂)이라는 생각을 버리고 고(苦)임을 알아야 한다. 또 '나'가 있다는 생각을 버리고 '무아(無我)'임을 알아야 한다. 나아가 이 몸이 청정하다(淨)는 생각을 버리고 '부정한 것'임을 알아야 한다. 이렇게 한쪽을 버리고 다른 한쪽을 잘 알아야 한다고 설한다. 그런데 『열반경』을 보다가 매우 다른 맥락의 놀라운 구절을 발견했다.

> 그대들은 미땅히 알아야 한다. 이전에 닦아 익힌 무상(無常)과 고(苦)라는 생각은 참된 실상이 아니다…… 그대 비구들이여, 이렇게 무상, 고, 무아, 부정이라는 생각을 닦아 익히면서 그것을 실상의 이치라고 여기는 것은 저 사람들이 기왓장이나 나무, 자갈을 보배진주라 여기는 것과 같다.[278]

상락아정의 전도몽상에서 벗어나 세상이 무상하고, 고(苦)이며, 무아(無我)이고, 부정(不淨)하다고 아는 것이 참된 앎의 수행이라 생각하고 있다가, 그것이 참된 실상이 아니라고 설하는 열반경의 이 구절을 보고 매우 놀라지 않을 수 없었다. 그런데 이어지는 경문은 더욱 놀라운 내용을 담고 있었다.

> 재재처처(在在處處)에서 항시 '나'라는 생각과 '상', '락', '정'이라는 생각을 닦아야 한다. 그리고 응당 이전에 닦아 익힌 네 가지 법이 모두 전도된 것임을 알아야 한다.[279]

---

278 『대반열반경』 담무참 역, 제1 「수명품(壽命品)」 汝等當知 先所修習 無常苦想 非是真實 汝等比丘 不應如是 修習無常 苦無我想 不淨想等 以為實義 如彼諸人 各以瓦石 草木沙礫 而為寶珠
279 『대반열반경』 제1 「수명품」 在在處處 常修我想 常樂淨想 復應當知 先所修習 四法相貌 悉是顛倒

놀랍지 않은가. 무상과 고, 무아, 부정을 닦는 것이 참된 실상이 아닐 뿐 아니라 나아가 그것이 전도된 견해라고 설하고 있다. 상락아정의 전도몽상에서 무상, 고, 무아, 부정으로 향하는 수행 공부를 하는 제자 비구들에게, 세존은 그렇게 닦는 것이 전도된 견해이니, 그것을 잘 알아야 한다는 것이다. 그러면서 다시 이렇게 설한다.

고(苦)를 낙(樂)이라 헤아리고, 낙(樂)을 '고'로 생각하는 것, 이것이 전도된 법이다. 무상(無常)을 상(常)이라 생각하고, 상(常)을 무상이라 생각하는 것, 이것이 전도된 법이다. '무아(無我)'인데 '나'라고 생각하고, '나'인데 '무아'라고 생각하는 것, 이것이 전도된 법이다. 부정(不淨)을 청정하다 생각하고, 청정한 것을 부정하다 생각하는 것, 이것이 전도된 법이다. 이것이 네 가지 전도된 법이다.[280]

전도란 실상이 아닌 것을 실상이라 여기는 뒤바뀐 헛된 생각을 가리키는 것인데, 이 경문에서 설하는 것은 한쪽을 버리고 다른 한쪽을 취하라고 하는 것이 아니라, 무상한 것을 항상하다고 아는 것과 마찬가지로 항상한 것을 무상하다고 아는 것 역시 전도된 견해요, 즐거운 것을 괴롭다고 여기고, 괴로운 것을 즐겁다고 여기는 것 등등 역시 그렇다는 것이다.

그렇다면 무상하다는 것인가, 항상하다는 것인가. 즐겁다는 것인가, 고(苦)라는 것인가. '나'가 있다는 것인가 없다는 것인가. 청정하다는 것인가, 더럽다는 것인가. 도대체 어떻게 알라는 것인가. 잠시 마음의 발을 붙일 곳이 없어져 버리게 되었다. 그러면서 문자에 사로잡혀 있는 자신의 모습을 보게 되

---

280 『대반열반경』 제2 「수명품」 苦者計樂 樂者計苦 是顚倒法 無常計常 常計無常 是顚倒法 無我計我 我計無我 是顚倒法 不淨計淨 淨計不淨 是顚倒法 有如是等 四顚倒法

었다. 그런데, 무착의 말을 들으며, 무언가 석연해지면서 복잡하게 얽혀 있던 의문의 덩어리가 풀려가는 것을 느끼게 되었다. 그는 『섭대승론』에서 이렇게 말한다.

세존께서는 어떤 곳에서는 일체법이 상(常)이라 설하고, 어떤 곳에서는 일체법이 무상(無常)이라고 설하며, 또 어떤 곳에서는 일체법이 상(常)도 아니고, 무상(無常)도 아니라고 설하셨다. 어떤 밀의에 의해 이렇게 설하신 것인가. 즉 의타기성이 원성실성에서 말미암은 부분은 상(常)이요, 변계소집성에서 말미암은 부분은 무상(無常)이다. 그리고 저 (두 가지가 함께 있는) 이분(二分)의 (의타기성)에서 말미암은 것은 상(常)도 아니고, 무상(無常)도 아니다.[281]

붓다의 일체 언설은 대기설법의 방편이라고 했다. 병이 다르면 처방도 다른 법, 세존은 듣는 이의 병에 따라 다르게 설하셨다는 것이다. 그러면 병은 어떻게 다르고, 처방은 어떻게 다른가. 변계소집성에 매여 있는 중생들의 병은 현상세계를 실체로 보는 것이 병이다. 그러니 무상(無常)을 설했다는 것이다. 이분(二分), 즉 식(識)의 현현으로 나타나는 인연 생기의 의타기의 현상계 자체는 상도 아니요, 무상도 아니다. 말하자면 의타기성에서 변계소집을 여의지 못한 부분에는 무상이라 설하는 것이 필요하고, 변계소집을 떨쳐낸 부분은 상(常)이라 설하는 것이 필요하다는 것이다. 결국 상도 아니요, 무상도 아니다. 동시에 상이기도 하고 무상이기도 하다.

나아가 의타기성에서 변계소집을 완전히 떨쳐내고 그 공성을 자각하여 드

---

281 『섭대승론』 제3 「소지상분」 世尊有處 說一切法常 有處說一切法無常 有處說一切法非常非無常 依何密意 作如是說 謂依他起自性 由圓成實性 分是常 由遍計所執性 分是無常 由彼二分 非常非無常

러난 원성실성, 즉 진공묘유의 경계는 '부처의 눈'에서 열리는 세상이다. '부처의 눈'에서 보면 일체 현상계의 존재는 법성을 지닌 부처이다. 그래서 '상(常)'이라 설했다는 것이다. 『열반경』에서 이렇게 설한다.

　　상락아정(常樂我淨)이라야, 대열반이라 이름할 수 있다.[282]

　　그러면 상(常)과 무상(無常)은 별개의 실체인가. 상(常)이라는 말과 무상(無常)이라는 말에 대응하는 실체가 있는 것일까. 우리의 식(識)이 전변(轉變)하여 나타난 표상화된 공상(共相)이 아닌가. 그런 의미에서 이 역시 언어 방편이니, 일시적으로 가설한 것에 불과하다. 처방은 병을 치유하는데 유효한 것일 뿐, 그 자체가 실상의 진리가 될 수 없다. 무착은 이어서 이렇게 말한다.

　　이러한 깊은 뜻에 의지하여 이렇게 설하셨으니, 상과 무상이 둘이 아니요, 고와 락이 둘이 아니요, 청정과 부정이 둘이 아니요, 공과 불공(不空)이 둘이 아니요, 아와 무아가 둘이 아니요, 적정과 부적정(不寂靜)이 둘이 아니요, 자성과 무자성이 둘이 아니요, 생과 불생이 둘이 아니요, 멸과 불멸이 둘이 아니요, 본래적정과 비(非)본래적정이 둘이 아니요, 자성열반과 비(非)자성열반이 둘이 아니요, 생사와 열반이 둘이 아니다.[283]

　　'둘이 아니다(不二)'라는 것은 다르지 않다는 것이다. 다르지 않으니 같은 것

282　『대반열반경』 제10 「광명변조 고귀덕왕 보살품(光明遍照高貴德王菩薩品)」 常樂我淨 乃得名為 大涅槃也
283　『섭대승론』 제3 「소지상분」 依此密意 作如是說 如常無常無二 如是苦樂無二 淨不淨無二 空不空無二 我無我無二 寂靜不寂靜無二 有自性無自性無二 生不生無二 滅不滅無二 本來寂靜非本來寂靜無二 自性涅槃 非自性涅槃無二 生死涅槃無二 亦爾

인가. 서로 다른 병에 대한 상이한 처방이라는 면에서 다르지만, 궁극적으로 병을 치유하기 위한 처방의 언설이라는 면에서 같다는 것이다. 이 모든 언설이 방편일 뿐이다. 방편으로서의 교설을 보면서, 자신의 병이 무엇인지, 어떤 교설을 자기 병에 처방으로 쓸지는 결국 우리의 몫이다. 그리하여 무착은 결론적으로 이렇게 말한다.

> 이렇게 몇 가지 차별되는 모든 부처의 밀의 언명이 세 가지 자성으로 명쾌하게 해명되어 있다.[284]

'명쾌하다'는 것은 병에 따른 상이한 처방으로 설하신 교설의 차이가 분명하다는 것이다. 그러니 방편 처방인 변계소집성이니 의타기성이니 원성실성이니 하는 언설에 매일 일이 아니다. 그 역시 공(空)이다. 그런 의미에서 세 가지 존재 양태 역시 식에 따라 그렇게 나타나는 것일 뿐, 자성이 있는 실체가 아니다. 세친은 『유식삼십송』 「제23송」에서 이렇게 말한다.

곧 이 세 가지 성(性)에 의거하여	卽依此三性
삼무성을 건립한다.	立彼三無性
그러므로 붓다께서 밀의로써	故佛密意說
일체법에 자성이 없다고 설하셨다.	一切法無性

세 가지 존재 양식 역시 모두 실체가 없는 것이어서, 집착할 만한 것이 아니라는 것이다. 결국은 일체법에 '자성'이 없다. 필경공이다. '삼무성설'은 세 가지 존재양식에 다시 집착하는 것을 경계한다. 결국 철두철미 공 사상에 입

---

284 『섭대승론』 제3 「소지상분」 如是等差別 一切諸佛 密意語言 由三自性 應隨決了

각하여, 삼성설과 삼무성설의 두 가지 설 모두 실천 수행에 필요한 방편으로 제시한 것임을 보여주는 것이다. 그러면 어떤 이유로 자성이 없다고 하는가. 「제24송」에서 이렇게 말한다.

처음의 변계소집성은 상이므로 무자성이요　　　　　　初卽相無性
다음 의타기성은 (인연소생이므로) 자성이 없고,　　　次無自然性
뒤의 원성실성은 앞의 변계소집성에서　　　　　　　後由遠離前
집착된 아와 법의 자성을 멀리 떠남에서 말미암는다.　所執我法性

변계소집상은 가명(假名)으로 세워진 상이므로, 그 상(相)에 자성이 없다는 것이요, 의타기성은 인과 연의 힘에 의해 존재하는 것으로, 저절로 존재하는 것(自然性)이 아니므로 존재의 생겨남(生)도 자성이 없다는 것이다. 그리고 원성실성은 '아'와 '법'의 자성을 멸한 것일 뿐이니, 별도의 자성이 없다는 것이다. 이를 『해심밀경』에서는 이렇게 상세하게 설한다.

그대는 응당 자세히 들으라. 내 이제 그대를 위해 일체법이 자성이 없고, 생겨남도 소멸함도 없이 본래 적정한 자성열반(自性涅槃)이 지닌 밀의를 설하리라. 승의생이여, 마땅히 알아야 하니, 나는 세 가지 자성 없는 성품에 의거한 밀의로 일체의 모든 법은 자성이 없다고 설한 것이다. 이른바 相무자성성, 生무자성성, 勝義무자성성이다. 선남자여, 무엇을 일러 일체법의 상(相)무자성성이라 하는가. 제법의 변계소집상이다. 왜 그런가. 이것은 이름을 빌려 상을 세운 것일 뿐, 자상을 세워 상이라 한 것이 아니다. 그러므로 상(相)무자성성이라 이름하여 설한 것이다. 무엇을 일러 생(生)무자성성이라 하는가. 제법의 의타기상이다. 왜 그런가. 이것은 다른 것에 의지하는 인연의 힘에 의해 있는 것이요, 스스로 있는 것이 아니기 때문이다. 그러므로 생(生)무자성성이라 이름하여 설한 것이다. 무엇을 일러 제법의 승의

(勝義)무자성성이라 하는가. 모든 법은 생겨남의 자성 없는 성품에서 말미암기 때문에 무자성성이라 하니, 즉 연생법(緣生法) 역시 승의무자성성이라 이름하여 설한 것이다.[285]

승의(勝義)조차도 자성이 없다는 것은 부처도 열반도 여래도 해탈도 모두 자성이 없다는 것이다. 즉 진여는 변계소집의 중생지견을 걷어내는 '빼기' 공부를 통해서 드러나는 실상일 뿐, 그 별도의 실체가 없다는 것인데, 그럼에도 우리는 늘 '큰 언사'가 나오면 다시 그 말에 마음이 붙게 된다. 그러나 항시 언설로 표현된 것은 모두 '방편'임을 상기해야 하며, 그 방편이 지시하는 바를 참구해야 한다. 『금강경』에서는 이렇게 설한다.

수보리야, 만일 어떤 이가 '여래는 오기도 하고 가기도 하고 앉기도 하고 눕기도 한다'고 말한다면, 이 사람은 내가 말한 뜻을 알지 못한 것이다. 왜 그런가. 여래는 오는 곳도 없고, 가는 데도 없다. 이름이 여래일 뿐이다.[286]

'여래'조차 이름일 뿐이다. 여래(법신)는 어느 곳을 한정해서 오거나 가는 것이 아니라, 온 우주에 가득하게 펼쳐지는 자연의 흐름 그 자체이다. 그 변화하는 흐름을 '온다(如來)' 혹은 '간다(如去)'라는 상(相)으로 표현한 것인데, 그

---

285 『해심밀경』제4「일체법상품」汝應諦聽 吾當為汝解釋 所說一切諸法 皆無自性 無生無滅 本來寂靜 自性涅槃 所有密意 勝義生當知 我依三種無 自性性密意 說言一切諸法 皆無自性 所謂相無自性性 生無自性性 勝義無自性性 善男子 云何諸法 相無自性性 謂諸法遍計所執相 何以故 此由假名 安立為相 非由自相 安立為相 是故說名 相無自性性 云何諸法 生無自性性 謂諸法依他起相 何以故 此由依他緣力故有 非自然有 是故說名 生無自性性 云何諸法 勝義無自性性 謂諸法由 生無自性性故 說名無自性性 即緣生法 亦名勝義無自性性
286 『금강경』제29분「위의적정분(威儀寂靜分)」須菩提 若有人言 如來 若來若去 若坐若臥 是人不解 我所說義 何以故 如來者 無所從來 亦無所去 故名如來

역시 언어적 표상이다. 자기 쪽으로 가까워지는 것은 '온다'고 이름하고, 멀어지는 것을 '간다'고 이름한 것일 뿐이다.

우리의 '눈'에는 오고 가는 것으로 보이지만, '부처의 눈'으로 보면 '오고 가는 것인 채로, 오고 감이 없는' 공(空)이다. 늘 생겨나고 떠다니다가 어느 새 자취도 없이 사라져버리는 허공의 구름 같은 것이다. 그 허공은 구름도 벼락도 빛도 어둠도 평등하게 품지만, 그 어느 것에도 물들지 않는다.

그런 의미에서 팔만 사천 법문을 설하고도 '나는 한마디도 하지 않았다'는 세존의 언설은 아무리 복잡하고 어지러운 일들이 오고가도 실상에서는 아무 일도 일어나지 않았음을 전하고자 하는 것이 아닐까. 마치 아무리 파도쳐도 바닷물은 늘지도(生) 줄지도(滅) 않는 것처럼, 불생불멸(不生不滅)의 이치를 보이고자 한 것이 아닐까.

2

전의설: 전식득지를 통한 자기 변혁

轉依說　轉識得智

1) 전의(轉依)

유식 사상이 고도의 철학적 면모를 띠는 것은 현상계에 대한 규명을 시도하
면서 이루어낸 그 철저한 사유의 구조에 있다. 중관사상이 '모든 것은 공이
요, 불생불멸이니, 아무 것도 없고, 아무 일도 일어나지 않는다'는 부정의 언
설로 현상계를 표현하는 것과 달리 현전하는 세계에 대해 그 근원과 존재의
양태, 그리고 그 궁극적 모습을 규명하고자 했다. 즉 알라야식설로 그 근원을
설명하고, 삼성설로 세 가지 존재 양태를 해명했으며, 삼무자성설로 궁극적
공성(空性)을 규명했다. 그러나 그 의도나 목적은 중관사상이 '공'을 통해 이루
고자 하는 것과 다르지 않다. 그것은 바로 '반야지'을 얻어 '부처의 눈'을 여
는 것이다.

　우리는 경험적 세계에서 눈앞에 드러난 모습을 분명한 사실로 고정시킨다.
여기서 끝난다면 문제는 그리 크지 않다. 저마다의 눈에 나타난 '자아'와 '세
계', 즉 '아(我)'와 '법(法)'을 통해 자신을 드러내고 세계를 만나며, 그것을 옳
은 것으로 삼으며 시비를 다투는 것이 문제이다. 그런데 유식학에 따르면, 이

것은 세계를 만나는 것이 아니라 오히려 세계와 자신을 이분화하여 단절시키는 방식이다.

앞서 살펴본 것처럼 유식 사상을 받치고 있는 세 기둥은 알라야식설, 삼성설, 그리고 전식득지설이다. 유식의 논사들은 선정체험을 통해 우리 눈앞에 펼쳐지는 세계는 식의 전개임을 발견했다. 그리고 경험적 의식세계에서는 감지되지 않는 미세한 의식의 흐름을 발견하고, 그것을 알라야식이라 했다. 경험세계에서 우리가 감지하는 의식의 형태는 6식을 넘지 않지만, 현상을 유지하고 개체가 지속되면서 일어나는 정신활동은 이 6식만으로는 설명할 수 없는데, 바로 이런 점을 알라야식설은 설명해 낸다.

그리고 삼성설을 통해 세 가지 존재 양태를 규명하면서 승의제(진제)를 공성의 원성실성으로 칭했는데, '연기를 보는 자 법을 보고, 법을 보는 자 연기를 본다'고 한 붓다의 교설처럼 연기의 성품인 의타기성의 현상계에서 공성, 즉 원성실성을 보는 것을 곧 깨달음으로 보고, 유식성(唯識性)에 든다고 표현했다. 변계, 의타, 원성실의 세 가지 양태는 존재 자체의 모습이기보다는 우리의 시선에 따라 다르게 현현하는 세계의 모습이다. 원성실성에 들 때, 우리 자신도 원성실이 된다. 즉 자아의 공성을 보는 것이요, 이것은 법의 공성을 보는 것으로 이어진다. 유식의 삼성설과 삼무자성설은 존재론적 전환과 인식론적 전환이 동시적으로 이루어짐을 보여준다. 말하자면 자아의 해체가 세계의 해체와 별도의 것이 아니라는 것이다.

이런 총체적 전환은 아와 법, 즉 자아와 세계를 바꾸기 때문에 주객의 경계가 허물어진다. 유식 사상에서는 이를 '전의(轉依)'라는 술어로 표현했는데, 그러면 어떻게 이런 전환이 가능한가. 바로 세 번째 기둥에서 이 문제를 다룬다.

유식학에서 수행의 목적은 전의이다. 8식의 번뇌를 정화하고, 유식성인 진여를 깨달아 번뇌장과 소지장을 끊고 열반과 보리를 증득하는 것인데, 이때 깨달음이란 일종의 전환이다. 전식득지(轉識得智), 즉 수행에 의해 우리 무명의 업식(業識)을 반야의 지혜로 전환하는 것이다. 『해심밀경』에서는 이렇게 말한다.

> 그때 만수실리 보살 마하살이 부처께 청해 물었다. "세존이시여, 부처께서는 여래법신을 설하셨는데, 여래법신은 어떤 상(相)입니까." 붓다께서 만수실리 보살에게 고하여 말씀하셨다. "선남자여, 만약 모든 지위의 바라밀다에서 '출리(出離)'를 잘 닦아 전의(轉依)를 원만하게 이루면, 이것을 여래법신의 상이라 이름한다. 마땅히 알아야 하니, 이 상(相)은 두 가지 이유로 의식으로 헤아릴 수 없는 것(不可思議)이니, 희론이 없기 때문이요, 하는 바가 없기(無爲) 때문이다."[287]

'만수실리'란 문수사리이다. 산스크리트어 '만주슈리(mañjuśri)'를 음사한 것이다. 묘길상(妙吉祥) 또는 묘덕(妙德)으로 한역하기도 한다. 그 문수사리가 '여래법신'의 상에 대해 물었는데, 세존은 그 상이 어떠어떠한 모습이라고 설하지 않는다. '출리'하여 '전의'를 이룰 때 드러나는 것이라 하며, 의식으로 헤아려 알 수 있는 것이 아니라고 한다. 법신은 부처의 눈이 열릴 때 현현하는 것이요, 부처의 눈은 중생지견을 걷어낼 때 열리는 것이라는 점에서 보면, '출리'란 곧 변계소집에서 벗어나는 것이요, '전의'란 무명의 업식을 반야의 지혜로 전환하는 것을 의미하리라.

불가사의(不可思議)란 사의(思議)할 수 없다는 의미인데, 사의란 어떤 대상에 대해 살피고 사유하며 분별적 지혜를 일으키는 것이다. 하지만 여래법신은 실체적 대상으로 존재하는 것이 아니다. 그러니 의식의 분별 작용, 즉 헤아리

---

287 『해심밀경』 제8 「여래성소작사품(如來成所作事品)」 爾時 曼殊室利菩薩 摩訶薩 請問佛言 世尊 如佛所說 如來法身 如來法身 有何等相 佛告曼殊室利菩薩曰 善男子 若於諸地波羅蜜多 善修出離 轉依成滿 是名如來法身之相 當知此相二因緣故 不可思議 無戲論故 無所為故

는 것을 통해서는 알아낼 수 없다. 그리고 나아가 불가사의한 이유는 희론이 없기 때문이요, 하는 바가 없기 때문이라고 한다. 전자는 존재의 실상에 이르는 길이므로, 희론이 아니라는 의미이고, 후자는 무언가 유위적 보탬을 통해 얻는 것이 아니라는 것이다. 부처의 눈으로 볼 때, 우리는 이미 있는 그대로 '부처'이며, 두두물물 법신이 머물고 있다. 어딘가에 별도로 있는 법신을 구하여 찾는 것이 아니다.

의식으로 헤아리는 것이 아닌 공부는 곧 덜어내는 공부, 걷어내는 공부, 마이너스 공부이다. 변계소집에서 '출리'하여 '전의'하는 것은 장자의 해체와 전회(轉回)에 해당하는 공부이다. 장자에 따르면 '허무한 삶'에서 '즐거운 삶'으로의 전회는 이상적인 세계의 도래와 함께 이루어지는 것이 아니라, 우리 마음의 전회를 통해 이루어진다. 이 마음의 전회를 위한 장자의 전략이 바로 해체인데, 그 해체의 대상이 되는 것은 허구적이고 관념적인 자아와 세계에 대한 실체적 사유이니, 유식의 용어를 빌면 곧 번뇌장을 일으키는 아집(我執)과 소지장을 일으키는 법집(法執)이다. 장자는 '좌망(坐忘)이야기'를 우화로 이렇게 엮어낸다.

> 안회가 스승 공자에게 말했다. "제가 공부에 얻은 것(益)이 있었습니다."
> 공자가 말했다. "무엇인가."
> "인의(仁義)를 잊었습니다." "좋지만 아직 멀었구나."
> 다른 날 또 와서, 안회가 말했다. "제 공부에 얻은 것이 있었습니다."
> "무엇을 말하는 것인가."
> "예악(禮樂)을 잊었습니다." "좋지만 아직 아니구나."
> 다른 날 또 와서, 안회가 말했다. "저는 공부에 얻은 것이 있습니다."
> "무엇을 말하는 것인가."

"좌망(坐忘)에 들었습니다."

깜짝 놀라며, "좌망(坐忘)이라니, 뭘 말하는 것인가."[288]

안회는 자신의 공부에서 얻은 것(益)이 있었는데, 그것은 잊은 것(忘)이라고 말한다. 더하는 공부가 아닌 빼는 공부, 즉 마이너스 공부이다. 그런데 여기서 주목되는 것은 안회가 '잃었다(失)'고 하지 않고 '잊었다(忘)'고 한 것이다. 전자는 어떤 것을 소유하고 있는 상태에서 소유하지 않은 상태로의 전이를 표현한다. 즉 어떤 대상의 상실이다. 그러나 후자는 마음속에 있었던 것을 더는 마음속에 갖고 있지 않음을 표현한다. 나아가 마음에서 개의치 않는 것, 돌아보지 않는 것, 매이지 않는 것으로 그 의미가 확대될 수 있다. 이는 공부의 진전이 '지식' 차원이 아니라 '마음' 차원에서, 이론적 앎의 차원이 아닌 삶의 확실성의 차원에서 이루어짐을 말하고 있다.

처음 잊은 것은 인의로 대표되는 사회 도덕적 당위이다. 장자에 따르면 세상을 물질적으로 소유하고 지배하려는 것만큼이나 도덕적 이상으로 지배하려는 것 역시 해체의 대상이다. 인의의 기준을 세워 당위의 범주를 한정하게 되면, 인의 너머의 실상을 보기 어렵게 된다. 즉 인(仁)과 의(義)를 세우면 필연적으로 '불인(不仁)'과 '불의(不義)'를 마주 세워 배척하거나 단죄하게 된다. 그러나 '인의를 잊는 것'이 인의를 행하지 않거나 행하지 말라는 것이 아니라, 인의를 따로 세워 행하지 않음이요, 남에게 강요하지 않음이며, 인의를 행해도 그것을 인의라고 명목지어 의식하지 않는다는 것이다.

예악이란 사회의 질서와 안정을 도모하기 위한 사회시스템이다. 이 예악은 장자식 관점에서 보면 인간 사회의 질서를 도모, 유지하기 위한 부득이(不

---

288 『장자』「대종사」 顔回曰 回益矣 仲尼曰 何謂也 曰 回忘仁義矣 曰 可矣猶未也 他日復見曰 回益矣 曰 何謂也 曰 回忘禮樂矣 曰 可矣猶未也 他日復見曰 回益矣 曰 何謂也曰 回坐忘矣 仲尼蹴然曰 何謂坐忘 顔回曰

得己)의 원칙에 따른 '최소한의 합의'로서의 장치 혹은 제도이어야 한다. 그러나 현실의 그것은 고정화된 규범이 되면서 필요에 의해 설치된 '최소한의 합의'로서의 시스템에서 멀어져 개별자의 고유성을 그 틀 안에 맞추어 넣으려는 억압적 기제로 작용하고, 그 틀이 경직된 것으로 계승되어 제도화되면서 실상을 왜곡하게 된다. 그런 의미에서 존재의 실상을 회복하기 위한 전제조건으로 제시된 망인의와 망예악은 '변계소집에서의 출리(出離)'의 의미에 근접해있다.

다음으로 안회는 여기서 한 걸음 더 나아가 좌망에 이르렀다고 말한다. 그러자 공자는 집중적인 관심을 표명하며, 그것이 어떤 것인지 물었고, 안회는 이렇게 답한다.

> 안회가 답했다. "팔과 다리를 버리고(墮肢體), 총명을 몰아냈으며(黜聰明), 형(形)을 떠나고 지(知)를 버려 동어대통(同於大通)하였습니다. 이를 좌망이라 한 것입니다."[289]

안회가 설명하는 좌망의 내용은 자아의 해체이자, 세계의 해체, 즉 실체적 사유의 해체를 가리킨다. 먼저 안회는 자신의 육체를 실체로 간주하여 그것에 의지하고 매이는 것에서 벗어났다고 말한다(墮肢體). 육신이란 마치 허공의 연기처럼 곧 스러지고 말 허환(虛幻)하고 일시적인 것임을 알았다는 것이다. 그리고 자신이 보고 듣는 것을 실체로 여겨 의지하거나 매이지 않게 되었다(黜聰明). 또 자신의 인식세계에 들어온 형(形), 즉 사물과 현상들을 실체로 여겨 집착하지 않게 되었으며, 그것을 통해 얻은 지식을 소유하려 하지 않게 되었다(離形去知). 우리 눈에 보이는 사물과 현상들은 '없음(無)'에서 나와 '있는

---

289 『장자』「대종사」顔回曰 墮肢體 黜聰明 離形去知 同於大通 此謂坐忘

것(有)'처럼 보이다가 결국 '없음(無)'으로 돌아가는 고정적인 자기 동일성이 없는 것임을 깨달았기 때문이다. 결국 '나'를 비우는 것, 허심으로 복귀하는 것, 장자의 표현을 빌면 '무기(無己)'이다.

그런 의미에서 '좌망'은 대단히 구체적이고 마이너스적인 공부를 통해 얻어지는 역설적 성과이다. 장자의 부정은 긍정의 다른 얼굴을 안고 있다. 안회가 '망(忘)'을 통하여 '익(益)'하는 것처럼 '버림'으로써 얻고, '비움'으로써 '채우는' 결과를 가져온다. '심재(心齋) 이야기'에서 안회는 이를 이렇게 정리한다.

> 심재(心齋) 하기 전에는 안회라는 '나'가 실체로 있었지만, 심재를 하고 나니 애초부터 '안회'라는 '나'가 있지 않음을 알았다.[290]

심재 전에는 '나'가 있었지만, 심재 후에는 '나'가 애초부터 존재하지 않았음을 알았다는 것인데, 이는 '나'라는 존재의 물리적 유무를 논하는 것이 아닐 것이다. '나' 없음이라는 '무기'는 '나'라는 존재를 파괴하거나 소멸시키는 것이 아니라, '나'라는 존재가 고정된 존재론적 본질을 갖는 실체가 아님을 의미한다. '나'라는 자기 동일적인 독립성이 해체되면, '나의 주장'이나 '나의 것'을 세울 수 있는 주체는 설 수 없게 된다. 그리고 해체공부를 통해 이를 자각하게 되면 우리는 연속적 세계의 실상으로 복귀해 들어간다는 것이 장자의 생각이다. 장자는 이를 동어대통(同於大通)이라고 표현했다.

'통(通)'이 주는 이미지는 연속이요, 하나로의 연결이다. 이때 통합이란 물리적 끈으로 묶임이 아니라 '마음'에서의 유대를 지시한다. 안회의 보고에 따르면 좌망을 통해 얻은 것은 무기(無己)이고, 그 결과로 체험한 것은 동어대통이다. 즉 자아와 세계의 이분법이 해소되고 존재의 연속성에 통하여, 세계와

---

290 『장자』「인간세」顔回曰 回之未始得使 實自回也 得使之也 未始有回也

'나'는 분리불가능한 연속체로 연결되었다는 것이다. 이러한 합일은 장자에서 진인(眞人) 혹은 지인(至人)으로 의인화된다. 이런 연속과 합일의 경계를 부처는 '상락아정(常樂我淨)'이라 한 것이 아닐까.

이같은 마음의 전회는 존재의 전 과정에서 중단되지 않는 연속성을 유지하면서, 소유세계에 거(居)하면서도 그 세계에서 초탈한 고요함과 평화를 누리게 한다. 장자는 이렇게 말한다.

성인의 마음은 고요하고녀. 천지의 거울(鑑)이자, 만물의 거울(鏡)이로다.[291]

성인의 마음이 고요할 수 있는 이유는 거울처럼 다만 비출 뿐 분별하지 않기 때문이다. 자아와 세계, 혹은 자아와 타자, 삶과 죽음, 시(是)와 비(非)의 이분법적 분리 너머에서 이루어지는 동어대통(同於大通)은 어떤 이상적인 영역으로 탈출해 들어감으로써 얻는 것이 아니라 그 반대, 즉 안회의 말대로 '망(忘)'이라는 해체 작업을 통해 이루는 것이다. 『해심밀경』의 말에 따르면 '출리'와 '전의'이다.

2) 오위(五位)의 수행단계

유식의 논사들을 유가사(瑜伽師, 요가수행자)라 칭하는데, 유식학은 이들의 요가수행체험을 통해 이룩된 교설이기 때문에 기본적으로 수행론을 바탕에 깔고 있다. 그리고 그 수행론은 수행의 정도에 따라 매우 세밀한 관법(觀法)과 계위(階位)로 제시된다.

---

291 『장자』 「천도(天道)」 聖人之心靜乎 天地之鑑也 萬物之鏡也

그런데 문제는 실제로 그러한 체험에 이르지 못한 상태에서는 그 세밀한 교리를 제대로 이해하고 수용해내기 어렵다는 것이다. 다만 가능한 것은 그들이 제시한 관법과 계위를 소개하고, 철학적으로 우리 사유의 지평을 넓힐 수 있는 부분에 대해서 고찰하는 것이다.

유식의 논사들은 자각타각(自覺他覺)의 길을 가는 보살의 수행 위계를 41단계로 설정하고, 그것을 오위(五位)에 배치하였다. 즉 자량위(資糧位), 가행위(加行位), 통달위(通達位), 수습위(修習位), 구경위(究竟位)의 다섯 단계로 설정하였는데, 마침내 구경위에서 대보리(大菩提)와 대열반(大涅槃)을 증득하는 것을 궁극적 목적으로 삼았다.

이 다섯 단계를 순차적으로 거침으로써 점차적으로 자신의 마음을 염오(染汚)로부터 청정(淸淨)으로 전환시켜 가는 것인데, 이때의 마음 상태를 유식적으로 설한 것이 『유식삼십송』「제26송」 이하의 내용이다. 그러나 세친은 여기서 수행의 다섯 단계로 명확하게 구별하거나, 그러한 계위의 술어를 사용하지는 않고 있다. 이 다섯 단계를 나누고 서술한 것은 세친 이후 유식학을 발전시킨 안혜(安慧)를 비롯한 후기 유식의 논사들이었다. 그들은 자신들의 체험에 근거하여 다음과 같은 계위를 설정했다고 한다.

① 자량위(資糧位)

수행 도정의 첫 단계이다. 수행의 긴 도정에 노자와 양식을 준비하는 단계라 하여 자량위(資糧位)라 이름한다. 유식성(진여)에 들고자 발심하여 수행을 준비하고 시작하는 단계로, 구체적인 수행은 복덕과 지혜의 자량을 준비하여 수행하면서 유식성에 다가가는 것이며, 수행의 절차에는 십주(十住)[292], 십행

---

292 10주는, 제1주 초발심주(初發心住), 제2주 치지주(治地住), 제3주 수행주(修行住), 제4주 생귀주(生貴住), 제5주 방편구족주(方便具足住), 제6주 정심주(正心住), 제7주 불퇴주(不退住), 제8주 동진주(童眞住), 제9주 법왕자주(法王子住), 제10주 관정주(灌頂住)이다.

(十行)[293], 십회향(十迴向)[294]의 30위 단계가 있다.

『화엄경』「입법계품」에서는 선재동자가 차례로 십주, 십행, 십회향에 머물고 있는 선지식들을 만나는데, 그가 찾아간 53 선지식 가운데, 제일 처음 만난 덕운(德雲)비구가 제1주 발심주(發心住) 선지식이며, 30번째로 만난 안주신(安住神)이 십회향의 마지막 단계인 법계무량회향(法界無量迴向) 선지식이다.

육바라밀(六波羅密)의 보살도를 행하여 닦아야 하는데, 이 가운데, 보시, 지계, 인욕, 정진, 선정바라밀은 복덕이요, 반야바라밀은 지혜이다. 이에 더하여 선우(善友), 의지(作意), 믿음과 이해(信解)가 중시된다. 세친은 『유식삼십송』「제26송」에서 자량위에 대해 이렇게 말한다.

이에 식을 일으켜 유식성에 안주하길 구하지 않으면
乃至未起識 求住唯識性
두 가지 집착을 일으키는 수면을 조복하고 소멸시킬 수 없다.
於二取隨眠 猶未能伏滅

이 게송에서는 아집과 법집, 즉 주객 이분의 인식이 일어나는 이유와 그것을 단멸시킬 수 있는 길을 제시한다. 발심의 식을 일으켜 유식성의 깨달음을 구하지 않으면, 아집과 법집의 두 가지 집착을 일으키는 잠복된 힘(隨眠)을 극복할 수 없다고 한다. '수면(anuśaya)'이란 알라야식에 잠복되어 있는 종자를 말

---

293 10행은, ①환희행(歡喜行) ②요익행(饒益行) ③무위역행(無違逆行) ④무굴요행(無屈撓行) ⑤이치란행(離癡亂行) ⑥선현행(善現行) ⑦무착행(無著行) ⑧난득행(難得行) ⑨선법행(善法行) ⑩진실행(眞實行)이다.

294 『화엄경』「십회향품」에 따르면, 10회향은 ①구호일체중생리중생상회향(救護一切衆生離衆生相迴向) ②불괴회향(不壞迴向) ③등일체불회향(等一切佛迴向) ④지일체처회향(至一切處迴向) ⑤무진공덕장회향(無盡功德藏迴向) ⑥수순일체견고선근회향(隨順一切堅固善根迴向) ⑦수순등관일체중생회향(隨順等觀一切衆生迴向) ⑧여상회향(如相迴向) ⑨무박무착해탈회향(無縛無著解脫迴向) ⑩법계무량회향(法界無量迴向)이다.

한다. 즉 마치 꿈을 꾸면서 꿈을 마음대로 할 수 없는 것처럼, 발심하여 수행하지 않으면 두 가지 집착(능취와 소취)을 일으키는 알라야식 종자의 잠재력을 막을 수 없다는 것이다. 요컨대, 자량위는 발심하여 수행을 준비하고 시작하는 단계이며, 이 수행과정은 '부처의 눈'을 얻기 위한 양식을 비축하는 것과 같은 단계이다.

② 가행위(加行位)

가행위란 자량위 최후의 단계, 즉 10주, 10행, 10회향 중에서도 셋째 단계인 10회향 가운데 마지막 계위인 법계무량회향(法界無量廻向) 단계에서 네 가지 선근을 닦는 과정을 가리킨다. 넓은 의미에서 수행 일반을 가리키지만, 여기서 한층 더 노력하여 수행에 경주하는 단계를 의미한다. 다시 말해 자량위에서 형성된 수행력을 한층 강화하여 다음 단계로 나아갈 수 있는 기반을 확고히 다지는 과정이다. 이 가행위에서 '아'와 '법'에 대한 집착을 점차 조복하고 제거해 나간다. 세친은 『유식삼십송』 「제27송」에서 이렇게 말한다.

현전에 어떤 것을 세워	現前立少物
이를 유식성이라 한다면	謂是唯識性
(유식성을 얻었다는 관념이) 있게 되는 것이므로	以有所得故
진실하게 유식성에 안주하는 것이 아니다.	非實住唯識

이 게송에서는 '유식무경'의 유식성을 단순히 지적, 개념적으로 이해해서는 안 된다는 것을 강조하고 있다. 우리는 '모든 것이 식일 뿐이다'라는 실상을 수긍하면서 즉각적으로 그것을 체득하기 어렵다. 그래서 경론에서 배우거나 선지식의 가르침을 듣고 이해해 나간다.

그러나 그렇게 해서 이해한다 해도 관념적으로 파악하고 있는 단계이다.

관념적인 이해를 넘어선 실천을 통해 '유식성'을 실상으로 체득해야 한다. '일체는 유식이다'라는 관념이 조금이라도 있는 한 '유식성'을 대상적으로 파악하고 있는 것이므로, 결국 마음이 주객으로 분별되고 집착이 따르기 때문에 진실한 유식성, 즉 진여에 안주하는 것이 아니라는 것이다.

그러므로 관념적인 이해를 넘어선 실천을 통해 '유식성'을 실상으로 이해해야 한다는 것인데, 그 실천 방법으로 네 가지 선근(善根), 즉 난(煖), 정(頂), 인(忍), 세제일법(世第一法)을 내용으로 하는 지관(止觀) 행을 닦는 것을 제시한다.

선근과 지관은 수행에서 매우 핵심에 해당하는 것인데, 선근은 결과적으로 선과(善果)를 거둘 수 있는 행위를 닦는 것이며, 궁극적으로 불과(佛果), 즉 부처의 눈을 얻기 위해 심는 수행의 힘을 의미한다. 선근의 중요성을 선재동자가 만난 51번째 선지식인 미륵(彌勒)은 『화엄경』에서 이렇게 말한다.

일체 불법은 선근에서 일어난다.[295]

다음으로 지관(止觀)은 사마타와 위파사나를 가리키는데, 『대승기신론』에서는 이렇게 설명한다.

무엇을 일러 지관문의 수행이라 하는가. 지(止)란 일체 경계의 상을 멈추는 것을 이른다. 사마타관의 뜻에 수순하는 것이다. 관(觀)이란 인연 따라 생성하고 소멸하는 상을 관하는 것이다. 비파사나관의 뜻에 수순하는 것이다. 무엇을 일러 수순한다고 하는가. 이 두 가지를 점차 익히고 닦아 서로 버리거나 여의지 않고 함께 현전하게 하는 것이다.[296]

---

295 『화엄경』 제39 「입법계품」 一切佛法 從善根起

지(止), 즉 삼매란 마음 바깥의 경계를 보는 것을 멈추는 것, 즉 모든 것을 마음속으로 거두어들이고, 마음을 보는 것에 집중하는 것이요, 관이란 그 마음에 비친 업의 그림자를 보며 '그 인과 연의 생멸'의 모습을 세밀하게 관찰하며 그 공성을 보는 것이라는 것이다. 그리고 이어서 그 구체적인 길을 이렇게 말한다.

지를 닦는 자는 고요한 곳에 머물며 단정히 앉아 의(意)를 바르게 한다. 호흡법에 의지하지 않고, 모습과 보양(백골관, 부정관)에 의시하지 않으며, 공(없음에 매이는 것)에 의지하지 않고, 지수화풍에 의지하지 않으며, 나아가 견문각지에 의지하지 않으며, 일체 모든 생각이 념(念)에 따를 때마다 모두 없애고, 없애야 한다는 생각 역시 보내야 한다. 일체법이 본래 상이 없기 때문이다...... 만일 마음이 산란하게 치달릴 때에는 마땅히 그 마음을 거두어 정념(正念)에 머물러야 한다. 정념이란 오직 마음뿐, 바깥 경계가 없음을 마땅히 아는 것이다.[297]

다음으로 만일 사람이 지(止)만 닦으면 마음이 침체되거나 혹 게을러질 수 있다. 그리하여 선(善)을 즐기지 않고, 큰 자비를 여의기 때문에 관(觀)을 닦아야 한다. 관을 닦아 익히는 자는 마땅히 일체 세간의 유위법은 잠시도 머무름 없이 변화하며, 모든 심행(心行)이 념념(念念)에 생하고 멸하므로 고(苦)임을 관해야 한다. 또 마땅히 과거에 생각한 모든 것은 순간의 꿈같다고 보며, 현재

---

296 『대승기신론』云何修行 止觀門 所言止者 謂止一切境界相 隨順奢摩他觀義故 所言觀者 謂分別因緣 生滅相 隨順毘鉢舍那觀義故 云何隨順 以此二義 漸漸修習 不相捨離 雙現前故

297 『대승기신론』若修止者 住於靜處 端坐正意 不依氣息 不依形色 不依於空 不依地水火風。乃至不依見聞覺知 一切諸想 隨念皆除 亦遣除想 以一切法 本來無相...... 心若馳散 卽當攝來 住於正念 是正念者 當知唯心 無外境界

생각하는 모든 것은 번갯불 같은 것이라 보며, 미래에 생각하는 모든 것은 마치 구름같이 홀연 일어나는 것임을 보아야 한다...... 걷거나 머물거나, 눕거나 일어나거나, 항시 지와 관을 함께 행해야 한다...... 이 지관의 두 문은 공히 서로 도와 이루어지니, 서로 버리거나 여읠 수 없다. 지관을 아울러 갖추지 못하면 보리의 도에 들어갈 수 없다.[298]

요컨대, 삼매란 의(意)를 바르게 하고, 마음에 비친 대상에 의식이 어떤 념(念)을 일으킬 때마다 보내고, 또 일어나면 보내면서 그것이 다만 나의 마음이 그려낸 그림임을 여실히 보며 마음이 새어나가지 않게 집중하는 것이다. 마음이 새어나갈 때, 유루(有漏)가 되고, 유루는 번뇌를 일으킨다. 마음에서 일체를 돌이켜 비추고 보내어 새어나가지 않게 집중하는 것이 곧 무루(無漏)의 지혜가 된다는 것이다. 위파사나, 즉 관행이란 삼매를 통해 집중된 마음에 비친 영상을 보며, 일체법이 무상하며, 마음 역시 념념에 생멸하는 무상한 것임을 보고, 그 모든 것이 꿈같고, 번갯불 같고 구름같이 일어나는 헛것(幻)임을 여실히 보며 공성을 깨닫는 것이다. 그리고 이 지관의 두 가지는 항시 함께 닦아야 하며, 이것이 보리의 도에 들어가는 길이라는 것이다.

이렇게 유식의 관법(觀法)은 모든 사물을 마음속으로 거두어들이고, 마음을 밖으로 유산(流散)시키지 않는다. 마음을 내면으로 비추어 오직 대상의 명칭만 있고 그것에 대응하는 사물은 없으며, 사물이 존재하지 않기 때문에 그 사물을 지시하는 언어나 그 사물을 인식하는 마음도 존재하지 않는다고 관찰

---

298 『대승기신론』復次若人唯修於止 則心沈沒 或起懈怠 不樂衆善 遠離大悲 是故修觀
修習觀者 當觀一切世間 有爲之法 無得久停 須臾變壞 一切心行 念念生滅 以是
故苦 應觀過去 所念諸法 恍惚如夢 應觀現在 所念諸法 猶如電光 應觀未來 所念
諸法 猶如於雲 忽爾而起...... 若行若住 若臥若起 皆應止觀俱行...... 是止觀二門 共
相助成 不相捨離 若止觀不具 則無能入 菩提之道

한다. 이 관법을 실천하여 '제법은 가유이며, 실유가 아니다'라는 인식을 단계적으로 심화시키는 것이 난, 정, 인, 세제일법의 네 단계인데. 그 첫 번째가 바로 난법이다. 『열반경』에서 이렇게 설한다.

가섭보살이 부처께 아뢰었다. "세존이시여, 설하신 난법은 어찌하여 난법이라 이름합니까. 자성이 따뜻하기 때문입니까. 다른 것 때문에 따뜻하기 때문입니까." "선남자여, 이 난법은 자성이 따뜻한 것이지, 다른 것 때문에 따뜻한 것이 아니다...... 신심으로 난법을 얻는다. 선남자여, 난법이란 곧 지혜이니, 왜냐하면 사성제를 관찰하기 때문이다. 그러므로 이름하여 16행이라 하고, 행은 곧 지혜이다...... 선남자여, 난법이란 팔정도의 불(火)의 모습이다. 그러므로 난(煖)이라 한다. 선남자여, 마치 나무를 비벼 불을 일으킬 때, 먼저 따뜻한 기운이 있고 뒤에 연기가 나는 것처럼 무루(無漏)의 도 역시 그러하다...... 선남자여, 이 난법은 유위법이고 유(有)의 법이지만, 능히 유위법과 유(有)의 법을 파할 수 있다...... 난법을 얻으면 다시 선근을 끊거나 오역죄를 짓거나 사중금을 범하지 않는다. 이런 사람에는 두 종류가 있으니, 하나는 선우를 만나는 것이요, 둘째는 악우를 만나는 것이다. 악우를 만나면 잠시 나왔다가 다시 빠지고, 선우를 만나면 두루 사방(四諦)을 둘러본다."[299]

첫 번째 난위(煖位)는 사성제를 관찰하여 대상경계의 '공성'을 보는 지혜를 얻어 대상에 대한 집착을 제거하는 것이다. 이 단계에서 닦는 삼매를 명득정

---

299 『대반열반경』 제12 「가섭보살품」 迦葉菩薩 白佛言 世尊 所言煖法 云何名煖 爲自性煖 爲他故煖 佛言 善男子 如是煖法 自性是煖 非他故煖...... 因於信心 獲得煖故 善男子 夫煖法者 卽是智慧 何以故 觀四諦故 是故名之 爲十六行 行卽是智...... 善男子 夫煖法者 卽是八聖 道之火相 故名爲煖...... 善男子 如是煖法 雖是有爲有法 還能破壞 有爲有法...... 得煖法已 則不復能 斷於善根 作五逆罪 犯四重禁 是人二種 一遇善友 二遇惡友

(明得定)이라고 하는데, 광명을 얻는 선정이라는 뜻이다. 무분별지의 광명의 따사로움을 은은하게 느끼기 시작하는 단계이므로 난(媛)이라 불린다.

경문에 따르면 난법은 신심으로 얻는 지혜이고, 언어 방편으로 설해진 유위법으로 유위법을 파하는 무루의 지혜를 얻는 것이며, 이 난법을 얻으면 선근을 끊는 일이 없이 선과를 얻는 도상(途上)을 갈 것이지만, 만일 악우(악지식)를 만난다면 다시 잠시 나왔다 다시 어둠으로 빠져버리지만, 선우(선지식)를 만나면 두루 사방을 본다는 것이다. 사방을 본다는 것은 사성제를 더욱 깊이 관찰하여, 다음 단계인 정위(頂位)로 향하는 것이다. 『열반경』에서 이렇게 설한다.

> 사방을 살피는 것이 곧 정법(頂法)이니, 이법은 비록 성품은 오음이지만, 사성제에 반연하므로 두루 사방을 본다고 한다.[300]

정위(頂位)는 사성제에 반연하여 대상경계의 공성을 더욱 깊게 관찰하는 단계이다. '반연'한다는 것은 난위에서 사성제를 관찰한 것보다 더 철저하게 사성제를 실천하는 것을 가리킨다. 이 단계에서 무분별지에서 발하는 광명이 점점 증대하기 때문에 이 단계에서 닦는 삼매를 명증정(明增定)이라 부른다. 정(頂)이라 한 것은 심사(尋思) 단계의 정점에 도달한 상태이기 때문이다. 난위와 정위가 심사단계에 속한다. 이어서 『열반경』에서 이렇게 설한다.

> 정법을 얻고 나서, 다음으로 인법(忍法)을 얻으니, 인법 역시 성품은 오음이나 사제에 반연한 것이다.[301]

---

300 『대반열반경』 제12 「가섭보살품」 觀四方者 即是頂法 是法雖復 性是五陰 亦緣四諦 是故得名 遍觀四方
301 『대반열반경』 제12 「가섭보살품」 得頂法已 次得忍法 是忍亦爾 性亦五陰 亦緣

인위(忍位)는 능취(能取), 즉 인식 주체 역시 공성임을 관찰하는 단계이다. 앞의 난위와 정위에서 소취(所取), 즉 대상 경계가 공이라 관찰했지만 이 단계에서 대상경계는 분명하게 공(空)이라 결정적으로 이해(印)하고, 나아가 주체도 공이라는 이해가 일어나기 때문에, 이 단계에서 닦는 삼매를 인순정(印順定)이라 한다.

다음으로 세제일법(世第一法)을 얻으니, 이 법 역시 성품은 비록 오음이지만 사제에 반연한 것이다.[302]

마지막으로 세제일위(世第一位)는 대상경계(所取)도 인식주체(能取)도 모두 공이라고 결정적으로 아는(印) 단계이다. 이 단계의 삼매를 무간정(無間定)이라 하는데, 법(소취)과 아(능취)의 '공'을 아는 찰나에 바로(無間) 견도(見道)에 들어가기 때문이라고 한다. 이 단계는 범부 상태로는 최고의 상태이기 때문에 세제일위라고 한다. 세(世)란 세간, 즉 범부가 머무는 세계이다. 이원대립의 범부 세계에서 이 단계에서는 주체도 객체도 모두 공이요, 일체는 유식이라고 말해도, '주체도 객체도 존재하지 않는다'는 관념(想)을 마음속에 떠올리기 때문에 아직 진실하게 유식성, 즉 진여에는 도달하지 못한 것이라 한다.

③ 통달위(通達位)

가행위의 부단한 수행의 결과로 진여를 보게 되는 무분별지가 발생하는 단계이다. 진여에 도달하기 때문에 통달위라 한다. 이 계위에서 본래의 무분별지가 일어나 유식성에 들고, 유식상(唯識相)을 깨달아 실재와 현상의 진실에

---

302 『대반열반경』 제12 「가섭보살품」 次得 世第一法 是法雖復 性是五陰 亦緣四諦 是人 次第 得苦法忍 忍性是慧 緣於一諦

통달하게 되어, 비로소 존재의 실상을 '있는 그대로' 보게 된다고 한다. 세친은 『유식삼십송』「제28송」에서 이렇게 말한다.

만일 소연(인식대상)에	若時於所緣
지(智)가 전혀 없어 얻는 바가 없다면	智都無所得
이때 유식성에 머무니	爾時住唯識
두 가지 집착(아집, 법집)에서 떠났기 때문이다.	離二取相故

인식대상에 지(智)로써 얻는 바가 없다는 것은 세계에 대하여 알 바(法)도 없고, 아는 자(我)도 없다는 것이니, 주체와 대상 즉 아집과 법집이 소멸된 상태를 가리킨다. 바로 이 단계에서 유식성에 머물게 된다고 한다. 즉 통달위는 수행의 단계가 진전하여 두 가지 집착을 떠나 처음으로 진여에 계합하는 단계로, 유식성에 안주하는 첫 단계이며, 보살 10지(地) 중 초지인 환희지(歡喜地)에 드는 단계이다. 『해심밀경』에서 환희지에 대해 이렇게 설한다.

관자재보살이 부처께 다시 아뢰었다. "세존이시여, 어떤 이유로 최초를 극희지(極喜地)라 이름하고, 나아가 어떤 이유로 불지라 이름합니까." 부처께서 고하여 말씀하셨다. "선남자여, 대의를 성취하여 일찍이 얻은 적이 없는, 출세간의 마음을 얻어 큰 환희를 일으키기 때문에 이름하여 극희지라 한다."[303]

그리고 이 단계에서 제6식과 7식의 일부가 묘관찰지와 평등성지로 전환되

---

303 『해심밀경』 제7 「지바라밀다품」 觀自在菩薩 復白佛言 世尊 何緣最初 名極喜地 乃至何緣 說名佛地 佛告觀自在菩薩曰 善男子 成就大義 得未曾得 出世間心 生大歡喜 是故最初 名極喜地

358   장자, 붓다를 만나다

기 시작하는데, 후천적 번뇌(分別起煩惱, 분별로 인해 일어나는 번뇌)는 소멸하지만, 선천적 번뇌(俱生起煩惱, 추중박)는 남아 있어, 진여를 관찰하게는 되었지만 아직 완전히 증득한 단계는 아니라고 한다.

④ 수습위(修習位)

통달위에서 진여를 보았다 해도, 아직 무명(無明)과 번뇌의 습기를 완전히 소멸한 것은 아니기 때문에, 이 단계에서 증득한 진여의 도리를 반복하여 닦아 나가며 마음을 정화해 나가야 하는데, 이 단계를 수습위라고 한다.

수습위에서 세 가지 혜(慧), 즉 문혜(聞慧), 사혜(思慧), 수혜(修慧)를 닦아 번뇌장과 소지장을 멸해나간다고 한다. 이 삼혜가 등장하는 경전은『화엄경』인데, 선재동자가 만난 36번째 선지식인 수호일체성주야신(守護一切城主夜神)은 선재동자에게 이렇게 말한다.

선남자여, 나는 중생에게 문혜(聞慧)의 법을 설하기도 하고, 사혜(思慧)의 법을 설하기도 하며, 수혜(修慧)의 법을 설하기도 한다.[304]

수호일체성주야신은 보살 6지인 현전지(現前地) 보살이다. 문혜란 붓다의 가르침을 듣고 얻은 지혜, 사혜는 들은 바의 이치를 사유하여 얻은 지혜, 그리고 수혜는 사유하여 얻은 바를 닦아서 얻은 지혜인데, 이 세 가지 지혜를 닦아 진리가 밝아지는 자리가 바로 제3 지인 발광지(發光地)라고 한다.

보살 10지 가운데 초지인 환희지는 통달위에 해당하고, 제2지부터 제10지까지가 수습위에 해당한다.『해심밀경』에서 이렇게 설한다.

---

304 『화엄경』제39「입법계품」善男子 我或爲衆生 說聞慧法 或爲衆生 說思慧法 或爲衆生 說修慧法 或爲衆生

일체 미세한 계율도 범함을 떠났기 때문에 두 번째를 이구지(離垢地)라 이름한다. 얻은 바의 삼매와 다라니를 듣고 지닌 것(聞持)이 능히 무량한 지혜의 광명을 의지처로 삼기 때문에 세 번째를 발광지(發光地)라 이름한다. 얻은 바 보리(菩提) 분법이 모든 번뇌를 불사르고, 지혜가 마치 불꽃과 같기 때문에 네 번째를 염혜지(焰慧地)라 한다. 저 보리분법으로 말미암아 방편을 닦아 익혀 지극히 어려운 것에서도 바야흐로 자재함을 얻기 때문에 다섯 번째를 극난승지(極難勝地)라 한다. 눈앞의 모든 유위법의 변화를 관찰하고, 또 작의를 많이 닦고, 무상(無相)을 많이 닦아 바야흐로 무상이 현전하기 때문에 여섯 번째를 현전지라 이름한다. 능히 빠짐없고(無缺), 중단됨 없고(無間), 상이 없는(無相) 사유로 멀리 증득해 들어가 청정한 지위에 근접하기 때문에 일곱 번째를 원행지(遠行地)라 한다. 무상에 대한 무공용(無功用)을 얻어 모든 상에서 현행하는 번뇌에 동요하지 않기 때문에 여덟 번째를 부동지(不動地)라 한다. 모든 종류의 설법에 자재하고, 장애(죄) 없고 광대한 지혜를 얻기 때문에 아홉 번째를 선혜지(善慧地)라 한다. 추중의 몸이 허공같이 넓고, 법신의 원만함이 큰 구름처럼 능히 모든 것을 덮어버리는 것과 같기 때문에 열 번째를 법운지(法雲地)라 이름한다.[304]

이같이 보살 10지 가운데 아홉 단계가 수습위에 해당하는데, 이 수습위에 대해 세친은 『유식삼십송』「제29송」에서 이렇게 말한다.

(분별하여) 얻음이 없고, 헤아려 알 수 없는 것(不思議)　　無得不思議
이것이 출세간의 지이다.　　　　　　　　　　　　　　是出世間智
두 종류의 추중박을 버리기 때문에　　　　　　　　　捨二粗重故
곧 전식득지를 증득한다.　　　　　　　　　　　　　　便證得轉依

이 게송은 유식성에 깨달아 든 상태를 서술한다. 무득(無得)이란 얻을 만한 대상이 없음을 말하니, 주객이 와해되어 아집과 법집이 소멸된 상태를 의미한다. 부사의(不思議)란 개념적 사고를 넘어선 자리에 있다는 의미니, 마음으로 직접 체득함을 말한다. 이를 자내증(自內證)이라고 하는데, '나'를 중심으로 선악과 시비, 이해를 가르는 세간의 이분법적 마음을 넘어선 것이기 때문에 출세간지(出世間智)라고 한다.

추중박이란 알라야식에 저장되어 있는 종자로 존재를 근원적으로 거칠게 속박하는 잠재적 힘을 가리킨다. 표층에서 의식되지 않는 일종의 업장(業障)을 의미하는데, 여기서 두 가지 추중박이란 알라야식에서 근원하는 번뇌장과 소지장을 가리킨다. 이 두 가지는 우리 존재를 속박하여 유식성에 도달하는 것을 장애하는데, 번뇌장은 정의(情意)적인 번뇌로 '나'가 존재한다고 생각하는 아집에서 일어나며, 소지장은 지적인 번뇌로, '마음 바깥에 사물이 실재한다'고 생각하는 법집에서 일어난다. 『능가경』에서 이렇게 설한다.

> 또 대혜여, 보살마하살은 응당 두 가지 무아(無我)의 상을 잘 관해야 한다. 대혜여, 무엇이 두 가지인가. 첫째는 인무아(人無我)의 지혜요, 둘째는 법무아(法無我)의 지혜이다...... 자재함을 얻은 것을 여래 무상(無上) 법신이라 하니, 이는 법무아를 보았기 때문이다.[306]

대혜여, 법무아를 보면 소지장을 끊고, 인무아를 보면 번뇌장을 끊는다. 대

---

305 『해심밀경』제7 「지바라밀다품」 遠離一切 微細犯戒 是故第二 名離垢地 由彼所得 三摩地及 聞持陀羅尼 能為無量 智光依止 是故第三 名發光地 由彼所得 菩提分 法 燒諸煩惱 智如火焰 是故第四 名焰慧地 由即於彼 菩提分法 方便修習 最極艱 難 方得自在 是故第五 名極難勝地 現前觀察 諸行流轉 又於無相 多修作意 方現 在前 是故第六 名現前地 能遠證入 無缺無間 無相作意 與清淨地 共相隣接 是故 第七 名遠行地 由於無相 得無功用 於諸相中 不為現行 煩惱所動 是故第八 名不 動地 於一切種 說法自在 獲得無罪 廣大智慧 是故第九 名善慧地 麤重之身 廣如 虛空 法身圓滿 譬如大雲 皆能遍覆 是故第十 名法雲地
306 『능가경』제3 「집일체법품」 復次大慧 菩薩摩訶薩 應當善觀 二無我相 大慧 何等二 種 一者人無我智 二者法無我智...... 得自在已 名得如來 無上法身 以見法無我故

혜여, 의식이 전의하여 의(意)와 알라야식의 훈습을 전의하기 때문에 구경에 청정해진다.[306]

이렇게 인무아를 보고 번뇌장을 끊고, 법무아를 보고 소지장을 끊음으로써 자재함을 얻어 무상법신을 보게 되고, 전의를 증득하게 된다고 한다. 전의란 소의(所依)를 변화시키는 것인데, 오직 식(識)의 존재만을 인정하는 유식의 입장에서 보면, 이때 소의란 8식이요, 나아가 8식의 근본인 알라야식을 가리킨다. 유식의 입장에서 전의(轉依)는 전식득지(轉識得智)로 정의되며, 8식을 변화시켜 네 가지 지(智)를 증득하는 것인데, 이는 구경위에 이르러 완전한 전환을 이룬다고 한다.

⑤ 구경위(究竟位) : 불지(佛地)

발심에서부터 수습위의 마지막 단계에 이르는 긴 수행도정을 거쳐, 그 수행의 결과로 얻어지는 궁극적인 과(果)가 곧 구경위인데, 이 계위가 바로 불지(佛地)이다. 불교의 목표는 부처가 되는 것이요, 철학적인 면에서 '부처의 눈'을 여는 것이라는 점에서 본다면 이 계위는 수행의 목표지점에 해당한다.

이 계위에서 아뇩다라삼먁삼보리를 구하고자 발심한 보살은 수행을 통해 자기 존재를 질적으로 변화시키는 전의(轉依)를 통해 완전하게 전식득지(轉識得智)를 이룬다. 불과의 내용은 대보리와 대열반이며, 이 구경위인 불지(佛地)에서 무상정등각(無上正等覺, 아뇩다라삼먁삼보리)을 얻어 구생기(俱生起, 알라야식 종자에서 비롯되는 번뇌)의 번뇌장과 소지장을 완전히 제거하고 미래세가 다하도록 대자대비로 중생을 교화한다고 한다. 세친은 『유식삼십송』「제30송」에서 이렇게 말한다.

---

307 『능가경』제15「화품(化品)」大慧 見法無我 斷于智障 見人無我 斷煩惱障 大慧 轉意識故 斷法障業障 以轉意 阿梨耶識熏習故 究竟淸淨

이 (구경위의 불지)는 무루이며, (진실한 법)계이며,　此卽無漏界

부사의이며, 선(善)이며, 상주(常住)하며　　　　不思議善常

안락하며 해탈신이며,　　　　　　　　　　　安樂解脫身

대모니이며, 법신이라 이름한다.　　　　　　大牟尼名法

부처의 단계, 즉 '부처의 눈'을 설명한다. 무루(無漏)란 유식성에 들어 분별하는 마음이 식 바깥의 대상으로 새어나가는 일이 없기 때문에 무루라 하는데, 번뇌가 없음을 말한다. 소의를 완전히 변화시켜 모든 악업을 일으키는 모든 종자를 정화했기 때문에 더 이상 번뇌가 새어 나오지 않는다는 의미이기도 하다.

계(界)란 법계를 가리키는데, 붓다의 가르침이 법계에서 나온 것이라는 의미이며, 다른 표현으로 진실계라고도 한다. '부처의 눈'에 열리는 세상인데, 곧 삼라만상이 법신을 지닌 존재로 현현한다는 의미이다.

부사의(不思議)란 그 법계의 실상은 언어 개념적 사고로 파악할 수 없다는 것을 말한다. 업식의 번뇌를 증장하는 것을 악이라 칭하고, 번뇌를 소멸시키는 것을 선이라 칭하는데, 그 번뇌를 완전히 소멸했으니 선(善)이요, 보리를 얻어 열반에 들었으니 안온하다. 무상의 현상계는 괴로움이지만, 법신이 상주(常住)하는 법계는 안락하다. 모든 존재가 부처로 보이는데 어찌 안락하지 않겠는가.

아라한은 번뇌장을 소멸하여 열반에 들지만 소지장은 여전히 남아 있는 상태라고 한다. 그러나 불위에서는 번뇌장과 소지장을 모두 소멸하여 일체의 장애에서 완전히 벗어나 자재함을 얻었으니, 해탈신이라 칭한다는 것이다.

그리고 모니(牟尼, muni)란 '깨달음을 얻은 자'라는 의미이니, 대모니란 크게 깨달은 성자라는 뜻이다. 그리고 법계를 몸으로 하기 때문에 법신이다. 요컨대, 이 '부처의 눈'에서 열리는 세계의 실상을 표현한 것이 바로 무착이 '상(常)'이라는 말로 표현한 '상락아정(常樂我淨)'이다.

3) 전식득지(轉識得智)

이 '상락아정'의 세계는 불위(佛位)에서 열리고, 이 지위는 전의, 즉 전식득지를 완전하게 이루면서 도달하게 된다. 이 지위에 도달하면서 바로 '부처의 눈'이 열리고, 동시에 '부처의 눈'이 열리면서 이 불위에 도달하게 된다고 한다.

전식(轉識)이란 8식을 전환한다는 의미요, 득지(得智)는 네 가지 지혜, 즉 성소작지(成所作智)와 묘관찰지(妙觀察智), 평등성지(平等性智), 대원경지(大圓鏡智)를 얻는 것이다. 이른바 '반야지'이다.

그런데 이 네 가지 지혜의 바탕이 되는 것은 바로 '무분별지(無分別智)'라고 하는데, 마치 금광석 속에서 순금을 얻기 위해서는 고열의 불로 정련하는 것이 필요한 것처럼, 원성실의 진여를 얻기 위해서는 의타기성에서 변계소집성을 여의어야 한다고 하면서 『섭대승론』에서 무착은 이렇게 말한다.

> 만일 이 식이 무분별지의 불(火)로 정련될 때 이 식 가운데 있는 원성실의 자성이 현현하고, 허망한 변계소집 자성은 나타나지 않는다.[308]

의타기성에서 잡염된 변계소집을 여읠 때 현현하는 것이 곧 진여이다. 그런데 이 진여는 바로 무분별지(無分別智)의 불로 잡염분을 모두 제거해낼 때 순금의 원성실을 얻을 수 있다는 것이다. 이 무분별지를 달리 표현하면 자성청정심(淸淨心)인데, '부처의 눈'에 비친 중생의 본래 마음이다. 당대(唐代)의 선사(禪師) 황벽(黃檗)은 이렇게 말한다.

---

308 『섭대승론』, 현장 역, 제3 「소지상분」, 此識若爲 無分別智 火所燒時 於此識中 所有眞實 圓成實 自性顯現 所有虛妄 遍計所執 自性不顯現

이 본래 청정한 마음은 중생과 제불 세계, 산과 물, 모양 있는 것과 없는 것 및 시방 법계에 두루하여 일체 평등하니, '나'와 '남'의 상(彼我相)이 없다.[309]

본원 청정심이 부처의 눈에 비친 중생의 마음이요, 유상(有相) 무상(無相)의 삼라만상 두두물물(頭頭物物)의 성품이라는 것이다. 달리 말하면 법성(法性)이요, 그 마음의 본원은 바로 피아(彼我)를 가르지 않는 무분별의 청정심이다. 무분별심이란 나와 세계(나)를 가르지 않는 연속된 실상에 그대로 부합하는 '이어진 마음'이다. 그런데 우리는 어떻게 해서 그 본래의 청정한 마음을 잃게 된 것인가. 이를 살피기 위해 우리는 장자의 이야기에 귀 기울일 필요가 있다. 장자는 '혼돈(渾沌) 이야기'에서 이렇게 말한다.

남해(南海)의 제왕(帝)은 숙(儵)이요, 북해의 제왕은 홀(忽)이며, 중앙(中央)의 제왕은 혼돈(渾沌)이다. 숙과 홀이 때때로 혼돈(渾沌)의 땅에서 서로 만났는데, 혼돈의 대접이 매우 훌륭했다. 숙과 홀은 혼돈의 덕에 보답하고자 생각하여 말하기를, 사람들에게는 모두 보고 듣고 먹고 숨 쉬는 구멍이 일곱 개 있는데, 혼돈만이 없으니 시험 삼아 뚫어주자고 했다. (그래서) 하루에 구멍 하나씩 뚫었는데, 7일째가 되자 혼돈이 죽었다.[310]

이른바 '혼돈칠규(渾沌七竅)'이다. 남해의 제왕은 숙이요, 북해의 제왕은 홀이라고 하며, 중앙의 제왕은 혼돈이라고 한다. 방편 언어의 달인인 장자는 이

---

309 『전심법요(傳心法要)』 황벽(黃檗) 저, 此本源淸淨心 與衆生諸佛世界 山河有相無相 徧十方界 一切平等 無彼我相
310 『장자』「응제왕」南海之帝爲儵 北海之帝爲忽 中央之帝爲渾沌 儵與忽 時相與遇 於渾沌之地 渾沌待之甚善 儵與忽 謀報渾沌之德 曰 人皆有七竅 以視聽食息 此 獨無有 嘗試鑿之 日鑿一竅 七日而渾沌死

간단한 우화 속에 많은 상징을 담고 있는데, 여기서 남과 북과 중앙이라는 방소가 갖는 상징적 함의는 무엇이고, '숙'과 '홀'과 '혼돈'이 의미하는 바는 무엇일까. 송(宋)대 학자인 여길보(呂吉甫)는 이렇게 말한다.

> 남방은 양(陽)의 방소이고, 숙(儵)은 빠르게 나타나는 모양을 가리키니 곧 유(有)를 이른다. 북방은 음(陰)의 방소이고, 홀(忽)이란 빠르게 사라지는 모양을 가리키니 곧 무(無)이다. 그리고 중앙(中央)은 있는 것도 아니고(非有) 없는 것도 아니다(非無). 그래서 서로 화합하는 곳이 되었다. 숙과 홀은 혼돈과 다르다고 여겼어도, 혼돈은 숙, 홀과 다른 적이 없었다.[311]

여길보의 말에 따르면, 남방은 양(陽)의 방소이기 때문에 빠르게 나타나는 모양인 숙(儵)으로 표현된 유(有)를, 북방은 음(陰)의 방소이기 때문에 빠르게 사라지는 홀(忽)로 표현되는 무(無)를 지시한다는 것이다. 그리고 중앙(中央)은 유(有)도 아니고 무(無)도 아닌 방소, 즉 유무의 분별적 경계가 세워지지 않은 연속된 본래의 자연성 자체를 지시한다.

또 유와 무, 즉 숙과 홀은 중앙의 혼돈과 다르다고 느끼지만, 유무를 모두 포괄하는 자연의 혼돈은 이 둘과 자신이 다르다고 여기지 않는다. 그 유(有)인 숙(儵)과 무(無)인 홀(忽) 모두 그 자체가 혼돈에서 나왔기 때문이다. 그래서 숙과 홀이 혼돈의 땅에서 회합을 가질 수 있었다는 것이다. 그런 의미에서 이 혼돈은 유무의 대립적 경계가 애당초 시작되지 않은, 혹은 소멸된 자리인 '진여'에 근접한 개념이다. 그런데 혼돈이 죽음에 이르게 되었는데, 그 죽음의 과정이 심상치 않다. 무슨 일이 일어난 것인가.

---

311 『한문대계(漢文大系) 9』「장자익(莊子翼)」40쪽, 여주(呂註) 南陽喩儵然而有. 北陰喩忽然而無. 中央不有不無. 所以會合之也. 儵忽雖異乎渾沌. 而渾沌未嘗與之異. 학고방, 서울, 1982

남해의 숙과 북해의 홀이 어느 날 중앙의 혼돈을 방문한다. 그런데 혼돈의 대접이 대단히 훌륭하여 숙과 홀은 보답해야겠다고 생각한다. 혼돈은 어떻게 대접한 것인가. '혼돈'의 메타포는 '연속되어 구별없음'을 의미한다. 따라서 혼돈의 '훌륭한 대접'이란 구별 없음, 차별 없음에서 나오는 '있는 그대로'의 인정과 존중, 즉 자기 생각으로 상대를 바로 잡으려는 상정(相正)이 아니라 상대의 시각을 그대로 인정해주는 상존(相尊)과 자정(自正)이었을 것이다.

그런데 이 혼돈이 '보답'이라는 인위적 행위에 의해 파괴된다. 일곱 개의 구멍을 하루에 하나씩 뚫자 7일 만에 죽었다. 자연의 생성과 소멸과정, 즉 도(道)는 베푼다는 의식을 갖지 않고, 또 보답을 바라지 않는다. 태양이 은혜를 바라고 만물을 비추어 생육하는 것이 아니며 만물 역시 태양에게 보답하려 하지 않는다. 연속적인 세계라는 하나의 몸 안에서 일어나는 자연적 거래이다. 이 거래는 '한 몸' 안에서 일어나는 일이어서 주체와 객체가 구분되지 않는 것인데, '누가' '누구'에게 보답을 할 수 있겠는가. '보답'이라는 명목으로 자신의 생각을 남에게 강요하고(相正), 그 생각으로 획일화하려 할 때 연속된 존재의 실상(齊一)은 훼손되기 시작하고, 마음의 청정함(무분별의 마음)은 물들기 시작한다.

자신의 생각으로 남을 바꾸려는 인위적 보답, 즉 모든 사람은 '구멍'이 있어야 한다는 숙과 홀의 생각이 혼돈을 죽음으로 이끌었다. 이 '죽음'이라는 것 역시 메타포이다. '원초적 실상'의 상실, 혹은 '무분별의 마음'의 상실을 의미한다. 존재의 실상(道)은 소성(小成)에서 은폐된다고 장자는 말한다.[312] 구멍이 이루어지면서(成) 혼돈의 목숨은 무너졌고(毁), 그 죽음의 주역은 일곱 개의 구멍, 즉 우리 얼굴에 나 있는 감각기관의 분별이다.

장지에 따르면, 도에 대한 자각은 '자아'가 '세계(物)'와 동일해지는 것이 아

---

312 『장자』「제물론」 道隱於小成

니라 전체성 속에서 하나의 연대로 이어지는 것이다. 상호 연관 속에서, 자아는 세상에 얽혀 세상을 만들고, 다시 세상에 얽혀 들어가며 세상에 의해 만들어진다. 그리하여 세계가 '나'로 연결되고, '나'가 세계로 연결된다. 결국 '나'라고 할 만한 '나'가 없어진다. 경계가 해소된다. 이것이 바로 세계의 실상이고, 이 실상을 자각하면서 '나'의 해체에 도달한다.

그러나 '나'가 해체된다고 해서, '나'라는 개체가 없어지는 것이 아니다. 하나의 연속적 장(場)에서 자신의 덕(德)으로 부단히 거래하며 생성소멸 한다. 하지만 그 누구도, 그 어느 것도 어떻게 해서 그렇게 되는지 말할 수 없다. 장자는 서로 다른 관점으로 투시된 세계를 비교함으로써 개별자 특유의 시각으로 구성된 세계 각각을 성찰하도록 우리를 인도한다. 장자에 의하면 우리는 의식을 가진 채로 의식에서 벗어나고, 세계를 고정하여 세상에 대한 자기 의식 속에 안주한 채로 세계와 연속되어 있다고 한다. 여기서 중요한 것은 오감을 통해 느끼면서도 그것의 바탕이 허구인 줄 아는 것이고, 언어를 사용하면서도 그 언어의 바탕이 실체가 아님을 아는 것이다. 연속되어 있는 채로(존재의 실상에서) 불연속적이고(우리 의식에서), 불연속인 채로 존재의 실상에서는 연속되어 있다는 것이다. 이런 실상을 명료히 깨닫는 것, 이것이 중요하다.

3

반야지: 네 가지 지혜

불위(佛位)에 이른 '부처의 눈'에서 보면 우리의 마음은 본래 청정한 무분별의 마음이다. 그런데 중생의 눈으로 보면, 이 마음은 숙세의 훈습과 분별에 의해 무명의 업식으로 덮여 있다. 그러니 본래 청정심이 은폐된 것은 우리의 분별하는 마음에서 비롯된 것이요, 분별지에 덮인 마음을 회복하는 길은 변계소집의 아집과 법집의 분별을 걷어내는 것이다. 그리하여 불위(佛位)에 이르러 완전한 무분별지를 얻게 되고, 이 무분별지에 바탕하여 반야지가 열리는데, 그것은 무명업식인 여덟 가지 식을 전환하여 얻게 되는 다음의 네 가지 지혜이다.

제8 알라야식　　　→　대원경지(大圓鏡智)

제7 말나식　　　　→　평등성지(平等性智)

제6 의식　　　　　→　묘관찰지(妙觀察智)

전오식(안이비설신)　→　성소작지(成所作智)

먼저 심층의 제8식 알라야식은 '대원경지'로 전환된다. '맑고 큰 거울 같은 지혜'라는 의미이다. 알라야식의 잡염법이 소멸되어 거울처럼 맑아진 식이다. 거울(鏡)에 비유하여 이름한 것은 사물의 실상을 분별없이 그대로 비추기 때문이며, 크고 원만하다(大圓)고 한 것은 일부분만 비추는 것이 아니라 세계 전체를 비추기 때문이다. 혼돈이 숙과 홀을 차별없이 있는 그대로 비추며 훌륭하게 대접한 것처럼, 진여의 거울은 우주전체의 실상을 있는 그대로 비춘다. 즉 선과 악, 시와 비, 번뇌와 보리 등등이 그 안에서 차별되지 않는다. 『원각경』에서는 이를 이렇게 설한다.

> 선남자여, 일체 장애가 곧 구경각(究竟覺)이다. 얻었다는 생각도, 잃었다는 생각도 해탈 아님이 없으며, 성법(成法) 파법(破法)을 모두 열반이라 한다. 지혜와 어리석음이 모두 반야로 통하고, 보살과 외도가 성취한 법이 똑같이 보리이며, 무명과 진여가 서로 다른 경계가 아니다. 계정혜와 음란과 성냄 어리석음이 모두 청정한 범행이요, 중생과 불국토가 동일한 법성이며, 지옥과 천국이 모두 정토가 된다...... 일체번뇌가 필경 해탈이다. 법계의 지혜 바다는 모든 상을 명료히 비추니 마치 허공과 같다. 이를 이름하여 여래 수순 각성(覺性)이라 한다.[313]

여래각성, 즉 여래의 깨달음에서 보면, 번뇌와 보리, 속박과 해탈, 지혜와 어리석음, 무명과 진여, 그리고 계정혜(戒定慧)와 탐진치(貪瞋痴), 지옥과 천국이 서로 하나라고 한다. '부처의 눈'에서 그렇다는 말이다. 중생지견에서는 여전히 번뇌에서 벗어나 보리를 얻어야 하고, 계정혜를 닦아 탐진치를 소멸해야 하지만, '부처의 눈'은 그렇게 분별하지 않는다는 것이다. 그 자체로 비춘다. 큰 거울처럼 비춘다.

---

313 『원각경』 제6 「청정혜보살장(淸淨慧菩薩章)」 善男子 一切障礙 卽究竟覺 得念失念 無非解脫 成法破法 皆名涅槃 智慧愚癡 通爲般若 菩薩外道 所成就法 同是菩提 無明眞如 無異境界 諸戒定慧 及婬怒癡 俱是梵行 衆生國土 同一法性 地獄天宮 皆爲淨土...... 一切煩惱 畢竟解脫 法界海慧 照了諸相 猶如虛空 此名如來 隨順覺性

번뇌 ─ 보리

중생 ─ 부처

지옥 ─ 천국

속박 ─ 해탈

장애 ─ 구경각

무명 ─ 진여

성법 ─ 파법

계정혜 ─ 탐진치

　'부처의 눈'에는 위의 대립적인 것들이 모두 큰 거울 안으로 들어오고, 나아가 하나로 비춰진다. 번뇌가 곧 보리라는 것이다. 그런데 중생의 눈에는 서로 반대편에 있는 것이 어째서 '부처의 눈'에는 같은 것으로 보이는 것일까. 한번 생각해보자. 우리는 무엇을 번뇌라 하고, 무엇을 보리(菩提)라 하는가. 무엇을 중생이라 하고 무엇을 부처라 하는가. 나아가 무엇을 속박이라 하고 무엇을 해탈이라 하는가. 번뇌, 보리 등등의 이름은 모두 우리가 언어로 분별하여 지은 이름이 아닌가. 알라야식의 명언종자에 힘입어 우리의 식(識)이 일으킨 공상(共相)이 아닌가. 결국 '언어'로 인식된 표상식일 뿐이요, 방편으로 설해진 세속제의 개념들일 뿐이니, 중생지견에서 성립되는 개념들이다.

　'부처의 눈'에 비친 세계의 실상은 모든 존재자가 있는 그대로 온전한 존재들이요, 그 자체로 법성을 지닌 부처이다. 그리고 법성을 지닌 부처라는 점에서 모든 존재자는 큰 원안에서 그 자체로 평등하다.

그리하여 제7 말나식은 '평등성지'로 전환한다. '나'를 중심으로 세상을 대립적으로 바라보는 중생지견에서 벗어났기 때문에, 번뇌와 보리 등등이 모두 평등하다. 말나식의 '자아집착'에 의한 모든 차별심이 소멸되어, '나'와 '남'을, 나아가 일체를 평등하게 보며, 대자비심을 일으키는 마음으로 전환된다.

제6 의식은 '묘관찰지(妙觀察智)'로 전환된다. '묘(妙)'란 부사의(不思議)의 자재한 힘을 가리키며, 관찰이란 모든 법을 관찰하여 실상을 보는 것이다. 의식의 개별적이고 개념적인 인식 상태가 전환되어, 모든 사물의 실상을 그대로 관찰한다. 나아가 중생의 근기를 알아서 부사의한 힘을 나타내고, 선교방편으로 법을 설하여, 중생의 의심을 끊게 한다고 한다.

'안이비설신'의 전오식은 '성소작지(成所作智)'로 전환한다. 오식의 감각 작용을 전환하여 오근으로 지혜를 얻고, 신구의 삼업으로 갖가지 변화신(變化身)을 보여 중생을 이롭게 한다고 한다.

육조(六祖) 혜능(慧能. 638-713)은 『전등록(傳燈錄)』에서, 이 네 가지 지혜에 대해 묻는 제자의 질문에 이렇게 답한다.

지통선사가 말했다. "네 가지 지(智)에 대해 들을 수 있겠습니까."
……
(육조가) 게송으로 말하길,
대원경지의 성품은 청정하고(분별없고)
평등성지는 마음에 병이 없으며
묘관찰지는 보는데 힘이 들지 않고
성소작지는 거울과 같아진다.
전오식과 의식, 말나식, 알라야식의 과와 인이 전환된 것으로
다만 명언이 있을 뿐 실체의 성품이 없다.[313]

혜능의 표현은 훨씬 평이하고 접근이 용이하다. 대원경지는 거울처럼 분별

없는 마음이요, 평등성지는 아집에서 벗어났으니 마음에 병이 없는 것이요, 묘관찰지는 일체의 목적이나 의도에서 벗어났으므로 평안하여 무엇을 보든 힘이 들지 않고, 성소작지는 무분별지로 오근을 거울처럼 비추는 데 사용한다는 것이다. 그런데 이 네 가지 지혜로 표현되는 반야지 역시 8식이 전환된 것을 이르지만, 이름이 그런 것일 뿐 실체를 지닌 것은 아니라고 한다. 이 네 가지 지혜 역시 세속제의 방편이라는 것이다. 『능가경』에서 이렇게 설한다.

> 부처는 불멸에도 들지 않고, 열반에도 머물지 않는다.
> 깨달음도, 깨달은 바의 법도 모두 떠나고, 있음과 없음 두 가지를 모두 떠난다.[315]

불위(佛位)에서는 불멸도 열반도 모두 여의고, 깨달음도 깨달은 법도, 있음도 없음도 떠난다. 일체의 언설이 방편이기 때문이다. 그러나 이 방편에 의거하여 우리는 '부처의 눈'을 이해하고, 또 상상하며 수행의 길을 갈 수 있다. 이렇게 방편에 의해 이른 불위(佛位)에 대해 황벽 선사는 이렇게 말한다.

> 본래 부처의 자리에는 실로 한 물건도 없다. 텅비어 통하여 고요하며, 밝고 오묘하며 안락할 뿐이다…… 이 법은 평등하여 높고 낮음이 없으니, 이를 보리라 이름한다.[316]

---

314 『전등록(傳燈錄)』「제33조 혜능대사」편,「수주지통선사(壽州智通禪師)」師日 四智之義 可得聞乎…… 復偈日 大圓鏡智性淸淨 平等性智心無病 妙觀察智見非功 成所作智 同圓鏡 五八六七果因轉 但用名言無實性

315 『능가경』제1「청불품」佛不入不滅　涅槃亦不住　離覺所覺法　有無二俱離　若如是 觀佛　寂靜離生滅　彼人今后世　離垢無染取

316 『전심법요』本佛上　實無一物 虛通寂靜 明妙安樂而已…… 是法 平等 無有高下 是名 菩提

거울이 그렇지 않은가. 언제나 아무 일도 없는 것처럼, 그 자리에 텅 빈 채로 고요히 밝게 있으면서, 다가오는 물건들을 편안히 비추고 있지 않은가. 큰 것은 큰대로 작은 것은 작은 대로, 고하를 판단하지 않고 평등하게 차별없이 비춘다. 나아가 불을 비춘다고 뜨거워지지 않고, 분분(紛紛)한 것들을 비춘다고 분분해지지도 않는다. 복잡하게 얽힌 것을 비추어도 스스로 안락하고 편안하다. 장자는 이를 '영녕(攖寧)', 즉 '얽힌 채로 편안한 상태'라고 하며 이렇게 말한다.

고금이 없게 된 후, 불생불사(不生不死)에 능히 드니, 살생(殺生)도 죽이는 것이 아니고, 생생(生生)도 살리는 것이 아니다. 도(道)의 성격은 보내지 않는 것도 없고 맞이하지 않는 것도 없다. 허물지 않는 것도 없고 이루지 않는 것도 없다. 그것을 이름하여 영녕(攖寧)이라 한다. 영녕이란 얽힌 채로 (도를) 이루는 것이다.[317]

고금이 없다는 것은 분별이 없다는 의미이니, 무분별지를 얻었다는 것이리라. 무분별의 지혜로 보면, 태어나도 '실체로 태어난 것'이 아니요, 죽어도 '실체'로서 죽은 것이 아니다. 궁극적으로 '무아(無我)'이다. 그러니 죽어도 죽는 '나'가 없고, 태어나도 태어나는 '나'가 없다. 존재의 자연과정에서 일어나는 연관의 거래가 있을 뿐이다. 그렇게 삶과 죽음을 자연과정으로 여여히 수용한다. 그러므로 살생(殺生)도 생생(生生)도 그렇게 이름한 것일 뿐 실체가 아니다. 도의 작용은 붙잡지도 않고 맞이하지도 않는 거울 같은 비춤이다. 동시에 맞이하지 않는 것도 없고, 무너뜨리지 않는 것이 없으며, 이루지 못하는 것이 없다. 모두 이름일 뿐인데, 그것을 영녕이라 한다는 것이다.

---

317 『장자』「대종사」 無古今 而後能入於不死 不生殺生者不死 生生者不生 其爲物 無不將也 無不迎也 無不毀也 無不成也 其名爲攖寧 攖寧也者 攖而後成者也

삶과 죽음의 고리에서 벗어난 마음은 모든 것을 보내고 붙잡지 않는다. 아무것에도 집착하지 않으면서, 모든 것을 받아들인다. 가는 것도 수용하고 오는 것도 수용한다. 아무것도 배타하지 않는다. 마치 모든 물을 사양하지 않고 받아들이는 바다처럼, 있는 그 자체로 받아들인다. 바다와 같은 마음의 수용력을 갖게 된다.

'영(攖)'은 얽힘이니 온갖 관계의 변화 과정을 의미한다. '녕(寧)'은 편안함이다. 마음의 동요가 없는 것이니, 평상심(平常心)이다. 도를 얻은 자는 인간세의 복잡한 관계의 '얽힘' 속에서 연속적 유대를 회복하여 동요(動搖) 속에서도 안녕(安寧)하고 소란(騷亂) 속에서도 적정(寂靜)하다. 무기(無己)의 마음은 화광동진(和光同塵)한다. 즉 빛을 만나면 빛이 되고, 먼지를 만나면 먼지가 된다. 거울은 그 앞에 만 가지 상이 비치어 끝없이 움직이지만, 거울 자신은 한없이 고요하다. 도를 깨치는 것, 즉 구원은 세상 바깥에 초월적으로 존재하는 것이 아니라, 세상 안에서 우리 마음과 함께 열린다. 세상에는 바깥이 없다. 오직 마음(識)일 뿐이다.

영녕은 장자의 메시지가 가장 높은 수준에서 전해지는 '개념'이다. 소유세계를 살면서 소유세계를 벗어나고, 소유세계의 질서를 허물지 않으면서도 소유세계의 구속을 벗어나는 삶의 길을 장자는 영녕을 통해 제시해준다. '얽힌 채로 편안한 삶'은 장자 말대로 붙잡는 것도 없고 맞이하는 것도 없으며, 허물지 않는 것도 없고 이루지 못하는 것도 없는 마음, 즉 거울 같은 허심(虛心)에서 가능한 일이다. 육조 혜능은 이렇게 말한다.

법은 세간에 있는 것이 아니지만, 세간에 있으면서 세간을 벗어나니
세간을 떠나, (세간) 밖에서 출세간을 구하지 말라.
삿된 견해가 곧 세간이요, 바른 견해가 곧 출세간이니
삿됨과 바름을 모두 쳐 없애면 보리의 성품이 완연하리라.[317]

11장

자신의 등불을 밝히고,
법의 등불을 밝히라

1

상락아정의 반야지를 향하여

常 樂 我 淨

지금까지 우리는 복잡하고 쉽지 않은 논의를 전개하며 반야지를 향한 구도 여정을 함께 했다. 그리하여 붓다가 세상에 출현한 것은 우리에게 '부처의 눈'을 열어주기 위함이요, 장자가 우리에게 권하는 것은 '하늘의 눈'으로 세상을 보게 하기 위함임을 보았다. 그리고 '부처의 눈(佛知見)'과 '하늘의 눈(照之于天)'으로 보면, 우리 모두가 있는 그대로 '법신'을 지닌 부처이고, 모두가 법신을 지녔다는 점에서 그 자체로 '평등'하며, 그렇게 볼 수 있는 눈은 성소작지, 묘관찰지, 평등성지, 대원경지라는 무분별지의 네 가지 지혜, 즉 반야지와 함께 열린다는 것을 보았다.

그리고 나아가 부처의 눈이 열리면서 현현하는 세계는 새로이 이상적인 상태를 만들어 보는 것이 아니라, 마치 맹인이 눈을 뜨면서 광명을 얻는 것처럼, 중생지견에 덮였던 눈을 뜨면서 보이는 세계, 말하자면 지금 '있는 그대로' 이 자리에서 눈을 뜨며 현현하는 세계이며, 그 세계는 상락아정(常樂我淨)의 세계임을 보았다.

송대(宋代)의 한 선사(禪師)는 이렇게 말한다.

길주 청원선사가 당에 올라 (법문하기를), "내가 (老僧) 삼십 년 전 참선하기 전에는 산은 산이라 보고, 물은 물이라 보았다. 그러다 나중에 선지식을 친견하여 깨침에 들어서서는 산은 산이 아니요, 물은 물이 아니라 보았다. 그리고 지금 휴식처를 얻고 나니, 옛날과 마찬가지로 산은 다만 산이요, 물은 다만 물로 보인다. 그대들이여, 이 세 가지 견해가 같은가 다른가. 이것을 가려내는 사람이 있다면 이 노승을 친견했다고 인정하겠노라."[319]

송대 임제종을 창시한 임제(臨濟)의 후예인 청원유신(靑原惟信) 선사의 상당(上堂) 법문이다. 상당 법문이란 선지식이 특정한 날에 법상에 올라 설법하는 것을 칭하는데, 결제(結制)나 해제(解制), 혹은 의미 있는 날에 행해지는 법문으로 종지(宗旨)나 종풍(宗風)을 드러내는 가장 격이 높은 법문이라 한다. 위 법문의 내용을 표면적으로 보면, 한 바퀴 돌아서 다시 제자리로 돌아온 것 같고, 또 실제로 돌아온 모양새이다. 그런데 평이해 보이는 이 법문이 우리가 지금까지 논의해온 불교철학의 어떤 핵심 지점을 그대로 담고 있는 것 같다. 그것은 무엇인가. 내용을 정리하면 이렇다.

① 산은 산이요, 물은 물이었다.
② 그런데 산이 산이 아니요, 물이 물이 아니더라.
③ 마침내 산은 다만 산일 뿐이요, 물은 다만 물일 뿐이다.

일단 먼저 눈에 들어오는 것은 ①과 ②와 ③의 상황에서, 대상경계가 달라진 것은 없다는 것이다. 달라진 것은 다만 '보는 눈'의 변화이다. '보는 눈'에

---

319 『속전등록(續傳燈錄)』 제22권 吉州青原 惟信禪師 上堂 老僧三十年前 未參禪時 見山是山 見水是水 及至後來 親見知識 有箇入處 見山不是山 見水不是水 而今得箇 休歇處 依然見山祇是山 見水祇是水 大衆這三般見解 是同是別 有人緇素得出 許汝親見老僧

따라 사물이 다르게 현현한다. 말하자면 유식무경(唯識無境)의 천명이다. 그러면 '보는 눈'이 어떻게 달라진 것인가. 여기서 우리는 '보는 눈'에 따라 다르게 현현하는 세 가지 존재 양태를 상기해볼 필요가 있다.

참선하기 전에는 산은 산이요 물은 물로 보였다고 한다. 즉 ①의 '산'과 '물'은 '산'과 '물'이라는 언어로 분별되어 표상된 '산'과 '물'이다. 그러니 분별지에 의해 인식된 '변계소집'의 상(相)이다.

그러다가 선지식을 만나 깨침을 얻고 나서 보니, 산이라 본 '산'과 물이라 본 '물'이 다만 표상식일 뿐임을 알았고, 그런 의미에서 그 '공성(空性)'을 보았다. 그리하여 산과 물은 산과 물인 채로, 산과 물이 아님을 알았다. 그래서 ②에서 산이 산이 아니요, 물이 물이 아니라고 보았다.

삼십 년의 수행을 통해 노승은 휴식처를 얻었다. 휴식처란 무엇이겠는가. 안락하고 고요한 경계의 평정심이 아니겠는가. 바로 무분별의 지혜를 얻은 눈이다. 그런 눈으로 다시 산과 물을 보니, 있는 그대로 온전한 법신의 현현인 '산'과 '물'로 보이더라는 것이다. 말하자면 원성실의 상(相)이 현현한 것이다. 정리해 보자.

① 견문각지에 의한 분별의 눈 → ② 공성을 자각한 눈 → ③ 무분별의 지혜의 눈

원성실상은 어떻게 현현하는가. 앞서 본 바에 따르면 의타기성에서 변계소집성을 여읠 때 나타나는 것이 진여요, 원성실성이다. 그런데 청원유신의 체험에 따르면 그 변계소집을 여의게 된 것은 바로 '공성'의 자각에서 비롯했다는 것이다. 대승불교 철학에서 한결같이 '공'을 강조하는 의미가 바로 여기에 있는데, 어떤 의미에서 보면 이 '공' 역시 일종의 병에 대한 처방이요, 방편이다. 『열반경』에서 이렇게 설한다.

선남자여, 비유컨대, 어떤 여인이 아들 하나를 기르는데, 아이가 병에 들자 여인은 근심하며 의사를 구했다. 의사가 와서 생소와 우유, 석밀 세 가지로 약을 만들어 먹게 하며 여인에게 아이가 약을 먹은 후에는 젖을 주지 말고, 약이 소화된 후에 젖을 주라고 하였다. 그러자 여인은 곧 쓴 것을 젖꼭지에 바르고 아이에게 말하길, 나는 젖에 독을 발랐으니 닿지 않게 하라고 하였다. 아이는 목이 말라 어미의 젖을 빨려 하다가 독의 냄새를 맡고 곧 멀리 가버렸다. 마침내 약이 소화된 후, 어미가 물로 젖꼭지를 씻고 아이를 불러 말하길, 너에게 젖을 줄 테니 오라고 했는데, 아들은 배고프고 목이 마르지만 이전에 독 기운을 맡은 까닭에 오지 않았다. 어미가 다시 말하길, 너를 위해 약을 먹였기 때문에 독을 발랐지만, 이제 약이 소화되어 내가 독을 씻어냈으니, 너는 와서 젖을 먹어도 쓰지 않을 것이라고 하니, 아이가 이 말을 듣고 다시 와서 (젖을) 먹게 되었다.[319]

한 여인이 젖을 먹여 아이를 기르고 있었는데 아이가 병이 났다. 병이 났으니 의원을 보였고, 의원은 처방하여 약을 주었다. 그러면서 약이 소화될 때까지는 젖을 먹이지 말라고 하였다. 그리하여 여인은 젖꼭지에 쓴 것(苦物)을 바르고 아이에게는 독을 발랐다고 말하여 젖을 먹지 못하게 하였다. 마침내 약이 소화되고, 아이의 병이 낫자 어미는 쓴 것을 씻어내고 다시 아이를 불렀으나, 아이는 이전의 독 냄새를 기억하고 두려운 마음에 오지 않았다. 그러자 어미는 천천히 아이를 달래며, 독을 씻어냈으니 무사하리라 설명하여 다시 젖을 먹게 하였다. 그러면 여기서 생각해보자.

---

320 『대반열반경』제4「여래성품」善男子 譬如女人 生育一子 嬰孩得病 是女愁惱 求覓
醫師 醫師既來 合三種藥 酥乳石蜜 與之令服 因告女人 兒服藥已 且莫與乳 須藥
消已 爾乃與之 是時女人 即以苦物 用塗其乳 毀語兒言 我乳毒塗 不可復觸 小兒
渴乏 欲得母乳 聞乳毒氣 便遠捨去 遂至藥消 母人以水 淨洗其乳 喚其子言 來與
汝乳 是時小兒 雖復飢渴 先聞毒氣 是故不來 母復語言 為汝服藥 故以毒塗 汝藥
已消 我已洗竟 汝便可來 飲乳無苦 是兒聞已 漸漸還飲

① 젖을 먹던 아이가 걸렸던 병은 무엇인가.

② 아이가 먹은 약은 무엇인가.

③ 어째서 젖을 먹지 못하게 한 것인가.

④ 약이 소화되고 나서 다시 먹게 된 젖은 이전에 먹던 젖과 같은가 다른가.

하나씩 살펴보기로 하자.

① 젖을 먹던 아이가 걸렸던 병은 무엇인가.

'젖'이란 무엇을 의미하는 것일까. 우리가 보고 듣고 하며 몸담고 살아가는 현상세계이리라. 그런데 아이가 '병'이 났다. 무슨 병인가. 그 현상세계가 실제로 있는 것인 줄 알고 탐하고 집착하는 '변계소집'의 병이 아닐까. 산을 산이라 보고, 물이 물이라 보는 것이 그것이 아닐까.

그런 의미에서 아이가 걸린 병은 바로 우리 중생이 걸려 있는 병이다. 우리의 병은 무엇인가. 우리는 무엇 때문에 아프고 괴로운가. 바라는 대로 되기를 원하는 마음과 바라는 대로 되지 않으면 성나는 마음, 그리고 성이 나면 필연적으로 어리석어지는 마음 때문이 아닌가. 바로 탐진치(貪瞋痴)라는 병이 우리를 병들게 하고, 이 탐진치는 바로 '나'라는 심지에 불이 붙어 일어나는 것이 아닌가. 대상을 소유하고자 하고, 나의 마음대로 지배하고자 하는 데에서 비롯하는 것이 아닌가.

나아가 행복을 좋아하고 불행을 싫어하는 마음, 마땅한 것을 좋아하고 마땅치 않은 것을 싫어하는 마음, 이익을 좋아하고 손해를 싫어하는 마음 등등 차별하는 마음에서 시작되는 것이 아닌가. 왜 평등하게 보지 못하고 차별하는가. '나'를 중심으로 분별하는 마음 때문이 아닌가. 왜 분별하는가. 대상경계가 실제로 있다고 보는 것, 즉 변계소집의 병 때문이 아닌가. 바로 세간을 상락아정(常樂我淨)이라고 보는 전도몽상(顚倒夢想)이다.

② 아이가 먹은 약은 무엇인가.

아이가 병을 앓으면서 그 병이 무엇인지 모르는 것처럼, 우리 역시 아프고 괴로운 병을 앓으면서 그것이 '변계소집'의 병인 줄 알기 어렵다. 그리하여 이를 연민한 붓다가 우리를 병에서 구하고자 하는 처방이 바로 붓다의 교설이 아니겠는가.

그러면 변계소집의 병에 대한 처방은 무엇인가. 아이에 대한 의사의 처방은 두 가지였다. 하나는 약의 복용이요, 다른 하나는 젖을 먹이지 않는 것인데, 『열반경』에서 이어서 이렇게 설한다.

선남자여, 여래 역시 그러하여 일체 중생을 제도하기 위해 '무아법'을 닦으라 한 것이다. 그렇게 닦고 나서 '나'라는 마음을 영원히 끊어 열반에 들게 하기 위한 것이다.

……

마치 여인이 아들을 위해 쓴 것을 젖에 바른 것처럼 여래 역시 그러하여, 공(空)을 닦게 하기 위해 모든 법에 '나'가 없다고 한 것이다.[321]

변계소집의 병에 대한 의사의 처방약은 무아(無我)요, 약이 소화되기를 기다린다는 것은 '무아'에 대한 철저한 깨달음에 이르기를 기다린다는 것이다. 무아를 철저히 깨달아 '나'라는 마음이 소멸할 때 비로소 평안하고 안락한 상태에 들 수 있다는 것이다. 그런데 여기서 흥미로운 것은 '무아'를 설한 목적이 바로 '공'을 닦게 하기 위함이라는 것이다. 무아를 깨칠 때 우리는 제법의 공성(空性)을 본다.

---

321 『대반열반경』제4「여래성품」善男子 如來亦爾 爲度一切 敎諸衆生 修無我法 如是修已 永斷我心 入於涅槃…… 喻如女人 爲其子故 以苦味塗乳 如來亦爾 爲修空故 說言諸法 悉無有我

③ 어째서 젖을 먹지 못하게 한 것인가.

약이 소화될 때까지 먹지 못하게 한 것이 '젖'이다. 즉 일시적인 처방이다. 약이 소화되고 나면 다시 먹어야 하는 것이 바로 젖이다. 젖이 우리가 살고 있는 세간을 가리킨다는 점에 주안해 보면, 젖을 먹지 못하게 한 연유를 짐작할 수 있다. '나'가 생생하고 날카롭게 서 있을 때, 대상은 예리하게 '나'와 마주하며 '변계소집상'을 일으킨다. 말하자면 분별과 집착을 일으킨다. 그것을 끊어내기 위한 방편이 바로 '젖에 쓴 것'을 발라 접근하지 못하게 하는 것인데, 변계소집성이 언어에 의한 표상식에 집착하는데서 비롯한다는 점에서 본다면 이것은 바로 이 '언어분별'을 잠재우기 위한 방편이리라. 『임제록(臨濟錄)』에 이런 이야기가 나온다.

> (어떤 스님이) 물었다. "선사께서는 어느 집의 노래를 부르며, 어느 분의 종풍을 이으셨습니까."
> 임제 선사가 말했다. "나는 황벽의 처소에서 세 번 묻고 세 번 얻어맞았다."
> 그 스님이 우물쭈물 머뭇거렸다.
> (그러자) 선사는 갑자기 '할(喝)'하고는 한 대 후려치며 말했다.
> "허공에 말뚝을 박지 말라."[322]

임제는 황벽의 제자이고, 황벽은 백장(百丈. 749-814)의 제자이며, 백장은 마조(馬祖. 709-788)의 제자이고, 마조는 남악(南嶽. 677-744)의 제자이다. 그리고 남악은 육조 혜능(慧能. 638-713)의 법을 이었다. 이런 대답을 기대하며 물은 것인데, 임제는 자신의 전법(傳法) 내력을 '나는 황벽 스님의 처소에서 세 번 묻고 세 번 얻어맞았다'라는 한 문장으로 답해버린 것이다. 이 답의 의미는 무엇이

---

322 『임제록(臨濟錄)』問 師唱誰家曲 宗風 嗣阿誰 師云 我在黃檗處 三度發問 三度被打 僧擬議 師便喝 隨後打云 不可向虛空 裏釘橛去也

고, 임제는 어떤 것을 세 번 묻고, 세 번 얻어맞은 것인가. 그 내력이 『임제록』 「행록(行錄)」에 이렇게 전해진다.

> 임제 선사가 처음 황벽 선사의 휘하에 있을 때, 행업(行業)이 매우 순일하였다. 수좌(首座)인 (목주스님은 그가) 비록 후배이긴 하나 다른 대중과 다르다고 감탄하며 물었다. "그대는 여기에 얼마나 있었는가." 임제가 말하길, "삼 년입니다." 수좌가 말했다. "조실스님께 법에 대해 물은 적이 있는가." 임제가 말하길, "아직 묻지 못했습니다. 무엇을 물어야 할지 모르겠습니다." 수좌가 말했다. "그대는 어째서 조실화상께 '불법의 대의는 무엇인가'라고 묻지 않는가." 임제가 바로 가서 물으니, 말이 채 끝나기도 전에 황벽 선사가 대뜸 후려쳤다. 임제가 내려오자 수좌가 물었다. "법을 물으러 갔던 일은 어찌 되었는가." 임제가 말하길, "묻는 말이 끝나기도 전에 후려치시니, 저는 영문을 모르겠습니다." 수좌가 말하길, "그러면 다시 가서 묻도록 하게." 임제가 또 가서 물으니 황벽이 또 후려쳤다. 수좌가 말하길, "그렇더라도 다시 가서 묻도록 하게." 다시 가서 물으니 황벽이 또 후려쳤다. 이렇게 세 번 묻고, 세 번 얻어맞았다.[323]

불법의 대의를 묻는 말이 채 끝나기도 전에 스승의 몽둥이가 날아왔다. 이른바 삼도발문 삼도피타(三度發問 三度被打)이다. 일설에 따르면 그것도 무려 20방망이씩 세 번이나 맞았다 하니, 60방망이를 맞은 것이다. 어째서 맞은 것인가.

---

[323] 『임제록』 師初在黃檗會下 行業純一 首座乃歎曰 雖是後生 與衆有異 遂問 上座在此 多少時 師云三年 首座云 曾參問也無 師云 不曾參問 不知問箇什麻 首座云 汝何不去問 堂頭和尚 如何是佛法的的大意 師便去問 聲未絶 黃檗便打 師下來 首座云 問話作麼生 師云 某甲問聲未絶 和尚便打 某甲不會 首座云 但更去問 師又去問 黃檗又打 首座云 但更去問 師又去問 黃檗又打 如是三度發問 三度被打

그 어느 것도 실체가 없다는 공 사상에서 보면, 이것도 저것도 그 무엇도 실체가 아니라 연관에 의해 일어나는 것이요, 그렇기 때문에 '공(空)'이다. 때문에 무언가에 대해 어떤 언설을 해도 그 언설은 언어 방편일 뿐이다. 그럼에도 우리는 방편일 뿐인 언어에 곧잘 사로잡힌다. 나아가 방편이라는 말에도 사로잡힌다. 그래서 일체 언설의 방편적 의미를 극대화시키고, 철학성을 강화시킨 것이 바로 선가(禪家)의 불립문자(不立文字)이다. 그 '어떤 것'도 실체로 존재하지 않으므로 언어로 설할 수 없다. 그런데 그 '어떤 것도 실체로 존재하지 않음'은 언어로 설해야 한다. 그렇게 하여 방편언어의 극치라 할 수 있는 선가의 격외문자(格外文字)가 탄생한다. 즉 통상적인 언어 규칙을 파괴한 언어가 사용된다. '몽둥이'나 '할' 역시 방편으로서의 격외문자이다.

그 어떤 것도 실체로 존재하지 않기 때문에 '명사'적으로 실상을 전할 수 없다. 진공묘유의 세계에서 삼라만상은 그 자체로 여래(如來)이자 여거(如去)이다. '자동사'적으로 왔다가 간다. 그렇게 오고 가게 만드는 주재자가 없으므로, 타동사적으로 생(生)하게 할 수 없다. 장자식으로 말하면 자연이연(自然而然), 즉 저절로 그런 것이요, 부처의 눈에서 보면 각 존재자의 법성이 저절로 그렇게 현현한 것이다. 선가의 격외문자는 바로 이점에 각별히 주안한다.

그런데 임제는 스승에게 '불법의 대의는 무엇이냐'고 물었다. 한 문장에서 무려 명사를 세 번이나 사용했다. 명사는 주어, 목적어, 보어로 사용된다. 그래서 주어나 목적어, 보어가 사용되면 몽둥이나 고함이 날아온다. '불법'도 '대의'도 '무엇'도 모두 무언가 실체로 '있다'고 보는 데서 이런 질문이 성립하기 때문이다. 실체가 아니므로 어떤 물건처럼 전달할 수 없다. 다만 마음에서 마음으로 그 뜻을 전할 수 있을 뿐이다. 이심전심(以心傳心)의 교외별전(教外別傳)이 나오게 된 연유이다. 하지만 임제가 이렇게 묻지 않았다면 맞지도 않았을 터이고, 맞지 않았다면 자신을 털어내고 깨칠 수도 없었을 것이다.

그러면 황벽은 다른 모든 제자에게도 이렇게 몽둥이를 날린 것일까. 몽둥이 외에 다른 설법은 하지 않은 것인가. 당시 관리로 재직하던 배휴(裴休, 797-870)는 황벽의 제자가 되어[324], 조석으로 설법을 듣고 그 내용을 기록하여 『전심법요(傳心法要)』라는 스승의 어록을 남겼는데, 그는 직접 쓴 서문에서 이렇게 말한다.

당(唐) 하동 땅의 배휴가 (법어를) 모으고 서문을 쓰다. 대선사가 계시니, 법휘는 희운이다...... 그 말씀이 간명하고, 그 이치가 곧으며, 그 도가 높고, 그 행이 고고하여, 사방의 학자들이 산을 바라보고 달려와 서로 바라보며 깨치니, 왕래하는 무리가 늘 일천 명이 넘었다. 내가 회창 2년(842) 종릉의 관찰사로 있을 때 산중에서 고을로 (대사를) 모셔 용흥사에 계시도록 하면서 조석으로 도를 물었다. 또 대중 2년(848) 완릉의 지방관으로 있으면서 다시 가서 예로 맞이하여 관사에 모시고, 개원사에 안거토록 하며 조석으로 법을 받아 물러 나와 기록했는데, (그 설하신 법이) 열이라면 그 중 한두 가지 정도이다.[325]

아침저녁으로 설법을 할 정도로 많은 법어를 남겼고, 그 가운데 기록한 것

---

324 배휴가 제자가 된 계기는 이러하다. 황벽 말년의 시기는 당 무종의 법난(法難)이 자행되던 때(842-845)로서, 당시 장안과 낙양에 각각 4개의 사찰, 각 주에는 1주에 1개의 사찰만 남기고 모조리 폐사시켰으므로 많은 승려들이 산곡에 은거할 수밖에 없는 실정이었다. 이때 조정에서 상공(相公)의 벼슬을 하던 배휴가 홍주 개원사(開元寺)에서 벽화를 보고 황벽에게서 거량하던 중, 황벽 스님이 "배휴야"하고 부르자 "예"하고 대답하니, 대사가 "어느 곳에 있는고?"하는 말끝에 깨치고 이 기연으로 대사의 재가제자가 되었다고 한다. 그는 종릉과 완릉 두 곳에서 대사를 모시고 조석으로 법 듣기를 게을리 하지 않으며, 그 문답 내용을 기록한 것을 대사 입멸 후 법중(法衆)의 증명을 얻어 세상에 유포시킨 것이 『전심법요』와 『완릉록』이다.

325 『전심법요』 서(序) 唐河東裵休集并序 有大禪師 法諱 希運...... 其言 簡 其理直 其道 峻 其行孤 四方學徒 望山而趨 覩相而悟 住來海衆 常千餘人 予會昌二年 廉于鍾 陵 自山迎至州 憩龍興寺 旦夕問道 大中二年 廉于宛陵 復去禮迎至所部 安居開元 寺 旦夕受法 退而紀之 十得一二

은 매우 일부이며, 또 일천 명이 넘는 사람들이 왕래하며 배움을 구했다고 하니, 몽둥이만 날린 것은 아니었던 것 같다. 『전심법요』는 구사하는 언어가 간명하고 평이하며, 격외문구(格外文句)의 고준(高峻)한 말을 사용치 않으면서도 선의 이치를 논리적으로 전개하고 있기 때문에, 선(禪)의 개론서로서 또 조계 정전의 정통 선사상을 이해하는 데 가장 긴요한 어록으로 평가받고 있는데, 이는 몽둥이와는 좀 다른 격의 설법이다. 또 배휴는 이렇게 기록하고 있다.

> 대사께서 배휴에게 말씀하셨다. "달마대사가 중국에 온 이래 오직 한 가지 마음(一心)을 설했고, 오직 한 가지 법만을 전했다. 부처로 부처를 전했을 뿐 다른 부처를 설하지 않았고, 법으로 법을 설했을 뿐 다른 법을 설하지 않았다, 법이란 설할 수 없는 법이고, 부처는 취할 수 없는 부처이니, 곧 본래 근원의 청정한 마음이다...... 반야는 지혜이다. 이 지혜는 곧 상이 없는 본래 마음이다."[326]

오직 마음일 뿐이라는 것이다. 말하자면 유식무경이다. 부처의 마음으로 부처의 마음을 전했을 뿐이요, 존재의 실상으로 존재의 실상을 설했을 뿐, 별도의 부처나 별도의 존재를 세우지 않았다는 것이다. 우리 앞에서 일어나는 모든 것은 오직 '마음'에서 일어나는 일이며, 결국 '분별' 없는 무분별의 청정심이 바로 반야의 지혜라는 것이다. 이렇게 법문을 하며 마음, 부처, 법, 반야의 지혜 등 명사를 네 가지나 사용했다. 그러나 몽둥이를 날린 자도 없고, 몽둥이를 맞은 자도 없다. 다만 자상하게 인도하는 법어가 있을 뿐이다. 이른바 대기설법(對機說法)이다. 듣는 중생의 병도 다르고 번뇌도 다르고 근기도 다르

---

326 『전심법요』師謂休曰 自達磨大師到中國 唯說一心 唯傳一法 以佛傳佛 不說餘佛 以法傳法 不說餘法 法卽不可說之法 佛卽不可取之佛 乃是本源淸淨心也...... 般若 爲慧 此慧 卽無相本心也

다. 그러니 처방도 달라질 수밖에 없다. 그러면 어째서 임제는 맞은 것일까. 임제이기 때문에 맞은 것이 아닐까. 황벽은 임제의 근기에 필요한 것이 바로 몽둥이라는 방편이라고 본 것이 아닐까. 결국 배휴에게는 배휴에게 맞는 선교방편을, 임제에게는 임제에게 맞는 선교방편을 쓴 것이리라.

다시 앞으로 돌아가 보자. 앞서 전법 내력을 묻는 이에게, 이런 의미로 '스승에게 세 번 묻고 세 번 맞은 것'으로 답했는데, 듣는 이는 이 말을 어떻게 알아들어야 할지를 모르고 쩔쩔매며 머뭇거린다. 언어에 매여버린 것이다. 그래서 '할'하고는 한 대 후려친 다음 '허공에 말뚝을 박지 말라'고 한다. 무슨 말인가. 일체가 공이라는 것은 줄곧 '허공'에 비유된다. 말뚝이란 무언가 고정시켜 확고히 하는 것이다. 말하자면 언어분별에 기초한 실체적 인식이다. 실체성을 부정하는 '공'을 임제는 이런 식으로 설한다.

그런데 임제에게 또 어떤 스님이 찾아와 어떤 질문을 했다. 흥미롭게도 그 질문은 바로 자신이 세 번 물었다가 세 번 얻어맞았던 질문과 같은 것이었다. 임제는 어떻게 답했을까.

어떤 스님이 물었다. "불법의 대의는 무엇입니까." 임제가 곧 '할'하니, 스님이 절을 했다. 임제가 말하길, "이 스님과는 법담을 나눌 만하구나."[327]

스님은 똑같이 명사를 세 개나 사용하여 물었다. 그러니 몽둥이나 고함으로 돌려줘야 하는데, 임제는 고함을 택했다. 그런데 신통하게도 듣는 이가 알아들었다. 산이 산이 아니요, 물이 물이 아니라고 알아차린 것이다. 그래서 감사의 인사를 올렸고, 임제 역시 그것을 알아보았다. 그러고는 함께 법을 논할 만하다고 인정한 것이다.

---

327 『임제록』僧問 如何是佛法大意 師便喝 僧禮拜 師云 這箇師僧 却堪持論

그런 의미에서, 젖을 먹이지 않는다는 처방은 '언어적 표상식'일 뿐인 현상 세계에 매이지 않게 함이요, 젖을 먹이지 않기 위해 젖꼭지에 바른 '쓴 것'이란 방편으로써의 몽둥이와 고함이 아닐까. 바로 처방으로서의 공(空)이다. 『열반경』에서 이어서 '공'의 처방에 대해 이렇게 말한다.

세간의 망견(妄見)을 없애기 위한 것이요, 세간을 넘어선 법을 보이기 위한 것이며, 또 세간에서 '나'라고 헤아리는 것이 허망하며 진실이 아님을 보이려 한 것이며, '나' 없는 법의 청정한 몸을 닦게 하기 위한 것이다.[328]

④ 약이 소화되고 나서 다시 먹게 된 젖은

이전에 먹던 젖과 같은가 다른가.

그러면 약이 소화되고 난 후 먹은 젖, 즉 공성을 깨치고 난 '눈'에 현현한 세계는 어떠한가. 산은 다만 산일뿐이고, 물은 다만 물일뿐이다. 그러니 보이는 세계는 달라진 것이 없다. 그러면 같은 것인가. 같지 않을 뿐 아니라, 거기에는 현격한 차이가 있다. 『열반경』에서 이렇게 설한다.

저 여인이 젖을 씻고 나서 아이를 불러 젖을 물린 것처럼, 나 역시 그러하여 여래장을 설한 것이다. 그러므로 비구는 응당 두려움을 내지 말고, 저 아이가 어미의 부름을 듣고 다시 젖을 문 것처럼 비구 역시 그렇게 여래의 비밀한 법장이 없지 않음을 분별해야 한다.[329]

---

328 『대반열반경』제4「여래성품」爲除世間 諸妄見故 示現出過 世間法故 復示世間 計我虛妄 非真實故 修無我法 清淨身故
329 『대반열반경』제4「여래성품」如彼女人 淨洗乳已 而喚其子 欲令還服 我今亦爾 說如來藏 是故比丘 不應生怖 如彼小兒 聞母喚已 漸還飲乳 比丘亦爾 應自分別 如來祕藏 不得不有

말하자면 앞서 먹던 젖은 '변계소집'의 젖이요, 공성(空性)을 깨닫고 나서 먹게 된 젖은 '여래장'의 젖이요, 진여의 원성실성이다. 여래장은 곧 법성이요, 불성이다. '삼라만상 두두물물에 모두 법성이 있다'는 것, 즉 일체중생 실유불성(一切衆生悉有佛性)의 존재의 실상을 보는 것이 곧 여래의 비밀한 법장이다. 이 실상에 도달할 때 상락아정(常樂我淨)의 부처의 눈이 열린다.

그러면 부처의 눈에서 열리는 '상락아정'이란 어떤 것인가. 『열반경』에서 상락아정에 대해 이렇게 설한다.

세간에도 상락아정이 있고, 출세간에도 역시 상락아정이 있다. 세간법에는 (상락아정이라는) 글자만 있고 뜻은 없지만 출세간법에는 글자도 있고 뜻도 있다. 세간에는 네 가지 전도된 법 때문에 그 뜻을 알지 못한다. 왜 그런가. 생각의 전도, 마음의 전도, 견해의 전도, 이 세 가지 전도 때문에 세간의 사람들은 낙(樂)에서 고(苦)를 보고, 상(常)에서 무상(無常)을 보고, 아(我)에서 무아를 보며, 청정에서 부정(不淨)을 본다. 이를 이름하여 전도라한다. 이 전도로 인하여 세간에서는 글자는 알지만 의미는 알지 못한다. 의미는 무엇인가. '무아'를 이름하여 생사라 하고, '나'란 여래라 이름하며, 무상(無常)이란 성문 연각이며, 상(常)은 여래법신이요, 고(苦)란 모든 외도이다.[330]

경문의 뜻이 너무 심원하다. 하나씩 찬찬히 생각해가며 보아야 하는 구절이다. 그러나 이 경문에서 설하는 상락아정은 세간의 중생지견이 아니라 '부

---

330 『열반경』제1「수명품」世間亦有 常樂我淨 出世亦有 常樂我淨 世間法者 有字無義 出世間者 有字有義 何以故.世間之法 有四顚倒 故不知義 所以者何 有想顚倒 心倒見倒 以三倒故 世間之人 樂中見苦 常見無常 我見無我 淨見不淨 是名顚倒 以顚倒故 世間知字 而不知義 何等爲義 無我者 名爲生死 我者 名爲如來 無常者 聲聞緣覺 常者 如來法身 苦者 一切外道

처의 눈'에 현현한 것임을 유념 또 유념해야 한다.

먼저 '무아'란 생사라 한다. 무슨 의미인가. 어떤 의미에서 보면 '태어남'이란 '태어지는 것'이고, 죽음이란 '죽어지는 것'이다. 태어남과 죽음에 '나'의 의지나 힘이 작용할 수 없다. 결국 알라야식의 종자가 연(緣)을 만나 몸을 받은 것을 생(生)이라 하고, 그 몸이 소멸하는 것을 사(死)라고 하는 것이 아닐까. 장자가 '우리는 한번 몸을 받으면 그것을 '나'라고 고정하여 끊임없이 말 달리듯 무언가를 소유하기 위해 나아가니 슬프지 아니한가'라고 한 것처럼, '나'의 것이 아닌 것을 '나'의 것으로 삼고, 또 대상까지 '나'의 것으로 삼기 위해 수고롭게 사는 것이 그야말로 전도(顚倒), 즉 거꾸로 매달린 것과 같은 것이요, 그렇게 거꾸로 매달린 마음의 상태를 전도심(顚倒心)이라 한 것이 아닐까.

그러면 '나'는 무엇인가. '나'를 이름하여 여래라 한다고 한다. 여래란 말 그대로 여래여거(如來如去)의 줄임말이다. 오는 것 같고, 가는 것 같은 것이다. 다시 말해 이 세상에 왔다가 가는 것처럼 보이는 존재의 실상이다. 그렇게 왔다가 가는 것, 그것이 바로 부처라는 것이다. 『열반경』에서 제자 비구들이 그토록 세상에 좀 더 머무시길 권청하며 열반에 드시지 말 것을 간청하지만 세존은 '방편시현 입어열반(方便示現 入於涅槃)', 즉 방편으로 열반에 듦을 보이신 것이라 하는데, 그러면 어떤 의미를 보이기 위해 열반에 드는 것을 방편으로 삼은 것인가. 이어서 세존은 '시동중생 방편열반(示同衆生 方便涅槃)', 즉 중생과 같음을 보이기 위해 방편으로 열반에 드는 것이라 설한다.[330] 태어남과 죽음이 곧 '무아'의 실상이요, 그렇게 왔다가 가는 것이 여래, 곧 부처이니, 중생 역시 부처와 똑같이 왔다가 가는 그런 부처라는 것을 보이기 위해서라는 것이다.

말하자면 '부처의 눈'에서 보면 세상에 나와 호흡하고, '나'가 있는 것처럼 여기며 열심히 의도하고 욕망하며 사는 그 자체가 부처라는 것이다. 그렇게 '나'가 있다. 그렇게 있는 '나'에서 '무아'를 억지로 찾으려는 것이 전도된 견해이다. '나'가 있는 채로 '나'가 없는 것이 실상일 뿐, '무아'라는 상(想), 즉 무아를 별도의 실체로 상정하고 수행하는 것, 그것이 전도된 마음이라는 것이다.

그리고 무상(無常)은 성문, 연각이라고 한다. 더 오래 생각해야 하는 구절이다. 성문(聲聞)은 부처의 가르침에 따라 수행하여 아라한의 지위를 얻고자 하는 수행자를 가리키고, 연각(緣覺)은 스스로 인연법을 깨달은 자로 독각(獨覺) 혹은 벽지불(辟支佛)이라고도 하는데 이 둘의 공통점은 보살과 달리 중생구제보다는 자신의 깨달음을 우선하고 심지어 독각은 산림에 은둔한다고 한다. 대승불교에서는 이들을 이승(二乘)이라 칭하는데, 경문에서는 어째서 이들을 가리켜 무상(無常)이라 한 것일까.

『아함경』 가운데 부처 열반시를 기록한 『유행경(遊行經)』에 다소 의아한 장면이 나온다. 세존은 열반하실 즈음에도 부단히 한 중생이라도 더 구제하고자 법을 설하시는데, 마지막 공양을 올린 주나(周那)라는 인물은 부처의 법을 듣고 어느 시점에 '저는 반열반에 들고 싶습니다, 반열반에 들고 싶습니다(我欲般涅槃 我欲般涅槃)'라고 말한다. 그러자 세존은 지금이 적합한 때(宜知是時)라고 하셨고, 이에 주나는 곧 부처 앞에서 반열반에 들었다(周那即於佛前 便般涅槃). 또 수발(須跋)이라는 제자 역시 세존의 법을 듣고 아라한이 되어 부처 최후의 제자가 되어 '해야 할 일을 다했다'고 하며 곧 먼저 멸도하고, 부처가 나중에 열반에 드셨다고 한다.[332]

---

331 『열반경』 제1 「수명품」 爾時純陀 復白佛言 如是如是 誠如尊教 雖知如來 方便示現 入於涅槃 而我不能 不懷苦惱 覆自思惟 復生慶悅 佛讚純陀 善哉善哉 能知如來 示同衆生 方便涅槃 그때 순타가 다시 부처께 아뢰었다. "그렇습니다. 그렇습니다. 진실로 세존의 가르침 대로입니다. 여래께서 방편으로 열반에 드심을 보이는 줄 알아도, 저는 능히 고뇌를 품지 않을 수 없으나 다시 사유해보면 다시 기쁨을 내게 됩니다." 부처께서 순타를 칭찬하셨다. "선재라. 선재라. 능히 여래가 중생과 같음을 보이기 위하여 방편으로 열반하는 줄 아는도다."

332 『장아함경』 제2권 「유행경」 於是須跋 即於其夜 出家受戒 淨修梵行 於現法中 自身作證 生死已盡 梵行已立 所作已辦 得如實智 更不受有 時夜未久 即成羅漢 是為 如來 最後弟子 便先滅度 而佛後焉

이 일은 무슨 의미일까. 자연사가 아닌 상태로 멸도(滅度)한다는 것, 즉 자신의 의지로 세상과의 인연을 끊고 돌아간다는 것은 어떤 의미인가. 스스로 아라한과를 얻었다고 생각하여 세상에서 할 일을 다 했다고 여기고, 세상에 몸을 받지 않는 것을 최우선으로 생각하는 것인데, 대승의 보살도와는 사뭇 다른 모습을 보인다. 모든 중생이 성불할 때까지 성불하지 않겠다고 하는 보살들의 태도와 상반되는 것이다. 항상한 여래법신을 있는 그대로 보지 못하고, 태어남과 태어나지 않음, 상(常)과 무상(無常)이 하나임을 알지 못하고, 무상(無常)한 세상을 여의고 상(常)을 얻으려는 그 마음을 무상(無常)이라 한 것이 아닐까.

상(常)이란 여래법신이요, 고(苦)란 일체 외도라고 한다. 상(常)이란 세간법에서 무언가 영원한 것, 불변하는 것이다. 그러나 '부처의 눈'에 비친 상락아정의 상(常)은 그런 의미가 아니다. 일체 있는 그대로 족한 존재자들이 생멸하는 실상 그 자체가 상(常)이요, 그렇게 오고 가는 것이 곧 여래 법신이라는 것이다. 그리고 이 실상에서 벗어나 희론(戲論)에 사로잡힌 외도들이 겪는 것이 바로 고(苦)라는 것이 아닐까.

그리고 이어서 이렇게 설한다.

즐거움이란 곧 열반이요, 청정하지 못함이란 곧 유위법이며, 청정함이란 제불보살의 정법이다. 이를 이름하여 전도되지 않았다 한다. 전도되지 않았으므로 글자도 알고 뜻도 아는 것이다. 만일 네 가지 전도를 멀리 여의려면 마땅히 이렇게 상락아정을 알아야 한다.[333]

---

333 『열반경』제1 「수명품」 樂者 即是涅槃 不淨者 即有為法 淨者 諸佛菩薩 所有正法 是名不顚倒 以不倒故 知字知義 若欲遠離 四顚倒者 應知如是 常樂我淨

부처의 눈, 즉 진여문에서 보면 열반이란 별도로 존재하는 어떤 경지가 아니다. 분별없이 자연으로 흐르며 생명의 자기 전개를 관(觀)하고 누리고 겪어나가는 것인데, 그 자체가 '즐거움'이라는 것이다. 유위법은 언어로 규정된 일체의 것을 가리키니, 곧 분별이요, 그 분별이 바로 청정하지 못함이라고 한다. 그리고 그 분별을 걷어내고, 무분별의 지혜로 누리는 즐거움이 바로 청정함이요, 제불보살의 정법(正法)이며, 이렇게 상락아정을 아는 것이 곧 전도(顚倒)에서 벗어난 것이라고 한다.

장자는 이 전도에서 벗어나는 것을 현해(懸解), 즉 거꾸로 매달린 것에서 풀려나는 것이라고 표현하는데, 피할 수 없는 자연과정의 실상을 소유적 욕망에 의해 거부하는 둔천배정(遁天倍情)의 마음이 '거꾸로 매달려 있는 것'과 같은 상태, 즉 전도라고 본 것이다. 그리하여 이런 마음을 해체하고 실상을 수용함으로써, 거꾸로 매달려 있는 고통에서 벗어날 것을 권하며, 이를 '현해'라 했다. 중요한 것은 세상을 거꾸로 보는 마음의 해체이다. 그는 '노담(老聃) 이야기'에서 그의 죽음을 슬퍼하는 가족과 제자들을 향해 이렇게 말한다.

이것(죽음을 슬퍼하고 싫어하는 것)은 하늘을 피하고 실상을 배반하는 것이며(遁天倍情), 그 받은 바를 잊은 것이다. 옛날에 이를 일러 하늘을 도피한 벌(遁天之刑)이라 했다. 세상에 온 것은 때가 되었기 때문이고, 가는 것 역시 때를 따르는 것이다. 안시처순(安時處順)하면 슬픔과 즐거움이 끼어들 데가 없다. 옛날에 이를 일러 제(帝)의 현해(懸解)라 했다.[334]

자연세계에 존재하는 생명체는 그 어느 것 하나 예외 없이 '죽음'을 맞이한다. 인력이 개입할 수 없는 문제이고, 그래서 이를 명(命)이라고 한다. 그러

---

334 『장자』「양생주」是遁天倍情 忘其所受 古者謂之遁天之刑 適來 夫子時也 適去, 夫子順也 安時而處順 哀樂不能入也 古者謂是帝之縣解

면 죽음의 문제는 어떻게 대처해야 하는가. 이에 답하기 위해 장자는 '노담의 죽음'에서 또 다시 해체를 말한다. 그가 해체하고자 하는 것은 거꾸로 매달린 것, 즉 뒤바뀐 사고이다. 실체 아닌 것을 실체로 여기는 사유, 자기 것이 아님에도 자기 것으로 여기거나 만들려고 하는 소유적 사고이다.

우리는 죽음 자체를 두려워하기 보다는 소유하고 있는 것을 잃는 것을 두려워한다. 육신, 자아, 재산, 그리고 자신의 신체를 잃을 것에 대한 두려움이며, 자기를 확인할 수 없는 심연(深淵)에서 '상실'을 직시하는 것에 대한 두려움이다. 소유적 사유에 따라 살아가는 한 우리는 죽음을 두려워하지 않을 수 없고, 그 어떤 합리적 설명도 그 두려움에서 풀어줄 수 없다. 죽음을 이기는 길은 존재의 실상을 마주하는 것이다. 자아에 대한 집착에서 벗어날수록 그만큼 죽음에 대한 두려움도 줄어든다. 우리는 잃을 것을 실체로서 갖고 있지 않음을 자각하기 때문이다. 이것을 깨닫는 순간 '자아'의 해체(無我)에 가까워진다.

유한한 존재로서 우리는 시간으로부터 도망칠 수 없다. 노화와 죽음을 피할 수 없다. 그러나 시간과 시간에 따르는 변화를 존중하고 수용하는 것과 그것에 굴복하는 것은 다르다. 소유적 욕망이 우리 마음을 지배할 때 존중이 굴복으로 변한다. 소유하고 있는 것, 그리고 육신을 잃는 것에 대한 두려움은 장자식 표현을 빌면 둔천배정(遁天倍情)이다. 피할 수 없는 자연의 과정을 도피하고자 하는 것이며 자연의 실상을 등지는 것이다. 때가 되어 왔고 때가 되어 간 것이니 이는 물화(物化)이다. 물화를 거부하고 생사에 집착해봤자 실상은 달라지지 않는다. 오히려 집착하는 자의 고통이자 아픔일 뿐이다. 스스로 일으킨 이 형벌 같은 고통을 장자는 둔천지형(遁天之刑)이라고 표현한다. 즉 존재의 실상을 등지면서 받는 고통이라는 것이다.

둔천배정하지 않고, 죽음을 자연의 과정으로 수용하는 것을 장자는 '거꾸로 매달린 상태에서 해방되는 것', 즉 현해(懸解)라고 한다. 현해하게 되면, 자연의 변화과정을 거울처럼 비추는 마음 상태(虛心)를 회복하기 때문에 안시 처순(安時處順)하고 그 결과 기쁨과 슬픔에 대한 최대한의 수용력을 갖게 되어 그것에 동요되지 않는다. 존재의 실상을 얻은 것이 바로 현해이며, 뒤바뀐 우리의 마음을 해방시키는 것이 곧 양생(養生)의 요체라고 장자는 본다. 그리고 이어서, 하나의 우화 하나를 조직해 내는데, 이 우화에는 인력이 개입할 수 없는 명(命)을 능동적으로 수용하는 진인(眞人)이 등장한다.

> 자사(子祀)·자여(子輿)·자리(子犁)·자래(子來) 네 사람이 서로 더불어 말하길, 누가 능히 무(無)로 머리를 삼고, 생(生)으로 척추를 삼고, 죽음으로 꼬리를 삼을 것인가. 누가 사생(死生)과 존망(存亡)이 일체임을 알겠는가. 우리가 그와 더불어 벗이 되겠노라. 네 사람은 서로 보며 웃었다. 마음에 거스름이 없으니 마침내 더불어 벗이 되었다.[335]

자사와 자여, 그리고 자리와 자래라는 네 명의 방외지사(方外之士)가 이야기를 나눈다. 누가 능히 무(無, 여기서는 공(空)의 의미)로 머리를 삼고, 생(生)으로 척추를 삼고, 사(死)로 엉덩이를 삼는가, 누가 능히 사생과 존망이 일체임을 아는가. 말하자면 공성을 깨달은 마음은 삶과 죽음이 척추와 엉덩이처럼 서로 이어져 있음을 알고, 나아가 삶과 죽음, 생존과 멸망이 하나임을 안다는 것이다. 무슨 말인가. 생이니 사니, 존이니 망이니 하는 분별없이, 무분별지로 생사와 존망을 모두 평등하게 본다는 것이다. 이른바 평등성지(平等性智)를 얻은 이들이다. 이들이 서로 벗이 되었다.

얼마 후 자여가 병이 들자 자사가 가서 문안하였다. 그러자 자여가 말하길

---

335 『장자』「대종사」子祀子輿 子犁子來 四人相與語曰 孰能以無爲首 以生爲脊 以死爲尻 孰知死生 存亡之一體者 吾與之友矣 四人相視而笑 莫逆於心 遂相與爲友

"위대하구나. 조물(造物)이여. 장차 나를 이와 같이 구구(拘拘)하게 하는구나. 허리는 굽고 등은 튀어나오고, 위로 오관(伍官)이 솟고 턱은 배꼽에 숨었다. 어깨는 정수리보다 높고, 목덜미의 혹은 하늘을 가리키는구나. 음양(陰陽)의 기운이 막혔으나 그 마음은 한가롭고 무사하구나. 비틀거리며 우물에 가서 비춰보며 감탄하였다. 대저 조물주가 또 장차 나를 이렇게 구구(拘拘)하게 하는구나."[336]

그런데 자여가 갑자기 병이 났다. 온몸이 오그라들어 붙는 구루병인 듯하다. 「덕충부」의 기형 불구자처럼 되었다. 자사가 병문안을 갔더니, 자여가 말한다. "참으로 대단하구나, 조물주여, 내 몸을 이렇게 구부러지게 하는구나" 실로 비참한 모습이건만 원망하거나 탄식하는 기운이 없다. 오히려 음양의 기운이 막혔어도 마음이 한가롭고 무사하다고 한다. 그리고 구부러진 몸으로 우물까지 가서 모습을 비추어 보고는, 또 "조물주가 나를 이렇게 구부러지게 하는구나"라고 말하며 감탄한다.

자사가 말했다. "자네는 그것이 싫은가."
자여가 말했다. "亡(空)이거늘, 내가 어찌 싫어하겠는가. 가령 점점 화하여 나의 왼쪽 팔뚝이 닭이 된다면 나는 그것으로 인하여 밤의 때를 구하고, 가령 점점 화하여 나의 오른쪽 팔뚝이 탄알이 된다면 나는 그것으로 인하여 새를 잡아 구울 것이다. 가령 점차 화하여 나의 꽁무니가 수레바퀴가 되고, 나의 신(神)이 말이 된다면 나는 그것을 탈 것이니 어찌 다시 수레를 구하겠는가. 또 대저 얻는 것도 때가 되어 얻은 것이요, 잃는 것도 때에 따르는 것이다. 안시처순(安時處順)하면 애락(哀樂)이 능히 들어오지 못한다. 이것

---

336 『장자』「대종사」 俄而子輿有病 子祀往問之曰 偉哉夫造物者 將以予爲 此拘拘也 曲僂發背 上有五管 頤隱於齊 肩高於頂 句贅指天 陰陽之氣有沴 其心閒而無事 跰𧿮鮮而鑑於井 嗟乎 夫造物者 又將以予 爲此拘拘也

은 옛날 이른바 현해(縣解)이니 능히 스스로 풀지 못하는 자는 물(物)에 의해 묶인 것이다. 또 대저 물(物)이란 천(天)을 이길 수 없는 것이 오랜데 내가 어찌 또 싫어하겠는가."[337]

그렇게 탄하는 모습을 보고 자사가 묻는다. 자네는 그 모습이 싫은가. 자여가 말한다. 어찌 싫어하겠는가. 저 병이 내 팔을 닭으로 만든다면 나는 그것으로 새벽을 알릴 것이고, 내 팔을 활로 만든다면 그것으로 올빼미를 잡아 구워먹으리라. 내 엉덩이를 수레바퀴로 만든다면 나는 그것을 타고 다닐 것이다. 얻는 것은 때가 되어 얻은 것이요, 잃는 것도 때에 따르는 것이다. 이 '때에 따르는 것'을 편안한 마음으로 수용하고 순순히 그에 대처한다면 슬픔과 기쁨이 어디에서 끼어들겠는가. 이것이 이른바 현해이다. 능히 스스로 거꾸로 매달린 것에서 풀려나지 못한 이들은 대상(物)에 묶인 자들이다. 자연은 이길 수 없는 것인데, 어찌 싫어하겠느냐는 것이다.

자여는 고통의 한복판에서 그 고통을 그대로 수용하면서 더 나아가 그것을 뛰어넘는 여유를 발휘하고 있다. 여기서 우리는 피할 수 없는 인연사, 즉 명(命)을 수용하는 자여의 태도가 단순히 수동 일변도가 아님에 주목해야 한다. 자여는 어찌할 수 없는 명을 세간의 이해로 분별하여 마음의 고통을 보태지 않는다. 일어난 일을 있는 그대로 인정하는 마음의 수용력을 발휘하는 한편, 그것을 뛰어넘어 최대한의 능동성을 발휘하는 적극성을 보인다. 하늘이 무너져도 그 하늘을 이불로 삼겠다는 능동적 수용력이다.

자신의 팔을 닭으로 만든다면(일단 인정하고 받아들인다), 새벽을 알리겠다(능동

---

337 『장자』「대종사」子祀曰 女惡之乎 曰亡 予何惡 浸假而化予之左臂以爲雞 予因以求時夜 浸假而化 予之右臂 以爲彈 予因以求鴞炙 浸假而化 予之尻以爲輪 以神爲馬 予因以乘之 豈更駕哉 且夫得者 時也 失者 順也 安時而處順 哀樂不能入也 此古之所謂縣解也 而不能自解者 物有結之 且夫物不勝天久矣 吾又何惡焉

적으로 대응한다)고 한다. 또 자신의 팔을 활로 변하게 한다면, 그 팔로 올빼미를 잡아 구워 먹겠다고 한다. 엉덩이를 수레바퀴로 만든다면 타고 다니겠다고 한다. 그리고 명(命)을 받아들이는 기본자세를 이렇게 정리한다. '얻는 것은 때가 되어 얻은 것이요, 잃는 것도 때에 따르는 것'이다.

모든 사물과 사태의 출현은 일련의 원인과 조건이 만나면서 일어난다. 인연생기이다. 실상 태어날 때부터 시작하여 죽는 그 시점까지 인연생기가 아닌 것이 어디에 있는가. 그 인연사는 옳은 것도 그른 것도 없다. 그 자체로 중립이다. 시비와 선악의 판단은 그 인연사를 겪는 우리의 의식이 지은 성심(成心)이다. 우리를 힘들게 하는 것은 사태 자체가 아니라 그 사태에 대한 우리의 해석과 판단이다. 즉 분별이다.

자여가 보여주는 것처럼, 안시처순하면 슬픔과 기쁨(哀樂)이 끼어들지 못한다. '애락불능입(哀樂不能入)'은 애락이 없다는 것이 아니라 애락이 마음에 들어와 마음을 어지럽히지 않는다는 것이다. 슬픈 일에 슬퍼하고, 즐거운 일에 즐거워하지만, 그 슬픔과 즐거움에 마음이 끌려다니지 않는다. 말하자면 사로잡히거나 매이지 않는다. 애락에 마음이 매이는 것은 실체 아닌 것을 실체로 여기고 있는 '거꾸로 매달린 마음', 즉 전도된 마음 탓이다. 이 전도된 마음을 푸는 것, 이것을 장자는 현해(懸解)라 한다.

'자아'와 '세계'가 실체라는 의식이 해체되면서 나타나는 장자의 실용적 공효이며, 세존의 말을 빌리면 '안락하고 고요한 경지의 평상심'이다. 슬퍼하는 자도 실체가 아니요, 슬퍼하는 일 역시 실체가 아니다. 모두 때의 인연에 따라 일어나고 사라지는 것이다. 있는 그대로의 실상을 무분별지로 담담히 수용할 뿐이다.

현해는 해체이다. 중생지견을 걷어내는 것이다. '나'를 해체하고, '세계'를 해체하고, '나와 세계'를 해체하는 마음조차도 해체한다. 해체한 마음의 대처는 안시처순이요, 해체의 실용은 '애락불능입'의 수용력이다. 해체하지 못하는 것은 대상(物)을 실체라 여겨 거기에 마음이 묶였기 때문이라고 장자는 말한다. 원인과 조건, 즉 인연에 따라 일어난 것일 뿐이다. 이것은 언제나 우연적 계기에 의해 시작되고, 또 우연적인 결과를 수반한다. 중요한 것은 허심(虛心)으로 피할 수 없는 그 인연사를 능동적으로 수용하는 것이다. 『열반경』에서 이렇게 말한다.

크게 수용함이 곧 진해탈이요, 진해탈이란 곧 여래이다.[338]

---

338 『열반경』 제4 「여래성품」 多所容受 即真解脱 真解脱者 即是如來

2

빛과 그림자: 공덕녀와 흑암녀

우리는 태어나서, 늙어가며, 병들고 마침내 죽어간다. 이것은 피할 수 없는 실존의 길이다. 잘 태어나길 바라고, 가급적 병들지 않기를 원하고, 사는 동안 행복하고 즐겁고 풍요롭게 오래오래 살기를 바란다. 그러면서 죽음의 문제에 직접 대면하기를 마지막 순간까지 미뤄둔다.

그런 소망 때문에 그 반대의 경우를 만나면 우리는 불행을 느끼고, 갖가지 고(苦)와 대면하게 된다. 나아가 죽음의 문제에 바로 마주하기를 두려워한다. 『열반경』에 이런 이야기가 나온다. 어떤 이의 집에 한 여인이 찾아오는 것에서 이야기가 시작된다.

> 어떤 여인이 남의 집에 들어가는데, 이 여인은 단정하고 용모가 아름다우며, 좋은 영락으로 몸을 장식하였다.
> 주인이 그녀를 보고 물었다. "그대는 이름이 무엇이며, 어느 집 사람인가."
> 여인이 답했다. "나는 공덕대천입니다."
> 주인이 묻기를, "그대는 가는 곳에서 어떤 일을 하는가."
> 여인이 답하길, "나는 가는 곳마다 갖가지 금은, 유리, 파리, 진주, 산호, 호박, 차거, 마노, 코끼리, 말, 수레, 노비, 하인 등을 줍니다."

주인이 이 말을 듣고 환희용약하며, "내가 복덕이 있어서, 그대가 내 집에 온 것이다"라고 말하며 향을 사르고 꽃을 뿌리며 공경 예배하였다.

그런데 또 문밖에 한 여인이 있었는데, 그 형상이 추하고 의복이 남루하고 더러우며, 피부가 쭈그러지고 살빛이 쑥색이었다.

주인이 보고 물었다. "그대는 이름이 무엇이고, 어느 집 사람인가."

여인이 답했다. "저는 흑암(黑闇)이라고 합니다."

주인이 다시 물었다. "어째서 이름을 흑암이라 하는가."

여인이 답했다. "제가 가는 곳마다 그 집의 재보를 모두 소모하게 하기 때문입니다."

주인이 이 말을 듣고, 칼을 들고 말했다. "그대가 만일 가지 않으면 숨통을 끊어버리리라."[339]

주인을 먼저 찾아온 공덕녀는 우리 중생이 좋아하는 것을 주는 존재이다. 행복과 재물 등등의 이익을 준다. 이에 반해 나중에 찾아온 흑암녀는 중생들이 싫어하는 것을 준다. 불행과 몰락과 손해 등등을 준다. 궁극적으로 보면 공덕녀는 생(生)을, 흑암녀는 사(死)를 상징하리라. 우리 중생은 행복을 좋아하고 불행을 싫어한다. 나아가 열생오사(悅生惡死), 즉 삶을 좋아하고 죽음을 싫어한다. 그러니 주인은 공덕녀를 보고 기뻐 날뛰며 자신의 복이라 하면서 향을 사르고 꽃을 뿌리며 예배하고, 흑암녀를 보고는 당장 물러나라 외치며, 그러지 않으면 칼을 들고 죽이겠다고 했으리라.

---

339 『열반경』 제7「성행품」 迦葉 如有女人 入於他舍 是女端正 顏貌璟珞 以好瓔珞 莊嚴其身 主人見已 即便問言 汝字何等 繫屬於誰 女人答言 我身即是 功德大天 主人問言 汝所至處 為何所作 女人答言 我所至處 能與種種 金銀琉璃 頗梨真珠 珊瑚虎珀 車磲馬瑙 象馬車乘 奴婢僕使 主人聞已 心生歡喜 踊躍無量 我今福德 故令汝來 至我舍宅 即便燒香 散花供養 恭敬禮拜 復於門外 更見一女 其形醜陋 衣裳弊壞 多諸垢膩 皮膚皺裂 其色艾白 見已問言 汝字何等 繫屬誰家 女人答言 我所行處 能令其家 所有財寶 一切衰耗 主人聞已 即持利刀 作如是言 汝若不去 當斷汝命

앞서 청원 유신 선사의 말, 즉 깨달음을 얻기 전 처음 보았을 때 산은 산이요, 물은 물이었다는 말을 상기해보자. 산과 물이 가치가 배제된 중립적인 대상을 칭한 것이라면, 공덕녀와 흑암녀는 호오(好惡)의 가치가 개입된 존재들이다. 좋은 것은 좋아하고, 싫은 것은 배타한다. 이것이 우리 중생이 어떤 사물이나 사태를 볼 때 가장 먼저 취하는 방식이다. 변계소집의 마음이다. 그러면 실상도 그러한가. 이어지는 이야기를 더 들어보자.

여인(흑암녀)이 말했다. "당신은 매우 어리석고 지혜가 없습니다."
주인이 물었다. "어째서 나를 어리석고 지혜 없다 하는가."
여인이 답했다. "당신 집에 나의 언니가 있습니다. 나와 언니는 항시 거취를 함께 하니, 만일 나를 쫓아낸다면 언니도 쫓아내야 합니다."
주인이 다시 들어와 공덕천에게 물었다. "밖에 한 여인이 있는데 그대의 동생이라 한다. 그게 사실인가."
공덕천이 말했다. "나의 여동생입니다. 나와 그녀는 항시 행동을 같이 하고, 일찍이 한번도 떨어진 적이 없습니다. 가는 곳마다 나는 항시 좋은 일을 짓고, 그녀는 항시 나쁜 일을 짓습니다. 나는 항시 이익을 주고, 그녀는 항시 손해를 주었습니다. 만일 나를 사랑하려거든 동생도 사랑해야 하며, 나를 공경하려면 그녀도 공경해야 합니다."
주인이 말했다. "만일 그렇게 좋은 일도 나쁜 일도 한다면, 나는 모두 쓰지 않을 것이오. 마음대로 가시오."
이때 두 여인이 함께 살던 곳으로 돌아가니, 주인이 가는 것을 보고 마음이 무량히 환희용약하였다.[339]

흑암녀 말의 핵심은 두 자매가 항시 함께 한다는 것, 별도로 분리하여 소유할 수 없다는 것이다, 흑암녀를 버리고 공덕녀만 취하려는 것은 어리석고 지혜 없는 것이라 하니, 왜 그런가. 빛이 있으면 그늘이 있는 법이다. 낮과 밤은 별개의 것으로 보이지만 별개의 것이 아니다. 낮과 밤은 연속적인 것이지만 우리가 이 둘을 동시에 느낄 수 없는 것은 밤과 낮이 동시에 같은 공간에 존재할 수 없기 때문이다. 이것은 실상이다. 이 낮과 밤, 생과 사, 행복과 불행, 유(有)와 무(無)는 동시에 존재할 수 없지만, 존재 과정의 두 가지 양태이다. 밤이 없으면 낮이 있을 수 없고, 낮이 없으면 밤이 있을 수 없다. 낮과 밤은 상호 존립을 위해 필요 불가결하고, 분리 불가능한 연속적 과정이다.

이렇게 서로 의존하며 연속되어 있는 것이 바로 존재의 실상이요, 달리 말하면 의타기성이다. 앞서 우리는 의타기적인 존재의 실상을 보고, 거기서 변계소집을 여읠 때 비로소 공성을 본다고 했음을 상기하자. 다시 말해, 청원 선사의 말을 빌면, 산이 산이 아니요, 물이 물이 아니라고 본다. 모두 비운다. 행복도 취하지 않고 불행도 취하지 않는다. 그렇게 모두 보내버리고 주인은 뛸 듯이 기뻐한다. 고(苦)는 싫어하고 낙(樂)만 좋아하다가. 고락이 하나임을 알고, 일체개공의 입장에서 모두를 버린 것이다. 그리고 이야기는 이렇게 이어진다.

이때 두 여인이 함께 어느 가난한 집에 이르렀는데, 빈자가 이들을 보고 기뻐하며 청하였다. "지금부터 그대 두 사람은 우리 집에 머물기 바랍니다." 공덕녀가 말했다. "우리는 앞서 어떤 이에게 쫓겨났습니다. 그런데 그대는 어찌하여 우리에게 머물기를 청하는 것입니까."

빈자가 답했다. "그대가 지금 나에게 왔으니, 나는 그대로 인하여 저 사

---

340 『열반경』 제7 「성행품」 女人答言 汝甚愚癡 無有智慧 主人問言 何故名我 癡無智 慧 女人答言 汝舍中者 即是我姊 我常與姊 進止共俱 汝若驅我 亦當驅彼 主人還 入 問功德天 外有一女 云是汝妹 實為是不 功德天言 實是我妹 我與此妹 行住共 俱 未曾相離 隨所住處 我常作好 彼常作惡 我常利益 彼常作衰 若愛我者 亦應愛 彼 若見恭敬 亦應敬彼 主人即言 若有如是 好惡事者 我俱不用 各隨意去 是時二 女 俱共相將 還其所止 爾時主人 見其還去 心生歡喜 踊躍無量

람을 공경해야 합니다. 그러므로 둘 다 우리 집에 머물라 청하는 것입니다."[341]

빈자의 말 가운데 주목되는 것은 그대가 나에게 왔으니, 같이 온 저 사람도 공경해야 한다는 말이다. 거울 같은 마음이다. 거울은 함께 온 두 사람을 모두 비추지 않고 거부하거나, 공덕녀 한 사람만 비추지 않는다. 두 사람을 있는 그대로 비춘다. 마주하는 대로 고와 락, 행복과 불행, 이익과 손해, 생과 사를 평등하게 비춘다. 휴식처를 얻는 청원선사처럼 산은 산으로 비추고, 물은 물로 비춘다. 둘 모두를 버리고 나서, 마침내 둘 모두를 얻는다. 부정의 부정에서 열리는 긍정이요, 진공(眞空)에서 열리는 묘유(妙有)이다. 원성실성에서 비추는 큰마음이다. 장자는 이 큰마음을 재전(才全), 즉 '본래 가진 것을 온전히 하는 것'이라 표현하며 이렇게 말한다.

> 무엇을 일러 재전(才全)이라 하는가...... 사생(死生)과 존망(存亡), 궁달(窮達)과 빈부(貧富), 현(賢)과 불초(不肖), 훼예(毁譽)와 기갈(飢渴) 한서(寒暑)는 모두 일의 변화(事之變)이며 명(命)이 행해지는 것(命之行)이다. 낮과 밤이 서로 앞에서 교대하지만 우리의 지(知)는 능히 그 시작을 헤아리지 못한다. 그러므로 사생(死生)과 존망(存亡) 등이 족히 마음의 조화를 어지럽힐 수 없고, 영부(신령한 마음)에 들어 올 수 없다. 마음으로 하여금 조화롭고 즐겁게 하고 (이치에) 통하여 기쁨(兌)을 잃지 않게 한다면 낮과 밤이 쉴 새 없이 진행되어도 사물과 더불어 봄의 화기(和氣)를 갖게 한다...... 이를 일러 재전(才全)이라 한다.[341]

---

341 『열반경』 제7 「성행품」 是時二女 復共相隨 至一貧家 貧人見已 心生歡喜 即請之言
從今已去 願汝二人 常住我家 功德天言 我等先以 為他所驅 汝復何緣 俱請我住
貧人答言 汝今念我 我以汝故 復當敬彼 是故俱請 令住我家

장자의 말에 따르면, '재전(才全)'이란 바로 '지금 여기'의 상황을 있는 그대로 최적(最適)의 것으로 수용할 수 있는 마음의 역량을 가리킨다. 재전의 마음은 변화를 수용하지만, 그 변화에 동요하지 않는다. 그대로 비출 뿐이다. 마치 거울이 사물을 비춤으로써 수용하는 것처럼 그러하다. 우리 마음은 '마음에 부합하지 않는 것'과 조우할 때 어지러워진다. '마음에 부합하지 않음'은 마음이 사태를 수용하지 못하고 거부할 때 일어난다. '나'의 호오나 시비, 선악의 판단 기준이 사태를 재단하기 때문이다. 재전의 마음은 만나는 것에 따라 맡길 수 있는 마음, 화(和)의 능력을 갖는다. 마치 물처럼 둥근 그릇에 담기면 둥근 모양을 이루고, 긴 병에 담기면 긴 모양을 이룬다. 그릇의 모양이 물의 성질을 바꾸지 않으며, 그릇에 따른 모양의 변화를 실체로 여기지 않는다. 그렇기 때문에 사생, 존망 같은 것이 마음의 화(和)를 어지럽히지 못하고, 그것들이 마음 안에 실체로 들어오지 않는다. 장자 사유의 실용성은 여기서 빛을 발한다.

　생사와 존망, 사회적 성공과 실패, 경제적 빈부, 추위와 더위, 잘남과 못남 등 우리가 살면서 경험하는 문제들은 깊이 생각해보면, 그 실체가 따로 있어서 우리의 지적 역량으로 헤아려 알 수 있는 것이 아니라, 사태의 변화(事之變)이며, 연관에 따라 유전하는 명(命)이 운행하는 것(命之行)일 뿐이다. 낮과 밤이 교대로 운행하지만 우리의 지적 능력으로는 그 시원을 알 수 없다. 그러므로 실체 없는 모든 현상들은 거울 같이 비추는 허심으로 수용하는 이의 마음을 동요시킬 수 없고, 화(和)를 교란할 수 없다. 존재 과정의 변화에 마음이 흔들리지 않으면서 삶은 삶대로, 죽음은 죽음 대로 수용하여, 화(和)하면서 (모든 것에 연속적으로 막힘없이) 통하여 기쁨을 잃지 않는다는 것이다.

---

342 『장자』 「덕충부」 何謂才全…… 死生存亡 窮達貧富 賢與不肖毀譽 飢渴寒暑 是事之變 命之行也 日夜相代乎前 而知不能規乎其始者也 故不足以滑和 不可入於靈府 使之和豫 通而不失於兌 使日夜無郤而與物爲春…… 是之謂才全

재전은 허심에서 얻어지는 마음의 능력이다. 허심은 '나'를 세우지 않기 때문에 '나의 주장'도 세워지지 않는다. 잣대로 삼는 마음이 없으므로, '마음에 든다'거나 '마음에 들지 않는다'는 것도 세워지지 않는다. 시비의 기준을 세우지 않으므로 시비를 판단하지 않는다. 허공 같이 빈 마음에는 '어떤 기준'을 세울 수 없지만, 역설적으로 모든 것을 수용할 수 있는 마음의 공간을 갖는다. 그 마음의 공간에 수용된 것들은 '어떤 기준'에 의해 재단되지 않으며, 각기의 고유성, 즉 각득기의(各得其宜)를 펼치면서 온전하게 수용될 수 있다. 그 어떤 물건도 허공 같은 마음에 칼자국을 낼 수 없다. 칼로는 물도 허공도 벨 수 없다. 그러면 이렇게 본래 가진 마음을 온전히 하여(才全) 얻는 마음은 무엇일까. 바로 '부처의 눈'이 열리면서 온전해지는 마음, 즉 무분별의 본래 마음(淸淨心)이 아닐까.

자등명 법등명
自 燈 明 法 燈 明

'부처의 눈', 즉 반야지는 별도로 있는 어떤 것을 얻는 것이 아니라, 자신의 중생지견을 걷어내면서 '밝아지는 눈'이다. <u>스스로 걷어내고, 스스로 눈을 열어야 하기 때문에 스스로의 지혜로 수행의 길을 가야만 한다.</u> 즉 자신의 등불이 필요하다.

그리고 자신의 등불을 밝히기 위해서는 언설로 표현된 처방인 붓다의 가르침에서 자신의 병에 맞는 처방을 찾아 병을 고치는 것이 필요하다. 자신의 말에 집착하지 말라는 붓다의 가르침은 어떤 언설에도 매이지 말고, 어떤 사람에게도 맹목적으로 추종하거나 집착하지 말고, 늘 깨어있는 정신으로 그 가르침을 자기 등불을 밝히는 기름으로 사용하라는 의미이리라.

이런 의미에서 어떤 수행 방법이나 교설에 대한 이해의 옳고 그름을 다투는 것은 의미 있는 일이 아니다. 저마다 병이 다르고, 번뇌가 다르고, 근기가 다른데 어떻게 거기서 '절대적으로 옳은 처방' 혹은 '누구에게나 통하는 처방'을 찾아낼 수 있겠는가. 육조 혜능은 이렇게 말한다.

이 가르침에는 본래 다툼이 없으니, 다투어 도의 뜻을 잃지 말라. 미혹함에

집착하여 법문을 다투면 자성(自性)이 생사에 들게 된다.[343]

붓다의 가르침은 옳고 그름을 나누는 것이 아니기 때문에 다툴 이유가 없는 것이다. 다툰다는 것은 '아상(我相)'을 세우고 '자기의 옳음'을 주장하는 것이니, '무아(無我)'의 가르침을 정면으로 위반하는 것이 되고, 나아가 수행의 반대편 길로 들어서게 된다.

그러니 중생지견을 걷어내고 법의 등불을 밝히는데, 먼저 벗어나야 하는 것은 자신이 이해한 법이 옳다는 전제에서 법을 다투는 것이다. 불법의 가르침에는 본래 옳고 그름도 없고, 선도 악도 없다. 대원경지에서는 일체가 평등하다. 각각이 저마다의 방식으로 옳은 길이 있을 뿐이요, 그 길을 제대로 찾아가는 것이 자신의 등불을 밝히고, 법의 등불을 밝히는 것이다. 그러기 위해서 먼저 '교만함'에서 벗어나야 한다고 한다. 『열반경』에서 이렇게 설한다.

선니(先尼)가 말했다. "세존이시여, 오직 바라건대 큰 자비로 저를 위해 설해주소서. 제가 어찌하면 이러한 상락아정을 얻을 수 있겠습니까." 부처께서 말씀하셨다. "선남자여, 일체 세간은 본래부터 큰 교만을 갖추었고 그 교만을 증장하여, 다시 교만의 인(因)과 교만의 업(業)을 지어왔다. 그리하여 지금 교만의 과보를 받아 일체번뇌를 멀리 여의고 상락아정을 얻지 못하는 것이다. 만일 중생이 일체 번뇌를 멀리 여의려면 우선 마땅히 교만함을 떠나야 한다."[344]

---

343 『돈황본 육조단경』 此教本無諍 無諍失道意 執迷諍法門 自性入生死

344 『열반경』 제13 「교진여품(憍陳如品)」 先尼言 世尊 唯願大慈 為我宣說 我當云何 獲得如是 常樂我淨 佛言 善男子 一切世間 從本已來 具足大慢 能增長慢 亦復造作 慢因慢業 是故今者 受慢果報 不能遠離 一切煩惱 得常樂我淨 若諸衆生 欲得遠離一切煩惱 先當離慢

말하자면 우리의 교만함은 숙세부터 이어져 증장된 업의 과보를 받는 것이고, 그 과보로 말미암아 번뇌를 일으키고, 그 번뇌로 말미암아 상락아정을 얻지 못한다는 것이다. 그러니 교만한 마음이 일어날 때마다 그 마음이 일어나는 당처를 보며, 그것이 업의 그림자임을 알고 그 마음을 머무름 없이 보내는 것이 필요하다. 그리하여 이 교만함을 여의어야 한다. '나'가 있고, '내 생각'이 옳고, '나'의 눈이 정확하다는 생각에서 벗어나야 한다. 나아가 내가 깨달아 마쳤다는 생각에서도 벗어나야 한다. 깨닫는 '나'도 깨달을 '법'도 실체로 있지 않기 때문이다. '나'가 깨달았다고 여기는 이를 증상만(增上慢)이라 하는데, 이에 대해 『법화경』에서 이렇게 설한다.

사리불이여, 요컨대 무량무변한 미증유의 법을 부처는 모두 성취하였다...... 부처가 성취한 제일의 희유하고 이해하기 어려운 법은 오직 부처와 부처만이 능히 구경의 제법 실상을 알 수 있기 때문이다...... 이때 회중에 있던 모든 성문과 번뇌를 다한 아라한 아야교진여 등 1천 2백인과 성문과 벽지불의 마음을 낸 비구, 비구니, 우바새, 우바이들이 각기 생각하길, 지금 세존께서는 무슨 까닭으로 은근히 방편을 찬탄하시며 설하시길, 부처가 얻는 법은 매우 깊고 이해하기 어려우며, 그 설하신 바의 뜻도 알기 어려워 일체 성문과 벽지불이 미칠 수 없다고 하시는가. 부처께서 해탈의 뜻을 설하시어 우리 역시 이 법을 얻어 열반에 이르렀는데, 지금 하시는 말씀의 뜻을 알 수 없구나, 하였다. 이때 사리불이 사부대중의 의심을 알고, 또 자신 역시 이해되지 않아 부처께 아뢰었다. "세존이시여, 무슨 까닭으로 은근히 제불의 제일 방편과 심심미묘하고 이해하기 어려운 법을 찬탄하시는 겁니까. 제가 예부터 일찍이 부처께서 이렇게 설하시는 것을 들은 적이 없습니다. 지금 사부대중이 모두 의문을 품고 있으니, 원컨대 세존께서는 이를 설명해 주십시오"...... 이때 부처께서 사리불에게 고하셨다. "그만두어라. 그만두어라. 다시 말할 필요가 없다. 만일 이 일을 말한다면 일체 세간의 하늘과 인간이 모두 놀라고 의심하리라." 사리불이 거듭 부처께 아뢰었다. "세존이시여, 원컨대 설해주소서. 원컨대 설해주소서"...... 부처께서 다시 그만두라 하시며, "사리불이여, 만일 이 일을 말한다면 일체 세간의 천과 인간, 아수라가 모두 놀라고 의심할 것이며, 증상만 비구는 큰 구덩이에 떨어지리라"...... 이때 사리불이 거듭 부처께 아뢰었다. "세존이시여, 원컨대 설해주소서. 원컨대 설해주소서"...... 그때 세존께서 사리불에게 고하셨다. "그대가 이미 은근하게 세 번이나 청했으니, 어찌 설하지 않으리오. 그대는 이제 자세히 듣고 잘 생각하라. 내가 마땅히 그대를 위하여 분별하여 설하리라." 이 말씀을 하실 때 회중의 비구 비구니 우바새 우바이 5천인이 자리에서 일어나 부처께 예배하고 물러났다. 왜냐하면 이들은 죄의 뿌리가 깊고 무거우며 증상만이어서 얻지 못한 것을 얻었다 하고, 증득하지 못함을 증득했다고 하기 때문이다. 이 같은 허물이 있는 까닭에 머물지 못했고, 세존은 말없이 그들을 제지하지 않으셨다. 이때 부처께서 사리불에게 고하셨다. "지금 여기 대중은 가지와 잎사귀는 없고, 순수한 열매만 있구나. 사리불이여, 이 교만한 증상만들은 물러가는 것이 좋다. 그대들은 이제 잘 들으라. 그대들을 위해 설하리라."[345]

---

345 『법화경』제2「방편품」舍利弗 取要言之 無量無邊未曾有法 佛悉成就...... 佛所成就 第一希有難解之法 唯佛與佛 乃能究盡諸法實相...... 爾時大衆中 有諸聲聞 漏盡阿 羅漢 阿若憍陳如等千二百人 及發聲聞 辟支佛心 比丘比丘尼 優婆塞優婆夷 各作 是念 今者世尊 何故 慇懃稱歎方便 而作是言 佛所得法 甚深難解 有所言說 意趣 難知 一切聲聞辟支佛 所不能及 佛說一解脫義 我等亦得此法 到於涅槃 而今不知 是義所趣 爾時 舍利弗 知四衆心疑 自亦未了 而白佛言 世尊 何因何緣 慇懃稱歎 諸佛第一方便 甚深微妙 難解之法 我自昔來 未曾從佛聞 如是說 今者四衆 咸皆 有疑 惟願世尊 敷演斯事 爾時 佛告舍利弗 止止 不須復說 若說是事 一切世間 諸 天及人 皆當驚疑 舍利弗 重白佛言 世尊 惟願說之 惟願說之...... 佛復止 舍利弗 若 說是事 一切世間 天人阿脩羅 皆當驚疑 增上慢比丘 將墜於大坑...... 爾時 舍利弗 重白佛言 世尊 惟願說之 惟願說之...... 爾時 世尊告舍利弗 汝已慇懃三請 豈得不 說 汝今 諦聽 善思念之 吾當爲汝 分別解說 說此語時 會中 有比丘比丘尼 優婆塞 優婆夷 五千人等 卽從座起 禮佛而退 所以者何 此輩罪根深重 及增上慢 未得謂 得 未證謂證 有如此失 是以不住 世尊然 而不制止 爾時 佛告舍利弗 我今此衆 無復枝葉 純有貞實 舍利弗 如是增上慢人 退亦佳矣 汝今善聽 當爲汝說

경문이 다소 길게 인용됐다. 맥락을 보아야 하기 때문이다. 무상(無常)과 무아(無我)를 요체로 하는 부처의 가르침은 인도 전통 철학에서는 일찍이 없었던 것이기 때문에 늘 '미증유'의 법이라 칭해진다. 나아가 일체중생이 모두 부처가 될 수 있다는 가르침 역시 미증유이자, 깊고 깊은 비밀한 법이다. 그런데 부처는 1만 2천이 모인 회중에서 『묘법연화경』을 설하겠노라 하고는 다만 부처법은 희유하고 이해하기 어려우며, 오직 '부처의 눈'을 얻은 이만이 알 수 있고, 성문과 벽지불(獨覺)은 이해할 수 없으며, 법을 설하면 천계의 존재이든 인간계의 존재이든 모두 놀라고 의심할 것이라 하면서 설법을 미루고 있었다. 이에 사리불이 세 번이나 거듭 청하자 부처는 법을 설하겠노라 했고, 그때 5천의 대중이 자리를 떴다는 것인데, 더 흥미로운 것은 부처께서 '교만한 이들은 떠나는 것이 낫다'고 하며 이들을 제지하지 않았다는 것이다. 마지막 순간까지 한 사람이라도 더 교화하려 애쓰던 부처가 왜 그랬을까.

'귀 있는 자'만이 들을 수 있기 때문이다. 증상만들은 '자신들이 이미 열반을 얻었다'고 생각하고 있기 때문에, 듣는 귀를 닫아버렸다. 마치 하늘에서 내리는 법우(法雨)를 모든 존재는 크든 작든 자기 그릇만큼 받아 성장하고 깨침으로 나아갈 수 있지만, 그릇을 엎어 놓으면 법우를 받을 수 없는 것처럼, 마음이 '나'와 '열반'으로 가득 차 있는 증상만은 듣는 귀를 닫아버린 것과 같기 때문에 법우(미증유의 법)를 받을 수 없다고 판단한 것이리라. 그러면서 그들이 자리를 박차고 떠나자 '가지와 잎사귀'가 떨어져 나가고, '순수한 열매'만 남았다고 하며 설법을 시작한다. 자비의 부처가 이렇게 말한 것은 수행 과정에서 이렇게 자신이 깨달았다고 여기는 증상만의 병이 매우 위험한 것임을 경계하기 위한 것이 아닐까.

'부처의 눈'에서는 '나'도 없고 '법'도 없고 '열반'은 더더욱 없다. 실체가 아니다. 불법의 수행은 보태는 공부가 아니라 덜어내는 공부요, 걷어내는 공부, 해체 공부이다. 장자의 말대로 '허실(虛室)에 빛이 드는 법'이다.

이 교만함에 머무는 마음은 '나'의 눈에 마땅치 않은 것을 볼 때, 그것을 허물하는 것으로 나타난다. 우리는 의식하지 못하는 사이에 교만한 마음에 부림을 받아 '상대'를 허물하고 그것은 종종 시비로 이어진다. 그런데 이것이 온당한가. 『열반경』에서 이렇게 설한다.

보살마하살은 비록 중생들의 나쁜 허물을 보아도 종내 말하지 않으니, 왜 그런가. 번뇌가 생할까 두려워하기 때문이다. 만일 번뇌가 생하면 악취에 떨어지기 때문이다.[346]

이 경문은 많은 것을 돌아보게 한다. 우리는 '발전을 위한 비판' 혹은 부정적인 것은 바로잡아야 한다는 '정의'의 이름으로 얼마나 많은 허물을 지적하며 구업(口業)을 지어왔던가. 그런데 왜 나쁜 허물을 보아도 말하지 않아야 하는가. 경문에 따르면 허물하는 말을 하거나 들을 때, 번뇌가 일어나기 때문이요, 번뇌가 일어나면 악취에 떨어지기 때문이라고 한다.

우리가 번뇌를 겪으며 번뇌에 물들어 있을 때, 무엇을 경험하는가. 혼란과 아픔과 고통일 터, 그것을 바로 악취(惡趣)의 고통에 비유한 것이 아닐까. 삼악도(三惡道)의 악취는 이른바 지옥과 축생, 그리고 아귀이다. 지옥이란 말 그대로 지옥이요, 축생은 마음이 짐승 같은 상태에 놓이는 것을 비유한 것일 터이며, 아귀란 먹어도 먹어도 배고픔과 갈증에 시달리는 것이니, 채워도 채워도 채워지지 않는 욕망에 부림 당하는 것을 비유한 것이 아닐까.

그러면 최선의 길은 아무리 나쁜 허물을 보아도 허물하지 않는 것이겠지만, 아직 보살의 마음이 열리지 않은 우리 처지에서, 누군가의 나쁜 허물을

---

346 『열반경』 제10 「광명변조 고귀덕왕 보살품(光明遍照 高貴德王 菩薩品)」 菩薩摩訶薩 雖見 衆生 諸惡過咎 終不說之 何以故 恐生煩惱 若生煩惱 則墮惡趣

보았고, 또 그것이 단지 마음에 마땅치 않아서가 아니라 허물해야 할 필요가
있는 경우라면 어떻게 하는 것이 온당한가. 그저 등 돌리고 피하거나 무관심
해야 하는가. 아마도 그것은 아니리라. 『아함경』에서 이런 이야기가 나오는
데, 긴 경문을 좀 간추려보면 이렇다.

부처께서 사위국 기수급고독원에 계실 때, 존자 사리불이 부처께 이렇게
물었다.

"세존이시여, 만일 거죄(擧罪) 비구로서 다른 비구의 허물을 들추려 한다면
어떻게 해야 합니까."

"우선 다섯 가지를 갖추어야 한다. 첫째는 반드시 사실이어야 하고, 둘째
는 말할 때를 알아야 하고, 셋째는 이치에 합당해야 하고, 넷째는 부드럽게
말해야 하며, 다섯째는 자비심으로 말해야 한다."……

"그러나 사실을 말하고, 말할 때를 알아 말하고, 이치에 합당하며, 부드럽
게 말하고 자비심으로 말했는데도 성을 내는 사람이 있습니다. 이럴 때는
어떻게 해야 합니까."

"그에게 그것이 사실이며 자비로운 마음에서 말한 것임을 깨닫도록 하여
야 한다."[347]

거죄(擧罪) 비구란 교단에서 계율에 어긋나는 행동을 하는 비구의 허물을
드러내어 고치도록 하는 역할을 맡은 이다. 말하자면 허물하는 일이 직무이

---

[347] 『잡아함경』 제18 「거죄경(擧罪經)」 一時佛住 舍衛國 祇樹給孤獨園 爾時尊者 舍利
弗詣佛所 稽首佛足 退坐一面 白佛言 世尊 若擧罪比丘 欲擧他罪者 令心安住 幾
法得 擧他罪 佛告舍利弗 若比丘 令心安住 五法得 擧他罪 云何爲五 實 非不實時
不非時義饒益 非非義饒益 柔軟不麤澁 慈心 不瞋恚 舍利弗擧罪 比丘具此五法
得擧他罪…… 世尊 我見被實 擧罪比丘 有瞋恚者 世尊 被實擧罪 瞋恚比丘 當以幾
法 令於瞋恨 而自開覺 佛告舍利弗 被實擧罪 瞋恚比丘 當以五法 令自開覺 當語
彼言 長老 彼比丘 實擧汝罪 非不實汝 莫瞋恨 乃至慈心 非瞋恚 汝莫瞋恨

니 기준에 맞춰 허물하지 않을 수 없는 입장인데, 그럴 때조차도 다섯 가지 사항에 맞아야 한다는 것이다. 그 허물이 사실이어야 하고, 때에 맞게 말해야 하며, 이치에 합당하게 말해야 하고, 부드럽게 말해야 하며, 자비심으로 말해야 한다고 한다.

앞의 세 가지는 누구나 상대의 허물을 지적할 때, 자신이 그런 원칙에 따라 말한다고 여길 것이다. 그런데 여기서 주목되는 것은 부드럽게(柔軟) 말한다는 것과 자비심으로 말한다는 것이다. 경전을 보면 언제나 부처는 부드럽게 말하는 것을 강조한다. 심지어 제자 보살들이 집요하게 잘못된 견해를 내세우며 따지고 들 때조차도 부처는 '선남자여, 그리 말하지 말라, 그리 말하지 말라'고 하며 부드럽고 자상하게 말을 이어간다. 또 『화엄경』의 선재동자가 만난 보살들 역시 중생들의 이런저런 허물을 대할 때에도 한 마디 꾸짖는 말 없이 그들이 원하는 바에 맞추어 선교방편을 사용하여 이끌어가는 모습을 보여준다. 그러면 이것이 왜 그리 중요한 것일까.

한번 생각해볼 일이다. 우리는 어떤 경우에 말이 거칠어지는가. '나'가 승(勝)해지고, 그리하여 상대를 예리하게 마주할 때가 아닌가. 이런 경우라면 아무리 말을 부드럽게 한다고 해도 그 날카로운 기운이 드러나게 마련이다. 대상화할 때 겨눠지는 예기(銳氣)는 감추기 어렵다. 공자(孔子)는 이렇게 말했다.

공자께서 말씀하셨다. 오직 인자(仁者)라야 능히 사람을 좋아할 수 있고, 능히 사람을 미워할 수 있다.[348]

젊은 시절 이 구절을 처음 보았을 때, 그 의미를 이해하지 못했다. 사람을 좋아하고 미워할 수 있는 자격이 별도로 있다는 말인가 하며 의아해 했다. 그

348 『논어』 「이인(里仁)」 子曰 惟仁者 能好人 能惡人

러면서 다만 '어진 덕'을 지닌 군자가 되라는 말인가 보다 생각했다. 그런데 시간이 지나면서 천천히 이 구절이 가진 깊은 의미가 다가왔다.

유가(儒家)에서 '인(仁)'이란 도덕적으로 보면 '어진 덕', 즉 사랑하는 마음을 가리키지만, 철학적으로 보면 '이어짐'을 가리킨다. 마치 대숲의 대나무들이 지표 위에서는 제 각기의 모습을 하고 있지만 저 땅 밑에서는 그 뿌리가 하나로 이어진 것처럼, 그렇게 현상적으로는 차별적 존재로 나타나지만 보이지 않는 뿌리에서는 '이어진 상태'를 가리킨다. 그러니 인자는 상대를 대상화하지 않는 마음, 실상에서 그대로 이어진 마음을 지닌 자를 가리키는데, 바로 그렇게 상대와 이어져 있을 때 비로소 미워할 수도 있고 좋아할 수도 있다는 것이다. 이 마음은 마치 자식을 대하는 부모의 마음처럼 미워해도 대상적으로 미워하는 것이 아니고, 좋아해도 대상화하여 좋아하는 것이 아니다. 그대로 '나'와 이어진 존재로 보는 것이다. 바로 이럴 때 인자무적(仁者無敵)이 가능해진다. 이때 적(敵)이란 원수를 가리키는 것이 아니라 대립하는 상대(相對)를 가리키는 것이니, 바로 이 '어진 마음'이란 '자비'의 다른 표현이 아닐까. 자비의 마음이란 대상에 대한 어떤 차별적 분별도 없이 그대로 '이어진 마음'이다.

이어진 마음일 때 자재(自在)하게 사람을 미워할 수도 있고 좋아할 수도 있다. 미워서 미워하는 것이 아니요, 좋아서 좋아하는 것이 아니기 때문이다. 실존 자체를 사랑하는 마음이요 연민하는 마음이다. 바로 이런 마음일 때 허물할 수 있다. 그럴 때 장자의 말대로 상정(相正)하는 것이 아니라 자정(自正)을 돕는 것이 될 수 있다. 그런데 과연 우리는 이런 마음으로 허물하고 시비하는가. 되돌아보게 하는 구절이다.

그러면 누군가가 나를 허물할 때는 어떻게 하는 것이 온당한가. 납득할 수 없고, 그래서 받아들일 수 없으며, 나아가 성나는 마음이 일어날 때, 우리는 어떻게 해야 하는가. 『아함경』에서는 이렇게 설한다.

어느 때 부처께서 사위국 동쪽 동산에 있는 녹자모 강당에 머무셨다. 세존께서 이른 아침 가사를 입고 발우를 들고 사위성에 들어가 걸식을 하고 있는데, 이때 남 꾸짖기 좋아하는 바라두바차 바라문이 멀리서 세존을 보고, 추악하고 불선한 말로 욕하고 꾸짖으며 흙을 쥐어 부처께 던졌는데, 그때 역풍이 불어 도리어 그 흙을 자신이 뒤집어쓰고 말았다. 그때 세존께서 게송으로 설하셨다.

만일 어떤 사람에게 성내는 마음과 원망하는 마음이 없으면,
(그에게) 욕하거나 꾸짖는 말을 던진다 해도
(그는) 분별하지 않고 앙심을 품지 않으니,
그 허물 도리어 (욕을 한) 자신에게로 돌아온다.
마치 던진 흙이 역풍에 돌아와 자신이 더러워지는 것처럼.[349]

얼마나 고결한 처방인가. 그러나 이 처방이 효과를 발휘하기 위해선 상대를 탓하거나 성내는 마음을 일으키지 않아야 한다고 한다. '감히 나에게' 또는 '어떻게 나에게'라는 마음이 일어나지 않아야 한다는 것이다. 차분히 생각해보면 그 욕설은 상대의 말일 뿐이다. '나'가 한 말이 아니다. 그 말이 문제가 있는 말이라면 그것은 그 말을 밖으로 낸 '상대'의 문제일 뿐, 나의 문제가 아니다. 바로 이 지점에서 무분별지(無分別智)가 필요하다. 무분별지는 무지(無智)가 아니다. 세간의 이해로 분별하지 않지만, 실상에 비추어 필요에 따라 구별해서 이해한다. 저마다 업이 다르고 번뇌가 다르고 근기도 다르다. 그 상대가 그런 말을 했다면 그것은 그 상대의 업이요, 번뇌요, 근기이다. 결국 상대

『잡아함경』 제42권 「건매경(犍罵經)」一時佛住 舍衛國東園 鹿子母講堂 世尊晨朝 著衣持鉢 入舍衛城 乞食時 犍罵 婆羅豆婆遮 婆羅門 遙見世尊 作麤惡 不善語瞋罵呵責 把土坌佛 時有逆風 還吹其土 反自坌身 爾時世尊卽說偈言 若人無瞋恨 罵辱以加者 淸淨無結垢 彼惡還歸己 猶如土坌 彼逆風還自污

장자, 붓다를 만나다

의 말은 상대의 업으로 돌아간다. 부처와 보살은 그것을 연민한다.

그 말을 세간의 이해로 받아들여 동요하고 성내고, 나아가 되갚아 주려고 마음먹는 것은 자신의 업도 아닌 것을 업으로 받아들이고, 그 업을 증장하는 결과를 가져온다. 일시적인 불쾌감이나 분노는 잠시 들렀다 가는 손님 같은 감정(客感)일 뿐이다.

그런데 보살은 아무리 나쁜 허물을 보아도 허물하는 말을 하지 않지만, 반대로 아무리 작은 선이라도 본다면 반드시 칭찬의 말을 한다고 한다. 『열반경』에서는 이렇게 설한다.

> 이같이 보살은 중생에게 작은 선이라도 있으면 칭찬하니, 무엇을 일러 선이라 하는가. 이른바 불성이다. 불성을 칭찬하므로, 중생으로 하여금 아뇩다라삼먁삼보리심을 내게 한다.[349]

불법에서 신심(信心)은 무엇을 믿는 것일까. 부처를 예배하고 공양하면 복을 받을 것이라고 믿는 것인가. 종교적인 측면에서 보면 그렇게 볼 수 있으리라. 하지만 철학적으로 본다면, 이때 믿음이란 모든 존재에게 '불성'이 있음을 믿는 것이요, 그런 믿음에 기초하여 그 선을 보고 칭찬하며 그 불선(不善)을 이겨내는 것이 아닐까. '부처의 눈'으로 보면 도처에 부처님이다. 게임하는 부처님, 애먹이는 부처님, 성내는 부처님, 병고에 시달리는 부처님, 업을 닦는 부처님, 업을 보태는 부처님, 괴로워하는 부처님, 즐거워하는 부처님 등등이 살아 움직이며 자기 실존의 길을 가고 있다. '부처의 눈'은 그 실존 자체를 사랑하고 연민한다.

---

350 『열반경』 제10 「광명보조 고귀덕왕 보살품(光明遍照 高貴德王 菩薩品)」 如是菩薩 若見衆生 有少善事 則讚歎之 云何爲善 所謂佛性 讚佛性故 令諸衆生 發阿耨多羅三藐三菩提心

그런데 주목되는 것은 그 불성을 칭찬하는 말이 바로 보리심을 내게 한다는 것이다. 왜 그럴까. 이때 보살의 칭찬은 학벌이나 외모, 혹은 경쟁력에 대한 칭찬이 아니리라. 있는 그대로 인정해주고, 어둠 속에서 빛을 향해 나갈 힘을 주는 칭찬, 즉 우리 안에 불성이 있다는 것에 대한 믿음에 불을 켜는 칭찬이요, 그리하여 우리를 깨달음의 길로 나아가게 하는 격려 같은 것이기 때문이 아닐까. 바로 이렇게 우리를 깨달음의 길로 이끌어주는 존재를 선우(善友)라고 하는데, 『열반경』에서 이렇게 설한다.

그때 부처께서 대중에게 고하셨다. "모든 중생에게 아뇩다라삼먁삼보리의 가까운 인연이 되는 것은 선우(善友)만 한 것이 없다."[350]

선우(善友)란 '좋은 벗'이라는 의미이다. 깨달음으로 이끌어주는 스승, 그리고 함께 그 길을 가며 덕을 증장해주는 벗을 가리킬 터이니, 바로 선지식(善知識)과 도반이다. 『화엄경』에서 선재동자(善財童子)가 만난 51번째 선지식 미륵(彌勒) 보살은 그에게 이렇게 말한다.

일체 선우를 받들어 섬기라.[352]

선우를 받들고, 나아가 섬기라고 한다. 정성스럽게 받들고 섬기는 행위는 '자아'의 낮춤이 전제된다. 마치 병든 이가 의사를 대하듯, 먼 길 가는 이가 길잡이를 따르듯, 강을 건너는 이가 뱃사공을 따르듯, 그렇게 아만과 아집을 버리고 선지식을 믿고 따라야 한다는 것이다.[352] 그러나 아무리 훌륭한 선지

351 『열반경』 제8 「범행품」 爾時佛告 諸大衆言 一切衆生 爲阿耨多羅三藐三菩提 近因緣者 莫先善友
352 『화엄경』 제39 「입법계품」 承事一切善友

식이 곁에 있어도 그를 알아보는 '눈'이 없다면 찾아가 배우기 어렵다. 먼저 선우를 알아보는 자신의 '눈'이 있어야 한다. 어떤 이를 선지식이라 하는가. 『열반경』에서는 이렇게 말한다.

> 스스로 보리를 닦고, 또 다른 이에게 보리를 닦게 하니, 이런 이치로 이름하여 선지식이라 한다. 스스로 믿음과 계율과 보시와 다문지혜(多聞智慧)를 닦아 행하고, 또 다른 이로 하여금 믿음과 계율과 보시와 다문지혜를 닦게 하니, 이런 이치로 이름하여 선지식이라 한다. 선지식이란 선법을 지니고 있으니, 무엇을 선법이라 하는가. 하는 일에 스스로 즐겁기를 구하지 않고 항시 중생을 위해 즐거움을 구하며, 다른 이의 허물을 보고는 그 단점을 따지지 않으며, 입으로 항시 순선한 일을 설하니, 이런 이치로 선지식이라 이름한다.[354]

항시 스스로의 등불을 밝히고 반야의 지혜로 향하는 이, 일체중생에게 모두 불성이 있음을 믿고, 계율을 지키며 보시하는 이, 부처의 가르침을 많이 듣고 지혜를 구하는 이가 바로 선우이며, 나아가 다른 중생들 역시 각자의 등

---

353 『화엄경』 제39 「입법계품」 復次善男子 汝應於自身 生病苦想 於善知識 生醫王想 於所說法 生良藥想 於所修行 生除病想 又應於自身 生遠行想 於善知識 生導師 想 於所說法 生正道想 於所修行 生遠達想 又應於自身 生求度想 於善知識 生船 師想 於所說法 生舟楫想 於所修行 生到岸想 또 선남자여, 그대는 응당 자신의 몸은 병고에 있다 생각하고, 선지식은 의사라 생각하며, 설한 법은 좋은 약이라 생각하고, 닦은 행은 병이 나은 것이라 생각하라. 또 자신은 먼 길을 떠난 것이라 생각하고, 선지식은 길잡이라 생각하며, 설한 법은 정도라 생각하고 닦은 행은 먼 목적지라 생각하라. 또 자신은 강을 건넌다고 생각하고 선지식은 뱃사공이라 생각하며, 설한 법은 노와 같이 생각하고, 닦은 행은 언덕에 닿은 것이라 생각하라.

354 『열반경』 제10 「광명보조 고귀덕왕 보살품」 自修菩提 亦能教人 修行菩提 以是義故 名善知識 自能修行 信戒布施 多聞智慧 亦能教人 信戒布施 多聞智慧 復以是義 名善知識 善知識者 有善法故 何等善法 所作之事 不求自樂 常為衆生 而求於樂 見他有過 不訟其短 口常宣說 純善之事 以是義故 名善知識

불을 밝히고 깨달음의 지혜를 향하도록 돕는 이가 선우라는 것이다. 그런데 여기서 주목되는 것은 어떤 일을 하든 자기만의 즐거움이 아니라 중생의 즐거움을 지향한다는 것인데, 이른바 자리이타(自利利他)이다. 바로 보살의 길이다.

그러면 어째서 보살은 자리이타의 길을 가게 되는 것인가. 우리는 앞서 5위(五位)의 수행 계위에서 긴 수행의 도정에 노자와 양식을 준비하는 단계를 자량위(資糧位)라고 한 것을 상기할 필요가 있다. 자량위에서는 선우(善友)와 믿음(信解)이 중시되지만, 가장 핵심이 되는 것은 바로 보살의 육바라밀을 행하고 닦는 것이다.

그러면 어떻게 이타가 곧 자리가 되고, 자리가 곧 이타가 되는가. 생각해 보자. 앞서 살펴본 대로, 유식 사상에 따르면 윤회의 주체는 번뇌(有漏) 종자와 지혜(無漏) 종자가 함께 있는 알라야식이므로, 인격의 질적 전환의 근거 역시 알라야식에 있다. 그런데 이 알라야식 또한 독립된 실체가 아니라 의타기의 것이요, 자성이 없는 공에 기초한다. 초기 불교 붓다의 연기설은 유식에서는 의타기성에 해당한다. 의타기성이란 '아(我)'의 성립이 '타(他)'에 근거함을 의미하므로, 의타기성을 회복한 마음은 자연스럽게 '나'가 곧 '타'로 이어지고, 결국 '나'를 위하는 것이 곧 '타'를 위한 것으로 이어진다. 그리하여 자신을 위한 모든 행위는 '이타행'으로 귀결된다. 다시 말해 알라야식의 의타기성은 필연적으로 보살의 바라밀행으로 이어질 수밖에 없다. 바로 여기서 불법의 '큰마음', 즉 대승적 면모를 볼 수 있다.

원성실성은 공성이요, 인격화하여 표현하면 불성이다. 그리고 모든 중생에게 불성이 있다는 것은 우리의 인격이 더 높은 방향으로 변화할 수 있다는 가능성의 근거가 된다. 그런 의미에서 무명의 어둠에서 무분별의 밝은 지혜로의 전환을 가능케 하는 것은 보살의 바라밀행이다. 이어진 실상에 대한 무분별의 지혜는 이타행으로 이어지고, 이타행은 우리를 열반으로 향하게 하기 때문에 결국 '이타'가 곧 '자리'가 되기 때문이다.

어떤 면에서 보면, 유식 사상은 결코 관념론이라 할 수 없다. '나'의 마음 밖에 무엇이 있는가의 문제보다는 그것을 '나'가 어떻게 받아들이고 인식하고 살아가는가, 그리고 나아가 그것과 어떻게 관계하며 살아야 하는가를 중심으로 다룬다. 그리고 실상 그것은 삶의 근본 문제이지 않은가. 초기불교에서부터 그것을 말해왔고, 유식 사상에서는 그것을 더욱 강조하고 있을 뿐이다. 그리하여 수행의 체계적인 지침을 세우고, 우리에게 수행의 길을 오류 없이 갈 수 있도록 길을 제시한다. 그러니 우리에게 필요한 것은 각자의 등불을 밝히고 자신의 병에 맞는 처방을 찾아 그 실천의 길을 가는 것이 아닐까.

4

보살의 길
菩薩道

불법에서는 이분법적으로 선과 악을 나누는 것이 근본적으로 가능하지 않
다. 대원경지(大圓鏡智)에서는 선악을 그 자체로 평등하게 하나로 비추기 때문
이다. 무엇을 선이라 하고 무엇을 악이라 하는가. 선이라는 이름도, 악이라는
이름도 중생지견에서 가른 이름일 뿐이다. 거울은 선과 악을 판단하며 비추
지 않는다.

통상 선업(善業)에는 선의 과보가 따르고 악업에는 악의 과보가 따른다는
것을 인과응보(因果應報)라 한다. 그런데 이 인과응보에 대해 『아함경』에서 이
렇게 설한다.

> 무엇을 일러 업에 과보가 있음을 안다고 하는가. 곧 흑업이 있으면 흑보가
> 있고, 백업이 있으면 백보가 있으며, 흑백의 업이 있으면 흑백의 과보가 있
> 고, 불흑불백(不黑不白)의 업이 있으면 과보가 없어 업과 업이 다하니, 이를
> 일러 업에 과보가 있음을 안다고 한다.[354]

경문에서는 선악이라 하지 않고 흑백이라고 한다. 선악을 가르는 것은 가
치 판단에 속하지만, 흑백을 가르는 것은 사실 판단에 속한다. 예컨대 '저 장

미는 빨갛다'는 것은 사실 판단이지만, '저 장미는 아름답다'는 말은 가치 판단이다. 가치 판단에 비해 사실 판단은 상대적으로 중립적이다. 경문에서 흑백으로 업과 과보를 연결한 것은 그 자체로 지은 업에 대한 과보를 피할 수 없음을 논한 것일 뿐, 선악의 규정성을 가한 것은 아니다. '부처의 눈'에는 선도 없고 악도 없다.

그럼에도 경전을 보면, 특정한 부분에서 선악의 개념을 사용하는 경우가 발견된다. 예컨대 선지식(선우)과 악지식(악우), 십선(十善)과 십악(十惡), 그리고 선법과 악법 등이 그것이다. 그렇다면 이때 선악을 구별하는 것 역시 일종의 방편일 터, 방편으로 선악을 가르는 기준이 되는 것은 무엇일까. 이 문제를 검토하기 위해 앞서 인용한 구절을 다시 볼 필요가 있다.

> 보살은 중생의 작은 선이라도 있음을 보면 칭찬하니, 무엇을 일러 선이라 하는가. 이른바 불성이다. 불성을 칭찬하므로, 중생으로 하여금 아뇩다라삼먁삼보리심을 내게 한다.[356]

보살은 중생의 '선'을 칭찬하는데, 그 선이란 곧 불성이며, 그렇게 불성을 칭찬하는 말이 곧 보리를 구하려는 마음을 내게 한다는 것이다. 그렇다면 선이란 불성을 가리고 있는 일체 번뇌를 걷어내는 행위나 과정, 혹은 그에 도움되는 것을 가리키는 것이 아닐까. 말하자면 선악 구분의 기준이 되는 것은 번뇌를 소멸하는 방향으로 향하는가, 증장하는 방향으로 향하는가에 따르는 것이고, 이것은 철저히 각 저마다의 마음속에서 일어나는 것이 아닐까.

---

355 『중아함경』 제10 「임품」 제5 「달범행경」 云何知業有報 謂或有業黑 有黑報 或有業白 有白報 或有業黑白 黑白報 或有業不黑不白 無報 業業盡 是謂知業有報
356 『열반경』 제10 「광명보조 고귀덕왕 보살품」 菩薩 若見衆生 有少善事 則讚歎之 云何為善 所謂佛性 讚佛性故 令諸衆生 發阿耨多羅三藐三菩提心

그렇게 보면 선우란 번뇌를 소멸하는 방향으로 이끌어 주는 스승과 벗이요, 십선이란 번뇌를 소멸하도록 인도하는 행위이다. 예컨대 몸으로 짓는 살생(殺), 도적행(盜), 음란함(淫), 입으로 짓는 거짓말(妄語)과 이간질하는 말(兩舌)과 꾸미는 말(綺語)과 험한 말(惡口), 뜻으로 짓는 탐욕과 성냄과 어리석음(貪瞋癡)이 번뇌를 증장하는 열 가지 악(惡)이라면, 반대로 살생하지 않고, 도적질하지 않으며, 음란함을 행하지 않는 것, 거짓된 말과 이간질하는 말과 꾸미는 말과 험한 말을 하지 않는 것, 탐욕하지 않고, 성내지 않고, 어리석지 않은 것은 번뇌의 소멸을 향한 열 가지 선(善)이 된다는 것이다.

나아가 선법이라는 개념을 사용하는데, 무엇을 선법이라 하는가. 앞서 인용한 경문을 다시 보자.

선지식은 선법을 지니고 있으니, 무엇을 선법이라 하는가. 하는 일에 스스로 즐겁기를 구하지 않고 항시 중생을 위해 즐거움을 구한다.[356]

법이란 통상 일체 존재와 행위, 사태, 나아가 존재의 실상 등을 의미한다. 그러면 어떻게 자리이타가 선법이 되는 것이고, 그 선의 의미는 무엇을 기준으로 한 것일까. 앞서 본 대로, 자리이타는 이어져 있는 존재의 실상을 반영한 것이다. '나'는 곧 '남'과의 관계 속에서 성립하고 존재하는 의타기적인 것이기 때문에 '나'의 일체 행위는 모두 '남(他)'으로 이어진다. 이것은 일체 존재가 지닌 관계의 실상이다.

그런 의미에서 보면 마음과 행위가 존재의 실상을 향한 것이 선이요, 실상에서 멀어지는 것이 악이다. 그리고 존재의 실상은 곧 법성이요, 불성이니,

---

357 『열반경』 제10 「광명보조 고귀덕왕 보살품」 善知識者 有善法故 何等善法 所作之事 不求自樂 常為衆生 而求於樂

그 법성을 덮고 있는 번뇌를 소멸하는 것이 선이요, 번뇌를 증장하는 것이 악이다. 결국 방편으로 사용된 일체의 '선(善)'은 존재의 실상을 깨닫고 번뇌를 소멸하여 부처지견을 얻는 길, 존재의 실상에 부합하는 실존의 길을 가는 것, 즉 자리이타의 보살도(菩薩道)를 가리키리라.

보살이란 보리살타(菩提薩埵)의 줄임말이고, 보리살타는 산스크리트어 보디사트바(bodhisattva)를 음역한 것이다. '보디'는 깨달음, 지혜를 의미하고, '사트바'는 생명 있는 존재, 즉 중생 유정(有情)을 뜻한다. 액면 그대로 해석하면 '진리를 구하는 중생'이라는 의미이니, 넓은 의미에서 보면 구도자(求道者)를 가리키는 말이다. 구도자로서 보살은 생사의 고해를 건너 열반의 피안에 이르는 길을 가는데, 이를 바라밀행이라고 한다. 바라밀이란 바라밀다(波羅蜜多)의 줄임말로, 산스크리트어 파라미타(paramitā)의 음역이다. 저 언덕(彼岸)에 이른다는 말이다.

'보살' 개념은 이상적인 인간형으로 대승불교의 출현과 함께 주목받았지만, 그 개념 자체는 이미 초기불교의 경전에 제시되어 있다. 『아함경』에서는 이렇게 말한다.

또 여러 법이 있어 마땅히 나누어야 하니, 세존께서 설하신 바가 제각기 다르기 때문이다. 보살은 뜻을 내어 대승으로 나아가니, 여래께서 이렇게 갖가지로 분별하여 설하셨다.[358]

붓다가 생전에 설한 바를 전해달라는 요구에 아난이 응하여 말한 부분의 한 구절이다. 중생마다 근기가 다르기 때문에 대상에 따라 다르게 설했다는

358 『증일아함경』 제1 「서품」 更有諸法宜分部 世尊所說 各各異 菩薩發意 趣大乘 如來說此種種別

점, 보살은 모든 중생을 큰 수레(대승)에 태우고 함께 가야한다는 점, 그렇기 때문에 갖가지 방편을 사용하여 분별하여 붓다가 설했다는 점이 드러나 있다. 그리고 이어서 이렇게 설한다.

제법(의 실상)은 매우 깊고 깊어, 공의 이치를 논해도 밝히기 어렵고 이해하기 어려워 볼 수 없으니, 후세 사람들이 의심을 품을 것이다. 이 보살의 덕을 버리지 말라.[359]

이미 초기불교의 경문에서 공(空)이라는 개념을 사용하고 있다. 그 공의 이치는 미증유(未曾有)의 것이고, 믿기 어려운 것이어서 필시 후대에 그 진리성에 의심할 것이니, 보살의 덕, 즉 구도자의 마음 자세를 버리지 말라는 것이다.

이러한 초기불교의 보살 개념은 이후 서원(誓願)과 회향(廻向)을 중심으로 하는 보살 사상으로 발전한다. 즉 중생을 구제하겠다는 서원과 자신이 쌓은 선근공덕을 모든 중생에게 돌리겠다는 것인데, 기존의 부파불교가 자기만의 해탈을 위해 수행하는 것에 대(對)하여, 자신의 수행이 곧 남을 이롭게 하는 것이요, 남을 이롭게 하는 것이 곧 자신의 구도를 이롭게 한다는 마음에서 출발한다. 그래서 보살의 마음은 곧잘 부모의 마음에 비유되는데, 자녀의 행복이 곧 부모의 행복으로 이어지기 때문이다. 말하자면 자타(自他)가 이어져 있는 존재의 실상에서 비롯한 길이 곧 자리이타의 보살도이다.

---

359 『증일아함경』 제1 「서품」 諸法甚深 論空理 難明難了 不可觀 將來後進 懷狐疑 此 菩薩德 不應棄

〈보살도 : 육바라밀행〉

　무명의 어둠에서 반야의 저 언덕(彼岸)으로 가는 실천 수행인 바라밀행은 여섯 가지로 압축하여 육(6)바라밀이라고 한다. 이 육바라밀의 실천을 통해 상구보리 하화중생(上求菩提 下化衆生)의 자리이타의 길을 가는 것인데, 이 가운데 보시(報施), 지계(持戒), 인욕(忍辱)바라밀은 상대적으로 이타(利他)에 중점하고, 정진(精進), 선정(禪定), 반야(般若)바라밀은 자리(自利)에 중점한 것이다. 여기서는 이타에 중점한 보시, 지계, 인욕바라밀의 철학적 의미를 중심으로 살펴보려 한다. 왜냐하면 자리에 중점한 정진, 선정, 반야바라밀은 각 개인의 업과 근기에 따라 공부하고 수행하는 길을 가는 것이요, 그 길은 수행자 저마다의 수만큼 다양할 것이기 때문에 일반화하여 논하기 어렵기 때문이다. 육바라밀은 초기불교에서도 강조된 것이다. 『아함경』에서 이렇게 설한다.

　　세존께서 여섯 가지 바라밀(度無極)을 설하셨으니, 보시, 지계, 인욕, 정진, 선정, 지혜의 힘이다...... 도무극에 이르러야 모든 법을 보리라.[360]

　바라밀행의 기본 마음은 앞서 인용했던 유마힐의 말에 잘 드러난다. 병이 난 유마힐에게 문안을 간 문수사리가 병세를 묻자 그는 이렇게 답했다.

　　모든 중생이 병들었기 때문에 저 역시 병든 것입니다. 만일 모든 중생의 병이 사라진다면 저의 병도 사라질 것입니다.[361]

---

360 『증일아함경』 제1 「서품」 人尊說 六度無極 布施持戒 忍精進禪 智慧力...... 逮度無極睹諸法
361 『유마경』 제5 「문수사리 문질품(文殊師利 問疾品)」 以一切衆生病 是故我病 若一切衆生病滅 則我病滅

요컨대 '중생이 아프니 나도 아프다'는 것이다. 그래서 중생의 병을 고치는 길이 곧 나의 병을 고치는 길이라는 것이니, 중생과 '나'가 둘이 아니기 때문이요, 하나로 이어져 있기 때문이다. 이런 마음이 바로 보살의 큰마음, 즉 대자대비이다. 자리이타의 마음은 곧 자비의 마음이다. 그러면 이 대자대비의 마음은 어디에서 비롯하는 것일까.『화엄경』「보현행원품」에서 선재동자가 마지막으로 만난 53번째 보현(普賢) 보살은 이렇게 말한다.

모든 법계, 허공계, 시방 삼세의 모든 부처 세계의 티끌 하나하나 속에 각기 일체 세계 티끌 수의 부처가 있다.[362]

부처 세계란 실상의 세계를 의미하는데, 그 세계는 법계(존재세계), 허공계 그리고 시방(十方) 삼세를 모두 포괄한다. 시방이란 동서남북과 북서, 남서, 남동, 북동, 그리고 상하(上下)의 열 방향을 나타내며, 삼세(三世)란 과거, 현재, 미래를 가리키니, 시방 삼세는 전 우주를 의미한다. 그런데 그 부처세계의 티끌 하나하나에 티끌 수만큼의 부처가 있다는 것이다. 이것은 무엇을 표현하는 은유일까. 앞서 보았던 구절을 다시 살펴보자.

이와 같이 나는 들었다. 어느 때 부처께서 마갈제국 아란야법 보리도량에 계실 때 정각(正覺)을 이루셨다...... 그때 세존께서 이 자리에서 일체법에 최정각(最正覺)을 이루셨는데, 지혜는 삼세에 들어가서 모두 평등해지고, 그 몸은 일체 세간에 충만하며, 그 음성은 시방 국토에 두루 퍼졌다.[363]

---

362 『화엄경』제40「보현행원품」所有盡法界虛空界 十方三世 一切佛刹 極微塵中 一一 各有一切世界 極微塵數佛

363 『화엄경』제1「세주묘엄품」如是我聞 一時 佛在摩竭提國 阿蘭若法 菩提場中 始成 正覺...... 爾時 世尊 處于此座 於一切法 成最正覺 智入三世 悉皆平等 其身充滿 一切世間 其音普順 十方國土

정각을 얻은 붓다의 몸과 뜻과 소리가 삼세에 평등하게 들어가고, 세간에 충만하며, 시방 국토에 두루 퍼졌다고 한다. 이때 붓다는 역사적 붓다에 한정된 존재가 아니라 비로자나부처, 즉 법신불로 화한 존재이다. 그래서 '대방광불(大方廣佛)'이라 한다. 온 우주에 널리 존재하는 부처라는 의미이다. 말하자면 '나'도 부처, '너'도 부처, 두두물물(頭頭物物) 모든 존재가 있는 그대로 부처라는 의미인데, 여기서 중요한 것은 '부처의 눈'에 그렇다는 것이다.

그런 의미에서 보리를 구하는 중생인 보살은 곧 '부처의 눈'을 얻으려는 수행자요, 부처의 눈을 얻기 위한 보살의 바라밀행은 '부처의 눈'을 향한 도정이니, '나'도 부처임을 믿고 행하는 길이 '자리(自利)'의 길이요, '너'도 부처임을 믿고 행하는 길이 '이타(利他)'의 길이며, 이 두 길이 결과적으로 하나의 길로 만나는 것이 자리이타가 아닐까.

『대승기신론』에서는 '부처의 눈'을 향한 이 여섯 가지 바라밀행의 근거를 이렇게 말한다.

법성 자체는 인색과 탐욕이 없음을 알고 이에 따라 수행하여 보시바라밀을 행한다. 법성에는 번뇌가 없고 오욕의 허물을 떠나 있음을 알고, 이에 따라 수행하여 지계바라밀을 행한다. 법성에는 고(苦)가 없고 성냄과 번뇌를 떠나 있음을 알고 이에 따라 수행하여 인욕바라밀을 행한다. 법성에는 몸과 마음이라는 상(相)이 없음과 게으름을 떠나 있음을 알고 이에 따라 수행하여 정진바라밀을 행한다. 법성은 언제나 고요하여 자체에 산란함이 없음을 알아 이에 따라 수행하여 선정바라밀을 행한다. 법성은 자체가 밝아 무명을 떠나 있음을 알아 이에 따라 수행하여 반야바라밀을 행한다.[363]

부처의 눈에 비친 실상, 즉 법성의 체는 '바람 소리'는 있어도 '바람의 소리'는 없는 자연 그 자체이다. 주재자(主宰者) 없이, 모든 존재는 스스로 자기 실존의 길을 간다. 장자는 이를 자연이연(自然而然), 즉 스스로 그러한 것이라

했는데, 그런 법성의 자연은 인색함도 탐욕도 없고, 고뇌도 오욕도 없으며, 성냄과 번뇌도 떠나 있고, '나'라는 상(相)도 없고 게으름도 없으며, 산란함 없이 밝게 자기 실존을 영위한다는 것이다. 흥미롭게도 이와 유사한 견해가 성경 구절에 나타난다.

저 하늘을 나는 새를 보라. 심지도 거두지도 않지만, 여호와께서 기르시니......[365]

이 구절에서 여호와를 '법성'으로, '자연'으로 대체하여 철학적으로 해석해 본다면 어떨까. 그 의미가 매우 근사(近似)하지 않을까. 그런 의미에서 법성은 여래여거(如來如去)의 자연의 실상이요, 그 실상을 본 눈이 '부처의 눈'이다. 따라서 인용문에서 육바라밀의 전제가 되는 법성의 체(體)는 부처의 눈에서 현현한 실상에 근거한 것이다. '부처의 눈'으로 실상을 보면 모든 존재는 자기 고유의 실존을 영위하는 부처이다. 그런데 어째서 붓다는 우리를 '불쌍한 중생'이라고 하는 것인가. 『법화경』에서 이렇게 설한다.

사리불이여, 마땅히 알라. 내가 부처의 눈으로 육도 중생을 살펴보니 빈궁하고 복의 지혜가 없어, 생사의 험한 길에 들어 그 고통을 끊지 못하고 이어가며, 오욕에 깊이 집착하여 외뿔소가 꼬리를 사랑하듯, 탐애로 스스로를 덮어 눈이 멀어 (실상을) 보는 바가 없으니, 큰 힘을 지닌 부처를 구하지 않고 고통을 끊지 못하며, 온갖 삿된 견해에 깊이 들어 괴로움으로 괴로

---

364 『대승기신론』 以知法性體 無慳貪故 隨順修行 檀波羅蜜 以知法性 無染離五欲過故 隨順修行 尸波羅蜜 以知法性 無苦離瞋惱故 隨順修行 羼提波羅蜜 以知法性 無身心相 離懈怠故 隨順修行 毘梨耶波羅蜜 以知法性 常定體無亂故 隨順修行 禪波羅蜜 以知法性 體明離無明故 隨順修行 般若波羅蜜
365 「마태복음」 6장 26절

움을 버리려 하니, 이런 중생을 위해 큰 자비심을 내었다...... 고통의 바다에 빠져 있는 중생들이 이 법을 능히 믿지 못하므로.[366]

부처의 눈으로 보면 모두 부처이지만, 중생들의 생각을 읽어보면 중생 자신은 '있는 그대로' 자신이 부처임을 믿지 못하고 깊은 고통의 바다에 빠져 있기 때문에 부처는 이를 불쌍히 여긴다는 것이다. 하지만 부처의 눈으로 보면 그렇게 믿지 못하는 중생들의 모습 그 자체도 부처가 아닐까. 부처임을 믿는 부처님, 믿지 못하는 부처님, 아만하는 부처님, 깨달았다고 여기는 부처님, 울고 있는 부처님, 기뻐하는 부처님 등등 살아가는 것 자체가 부처라는 것이 아닐까. 중생지견으로 보면 아만, 증상만, 고뇌, 번뇌, 고통, 미움, 외로움, 슬픔 등등이 모두 괴로움 자체이지만, 부처의 눈으로 보면 다만 인연 따라 경계에 반연한 식(識)이 마음에 현현하여 그려진 그림일 뿐이다. 이렇게 실상을 보는 부처의 눈을 가리고 있는 것이 바로 번뇌에 덮여 있는 우리의 중생지견이요, 이 중생지견을 걷어내기 위한 수행이 바로 바라밀행이다.

① 보시바라밀

육바라밀의 첫 번째는 보시바라밀이다. 보시를 의미하는 산스크리트어 단나(dāna)를 음사하여 단나(檀那) 바라밀이라 하고, 줄여서 단바라밀이라고도 한다. 보시란 널리 베푼다는 의미로, 자비의 마음으로 다른 이에게 조건 없이 주는 행위이다. 『대승기신론』에서는 이렇게 말한다.

---

366 『법화경』 제2 「방편품」 舍利弗當知 我以佛眼觀 見六道衆生 貧窮無福慧 入生死險道 相續苦不斷 深著於五欲 如犛牛愛尾 以貪愛自蔽 盲瞑無所見 不求大勢佛 及與斷苦法 深入諸邪見 以苦欲捨苦 爲是衆生故 而起大悲心...... 衆生沒在苦 不能信是法

무엇을 일러 보시문을 수행한다고 하는가. 만일 자신을 찾아와 구하는 자를 보면, 소유한 재물을 힘닿는 대로 베풀어 주어 스스로 탐욕과 인색을 버리고 그를 기쁘게 하는 것이다. 만일 위난과 공포와 위험에 처한 이를 보면 자기가 감당할 수 있는 무외시를 베풀어주는 것이다. 만일 어떤 중생이 법을 구하고자 오면 자기 능력이 이해한 만큼 방편으로 설해주는 것이다. 응당 탐욕이나 명리나 공경을 구해서는 안 된다. 오직 자리이타를 생각하며 보리에 회향한다.[367]

보시는 그 주는 내용에 따라 물질적인 재보시(財布施), 마음의 두려움과 어려움을 없애주는 무외시(無畏施), 실상의 법을 설해주는 법보시(法布施)의 세 가지가 있다. 흥미로운 것은 구하는 이에게 재보시의 경우 '소유한 재물을 힘닿는 대로' 베풀고, 무외시의 경우 '자기가 감당할 수 있는 만큼' 베풀며, 법보시의 경우 '자기 능력이 이해한 만큼 방편을 사용하여' 설한다는 것이다. 말하자면 '할 수 있는 만큼' 한다는 것인데, 얼핏 모호하게 들리지만 깊이 생각하면 매우 명쾌한 해석이다. 할 수 있는 일을 하고 할 수 없는 일은 하지 못하는 것이 실상이 아닌가. (의식 차원에서) 할 수 없는 일인데도 해냈다면 (실상에서) 할 수 있는 일에 속했기 때문일 것이요, (의식 차원에서) 할 수 있는데도 하지 않았다면 (실상에서) 할 수 없었던 일에 속했기 때문이 아닐까.

그러면 무엇이 할 수 있는 것이고, 무엇이 할 수 없는 것인가. 오직 베푸는 자의 '마음'만이 그 한도를 알고 행할 수 있다. 이해관계에 따라 받은 만큼 주고, 준만큼 받고 싶어 하는 '분별'의 마음을 넘어선 자리에서 보시바라밀은 시작된다.

---

367 『대승기신론』云何修行施門 若見一切 來求索者 所有財物 隨力施與 以自捨慳貪
令彼歡喜 若見厄難 恐怖危逼 隨己堪任 施與無畏 若有衆生 來求法者 隨己能解
方便爲說 不應貪求 名利恭敬 唯念自利利他 迴向菩提故

또 보시바라밀은 탐욕이나 명리, 공경을 구하지 않으며, 오직 자리이타에서 행하고, 그 행위의 공덕을 진리를 구하는 모든 중생에게 되돌린다고 한다. 말하자면 자기 행위의 과시나 성취욕을 위해서 보시 행위를 하지 않는다는 것이며, 그 행위의 공덕을 모두 중생에게 되돌린다는 것이다. 이를 '상(相)에 머물지 않는 보시', 즉 무주상(無住相) 보시라고 하는데, 주었다는 생각도 없는 보시이다. 따라서 아무런 대가도 생각하지 않는 보시이다. 『금강경』에서는 이렇게 설한다.

수보리야. 보살은 응당 머무는 바 없이 보시를 행하니, 색에 머물지 않는 보시요, 소리와 향과 맛과 감촉과 법에 머물지 않는 보시이다.[368]

무언가의 대가를 바라는 분별의 마음에서 비롯된 보시라면 이미 색(色)에 머물러 버린 마음에서 비롯된 것이다. 그래서 부정(不淨)보시가 되어버린다고 하는데, 『전등록(傳燈錄)』에 흥미로운 이야기가 전해진다.

10월 1일 (달마대사가) 금릉에 이르렀다.
양무제가 달마대사께 물었다. "나는 즉위한 이래, 절을 짓고 경전을 쓰고 승려들을 보살 핀 것이 이루 헤아릴 수 없는데, 이 일에는 어떤 공덕이 있는가."
대사가 말했다. "전혀 공덕이 없습니다."
무제가 말했다. "어찌하여 공덕이 없는가."
대사가 말했다. "이것은 다만 인간과 하늘의 작은 과보를 받게 되는 유루(有漏)의 원인일 뿐이니, 마치 그림자가 형상을 따르는 것처럼, 있는 것처

---

368 『금강경』 제4분 「묘행무주분」 須菩提 菩薩於法 應無所住 行於布施 所謂不住色布施 不住聲香味觸法布施

럼 보여도 실제가 아닙니다."

무제가 말했다. "어떤 것이 진실한 공덕인가."

대사가 답했다. "청정한 지혜는 오묘하고 원만하며 본제가 텅 비고 고요하니, 이같은 공덕은 세간에서 구할 수 없습니다."

무제가 다시 물었다. "무엇이 성제(聖諦)의 제일의(第一義)인가."

대사가 말했다. "텅 비어 성(聖)이라 할 것이 없습니다."

무제가 말했다. "짐과 마주하고 있는 이는 누구인가."

대사가 말했다. "알지 못합니다."

무제가 알아듣지 못하니, 대사는 근기가 맞지 않음을 알고, 그 달 19일에 가만히 강북을 돌아 11월 23일에 낙양에 이르렀다. 이때는 후위 효명 태화 10년이었다.[369]

인도에서 배를 타고 3년 만에 중국에 도착한 달마대사를 영접한 양무제의 첫 번째 질문은 자신이 행한 불사(佛事)의 공덕이 어떠한가였다. 수많은 사찰을 짓고, 경전을 번역하고 편찬했으며, 승려들을 양성하여 중생들에게 법을 펴게 했으니, 그 불사의 공덕은 작지 않을 것이라 여겼다. 그런데 뜻밖에 돌아온 답은 공덕이 '전혀 없다'는 것이었고, 그 까닭을 묻는 무제에게 대사는 그런 것들은 자잘한 속세의 인과응보에 불과할 뿐 진정한 공덕이 아니며, 마치 그림자처럼 있는 것처럼 보이지만 실제로는 존재하지 않는 것이라고 말한다. 일체가 공(空)이라는 것이다. 분별하거나 집착할 것이 없다. 불사도, 불사를 베푼 이도, 불사의 공덕도, 나아가 불법의 제일의도, 공덕이 전혀 없다고

---

369 『전등록』 제28조 「보리달마(菩提達磨)」 帝問日 朕卽位已來 造寺寫經度僧 不可勝紀 有何功德 師日 幷無功德 帝日 何以無功德 師日 此但人天小果 有漏之因 如影隨 形 雖有非實 帝日 如何是眞功德 答日 淨智妙圓 體自空寂 如是功德 不以世求 帝 又問 如何是聖諦 第一義 師日 廓然無聖 帝日 對朕者誰 師日 不識 帝不領悟 師知 機不契 是月十九日 潛回江北 十一月二十三日 屆于洛陽 當後魏孝明太和十年也

말하는 이도 모두 '공'일 뿐이다. 보시하는 이도 보시 받는 이도 보시하는 물건도 모두 공임을 볼 때, 비로소 무주상보시가 되는 것이 아닐까.

② 지계바라밀

육바라밀의 두 번째는 지계(持戒)바라밀이다. '계'를 의미하는 산스크리트어 시라(śīla)를 음사하여 시라(尸羅)바라밀이라 하며, 줄여서 시바라밀이라고도 한다. 지계바라밀은 출가승려나 재가신도가 계율[369]을 견고히 지켜 업장(業障)을 멸하고, 몸과 마음의 청정함을 얻는 것이다. 『대승기신론』에서는 이에 대해 이렇게 설한다.

> 무엇을 일러 지계문을 수행한다고 하는가. 살생하지 않고, 도둑질하지 않으며, 음란행을 하지 않고, 이간질하는 말을 하지 않고, 악한 말을 하지 않으며, 거짓된 말을 하지 않고, 꾸미는 말을 하지 않으며, 탐욕과 질투와 속임수 모함과 성냄과 삿된 견해를 멀리하는 것이다. 만일 출가자가 번뇌를 꺾어 조복시키고자 한다면 응당 시끄러운 곳을 멀리하고, 항시 고요한 곳에 처하며, 욕심을 줄이고 지족과 두타행을 닦아 조금이라도 죄가 있어 마음에 두려움이 생기면 부끄러워하며 참회하고, 여래가 만든 금계(禁戒)를

---

370 계율(戒律)은 붓다가 제자들을 모으고 가르치는 과정에서 그때그때 필요에 따라 정해진 것이다. 붓다 열반 후 각 부파마다 조금씩 다르게 전해졌는데, 그 내용을 담은 것이 『범망경(梵網經)』과 『사분율(四分律)』이다. 『사분율』에서는 계율을 정한 이유를 10가지로 말한다. 첫째, 교단의 질서를 잡기 위함이요 둘째, 대중을 기쁘게 하기 위함이며 셋째, 대중을 안락하게 하기 위함이고 넷째, 믿음 없는 이를 믿게 하기 위함이며 다섯째, 이미 믿은 이를 더욱 굳세게 하기 위함이고 여섯째, 다루기 어려운 이를 잘 다루기 위함이요 일곱째, 부끄러운 줄 알고 뉘우치는 이를 안락하게 하기 위함이며 여덟째, 현재의 실수를 없애기 위함이요 아홉째, 미래의 실수를 막기 위함이며 열 번째, 바른 법을 오래 가게 하기 위함이다. 출가자에게는 연소자인 사미(沙彌)·사미니(沙彌尼)의 10계와 비구(比丘)의 250계, 비구니의 500계가 있다.

가벼이 여기지 말고 마땅히 지켜 우습게보거나 싫어하지 않아야 한다.[371]

　요컨대 십악을 행하지 않고, 고요한 곳에서 욕심을 줄이며, 족함을 알고 작은 잘못이라도 범하면 참회하고, 자발적으로 금계(禁戒)를 가벼이 여기지 말고 잘 지키라는 것이다. 우리는 신구의(身口意), 즉 몸과 입과 뜻으로 무언가를 짓는다. 몸으로 짓는 것의 금계는 곧 살생과 도둑질과 음란함(殺盜淫)을 짓지 않는 것이요, 입으로 짓는 것의 금계는 이간질하는 말(兩舌), 남을 비방하고 헐뜯고 저주하는 말(惡口), 거짓말(妄語), 마음을 속이고 아첨하거나 속이기 위해 교언영색(綺語)하지 않는 것이며, 뜻으로 짓는 것의 금계는 탐욕과 성냄과 어리석음을 짓지 않는 것이다. (질투는 탐욕에 속하고, 모함은 거짓말에, 삿된 견해는 어리석음에 속한다.) 『아함경』에서는 이렇게 설한다.

　그때 존자 아난이 게송으로 설했다. 어떤 악도 짓지 말고, 일체 선을 받들어 행하라. 스스로 그 뜻을 청정히 하는 것, 이것이 곧 모든 부처의 가르침이다.[372]

　이 게송은 후대에 과거 일곱 부처의 공통된 가르침을 담았다고 믿어지는 '제악막작 제선봉행 자정기의 시제불교(諸惡莫作 諸善奉行 自淨其意 是諸佛教)'를 내용으로 하는 이른바 칠불통계게(七佛通戒偈)로 전해진다. 이어서 네 가지 아함, 즉 장아함, 중아함, 잡아함, 증일아함의 뜻이 이 한 게송 안에 담겨 있다

371　『대승기신론』云何修行戒門 所謂不殺不盜不婬 不兩舌 不惡口 不妄言 不綺語 遠離貪嫉欺詐 諂曲 瞋恚邪見 若出家者 爲折伏煩惱故 亦應遠離憒閙 常處寂靜 修習少欲知足 頭陀等行 乃至小罪 心生怖畏 慚愧改悔 不得輕於 如來所制禁戒 當護譏嫌

372　『증일아함경』제1 「서품」 時尊者阿難 便說此偈 諸惡莫作 諸善奉行 自淨其意 是諸佛教

(四阿含義 一偈之中)고 말하며, 아난은 '일체 악을 짓지 않고, 모든 선을 받들어 행하여 뜻을 청정히 하는 것이 모든 부처의 가르침'인 까닭을 이렇게 말한다.

> 그 까닭은 '모든 악을 짓지 말라'는 말은 모든 법의 근본으로 곧 모든 선법을 내고, 선법을 내기 때문에 마음과 뜻이 청정해지기 때문이다. 그러므로...... 제불세존은 몸과 입과 뜻으로 짓는 행을 항상 청정히 닦는 것이다...... 어떤 악도 짓지 말라는 것은 계율을 원만히 갖추어 결백하고 청정하게 행하기 때문이요, 모든 선을 행하라는 것은 마음이 청정해지는 것이기 때문이며, 스스로 그 뜻을 깨끗이 하라는 것은 그릇된 전도를 버리기 때문이며, 그것이 곧 모든 부처의 가르침이라는 말은 어리석고 미혹된 생각을 버리는 것이기 때문이다....... 계율이 청정한데 어찌 그 뜻이 청정하지 않겠는가. 그 뜻이 청정하면 전도되지 않을 것이요, 전도됨이 없으면 어리석고 미혹한 생각이 멸할 것이다.[373]

어찌 선과 악이 예리하게 나뉠 수 있을까마는 스스로 탐진치에 묶이지 않고, 살도음(殺盜淫)을 짓지 않으며, 남을 해하는 입안의 도끼를 녹여 없앰으로써 업을 보태지 않고 번뇌를 소멸하는 것이 선이요, 그 반대를 행하여 업을 보태며 번뇌를 증장하는 것이 악일 것이다.

요컨대 지계의 핵심은 몸과 입과 뜻을 잘 간수하는 것이다. 그렇게 함으로써 뜻을 청정히 하여 전도된 견해에서 벗어나 무분별의 지혜, 즉 반야지를 얻어가는 것이다. 바로 이것이 모든 부처가 몸과 입과 뜻의 행을 청정히 닦는 까닭이라는 것이다. 지계 바라밀의 중요성을 『아함경』에서는 이렇게 설한다.

---

373 『증일아함경』 제1 「서품」 所以然者 諸惡莫作 是諸法本 便出生 一切善法 以生善法 心意淸淨 是故 迦葉 諸佛世尊 身口意行 常修淸淨...... 諸惡莫作 戒具之禁 淸白之行 諸善奉行 心意淸淨 自淨其意 除邪顚倒 是諸佛敎 去愚惑想...... 戒淸淨者 意豈不淨乎 意淸淨者 則不顚倒 以無顚倒 愚惑想滅

그때 세존께서 게송으로 설하셨다. 믿음과 재물과 범행은 얻기 어려우니, 계를 지닌 자만이 받을 수 있다. 이 세 가지 일을 깨닫고 나서야, 지혜로운 이는 때에 맞게 보시를 행한다.[374]

③ 인욕바라밀

육바라밀의 세 번째는 인욕바라밀이다. 인욕(忍辱), 안인(安忍)의 의미를 지닌 산스크리트어 크사티(kṣāti)를 음사하여 찬제바라밀이라고도 한다. 자기 마음에 거슬리는 일에 대해 노여워하지 않고 참고 견디는 것, 모욕을 참고 노여움을 일으키지 않는 것, 괴롭힘을 당함에 마음을 안정시키고 성내지 않는 것 등이다. 『대승기신론』에서 이렇게 말한다.

무엇을 일러 인욕문을 닦는다고 하는가. 타인이 괴롭게 해도 응당 마음에 갚아주려는 마음을 품지 않으며, 또 이익이나 쇠망, 헐뜯음, 명예, 칭찬, 비난, 고뇌, 즐거움 등을 마땅히 참아내는 것이다.[375]

흥미로운 것은 자신을 괴롭게 하는 비난과 공격 등의 역경(逆境)만이 아니라 칭찬이나 이익 등 자신을 즐겁게 하는 순경(順境)에도 인욕해야 한다는 점이다. 역경이든 순경이든 그 대상 경계에 매몰되면 우리는 마음의 평정함과 고요함을 잃어버리게 되기 때문이다. 그러나 우리가 '참아야 하는 상황'이라고 의식하는 일반적 경우는 역경인데, 그것은 우리를 성나게 하기 때문이다.

우리는 사안이 크든 작든 매우 빈번하게 참고 견뎌야 하는 상황에 직면한

---

374 『증일아함경』 제27 「고당품」 爾時世尊 便說此偈 信財梵難得 受者持戒人 覺此三事 已 智者隨時施
375 『대승기신론』 云何修行忍門 所謂應忍他人之惱 心不懷報 亦當忍於利 衰毀譽稱 譏苦樂等法故

다. 왜 참아야 하는가. 참지 않는다면 더 큰 곤욕을 부르게 될 것임을 알기 때문인가. 아니면 지금 갚아 줄 힘이 없으니, 나중에 갚아 줄 것을 기약하며 참는 것인가.

인용문에 따르면 더 큰 화를 피하기 위해 참아내는 것이나 '나중에 잘 갚아 줄 것'을 다짐하며 참아내는 것은 인욕바라밀이 아니라고 한다. 그것은 단지 '인욕'일 뿐 '인욕바라밀'이 아니다. 마치 괴로움을 겪어내는 것일 뿐인 고(苦)와 괴로움을 깨달음의 출발점으로 삼는 고성제(苦聖諦)가 다른 것처럼, 인욕과 인욕바라밀 역시 그러하다. 그러면 무엇을 위해 참고, 그렇게 참는 것은 어떤 의미가 있는 것인가. 나가르주나는 『대지도론』에서 이렇게 말한다.

> 모든 번뇌 중에 성냄이 가장 무거운 것이요, 불선의 과보 가운데 성냄이 가장 큰 것이다.[376]

'참는다는 것'은 바로 '성내는 것'을 참는 것인데, 번뇌 가운데 가장 무거운 것이 바로 이 성냄이라고 한다. 성내는 마음은 '나'라는 심지에 불을 붙여 온몸을 태우며 우리를 어리석음으로 이끈다. 그런데 여기서 주목되는 것은 성냄, 즉 성내는 마음을 내게 하는 사건이나 사람을 만나는 것 자체가 자신이 행한 불선의 과보라는 것이다. 말하자면 받을 것을 받는다는 것이다. 『아함경』에 이런 이야기가 전해진다.

붓다의 제자로 앙굴마(앙굴리마라)라는 이가 있었다. 경전에 따르면 그는 이른바 외도 수행자로, 자신의 브라만 스승으로부터 '천 사람을 죽여 그 손가락으로 목걸이를 만들 수 있다면 그는 소원을 이룰 것이다. 그런 사람은 목숨

---

376 『대지도론』제14권 「석초품」 중 찬제바라밀(羼提波羅蜜) 諸煩惱中 瞋爲最重 不善報中 瞋報最大

을 마친 뒤에 천상의 좋은 곳에 태어날 것이요, 만일 그를 낳은 어머니와 사문 구담을 죽인다면 반드시 범천에 태어날 것이다'[377]라는 말을 듣고, 999명의 사람을 죽여 손가락을 목걸이로 만들어 걸고 다녔다. 그러고는 마침내 자신의 어머니를 죽이려던 찰나에 붓다가 광명을 놓아 그를 부르자, 그는 붓다를 죽이기 위해 애쓰다가 결국 교화를 받아 번뇌를 씻고 붓다의 제자가 되었다. 그런 앙굴마에 대해 붓다는 이렇게 말했다.

나의 성문(제자) 가운데 제일 비구로서, 성품과 근기가 예리하고 지혜가 매우 깊은 이는 앙굴마 비구이다.[378]

앙굴마는 붓다의 제자가 된 후, 수행에 정진하여 마침내 아라한을 이루었다고 한다. 그런데 그가 어느 날 걸식을 하러 성중에 갔는데, 그를 본 남녀노소들이 살인마 앙굴마라고 외치며 저마다 기왓장과 돌을 던졌고, 어떤 이는 그를 칼로 찔러서, 그는 머리와 눈에 큰 부상을 입었다. 온몸에 피를 흘리며 급히 성문을 나가 세존 계신 곳으로 가니, 그에게 붓다는 이렇게 설하셨다.

너는 참아야 한다. 그 죄는 영겁 동안 받아야 할 것이기 때문이다.[379]

그런 곤욕을 참아야 하며, 참아야 하는 이유는 앙굴마 자신이 지은 죄업의 과보를 받는 것이기 때문이라는 것이다. 말하자면 받아야 할 것을 받은 것이며, 그 죄업은 무겁고 무거워 영겁토록 받아야 할 것이므로, 이번만이 아니라

---

377 『증일아함경』 제43 「역품(力品)」 又師語我言…… 能取千人殺 以指作鬘者 果其所願 如此之人 命終之後 生善處天上 設取所生母 及沙門瞿曇殺者 當生梵天
378 『증일아함경』 제4 「제자품(弟子品)」 我聲聞中 第一比丘 體性利根 智慧淵遠 所謂鴦掘魔比丘
379 『증일아함경』 제43 「역품」 汝今忍之 所以然者 此罪乃應 永劫受之

그 죄업이 다할 때까지 참아야 한다는 것이다. 그러자 앙굴마는 세존 앞에 나아가 예를 올리고, 이렇게 게송을 읊었다.

> 견고한 마음으로 불법을 듣고, 견고한 마음으로 불법을 행하며, 견고한 마음으로 선우를 친근히 하면, 곧 열반(멸진처)을 이루리라.[380]

말하자면, 인욕바라밀은 단지 곤욕에 처하여 성난 마음을 참아 넘기는 것이 아니라 그것을 통해 자신의 죄업을 씻고, 나아가 공부 재료로 삼아 수행의 길로 나아가라는 것이다. 나가르주나는 『대지도론』에서 이렇게 말한다.

> 만일 보살이 악구와 욕설을 듣거나 칼과 몽둥이질을 당하는 일을 만나면, 죄도 복업의 인연도 내외 제법도 필경 공하니, '나'도 없고 '내 것'도 없다고 사유하여…… 능히 갚아 줄 힘이 있다고 해도 악심을 내지 않고 악한 구업을 일으키지 않는다…… 또 만일 보살이 중생이 와서 괴롭히는 것을 보면, 마땅히 이는 나의 친애하는 이요 나의 스승이라 생각해야 하며 더욱 친애하고 공경하는 마음으로 대해야 한다. 왜 그런가. 만일 나에게 이런 괴로움을 주지 않는다면, 나는 인욕바라밀을 이룰 수 없을 것이니, 이런 까닭에 나의 친애하는 이요, 나의 스승이라고 말하는 것이다.[381]

괴로움을 주는 자도, 괴로움을 받는 '나'도, '나'가 받는 그 괴로움 자체도 결국에는 '공'임을 깨달아야 하며, 더 나아가 '나'로 하여금 인욕바라밀을 수

---

380 『증일아함경』 제43「역품」 是時 鴦掘魔 至世尊所 頭面禮足 在一面坐 爾時 鴦掘魔 在如來前 便說此偈 堅固聽法句 堅固行佛法 堅固親善友 便成滅盡處

381 『대지도론』 제14권「석초품」중 찬제바라밀 菩薩 若遇惡口罵詈 若刀杖所加 思惟 知罪 福業因緣 諸法內外 畢竟空 無我 無我所…… 力雖能報 不生惡心 不起惡口 業…… 復次 菩薩 若見衆生 來為惱亂 當自念言 是為我之親厚 亦是我師 益加親愛 敬心待之 何以故 彼若不加衆惱 我則不成忍辱 以是故言 是我親厚 亦是我師

행할 기회를 준 이를 친한 벗이자 스승으로 대하며 감사해야 한다는 것이다. 편안한 마음으로 견뎌내는 것(安忍)만이 아니라 적극적으로 수행의 기회를 준 귀중한 인연사로 수용하라는 것이니, 번뇌를 여래 종자로 받아들이는 참으로 큰마음이다. 바로 이런 마음일 때, 달마 대사의 가르침대로, 봉고불우(逢苦不憂)하며, 체원진도(體怨進道)할 수 있는 게 아닐까.

그런 의미에서 인욕바라밀은 상대를 이기는 것이 아니라 자신을 이기는 것이며, 상대를 위한 것이면서 자신을 위한 것이다. 『아함경』에서 이렇게 설한다.

천에 천을 곱한 수의 적을 한 사람이 이겨낸다 해도 자기를 이기는 것만 못하니, 스스로 참는 것이 최상이다.[382]

인욕의 상황에서 자신을 이겨내기 위해서는 인욕의 인연사를 바르게 사유하는 것이 필요하다. 결국 자신이 받을 것을 받는 것이므로, 자기 것으로 수용하면서 결국은 그렇게 인욕하는 자도, 인욕하는 행위도, 인욕의 상황도 모두 '공'일 뿐임을 사유하여 수용하는 것이다. 다만 참기만 하는 것은 바라밀행이 아니다. 인욕바라밀은 '인욕'의 힘과 '사유의 힘'이 함께 할 때 비로소 '바라밀행'이 된다. 『아함경』에서 인욕의 힘과 사유의 힘이 갖는 의미를 이렇게 설한다.

그때 세존께서 비구들에게 고하셨다. 두 가지 힘이 있으니, 무엇인가. 인욕의 힘과 사유의 힘이다. 만일 나에게 이 두 가지 힘이 없었다면 끝내 위 없는 참된 정등각을 이루지 못했을 것이다. 이 두 가지 힘이 없었다면, 끝내

---

382 『증일아함경』 제35 「증상품(增上品)」 千千爲敵 一夫勝之 未若自勝 已忍者上

우류비에서 6년 동안 고행하지 못했을 것이요, 마군의 항복을 받아 무상정등각을 이루어 도량에 앉아 있지 못했을 것이다. 나에게 이 인욕의 힘과 사유의 힘이 있었기 때문에 곧 마군의 항복을 받고 위 없는 참된 깨달음을 얻을 수 있었다.[383]

자신의 등불을 밝히고 법의 등불을 밝히는 길에서, 우리는 공(空)과 유식(唯識)의 이치, 궁극적으로는 '무아'의 이치를 알고 이를 일상에서 실천하는 것이 필요하다. 그리고 '부처의 눈'을 상상하며, '부처의 눈'에는 모든 존재자가 법성을 지닌 평등한 존재임을 상기하면서 자신의 옳음으로 다투지 않는 것, 교만한 마음이 일어날 때 그것을 보고 보내는 것, 자기 마음에 마땅치 않은 것을 허물하지 않는 것, 무언가에 대해 역심(逆心)이 들 때 자기 마음의 격자(格子)를 관하는 것, 나아가 선우(善友)를 가까이 하며 법을 배우는 것 등등이 그 일부이리라. 실상에서 보면 필요한 것은 있어도 당연한 것은 없다.

하늘에서는 늘 법우가 내리는데, 우리는 각기 자기 그릇만큼 그 법우를 받으며 성장한다. 큰 그릇은 큰 대로, 작은 그릇은 작은 대로, 둥근 그릇은 둥근 대로, 모난 그릇은 모난 대로 평등하게 받아서 자신의 선근(善根)을 기른다. 하지만 만일 우리가 자기 그릇을 엎어 놓고 있다면 그 법우를 받을 수 있을까.

피할 수 없이 만나는 인연사가 순경이든 역경이든 그것에 잡아먹힐 것인지, 아니면 공부 재료로 삼아 스스로 성장을 이룰 것인지는 전적으로 자신에게 달려 있다. 지금 이대로 편안하다면 그것으로 족하다. 편안하지 않아도 편안하게 받아들일 수 있다면 그 역시 좋다. 그러나 편안하지 않다면, 또 편안

---

383 『증일아함경』 제16 「화멸품(火滅品)」 爾時世尊 告諸比丘 有此二力 云何爲二力 所謂忍力 思惟力 設吾無此二力者 終不成無上正眞等正覺 又無此二力者 終不於優留毘處 六年苦行 亦復不能 降伏魔怨 成無上正眞之道 坐於道場 以我有忍力 思惟力故 便能降伏魔衆 成無上正眞之道

한 것 같으면서 편안치 않다면 그 역시 공부 재료가 된다. 시인 한용운 선생은 이런 시를 남겼다.

> 따슨 빛 등에 지고 유마경 읽노라니
> 가볍게 나는 꽃이 글자를 가리운다.
> 구태여 꽃 밑 글자 읽어 무삼하리요.
> ―「춘서」

우리 삶을 영화 보듯 할 수 있다면

불경과 논서에 빠져 몇 년을 보내고 나서, 한동안 머릿속이 텅 비어 버린 채로 시간을 보내다가, 불현듯 책상에 달라붙어 이 책을 거의 다 썼을 무렵, 나를 세상에 나오게 해주신 어머니와 이별하였다. 어떤 경우든, 이별은 힘든 법. 고인을 추모하고, 고인의 명복을 빌며 힘들고 무거운 마음으로 시간을 보내면서 그저 몇 달간 가만히 마음만 들여다보고 있었다. 마치 물에 젖은 솜처럼 그렇게 계속 무거운 상태의 마음을 겪으면서 이런 생각이 들었다. 마음이 참으로 무겁고 힘들구나. 그런데 마음 무거운 것이 어째서 문제가 되는 것일까. 왜 마음이 가볍고 즐거워야만 하는 것일까. 아! 내가 지금 무거운 마음과 가벼운 마음을 평등하게 보지 못하고 있구나. 몹시 차별하고 있구나.

마음이 좀 수습됐을 무렵, 원고를 마무리하고 후기를 쓰려고 하는데, 오랫동안 써지지 않았다. 글을 쓰는 것은 참으로 마음대로 되지 않는다. 그런데 흥미로운 것은 글을 쓰지 않는 것 역시 마음대로 되지 않는다는 것이다. 공부하는 것도 마음대로 되지 않지만, 공부하지 않는 것 역시 마음대로 되지 않는다. 예전 같으면 아마도 이렇게 생각했을 것이다. 심신의 컨디션이 좋지 않은 모양이군! 혹은 의지가 부족한 모양이군!

그러다가 스피노자의 말이 떠올랐다. 그는 '자유의지'와 '자유'는 다른 것이라고 했다. 인간은 신(神) 안에 있으며, 신 없이는 존재할 수도 생각할 수도 없으며, 인간이란 신의 본성을 어떤 일정한 방식으로 표현하는 양태(mode)라고 했다. 스피노자의 신은 이른바 '철학자의 신'이라고 일컬어지는 것으로, 종교적 의미의 신이 아니다. 그의 신은 자연 바깥에 존재하는 초월적 창조자가 아니라 자연 그 자체를 가리킨다. 스피노자는 자연에서 일어나는 모든 일은 필연적으로 연결되어 있으며, 그 필연성에서 벗어나 자유의지를 갖는 것은 불가능하다고 하였다. 그리하여 최고의 행복은 이성을 온전히 이용하여 자연의 필연성을 인식하여, 이성적으로 관조할 때 얻어지는 것이며, 그렇게 될 때 비로소 정념(情念)의 속박에서 벗어나 자유로워진다고 했다. 그런데 어째서인지 그의 이 말이 계속 뇌리에 남아서 맹렬히 귓전에 울리고 있었다.

그러다가 스피노자의 이 '신'이 바로 법성(法性)과 유사한 것을 가리키는 게 아닐까. 그렇다면 '법을 본 자는 연기(緣起)를 보고, 연기를 본 자는 곧 법을 본다'고 한 붓다의 말에서 본다면, 신, 즉 자연의 필연성을 인식한다는 것은 곧 '연기법'을 본다는 것이 아닐까, 하는 생각으로 이어졌다.

또 스피노자가 말한 '자연에서 일어나는 일이 모두 필연적으로 연결되어 있다'는 것은, 달리 말하면 일어날 일은 일어난다는 의미가 아닐까. 말하자면 원인과 조건이 결합하여 일어나는 것, 즉 인연 따라 일어나는 '연기'를 가리키는 것이고, 그렇게 일어나는 일이 옳다거나 정당하다거나 또는 바람직하거나 마음에 들어서가 아니라 그렇게 일어날 수밖에 없는 원인과 조건이 결합한 것이기 때문에 그것을 '필연'이라 이름하며, 그래서 역사에 '만약'이라는 가정이 성립할 수 없다는 것이 아닐까. 그렇다면 개인의 삶에서는 '만약'이라는 가정하에 되돌리거나 바꿀 수 있는 삶이 있을까. 그 역시 마찬가지가 아닐까. 그러면서 생각해보았다. 내가 만일 20대로 되돌아간다면 어떻게 살았을까. 거듭거듭 생각해보았다. 너무도 선명하게 그 결론이 눈에 보였다. 아마 또 그렇게 살았으리라. 그러면서 연기의 의미를 내 삶 속에서 하나하나 되짚어보았다.

어느 시점에서부터인가 나는 '나'가 공부하는 게 아니라는 느낌을 강하게 받고 있었다. 나도 모르게 아무런 계획도 의도도 없이 앉아서 마치 자동인형처럼 무언가를 열심히 보고 있었기 때문이다. 지난 몇 년간 나는 아무 생각도 없이 아무도 시키지도 않았는데, 책상에 앉아 경전을 번역하며 코멘트를 달고 있었다. 생각해보면 참으로 긴 시간이었는데, 마치 어떤 업력에 밀려서 나가는 느낌이었다.

젊은 시절, 삶이란 의지적인 선택의 연속이라고 생각했다. 그래서 최선을 다해 생각하고, 생각한 결론을 빠짐없이 실천하기 위해 노력하며, 자주적이고 의지적인 삶을 살고자 했다. 머릿속에 옳은 것이 가득했기 때문에, 개인적 안위만을 위해 그 옳은 것을 실천하지 않는다면 역사의 수레바퀴를 뒤로 돌리는 결과를 가져올 것이라 여겼고, 그것은 스스로 용납할 수 없는 것이며, 따라서 얻은 관념만큼 실천해야 한다고 생각했다. 그리고 그렇게 마음먹은 것을 '결단'이라고 보았다, 그러면 그런 생각은 어떤 인연 속에서 일어난 것일까. 어째서 그렇게 생각하고 실천한 것일까. 나는 그것이 선택이자 결단이라고 생각했지만, 나의 의식이 그것을 '선택'이라고 생각한 것은 아닐까.

우리는 태어남과 죽음을 피할 수 없으며, 태어남에서 죽음에 이르는 과정에서 일어나는 인연사 역시 피해갈 수 없다. 그런데 이전에 나는 그 인연사를 어떤 사건으로만 생각했던 것 같다. 세상에서 일어나는 사건들, 나에게 닥쳐온 일들, 그리고 내가 마주하는 일상들이라고. 그런데 오랜 시간 공부하고 생각하면서, 내 마음 안에서 일어나는 일들 역시 매우 중대한 인연사로 보이기 시작했다.

이렇게 '한 생각' 나고, 저렇게 '한 생각' 나는 것 역시 인연사가 아닌가. 이렇게 이해하고, 저렇게 해석하는 것 역시 인연사가 아닌가. 그리고 그렇게 일어난 '한 생각'의 인연으로 이런저런 선택을 하고 결단을 내린 것이 아닌가. 파도에 휩쓸려 요동치는 배 위에서 성성(惺惺)하게 깨어 있는 정신으로 걱정하는 철학자 필론이나, 태평하게 편안한 필론의 돼지나 모두 각기 마음에서 일어나는 '인연'에 따른 것이 아닌가. 그러면서 문득 가슴을 치는 어떤 생각이 번뜩 스쳐갔다. 아! 나는 여태 마음의 인연에 따라 살아온 것을 '나'가 선택한 것이라고 여기며, '나'를 내세우며 살았구나. 이렇게 '나'가 있는 채로 '나'가 없고, '나'가 없는 채로 '나'가 생생하게 있는 것이구나.

참으로 신비롭기 짝이 없는 느낌을 받으며, 이야기 하나가 스쳐 지나갔다.

중국 선불교의 초조(初祖) 달마 대사가 아무도 만나지 않고 소림사(小林寺)에 머물며 면벽(面壁)하고 있을 때, 제자 되기를 청하는 이가 있었다. 밤새 눈이 무릎에 쌓일 때까지 꼼짝하지 않고 기다렸는데도 받아주지 않자 그는 칼을 뽑아 왼쪽 팔을 끊어버렸다. 그러자 대사는 그가 법기(法器)임을 알아보고, 혜가(慧可)라는 이름을 주어 제자로 삼았는데, 그가 대사에게 이렇게 말했다.

저의 마음이 편안하지 못하니, 대사께서 저를 편안케 해주십시오.
曰 我心未寧 乞師與安
대사가 말했다. 마음을 가지고 오라. 그러면 내가 편안케 해주겠다.
師曰 將心來與汝安
혜가가 말했다. 마음을 찾아보아도 얻을 수가 없습니다.
曰 覓心了不可得
대사가 말했다. 내가 이미 너의 마음을 편안케 하였다.
師曰 我與汝安心竟

마음을 가져오면 편안히 해주겠다는 스승의 말에, 제자는 마음을 찾아 얻을 수가 없다고 답한다. 그러자 스승은 이미 제자의 마음을 편안하게 해주었다고 말한다. '마음(心)'이란 장자와 불경에 가장 많이 등장하는 단어인데, 이 '마음'은 어떤 것이기에 가져올 수도 찾아서 얻을 수도 없는 것인가. 나아가 얻을 수 없음을 안 것이 어째서 편안함으로 이어지는 것일까. 젊은 시절 처음 이 이야기를 보면서 스스로 참 의아하다는 생각을 했던 기억이 있다. 위 문답이 무슨 의미인지도 잘 모르면서 무언가 확 가슴을 울리는 느낌을 받았기 때문이다.

장자와 불경에서 공통적으로 설하는 것은 마음을 거울같이 쓰라는 것이다. 그런데 깊이 들어가 마음의 실상을 보면 마음 자체가 거울인 것 같다. 어째서 그럴까. 우리는 눈과 귀, 코와 혀, 피부와 뜻이라는 여섯 기관이 모습과 소리, 냄새와 맛, 촉감과 대상이라는 여섯 가지 경계를 만나, 보고 듣고 냄새 맡고, 맛보고, 느끼고 헤아리면서 여섯 가지 식(識)을 얻는다. 그러면 그렇게 얻은 식은 어디에 나타나는가. 바로 우리 마음이요, 그 마음에 비친 식(識)이 우리 눈앞에 현현한 세계라는 것이 곧 유식무경(唯識無境)의 의미이다. 그러니 실상에서 보면 마음이란 우리 식이 투영된 '스크린' 같은 것이다. 잡아서 가져올 수 있는 어떤 물건이 아니다. 다만 비추는 작용만 할 뿐이다. 그래서 거울에 비유된다.

그런 의미에서 보면, 우리는 '마음이 출렁출렁한다'고 말하지만, 실상 마음은 출렁이지 않는다. 다만 의식의 출렁임이 마음이라는 영사막에 출렁이는 것으로 비쳤을 뿐이다. 그러니 마음의 실상을 회복한다는 것은 마음에 비친 영상에 묶이거나 새로이 판단하고 재단하는 념(念)을 짓지 않고 그저 비추는 것이고, 이를 무념(無念)이라고 한 것이 아닐까. 그리고 그렇게 마음에 비친 영상에 휘둘리지 않고 고요히 비추는 것이 곧 지관(止觀) 공부가 아닐까. '부처의 마음이나 중생의 마음이나 같다'고 한 조사(祖師)들의 말이 바로 이런 의미가 아닐까. 비추는 작용을 한다는 실상에서 한 가지이니 말이다.

그런 의미에서 보면 '업(業)은 업인 채로 업이 아니'다. 업이란 한 존재자가 오랜 세월 겪어온 정신적 육체적 경험의 축적이고, 미래를 살아갈 정보의 총합이다. 이 업은 신의 섭리나 타자의 의지로 이루어지는 것이 아니라 각 존재자의 행위에 의해 결정되는 것이며, 자신의 노력에 의한 이숙식은 업에 변화를 주어 알라야식에 축적되고, 그리하여 미래를 새롭게 열어나간다.

그런데 왜 '업이 업인 채로 업이 아닌가.' 일체가 공(空) 아닌 것이 없기 때문이요 '모든 업보는 거울에 비친 영상과 같은 것(一切業報 如鏡中像, 『화엄경』)'이기 때문이다. 그러니 스크린에 펼쳐진 업의 그림자가 실체이겠는가. 다만 영상일 뿐이니, 꿈같고 구름 같고, 허공꽃 같은 것이 아니겠는가.

우리가 태어나는 시점부터 우리의 업 두루마리는 펼쳐지기 시작한다. 거기에 모든 존재자 각각의 업 두루마리가 펼쳐지면서 이렇게 저렇게 얽혀들고, 그 결과 파란만장한 파도를 일으킨다. 어찌 보면 우리의 삶은 거대한 바다에서 파도타기 하는 것과 같은 것인지도 모른다. 피할 수 없이 만나는 인연사란 바로 피할 수 없이 닥쳐오는 그 파도에 해당하는 것이 아닐까.

그렇다면 마음공부의 공효는 어디에 있는 것인가. 불행과 역경의 파도를 피할 수 없고, 행복과 순경의 파도를 불러올 수 없다면 공부를 한다는 것이 이 '파도타기' 같은 삶에 어떤 의미가 있는 것인가.

공부한다는 것의 의미는 그런 것이 아닐까. 마치 파도를 타면서 서핑보드를 하나 장만하는 것과 같은 것. 파도를 만날 때마다 물에 빠져 허우적대며 물을 먹는 것이 아니라, 기왕 만날 파도를 즐겁게 타면서 사는 길을 배우는 것이요, 그 배움의 길이 바로 마음의 실상을 회복하는 공부, 바로 '비추는 공부'인 지관(止觀) 공부가 아닐까.

'비추는 공부'를 달리 표현하면 적조(寂照)이다. 고요히 거울처럼 비춘다는 의미이다. 마치 스크린 가득 펼쳐지는 영상을 보면서, 울기도 하고 웃기도 하고, 답답해하며 화내기도 하고 통쾌해하기도 하지만, 결국은 그 모든 것이 스크린에 비친 영상과 같은 것일 뿐임을 아는 것이다. 영화를 보고 나서도 계속 울거나 화내지는 않을 것이니, 그것은 울어도 우는 것이 아니요, 성내도 성내는 것이 아니다. 말하자면 슬픔이 슬픔인 채로 슬픔이 아니요, 즐거움이 즐거움인 채로 즐거움이 아니다.

바로 그렇게 마음에 비친 우리 삶을 영화 보듯 볼 수 있다면 그것이 바로 공부를 통해 얻는 공효가 아닐까. 바로 그 공부를 통해 도달하는 마음의 경지가 곧 번뇌에서 벗어난다는 붓다의 '열반'이요, 장자가 권하는 '얽힌 채로 편안하다'는 영녕(攖寧)이자, '한가로이 노니는' 소요유(逍遙遊)가 아닐까.

육조 혜능은 이렇게 말한다.

독과 해는 화하여 (자신을) 축생으로 만들고   毒害化為畜生
자와 비는 화하여 (자신을) 보살로 만들고   慈悲化為菩薩
지혜는 화하여 (세상을) 상계로 만들며   智惠化為上界
어리석음은 화하여 (세계를) 하방(下方)으로 만든다. 愚癡化為下方
 —『육조단경』

장자, 붓다를 만나다

초판 1쇄 발행 2022년 7월 25일
3쇄 발행 2024년 2월 29일

지은이 | 정용선
펴낸이 | 박유상
펴낸곳 | 빈빈책방(주)
편 집 | 배혜진
디자인 | 박주란

등 록 | 제2021-000186호
주 소 | 경기도 고양시 덕양구 중앙로 439 서정프라자 401호
전 화 | 031-8073-9773
팩 스 | 031-8073-9774

이메일 | binbinbooks@daum.net
페이스북 | /binbinbooks
네이버블로그 | /binbinbooks
인스타그램 | @binbinbooks

ISBN 979-11-90105-48-4 (03150)